中国系列·经济学

马克思主义理论研究
和建设工程重点教材

中国金融学

西南财经大学编写组

主　　编　刘锡良

副主编　王　擎　梁　琪

主要成员　（以姓氏笔画为序）

文书洋　史永东　朱光伟　李志生

李　雪　况　昕　尚玉皇　罗荣华

翁舟杰　董青马　潘　敏

高等教育出版社·北京

图书在版编目（CIP）数据

中国金融学 / 西南财经大学编写组编. -- 北京 ：
高等教育出版社，2025. 8. --（马克思主义理论研究和
建设工程重点教材）（中国系列）. -- ISBN 978-7-04
-065276-5

Ⅰ. F832

中国国家版本馆CIP数据核字第2025GG6477号

中国金融学

ZHONGGUO JINRONGXUE

责任编辑	黄　茜　王一鸣　吴淑丽	封面设计	姜　磊	版式设计	于　婕
责任绘图	杨伟露	责任校对	高　歌	责任印制	张益豪

出版发行	高等教育出版社	网　　址	http://www.hep.edu.cn
社　　址	北京市西城区德外大街4号		http://www.hep.com.cn
邮政编码	100120	网上订购	http://www.hepmall.com.cn
印　　刷	北京利丰雅高长城印刷有限公司		http://www.hepmall.com
开　　本	787mm×1092mm　1/16		http://www.hepmall.cn
印　　张	26.5		
字　　数	450 千字	版　　次	2025 年 8 月第 1 版
购书热线	010-58581118	印　　次	2025 年 8 月第 1 次印刷
咨询电话	400-810-0598	定　　价	53.00 元

本书如有缺页、倒页、脱页等质量问题，请到所购图书销售部门联系调换

版权所有　侵权必究

物 料 号　65276-00

目 录

第三篇　中国金融体系 / 137

第六章　金融机构 / 137

第十三章　宏观审慎管理 / 329

绪　　论

金融是国民经济的血脉，是国家核心竞争力的重要组成部分，关系中国式现代化建设全局。《中国金融学》以习近平新时代中国特色社会主义思想为指导，总结和运用改革开放以来特别是新时代全面深化改革的宝贵经验，把马克思主义金融理论同当代中国具体实际相结合、同中华优秀传统文化相结合，把握新时代金融发展规律，归纳中国特色金融发展之路的要义。

一、编写的时代背景与必要性

金融即资金的融通，服务于人类的生产和消费活动。它在不确定的环境中实现资金的流通与资源的跨期配置，发挥着交易媒介、资源配置、价格发现和风险管理等重要功能。当前，世界正经历百年未有之大变局，中华民族伟大复兴进入关键时期，中国式现代化的目标对金融改革发展提出了更高、更迫切的时代需求。我国金融活动历史悠久，创造了很多世界第一，包括最早的纸币、最早的汇票和期票、最早的货币理论和实践等。近代以来，特别是1919年五四运动以来，马克思主义及西方货币金融理论在中国开始传播。新中国成立70多年来，改革开放40多年来，特别是新时代以来，中国共产党领导经济建设取得了伟大成就和宝贵经验。这些经验表明：一方面，要建成社会主义现代化强国，必须走社会主义市场经济道路，在借鉴其他国家成功经验的基础上持续推进市场化改革；另一方面，中国的市场经济不同于西方发达国家的市场经济，西方的理论与学说无法充分解释中国的金融成功。因此，要坚持以马克思主义为指导，在习近平新时代中国特色社会主义思想的指引下，充分体现中国伟大实践及成就，逐步形成具有中国特色、中国风格和中国气派的中国金融学。

首先，破解西方金融发展迷思，探索中国金融成功之道的迫切需要。当前西方主流的金融理论并未提供破解中国金融成功之道的密码。习近平指出："中国特色金融发展之路既遵循现代金融发展的客观规律，更具有适合我国国情的鲜明特色，与西方金融模式有本质区别。"①

实际上，西方金融理论遵循资本的逻辑，强调以利润为中心，导致在经济发展到一定阶段后会出现金融与实体经济相脱节的现象，从而出现金融危机。中国的金融改革实践，始终坚持金融服务实体经济的理念，切实加强对重大战略、重点领域和薄弱环节的优质金融服务，做好科技金融、绿色金融、普惠金融、养老金融、数字金融"五篇大文章"。事实已经证明，并将继续证明，统筹推进"八个坚持"，坚定不移地走中国特色金融发展之路，是推动我国金融高质量发展，建设金融强国，实现中国式现代化的必然选择。中国以其独特的金融发展模式，书写了经济奇迹的华丽篇章，为世界提供了新的金融发展范式。这一范式跳出了西方金融理论的固有逻辑，展示了金融服务实体经济的重要性与可行性，昭示着中国金融在未来全球金融格局中不可替代的重要作用。

金融强国建设
与中国特色金
融发展之路

其次，洞察金融规律，构建中国金融自主知识体系的迫切需要。中国金融具有以下特点：一是中国金融微观经营主体以国有为主。国有金融机构占据主导地位，这与其他市场经济国家存在根本区别。二是在市场作用和政府作用的问题上，中国特色金融发展之路表现出辩证特点，"看不见的手"和"看得见的手"都要用好。三是金融运行的目标体现出"以人民为中心"的社会主义价值取向，不仅重视经济金融运行的效率，更关注过程公平和共同富裕。四是中国经济是大国经济，中国金融也是大国金融。中国金融发展具有不平衡性、非均衡发展的特征，同时也具有较大的外部性特征。中国是最大的发展中国家，中国任何经济政策的改变，都会对其他国家产生影响。这意味着，必须深化对中国金融本质和规律的认识，加快构建中国金融自主知识体系。

进一步来讲，构建中国金融自主知识体系必须把马克思主义金融理论同当代中国具体实际相结合、同中华优秀传统文化相结合。马克思主义是"魂脉"，中华优秀传统文化是"根脉"，把马克思主义基本原理同中华优秀传统文化相结合，才能真正把握中国金融自主知识体系的历史必然、文化内涵与独特优势。

再次，加强金融强国建设，推进中国式现代化建设的迫切需要。全面建成社

① 中共中央党史和文献研究院编：《习近平关于金融工作论述摘编》，中央文献出版社 2024 年版，第 16—17 页。

会主义现代化强国离不开强有力的金融支撑。只有充分发挥金融在资源配置、风险管理和创新驱动中的关键作用，才能为中国式现代化建设注入持续动力，加快实现经济高质量发展，提高中国在全球金融治理中的影响力和话语权。建设金融强国既是打破制约经济持续健康发展的瓶颈之举，也是实现中华民族伟大复兴的战略支撑。

最后，总结中国金融学基本原理，为世界经济发展贡献中国智慧的迫切需要。在全球经济金融变迁和中国经济金融迅速发展的今天，只言凯恩斯、弗里德曼而无视原汁原味的中国金融理论是失之偏颇的。具有"东方神韵"的中国金融理论应该为世界现代金融理论的发展作出自己的贡献。中国金融改革发展实践为其他国家提供了金融渐进式改革的新模式，实践证明中国金融改革方案的效果明显优于西方金融自由化模式。中国金融理论彰显了中国特色金融发展道路的独特性和优势。它不仅是中国金融的光辉篇章，更是对全球金融发展模式的一次重大创新，为全球金融治理体系的完善与创新贡献了独特的中国智慧和中国方案。

中国特色金融发展之路，以其独特的国情与智慧，展示了中国在实现经济高质量发展、建设金融强国、推进中国式现代化过程中的坚定决心和无比自信。中国金融的发展，必将为世界经济注入新的动力，为全球金融稳定和繁荣贡献独特的中国智慧和中国方案。因此，学习中国金融学可以深入理解中国特色金融发展道路的独特性和优势，帮助我们准确把握金融改革与创新的内在规律，更好地为全球金融治理体系的完善与创新提供中国智慧。

二、核心理念、逻辑主线与基本方法

中国金融理论关注的核心问题是在社会主义市场经济体制下，如何实现金融主体对稀缺资源的跨期有效配置。本书将马克思主义的立场、观点和方法作为根本遵循，以人民为中心，倡导政府市场协同并行、公有非公有共同发展，兼顾结构性和非均衡发展的特点。

在核心理念上，本书坚持以习近平新时代中国特色社会主义思想为指导，全面体现以"八个坚持"为核心的中国特色金融发展之路的立场、观点和方法，强调以下四个方面：第一，始终坚持"以人民为中心"的金融发展思想，将维护最广大人民根本利益作为金融工作的出发点和落脚点，回答"为了谁"的问题；第二，将金融植根于经济发展系统，体现出"经济是肌体，金融是血脉"的辩证思想，提供"做什么"的思路；第三，在金融安全发展的底线基础上构建金融发展框架，"统筹发展和安全"，明确"如何做"的思维；第四，立足新发展阶段，贯彻新发展理念，构建新发展格局，明确金融发展的历史方位与指导理念，确定"是什么"的立场。

在逻辑主线上，本书融合了金融运行的两条基本逻辑主线。一是资源配置主线。金融学关注的核心问题之一是金融主体对稀缺金融资源的跨期有效配置，因此资源配置主线是认识金融一般规律的重要逻辑主线。金融资源配置既要遵循市场经济的一般规律，又要发挥政府宏观调控作用。二是风险、稳定与安全主线。微观金融运行机制的核心是金融资产风险定价，金融体系的稳定是发挥金融功能的重要保障，宏观金融安全是国家宏观战略的重要组成部分。沿着上述逻辑主线，本书首先揭示中国金融的时代特征，然后延续从微观金融至中观金融再到宏观金融的基本布局展开讨论，最后上升到金融开放、金融发展及金融强国的战略高度予以进一步探讨。本书的基本逻辑框架如图1所示。

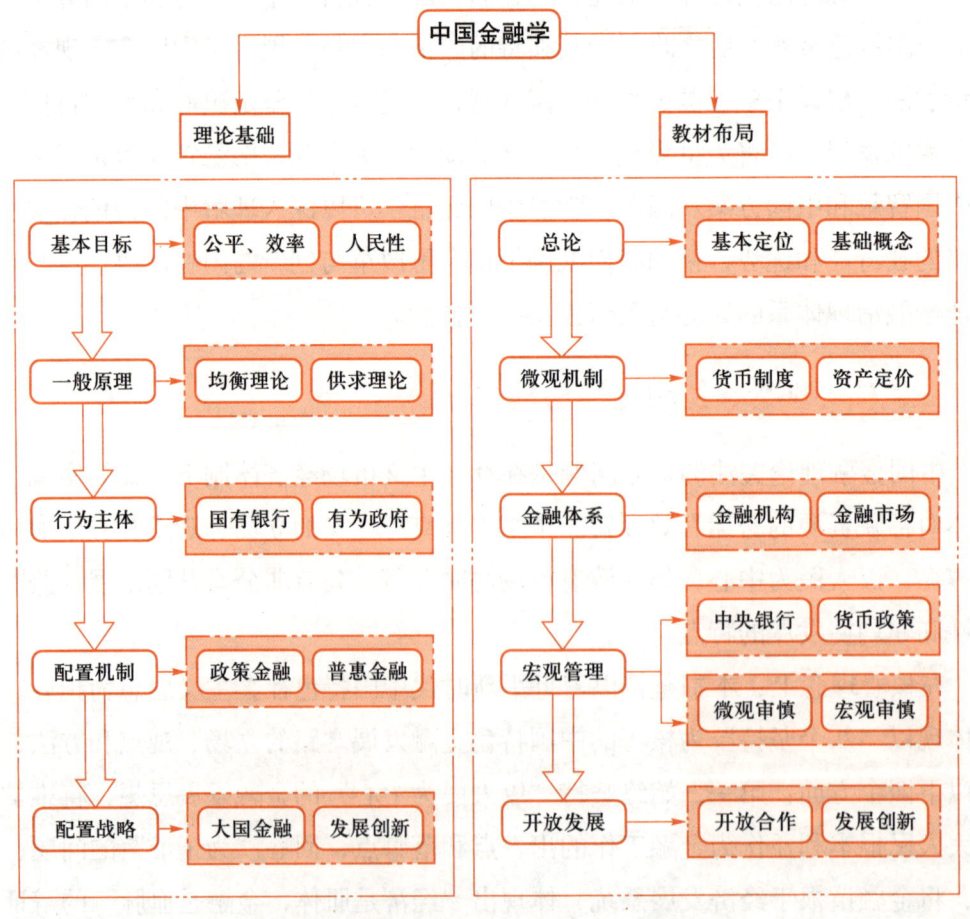

图1 《中国金融学》的基本逻辑框架

在基本方法上，本书坚持以习近平新时代中国特色社会主义思想为指导，总结中国经验、讲述中国故事。一是坚持马克思主义的立场、观点和方法，运用辩证唯物主义和历史唯物主义的分析方法。二是将中国特色社会主义理论融入金融学的研究和教学之中。马克思主义基本原理和中国具体实际相结合，形成了中国特色社会主义理论。在社会主义市场经济的运行中，有许多金融问题需要我们坚持马克思主义基本原理和方法论，同时注意借鉴西方经济学的有益成分，进行理论和实践创新。三是遵循市场经济的一般规律，运用现代经济学研究的分析方法，并与其他学科交叉融合。

三、特色创新与篇章结构

本书具有三方面定位。第一，作为金融学专业本科的基础教材，本书将在未来取代传统的货币金融学教材，因此融合了传统货币金融学的部分内容。第二，本书也可作为非金融学本科生的金融学教材，帮助其他专业的学生掌握中国金融发展的基本情况。第三，本书适用于研究生的低年级阶段，尤其是本科阶段非金融学专业的研究生，帮助这类学生深入学习金融学。

本书的特色与创新体现在以下五点。一是体现主线清晰、特色鲜明的理论基础。在深入分析经济金融关系基础上，以"金融资源配置"与"风险、稳定与安全"作为主线，体现出社会主义市场经济一般规律及理论基础。二是体现中国金融学的价值导向和中国特征。在总结中国金融运行规律基础上，强调"金融的人民性""渐进转型""国有主体"及"大国金融"的特征，体现对金融的本质属性等重大理论问题的"中国回答"。三是体现中国特殊的制度优势。在深入分析金融改革实践基础上，强调政府、市场和社会的统一关系，以及金融发展与国家安全、金融创新与金融监管的辩证关系，体现出中国"制度优势"在金融发展中的关键作用。四是体现全球重大金融问题的中国方案。在深入总结中国金融发展经验基础上，强调金融服务实体经济、防范金融风险等重大问题的"中国实践"，凸显科技金融、绿色金融、普惠金融、养老金融、数字金融、政策性金融、社会（公共）金融的重大作用。五是体现教材编制体例方面的创新性。运用无套利均衡、供求均衡、信息经济学、制度经济学等方法构建金融学的中国化、学理化分析框架；开展融合性、交互性数字化教材建设；拓展金融案例库和资源库，讲好中国故事，强化育人功能。

本书由绪论和15章内容组成。

第一篇总论（第一章）。界定金融学的基本定位与学科边界，能够为其他篇章提供基本概念及分析对象。本篇界定金融的基本概念，分析金融的功能，阐释金融的运行方式尤其是资金融通，进而阐明金融在经济高质量发展中的作用。本篇将分析中国特色现代金融体系的构成及演变，突出中国金融学的价值导向和时代特征，从实践中明确中国金融的历史定位与使命担当。

第二篇金融微观运行机制（第二章、第三章、第四章、第五章）。价格机制是市场配置资源的核心机制。本篇内容为金融工具进行有效定价，通过供求关系的变化来调节金融资源的分配和使用，确保金融资源得到有效利用，是金融学理论机制的基石。本篇介绍货币、货币制度、信用体系相关的知识，深刻阐释中国的货币制度与信用体系演进的框架。讲述利率产生的原因和利率的分类，总结中国利率体系现状以及利率市场化的改革进程，分析均衡利率的决定以及期限结构理论。在对外汇市场以及汇率基本概念进行界定的基础上，对外汇市场的发展、汇率的决定以及汇率制度的选择及演进进行深入分析。在货币、信用、利率、汇率等基础上，重点分析有效市场假说的基本原理，阐释供求均衡、均衡定价、无套利定价等金融资产定价理论，系统介绍中国特色估值体系。

第三篇中国金融体系（第六章、第七章）。本篇是关联第二篇金融微观运行机制和第四篇中国金融宏观管理的重要纽带。金融体系是金融运行和资金运转的核心载体。本篇将中国金融体系划分为金融机构和金融市场，分别阐释金融机构与金融市场的一般原理、历史演进、运行模式和创新实践。金融机构部分聚焦商业银行、其他金融机构、政策性金融机构及农村金融机构，对每类金融机构的功能、基本业务及发展模式进行重点分析。金融市场部分在对金融市场分类及其作用进行讲解的基础上，分别对中国货币市场、资本市场、衍生品市场的种类、特征、发展逻辑进行分析。

第四篇中国金融宏观管理（第八章、第九章、第十章、第十一章、第十二章、第十三章）。金融宏观管理是现代国家宏观经济治理的重要内容，本篇从货币政策与金融监管两个方面构建中国金融宏观管理体系：前者从货币总量控制、结构调整角度实现经济金融资源配置；后者保护金融体系的稳定，确保金融高质量发展之路行稳致远。货币供给部分阐释经典的货币供给模型，总结中国货币供给特殊规律。货币需求部分分析中国的货币需求的特征，对主要的货币需求理论作简要介绍。从货币政策目标、工具、规则、传导机制等维度论证了中国金融宏观调控的理论实践。监管部分讲解金融监管的目标和原则，总结中国金融监管体制的演变及其特征，归纳银行业、保险业、证券业的微观审慎监管工具，阐释宏观审慎管理的理论基础，介绍宏观审慎政策工具与传导机制，总结中国宏观审慎管理的创新实践。

第五篇中国金融开放发展（第十四章、第十五章）。本篇分别从对外金融开放与全球金融治理、对内金融发展与创新两个维度构建中国特色现代金融体系。对外金融开放与全球金融治理部分介绍金融开放的内涵与模式，阐释金融开放的基本理论，总结中国金融开放的实践，介绍全球金融治理的模式与实践，探讨全球金融治理中的中国担当。对内金融发展与创新部分从金融发展与创新的基本概念和理论框架出发，介绍金融结构、金融创新与金融发展理论，阐述金融创新的逻辑与特征，总结中国金融领域的经验与教训，展望中国金融未来发展方略。

从教学安排来看，本书强调研究型学习，为高水平的学生预留探索空间。在这一定位基础上，本书遵循深入浅出、基本原理与前沿知识并举的编写方式。正文中讲解基础知识，供本科生进行基础学习；同时提供大量专栏、拓展资料、选学内容和二维码，供学有余力的学生进行深入思考和学习。在教学过程中，教师可以根据课程需要选择性地讲解相应章节和内容。本书为本科阶段教学设计，兼顾学生的进阶需求。针对低年级本科生可重点讲授基础章节（第一至第十三章），针对高年级本科生和研究生则可选用后续章节进行更深入的案例分析和专题研究。

第一篇
总　论

第一章　金融概述

经济是肌体，金融是血脉，两者共生共荣，缺少强健的实体经济支撑，金融繁荣只会是"虚胖"。

——中共中央党史和文献研究院编：《习近平关于金融工作论述摘编》，中央文献出版社2024年版，第6页。

▤▶ 学习目的和要求

理解金融的基本概念与核心功能；掌握资金融通的基本框架以及直接融资和间接融资的区别；掌握中国特色现代金融体系的构成及演变；理解金融在经济高质量发展中的作用；增强锚定金融强国建设目标扎实推进金融高质量发展能力，胸怀"国之大者"，切实增强加快建设金融强国的使命担当。

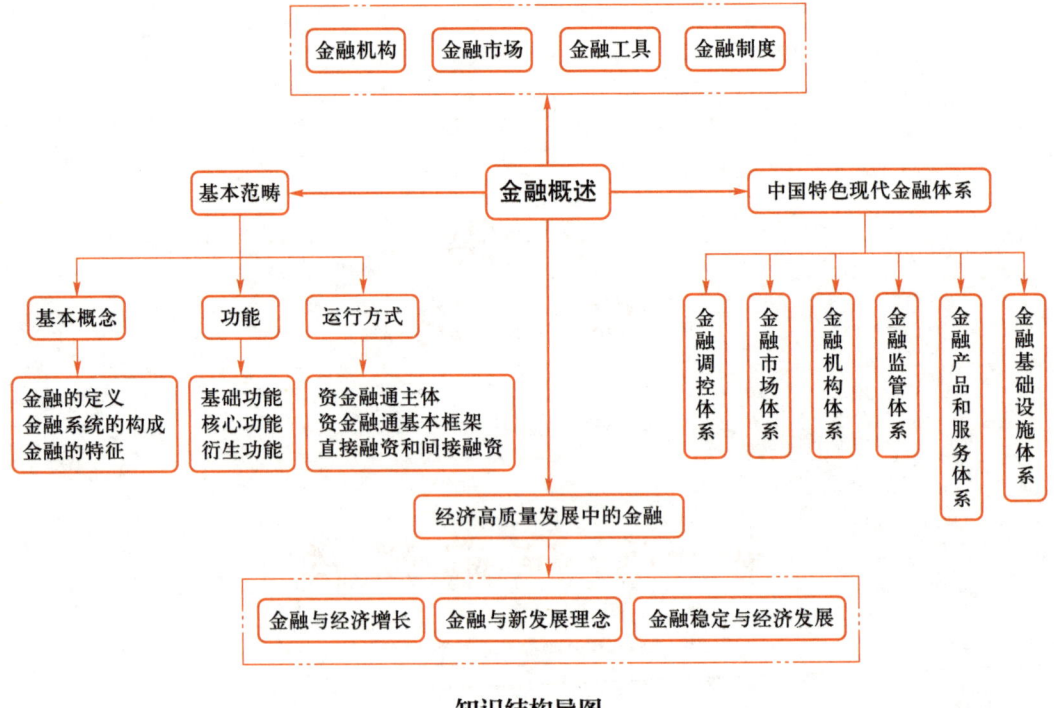

知识结构导图

理解金融的核心功能、把握中国特色现代金融体系的理论要义，对实现金融强国战略目标、推进中国式现代化具有重要意义。在纷繁复杂的金融现象中，如何理解金融的本质？金融的基本概念又是什么？本章内容突出了中国金融学的价值导向和时代特征，起到学科引导的作用。本章将界定金融的基本概念，分析金融的功能，介绍金融的运行方式尤其是资金融通，探讨中国金融体系的独特构成及其如何服务于国家经济发展的战略目标，阐明金融在经济高质量发展中的作用。

第一节　金融的基本范畴

本节将溯源"金融"的词义，阐释金融的内涵和构成要素，并讲解金融的功能和运作方式，帮助读者建立起对金融的初步认识。

一、基本概念界定

（一）金融的定义

我国金融活动历史悠久，创造了很多的世界第一，包括最早的纸币、最早的汇票和期票、最早的货币理论和实践等。最早列入"金融"条目的工具书是1915 年出版的《辞源》。《辞源》（1937 年普及本第 11 版）中"金融"条目的释文是："今谓金钱之融通状态曰金融，旧称银根。各种银行、票号、钱庄，曰金融机构。"《辞海》20 世纪 60 年代的试用本和 1979 年首次公开发行版本的释文修订为："货币资金的融通，一般指与货币流通与银行信用有关的一切活动，主要通过银行的各种业务来实现。"1990 年出版的《中国金融百科全书》对"金融"条目的解释是："货币流通和信用活动以及与之相关的经济活动的总称。"

在各类金融学教材中，对金融的定义一般有两类。

（1）功能观。金融指货币资金的融通或流通。中国经济学家黄达将金融划分为广义"金融"和狭义"金融"。广义"金融"指与物价有紧密联系的货币流通，涉及银行与非银行金融机构体系以及国际金融等领域。狭义"金融"指有价证券及其衍生品市场，即资本市场。中国经济学家曾康霖从"金融"一词的历史演进总结了金融的含义：从融资活动的运作机理出发，将金融定义为金融资产的交易行为；从融资活动的领域出发，将金融定义为资本市场运营和资本资产的供给与定价；从融资活动主体的行为目标出发，把金融定义为风险与报酬的权衡；从融资活动的社会效应出发，把金融定义为不同主体对货币资产的管理。

（2）决策观。金融是人们在不确定环境中进行稀缺资源的跨期配置。"金融"更早出现在西方国家。"金融"的英语为"finance"，其词源是拉丁语"finis"，表示"结束"，即"借贷结清"的意思。由此可见，英语"finance"的本意是"货币资产及其管理"。《新帕尔格雷夫经济学大辞典》将金融定义为"资本市场的运营、资本资产的供给和定价"，其基本内容包括有效率的市场、风险与收益、期权定价以及公司金融。

中国金融前史

本书将金融定义如下：从内涵上看，金融是服务于人类生产和消费过程，在不确定环境中进行的货币资金流通与资源跨期配置。从外延上看，金融是以金融功能为不变特质而形式多样的组织机构、金融市场、金融工具与金融制度安排的总称。

（二）金融系统的构成

金融系统是一个由多种金融机构、金融市场、金融工具和金融制度组成的复杂网络，这些要素共同作用以实现资金的交换和转移。一般而言，金融系统主要包括金融机构、金融市场、金融工具、金融制度。

国外对
finance（金融）
的用法和解释

金融机构是金融活动的重要参与者，指在金融活动中起中介作用的主体。金融机构包括银行业金融机构、证券业金融机构、保险业金融机构、金融控股公司等。

金融市场指一切货币资金借贷和金融资产交易的场所。金融市场有广义和狭义之分。广义的金融市场是指包括商业银行等金融机构在内的信贷活动场所，以及从事股票等有价证券交易的场所。狭义的金融市场主要包括资本市场和货币市场等。

在金融系统中，金融活动的交易对象是金融工具。金融工具指资金供求双方以法律形式确定的具有明确权利义务关系的书面凭证。这里的金融工具既包括银行存款，也包括股票、债券等有价证券。现代法定信用货币也可以被视为广义上的金融工具。金融工具为储蓄向投资的转化提供了具有法律效力的凭证，提升了储蓄者和投资者之间的资金融通效率。

金融系统的运行需要金融制度的保障。金融制度主要包括货币、信用、利率、汇率及监管制度，也包含货币政策等宏观调控制度。

（三）金融的特征

（1）金融交易的对象是流动性较高的金融资产。不同于一般的商品交易活动，金融活动中交易的是金融资产。金融资产主要包括货币资金、银行存款、理财产品、基金、债券、股票以及期货等。

（2）金融交易的基础是信用。金融交易以资金借贷为主，资金的借贷行为涉及跨期配置问题，而信用是资金借贷双方达成交易的前提，较高的信用也可以起到降低交易成本的作用。

（3）金融行为的动机是金融资源的跨期优化配置。无论是个人、企业还是政府，在金融活动中都有资源跨期优化配置的目标。例如，个人通过长期住房贷款，实现消费平滑；企业通过资金借贷，提升当期盈利能力；政府通过调控不同时期的货币资金供给，实现经济的平稳增长。

（4）金融决策的核心是收益—风险的权衡。金融资产一般都具有收益性，特别是股权类和债权类金融资产。与此同时，金融活动也具有较强风险性，比如债务人无法还本付息的违约风险，以及金融资产价格下跌的市场风险等。收益和风险如影相随，而且往往同向变动。金融决策需要对金融资产的收益和风险进行权衡，选择最优的收益—风险组合。

二、金融的功能

资源配置功能是金融系统功能最为集中的体现，任何金融系统的基本功能都是在不确定的环境中，利用时间和空间维度实现资源的有效配置。这种金融功能观的分析框架依赖于两个基本前提：第一，金融功能比金融机构更稳定，即金融功能在不同时期和不同地域变化较小；第二，金融机构的功能比金融机构的组织结构更重要，竞争将导致金融机构的结构性变化，使其向更有效的金融系统演进。

（一）金融的基本功能

1. 资金融通功能

资金融通功能有助于解决资金短缺及流动性等问题，这是金融系统的基本功能之一。金融系统的独特性在于：为从事大规模、技术上不可分业务的企业提供融资机制；为跨时间、跨地域和跨产业的经济资源转移提供渠道。金融系统的资金融通功能主要有商业银行信贷业务和金融市场融资两种实现渠道。商业银行通过吸收存款等方式聚集社会闲散资金，再以贷款或投资形式将聚集的资金提供给资金需求方。此外，资金需求方还可以在金融市场发行股票或债券来实现资金融通。

2. 支付结算功能

金融的早期功能主要是提供便捷高效的支付结算。金融机构尤其是商业银行为社会提供的支付结算服务，对促进商品交易高效完成、降低交易成本、加速资本周转以及促进生产流通等具有重要意义。一般用安全性、便利性和时效性来评价支付结算的效率。随着信息技术的发展，支付结算也在传统的商业银行基础上衍生出网络第三方支付等新型工具，如支付宝和微信支付等。

（二）金融的核心功能

金融的核心功能是资源配置功能。资源配置功能是金融内涵的重要表现，其使得金融资源在不同时间和空间之间不断优化，提升资源配置效率。金融资源配置效率主要体现在微观和宏观两个层面。在微观层面上，配置效率关注的是经济参与者（包括个体、公司或政府）如何使用其资源来最优地满足其需求。在宏观层面上，配置效率关注的是稀缺资源如何流向最能产生价值的地方。金融资源的跨期配置需要考虑时间和风险两个关键因素。一旦考虑跨期决策，就会面临不确定性和风险，因为人们并不能预知未来。

资源配置功能只有在平稳运行的金融系统中才会更好地发挥作用。资源配置功能通过金融系统中的金融市场、金融机构等共同作用来实现。金融系统通过其资源配置功能，关联整个经济中的资金需求方与资金供给方，调剂整个社会中的资金余缺（或不平衡），以实现对资金（进而对实际经济资源）的更有效利用，最终提高整个社会的福利水平。考虑交易成本、资金安全等因素后，金融系统一方面提高了资金供给方的资金收益，另一方面降低了资金需求方的资金成本。

金融市场为资源配置提供高效便捷的交易场所。金融市场使得企业产权不断货币化和证券化，使得金融资源从低生产率部门向高生产率部门转移，从而实现资源有效配置。此外，金融市场还可以提高金融资产交易的流动性，确保金融工具所有者以较低成本进行交易，从而进一步提升金融资源配置效率。

金融机构发挥资源配置功能主要体现在三个方面。一是创新金融工具。金融机构在充当信用中介的基础上，不断创新金融工具，满足资金供求双方的多样化需求，提升金融资源配置效率。二是将货币转化成资本。金融机构尤其是商业银行的基本业务之一是吸收存款，然后以贷款形式将吸收的存款投放给企业。在这一过程中，非资本形式的货币转化为货币资本，从而加快企业生产和商品流通。三是缓解金融资源的稀缺性。作为一种金融资产，信贷资金具有明显稀缺性特征。商业银行通过创造存款货币实现信用创造，扩大信贷规模，从而缓解金融资源的稀缺性。

（三）金融的衍生功能

1. 信息创造功能

金融机构在促进资金融通的同时，为微观主体提供信息中介服务。金融机构汇集多维金融信息，实现信息创造，并借助其规模化和专业化经营降低交易的搜寻成本和信息成本，有利于缓解交易中的信息不对称，提升交易效率。此外，金融数据也为宏观金融调控和维护金融安全提供关键信息。金融市场利率、汇率和股票价格等资产价格的变化，不仅为宏观金融调控提供了前瞻性的预期信息，也为维护金融安全提供了关键预警信号，从而能够帮助居民、企业和政府进行金融决策。

2. 财富管理功能

随着居民收入的增加，居民的财富管理需求日渐强烈。金融机构和金融市场为财富管理者提供了相应的渠道和产品。金融市场提供品类繁多的金融产品，有助于财富管理者实现投资组合的分散化，降低投资风险。同时，金融系统为控制风险提供手段：金融中介通过跨期平滑和投资组合承担金融资源配置的风险，衍生金融工具为风险规避和风险投资提供了新的方式。

3. 宏观调控功能

金融的宏观调控功能主要通过货币政策和监管政策的传导实现。中央银行通过控制货币供给、调节政策利率、公开市场操作等方式影响宏观经济，金融市场与金融机构为政策实施提供平台与渠道。此外，政策性金融机构可以引导经济发展，金融工具的创新则为政策操作提供更多手段。金融体系的高效运行是发挥宏观调控功能的重要保障。

4. 金融普惠功能

在市场经济条件下，金融资源通过金融资产的价格来调节和配置。但是金融资源供给不足，导致社会公众无法平等地享受金融服务。而金融的普惠功能，即普惠金融，就是要让社会的所有成员，不管收入多少或规模大小，都有权获得所需金融服务。

金融科技的发展使得普惠金融日渐成为现实。金融科技使得金融服务的门槛不断降低，通过信息技术手段为传统金融业难以覆盖的中低收入个人用户和中小微企业提供更优质的金融服务，有助于弥补传统金融服务的缺陷。具体而言，金融科技基于大数据等技术，将海量零碎资金集中，并高效对接资金需求，精准配置金融资源，表现出鲜明的普惠金融特色。

金融机构为什么要承担环境责任？

5. 金融的绿色功能

金融的绿色功能是指金融支持和促进绿色发展的功能，通常被概括为"绿色金融"。绿色发展是人类进步的必然选择。2021年，习近平在领导人气候峰会上指出，实现碳达峰和碳中和是"中国基于推动构建人类命运共同体的责任担当和实现可持续发展的内在要求作出的重大战略决策"[1]。在此背景下，绿色金融备受关注。在"双碳"目标下，须进一步有效发挥金融在绿色发展中的作用，合理选择环境政策和金融政策组合，兼顾金融的市场属性和政策属性，构建绿色发展体系，有效提升经济高质量发展中的金融资源配置效率。

深刻把握政治性和人民性，发挥中国特色金融功效

三、金融的运行方式

金融的运行是指金融参与主体通过金融市场或金融机构实现资金融通的行为

---

[1] 《习近平外交演讲集》第二卷，中央文献出版社 2022 年版，第 347 页。

过程。资金融通方式是金融运行的核心。

（一）资金融通主体

一个经济体一般包含居民、企业、政府以及金融机构等部门。就整个社会而言，在某一时点上，一些部门收入大于支出因而会有资金盈余，另一些部门则支出大于收入因而会出现资金短缺。在一般情况下，居民部门是资金盈余方，企业部门与政府部门是资金短缺方。净金融投资就是总储蓄与总实物投资的差额，反映社会总体资金盈余或短缺状况。各部门的净金融投资反映了各部门资金的余缺情况。

（二）资金融通基本框架

如何实现资金盈余方和资金短缺方的资金匹配呢？资金从盈余部门转移到短缺部门的融通机制通常也被称为储蓄—投资转化机制。储蓄—投资转化机制一般可以分为财政转化机制和金融转化机制两类。

财政转化机制是指政府部门将社会上的剩余资金集中起来，然后分配给其他部门。在计划经济时期，财政转化机制是储蓄—投资转化机制的主要表现形式。实践表明，这种转化机制效率较低。

金融转化机制是指通过金融系统匹配资金的盈余方和短缺方。该转化机制体现了金融的基本功能，即资金融通功能。在现代经济制度下，金融转化机制更为常见。金融转化机制主要有两种方式：一是资金通过诸如银行等金融中介机构从盈余部门流向短缺部门；二是资金通过股票市场、债券市场等金融市场流向短缺部门。

（三）直接融资和间接融资

资金融通主要有直接融资和间接融资两种方式，如图1-1所示。

1. 直接融资

直接融资是指资金盈余方在金融市场上购买资金短缺方发行的股票、债券等金融工具，从而直接向资金短缺方提供资金。在直接融资中，金融市场成为资金盈余方和资金短缺方的联系纽带。根据权利义务关系的不同，直接融资又可分为股权融资（如发行股票）和债权融资（如发行债券）。

直接融资的主要优势表现在以下四个方面。第一，双方不通过商业银行等金融中介机构进行交易，而是直接进行交易，因此，资金短缺方可以节约融资成本，资金盈余方则可能获得较高投资收益。第二，为资金盈余方提供了更多投资机会。资金短缺方在金融市场发行的金融工具具有较高流动性，也可以在金融市场再次交易流通。第三，为资金短缺方带来持续的融资效应，其可以通过发行股票从资本市场再融资。直接融资的成功还可以提高其声誉，使其更容易获得银行贷款及其他融资支持。第四，通过发行长期债券和股票，有利于筹集稳定、可长期使用的投资资金。

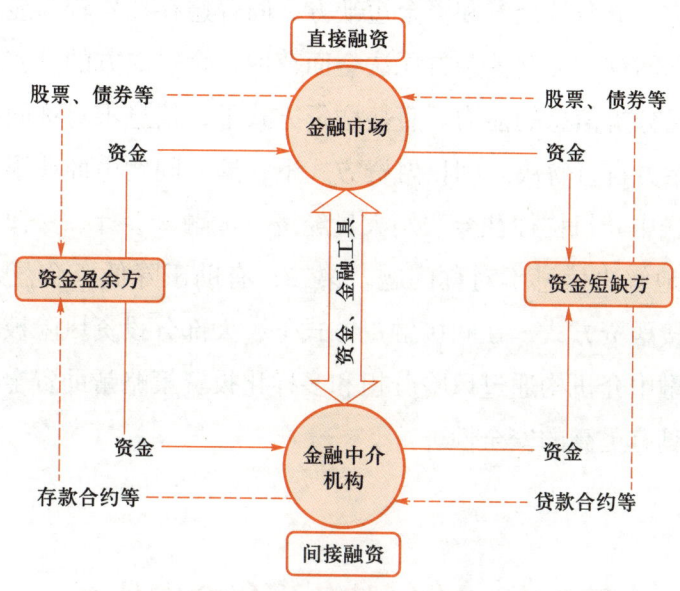

图 1-1　直接融资和间接融资

当然，直接融资也存在一些劣势，主要表现在以下三个方面。第一，要求资金盈余方具有更高的金融专业素养。由于金融市场信息不对称，投资者（也就是资金盈余方）需要通过对股票、债券等发行者的了解和对市场行情的判断来决定购买哪一种，这需要很强的专业能力。第二，要求资金盈余方承担较高的投资风险。由于金融市场行情瞬息万变，投资风险较大，这些风险需要资金盈余方自行承担。第三，对于资金短缺方的门槛要求较高。在很多国家的金融市场，只有满足一定条件，资金短缺方才可以通过发行股票和债券进行融资。

2. 间接融资

间接融资是指资金盈余方将资金存入或投资于金融中介机构（如商业银行），金融中介机构再以信贷等方式向资金短缺方提供资金。在间接融资中，资金盈余方和资金短缺方并不直接交易，而是分别同金融中介机构独立交易，金融中介机构发挥着吸收资金和分配资金的功能。

特别值得注意的是，这里的金融中介机构不是一般的代理人，而是一个营利性主体。商业银行作为重要的金融中介机构，是在资金供求双方之间起媒介或桥梁作用的组织。资金盈余方和资金短缺方对金融中介机构的要求权是两种独立的权利。在间接融资中，金融中介机构是融资风险的直接承担者。

全球典型国家非金融企业融资结构

间接融资的主要优势有两个方面。第一，有助于缓解信息不对称。资金盈余方和资金短缺方之间普遍存在着较为显著的信息不对称问题。资金盈余方无法全面获取资金短缺方的真实信息，或者缺乏分析信息的能力。直接融资方式下，信息不对称问题需要资金盈余方自行解决。间接融资方式下，这一问题由商业银行等金融中介机构解决。金融中介机构往往会雇用大量经济、金融、会计、法律等方面的专业人士，能较好地解决信息不对称问题。第二，有助于降低资金盈余方的投资风险。相较于直接融资方式，在间接融资方式下，大部分投资风险被转移给了金融中介机构。金融中介机构通过风险分担和多样化投资策略帮助资金盈余方降低风险，确保投资具有更高的安全性。

第二节　中国特色现代金融体系

了解金融的基本概念、功能和运行方式后，可以进一步思考金融如何在实际操作中发挥作用，尤其是在中国特色现代金融体系的框架下如何发挥作用。金融的功能和运行方式决定了它在推动经济高质量发展中也具有重要地位。

中国特色现代金融体系可以分为金融调控体系、金融市场体系、金融机构体系、金融监管体系、金融产品和服务体系以及金融基础设施体系六个部分。

一、金融调控体系

金融调控是一项系统性工作，需要以全面系统的战略思维，将短期和长期、内部和外部、局部和整体有机结合，统筹兼顾，系统安排。在金融调控体系中，货币政策和财政政策的配合是核心，同时还包括宏观审慎管理和多种类型金融政策的协调。中国特色金融调控体系形成了多种类型的组合，从总量、结构和水平上服务经济增长、风险防控等一系列重要国家战略。党的二十届三中全会明确提出，加快完善中央银行制度，畅通货币政策传导机制；积极发展科技金融、绿色金融、普惠金融、养老金融、数字金融，加强对重大战略、重点领域、薄弱环节的优质金融服务。

二、金融市场体系

金融市场是提供资金融通和金融资产交易的场所或机制的总和。中国金融市场包括货币市场、资本市场和衍生品市场，如图1-2所示。其中，货币市场主要以期限在一年以内的短期金融工具为交易对象，如同业拆借、回购和票据等，为金融机构和企业提供短期融资与流动性管理，对维持市场流动性和传导货币政策具有重要意义；资本市场主要包括股票市场和长期债券市场，为企业和政府提供长期融资渠道，并为投资者提供多样化的投资选择。20世纪90年代以来，我国逐步形成和发展了多层次资本市场体系。我国资本市场从无到有、从小到大，实现了历史性突破和跨越式发展。与此同时，衍生品市场也不断壮大，涵盖期货、期权、互换等多种产品，为市场参与者提供了更加丰富的风险管理和资产配置工具。在国家层面，进一步提升直接融资比重已成为金融市场改革的重点方向。党的二十届三中全会明确提出，发展多元股权融资，加快多层次债券市场发展，提高直接融资比重。金融市场的详细内容将在第七章进行介绍。

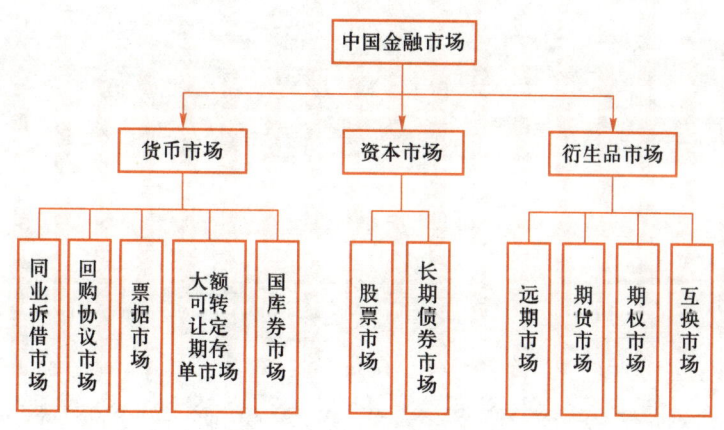

图1-2　中国金融市场体系

三、金融机构体系

金融机构是从事存款、经纪交易、承销和信托等业务的中介组织。中国金融机构体系涵盖银行业存款类金融机构、银行业非存款类金融机构、证券业金融机构、保险业金融机构以及金融控股公司等，如图1-3所示。

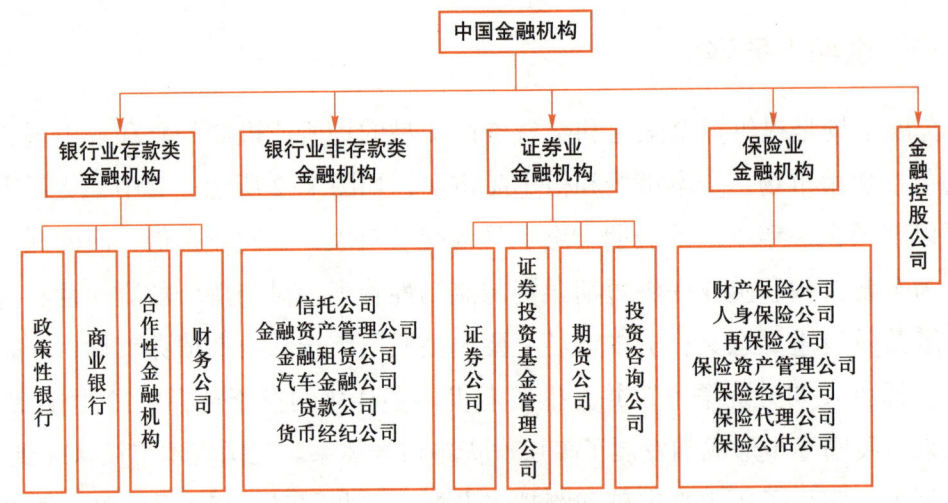

图 1-3　中国金融机构体系

图 1-4 展示了 2004—2023 年中国主要金融机构的资产结构。可以看出，中国金融机构体系中银行业金融机构占绝对主导地位，银行业总资产占金融机构总资产的比例维持在 90% 以上。

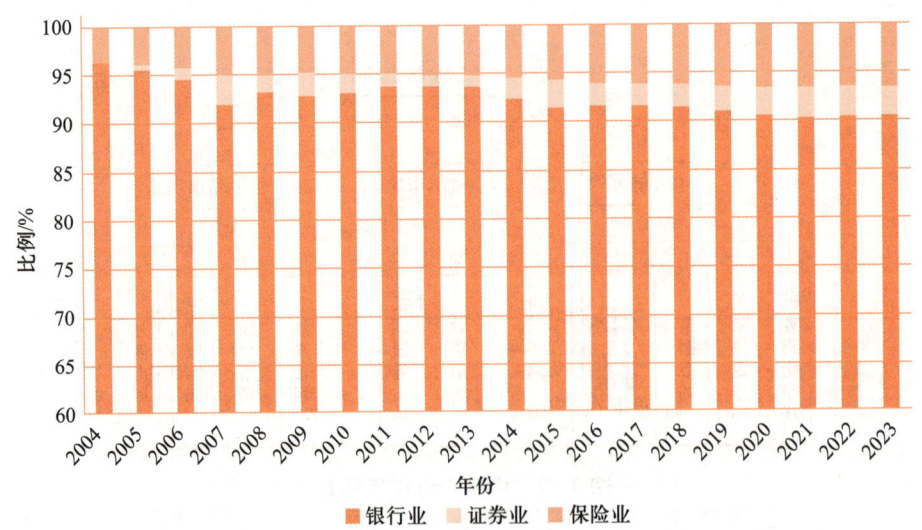

图 1-4　2004—2023 年中国主要金融机构的资产结构

资料来源：Wind 数据库，国家金融监督管理总局网站。

四、金融监管体系

金融监管体系是一系列金融监管活动及制度安排等组成的有机统一整体，包括监管机构、监管模式、监管对象、监管内容等。广义的金融监管，除包括一国（地区）中央银行或金融监管当局对金融机构的外部监管外，还包括各金融机构内部控制的自律监管、同业组织的互律监管和社会组织、市场的公律监管等。狭义的金融监管仅指一国（地区）的中央银行或金融监管当局依据法律法规的授权，对金融机构实施的监督管理。

1992 年以前，中国人民银行集制定货币政策与金融监管职责于一身。1992 年、1998 年和 2003 年，中国证券监督管理委员会（简称中国证监会）、中国保险监督管理委员会（简称保监会）和中国银行业监督管理委员会（简称银监会）先后成立，分业监管格局由此形成。2017 年，国务院金融稳定发展委员会成立，其作用主要是统筹协调金融稳定和改革发展等重大问题。2018 年，银监会和保监会合并为中国银行保险监督管理委员会（简称银保监会）。2023 年，新一轮机构改革开启，金融监管框架调整为中央金融委员会领导下的一行（中国人民银行）一局（国家金融监督管理总局）一会（中国证监会）。党的二十届三中全会提出，完善金融监管体系，依法将所有金融活动纳入监管，强化监管责任和问责制度，加强中央和地方监管协同。我国现行的金融监管模式如图 1-5 所示。

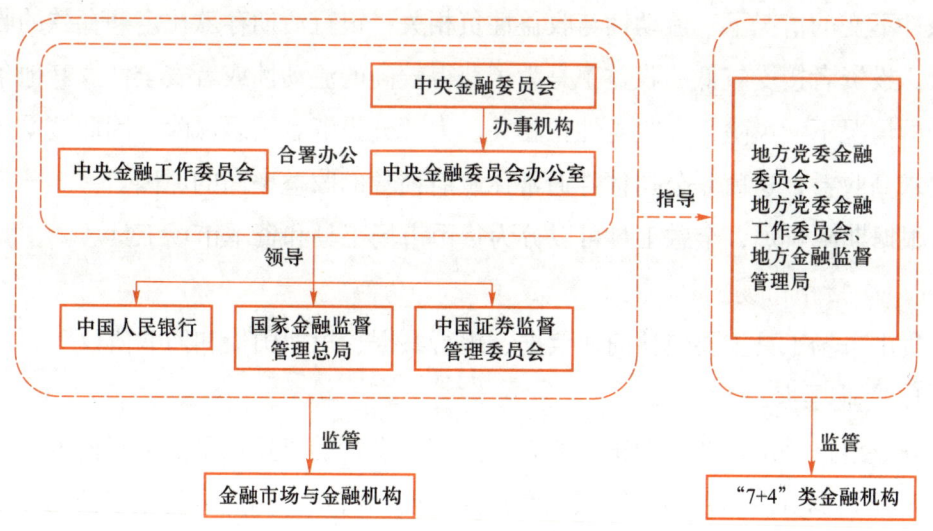

图 1-5 中国金融监管模式

注："7+4"类金融机构是由地方金融监督管理部门负责监管，具有一定金融属性但不持有金融牌照的 11 类机构。"7"是指小额贷款公司、融资担保公司、区域性股权市场、典当行、融资租赁公司、商业保理公司、地方资产管理公司；"4"是指投资公司、开展信用互助的农民专业合作社、社会众筹机构、地方各类交易所。

五、金融产品和服务体系

金融产品，也称金融工具，是进行资金融通的工具。狭义的金融工具是指资金短缺方向资金盈余方借入资金，或发行者向投资者筹措资金时，依照一定格式制成的标准化的、在金融市场上被普遍接受和交易的金融资产。广义的金融工具不仅包括股票、债券等有价证券，也包括存款、贷款等金融资产。

金融工具具有流动性、风险性和收益性三个特征。流动性是指一种资产转换为货币资产的难易程度和速度。金融工具若要具有较高流动性必须满足三个前提：一是容易变现；二是变现交易成本极小；三是资产价格相对稳定。风险性是指到期不能收回最初投入的全部资金的风险。风险主要包括信用风险和市场风险。信用风险指由于金融工具发行人不能或拒绝履约，投资者不能收回本金或利息的风险。市场风险指金融工具市场价值变化给投资者带来损失的风险。收益性是指金融工具给交易者带来的货币或非货币收益，如股息、利息以及解决支付需要、方便交易的效用等。收益性一般用收益率衡量。

流动性、风险性和收益性密切相关。一般而言，风险性与流动性之间有一种内在联系，流动性高的金融工具往往风险性小，因为可以迅速变现规避风险。其他条件不变的情况下，流动性与收益性负相关。银行活期存款比定期存款的收益率低，投资者接受较低的收益率是为了获得较高的流动性或者安全性。其他条件不变的情况下，风险性和收益性正相关。大部分投资者厌恶风险，因此接受风险会要求高收益，这就是公司债券通常比政府债券的收益率高的原因。

根据期限长短，金融工具可以分为货币市场工具和资本市场工具。

（一）货币市场工具

货币市场工具主要包括商业票据、银行票据、短期国债和回购协议等。

1. 商业票据

商业票据是由一些大型银行或者大型企业发行的以短期融资为目的的债务工具。商业票据具有信用高、期限短和信息透明的特点，因此成为很多公司短期资金的重要来源。其中，汇票是商业票据中一种典型的形式，常用于商业交易中的资金融通。具体而言，汇票是由债权人开出的，要求债务人付款的命令书。商业承兑汇票是指由收款人开出经付款人承兑，或由付款人开出并承兑的汇票。使用汇票的单位必须是在商业银行开立账户的法人。使用汇票要以合法的商品交易为基础，而且汇票经承兑后，承兑人（即付款人）便负有到期无条件支付票款的义务。

2. 银行票据

银行票据是由银行签发或由银行承担付款义务的票据，主要包括银行承兑汇票、支票以及大额可转让定期存单等。银行承兑汇票是由付款人委托银行开具的一种延期支付票据，票据到期时银行具有见票即付的义务。银行承兑汇票最长期限为 6 个月，票据在到期前可以进行背书转让。由于银行在银行承兑汇票到期时有见票即付的义务，所以一般情况下会要求企业存入票据金额等值或者一定比例的保证金。因为有银行信誉担保，银行承兑汇票的信用性、流通性和灵活性高于商业承兑汇票。支票是出票人签发的，委托办理支票存款业务的银行或其他金融机构在见票时无条件支付确定金额的票据。支票一般分为现金支票和转账支票。大额可转让定期存单亦称大额可转让存款证，是银行印发的一种定期存款凭证，凭证上印有一定的票面金额、存入和到期日以及利率，到期后可按规定提取全部本利，逾期存款不计息。根据《大额存单管理暂行办法》，大额存单采用标准期限的产品形式。个人投资人认购大额存单起点金额不低于 30 万元，机构投资人认购大额存单起点金额不低于 1 000 万元。大额存单期限包括 1 个月、3 个月、6 个月、9 个月、1 年、18 个月、2 年、3 年和 5 年共 9 个品种。

3. 短期国债

短期国债是指期限不超过一年的国债。短期国债是国家财政为满足短期资金需求而发行的一种债券，一般通过折价发行来支付利息。短期国债一般为无风险债券的代表，具有低风险和高流动性的特征。短期国债除了是投资工具，也是各国中央银行开展公开市场业务的重要载体。

4. 回购协议

回购协议有两种：一是正回购协议，即证券的出售方和购买方签订协议，明确在一定期限后按照约定价格回购所出售的证券的协议；二是逆回购协议，即证券购买方同意按照约定期限和价格再卖出证券的协议。正回购方以券融资（卖出回购），逆回购方以资融券（买入返售）。从表面上看，回购协议是一种证券买卖，但实际上是以证券为质押品而进行的短期资金融通。回购协议是中央银行公开市场操作和银行间资金融通的主要工具。

（二）资本市场工具

资本市场工具主要包括股票和债券。

股票是股份有限公司在筹集资本时向出资人发行的股份凭证，代表对公司净资产的求偿权。股票还代表着其持有者（即股东）对公司的所有权与控制权。股东是公司的所有者，以其出资额为限对公司负有限责任，承担风险、分享收益。根据股东权利的不同，股票可分为普通股和优先股。

债券是经济行为主体为筹集资金向社会公众发行的、保证按规定时间向债券持有人支付利息和偿还本金的凭证。债券上载有发行单位、面额、利率和偿还期限等内容。债券的发行者是债务人，债券的持有者是债权人。

六、金融基础设施体系

金融基础设施是金融的神经中枢，承载着金融高效运行的使命。金融基础设施体系是构建中国特色现代金融体系和建设金融强国的题中之义，更是加快推进中国式现代化进程的重要保障。党的二十届三中全会提出，要建设安全高效的金融基础设施，统一金融市场登记托管、结算清算规则制度，建立风险早期纠正硬约束制度，筑牢有效防控系统性风险的金融稳定保障体系。

金融基础设施是由为各类金融活动提供基础性公共服务的工作系统及制度安排等组成的有机统一整体，主要包括支付体系、法律环境、公司治理、会计准则、信用环境、反洗钱以及由金融监管、中央银行最后贷款人职能、投资者保护制度组成的金融安全网等。

在中国特色现代金融体系中，金融基础设施机构主要包括中央国债登记结算有限责任公司（简称中央结算公司）、中国证券登记结算有限责任公司（简称中国结算）、中保保险资产登记交易系统有限公司（简称中保登）、中国信托登记有限责任公司（简称中国信登）、上海证券交易所（简称上交所）、深圳证券交易所（简称深交所）、北京证券交易所（简称北交所）、上海保险交易所（简称上海保交所）、银行间市场清算所股份有限公司（简称上海清算所）以及银行业信贷资产登记流转中心有限公司（简称银登中心）等。

第三节 经济高质量发展中的金融

高质量发展是全面建设社会主义现代化国家的首要任务。金融的地位是通过其在实体经济中的作用体现出来的。2015 年 10 月，党的十八届五中全会提出创新、协调、绿色、开放、共享的新发展理念，在推动经济高质量发展方面具有重要意义。习近平强调，"创新、协调、绿色、开放、共享的发展理念，集中体现了'十三五'乃至更长时期我国的发展思路、发展方向、发展着力点，是管全局、管根本、管长远的导向"[①]，深刻揭示了新发展理念是实现高质量发展的必由之路。经济高质量发展是指以创新驱动、协调发展、绿色转型、开放合作、共享成果为基本特征的发展模式，其核心在于实现经济发展从数量扩张向质量提升的根本性转变。这种发展不仅关注经济增长的速度，更强调结构优化、效益提升、可持续性增强和公平性改善，追求更加安全、效率、包容、可持续的经济体系。

一、金融发展与经济增长

经济增长指一个国家人均产出（或人均收入）水平的持续增加，是现代宏观经济的核心议题。金融的功能可以帮助实体产业提升效率，因而从宏观层面来看，金融能够发挥促进经济增长的重要作用。马克思的生息资本理论较早谈及了金融与产业关系的讨论。在时间维度上，马克思的生息资本理论先于熊彼特的金融创新理论、金融结构理论、金融深化理论等西方金融理论。在理论观点上，马克思的理论区别于西方理论，不是简单地归纳事物发展的表象，而是洞察事物发展的本质，进行规律性、科学性总结，因而对后续丰富发展的金融与经济的关系理论具有重要指导意义。在马克思生活的年代，金融的发展程度较低，主要的金融服务形式是信用（借款、债券等），因而马克思在《资本论》中使用"生息资本""货币经营资本"来指代金融资本。马克思用"$G-W\cdots P\cdots W'-G'$"的公式描述产业的运行。G 代表资金，W 代表生产资料，P 代表生产过程。企业用资金购入生产资料，进行生产并实现价值的增值，然后再售卖商品回收资金，得到 G'。而金融的加入让资本循环的过程变为"$GB-G-W-G'-GB'$"，GB 是金融部门拥有的资金，金融部门通过向企业借贷，参与到企业生产过程之中，在企业完成生产并获得 G' 的增值后，金融部门会分享一部分利润，形成 GB'。GB 就被称为生息资本，生息资本是从产业资本中分离出来的独立的资本形态。生息资本的运行也是金融运行的最基本形式。虽然当今金融服务的形式更加多元，金融产品的种类更加丰富，金融市场更加发达，但金融运行的本质依然是与实体部门合作，并分享实体产业利润的过程，马克思的生息资本理论对于理解金融的本质和

[①] 习近平：《论把握新发展阶段、贯彻新发展理念、构建新发展格局》，中央文献出版社 2021 年版，第 111 页。

指导金融实践具有重要意义。

习近平强调："金融要为实体经济服务，满足经济社会发展和人民群众需要。金融活，经济活；金融稳，经济稳。经济兴，金融兴；经济强，金融强。经济是肌体，金融是血脉，两者共生共荣。我们要深化对金融本质和规律的认识，立足中国实际，走出中国特色金融发展之路。"[①] 我们要坚持把金融服务实体经济作为根本宗旨。强调金融服务实体经济，并不意味着金融是实体经济的附属。实体经济是金融发展的根基，脱离实体经济的支撑，金融就会成为无源之水、无本之木；金融则是实体经济的血脉，没有金融"血液"的滋养，实体经济就会死气沉沉、了无生机。只有金融与实体经济相辅相成、互促共进，国民经济才能持续健康发展。在经济发展新常态下，创新是引领发展的第一动力。金融服务实体经济的关键在于发挥金融对实体经济创新的支持作用，培育新的经济增长点。

二、金融与创新发展

技术进步和产业升级是现代经济发展的核心动力，因而金融对经济发展的最重要影响在于促进创新和推动产业升级。关于金融与创新的关系，早在 20 世纪初，熊彼特就提出了金融能够促进创新从而促进经济发展的观点。因而在理论层面，金融与创新发展的关系应该被看作传统金融与经济增长关系的深化和延续。在现实层面，金融对创新和产业升级的影响往往是结构性的。不同类型的金融机构和金融服务适用于不同发展阶段的产业和不同类型的技术创新。例如，在技术创新的初期，由于存在较高不确定性，风险投资类的金融服务更加适合；随着产业发展，技术逐渐成熟，银行类金融机构才能够有效介入。

现实中，金融并不总是能够促进创新发展，时常出现金融结构与经济结构的错配，少数产业和企业获得大量金融资源，而新兴产业和小微企业存在金融服务不足的问题。因而，优化金融体系结构，适应产业的发展和升级，大力发展科技金融和新兴产业金融是未来金融发展的一大任务。

三、金融与协调发展

协调是经济社会持续健康发展的内在要求。协调发展的根本目标是着力解决

[①] 习近平：《论把握新发展阶段、贯彻新发展理念、构建新发展格局》，中央文献出版社 2021 年版，第 308 页。

现有经济结构中的不均衡问题，从而实现区域协调、城乡协调和行业协调。推进中国特色现代金融体系建设，可以在有条件的发达地区建立金融中心，辐射覆盖东中西部，整合周边地区的金融资源，形成经济金融集聚效应。比如，可以加快推进上海国际金融中心建设和长江三角洲区域高质量一体化发展，充分发挥上海国际金融中心的龙头辐射和带动作用。

我国是农业大国，无论是推进区域协调发展还是城乡融合，农村金融均扮演着关键角色。一方面，农村金融机构的网点和服务站覆盖范围较广；另一方面，农村金融机构有着人缘和地缘优势，被企业选择的优先级更高，可以提供更全面的金融服务。农村金融机构应加大在农村基础设施建设和公共服务方面的投入，加大贷款和融资力度，提高农村的发展吸引力。

金融助力民营经济发展壮大也是金融促进协调发展的重要表现。2023 年 11 月，中国人民银行等八部门联合发布的《关于强化金融支持举措　助力民营经济发展壮大的通知》，旨在解决经济发展中各种所有制经营主体获得金融资源"不均衡"的问题，核心是确保各种所有制经营主体机会平等地获得金融资源，进而助力民营经济可持续发展。

四、金融与绿色发展

《中华人民共和国国民经济和社会发展第十四个五年规划和2035 年远景目标纲要》提出，大力发展绿色金融。推动经济社会发展绿色化、低碳化是实现高质量发展的关键环节。绿色金融泛指与生态环境保护和可持续发展相关的金融产品、金融市场与金融政策，囊括了传统意义上的环境金融、气候金融、碳金融等，还包括可持续金融和环境责任投资的部分内容。

绿色金融与经济高质量发展

2003 年，全球多家跨国金融机构联合提出"赤道原则"，将该原则作为金融机构在为项目融资时识别、评估和管理环境及社会风险的通用基准和风险管理框架。2006 年，"负责任投资原则"在联合国支持下发起。关注生态环境、承担环境责任已经成为现代金融机构和投资者的"必修课"。而横向对比各个国家，越是经济规模大的国家，经济发展程度与绿色金融的发展程度相关性越强，绿色金融在经济发展的高级阶段具有必然性和不可替代性。

在新时代高质量发展的背景下，现代金融表现出明显的"绿色功能"。从微观来看，促进经济的绿色发展，是金融机构承担环境责任的理论基础；从宏观来看，绿色金融政策能够解决政府环境治理投资的公共品拥挤问题，从而提升经济增长的质量。

五、金融与开放发展

开放是中国式现代化的鲜明标识。金融开放是我国对外开放的重要动力与关键要素。近年来，中国正在逐步放开对外国金融机构的市场准入限制，全面取消银行保险领域外资持股比例限制，大幅降低外资准入数量型门槛，持续拓展金融开放的广度和深度。

历经十余年，共建"一带一路"倡议得到共建国家的广泛欢迎。在资本项目开放方面，中国的脚步是坚定的，2014年11月开放沪港通，2016年12月开放深港通。与此同时，人民币国际化的程度不断提高。2016年10月特别提款权一篮子货币迎来第五个成员——人民币。人民币在国际结算支付和跨境金融服务中的地位不断提升。近年来，中国稳步扩大制度型开放，参与引领全球治理体系改革和建设，倡导平等有序的世界多极化、普惠包容的经济全球化；实施自由贸易试验区提升战略，建立健全跨境金融服务体系，丰富金融产品和服务供给，坚定维护国家主权、安全、发展利益，为进一步全面深化改革、推进中国式现代化营造良好外部环境。

六、金融与共享发展

普惠金融（或称包容性金融）概念最早由联合国于2005年正式提出，并逐步成为世界各国，尤其是发展中国家高度关注的领域。随着我国经济金融的不断发展，是否能让居民都更好地享受金融服务，成为判断高质量发展的一个标准。

中国特色金融发展之路更加重视金融在促进社会公平和可持续发展方面的作用。通过合理设计，普惠金融服务有助于促进社会公平。例如，2023年发布的《国务院关于推进普惠金融高质量发展的实施意见》，明确提出要优化普惠金融重点领域产品服务、健全多层次普惠金融机构组织体系、提升资本市场服务普惠金融效能，为城乡居民和中小微企业提供更加可得、可负担和可持续的金融服务。

七、金融稳定与经济发展

统筹发展和安全是经济高质量发展的重要保障。金融的良性发展有助于经济发展，但是如果金融过度发展、脱离实体经济发展，则可能反噬实体经济。历史经验表明，20 世纪 70 年代末拉美和东南亚国家的金融自由化浪潮带来的并不是繁荣，而是危机。危机的形成究其本质是超过实体经济需要与承载能力的过度金融化。因此，坚持金融服务实体经济，是推动经济高质量发展的基本前提。

中国始终坚持把防控风险作为金融工作的永恒主题。实践表明，改革开放以来，中国的金融发展有力维护了经济社会的稳定，与经济发展良性互动，有效防范化解了重大风险，实现了长期稳定发展。在中国特色现代金融发展之路上，必须始终坚持金融服务实体经济的本质，强化金融监管，维护金融稳定，发挥金融促进经济发展的功能，以维护经济的稳定和高质量发展。

什么是过度金融化？

 重要概念

金融　金融的功能　资金融通　直接融资　间接融资　中国特色现代金融体系　经济高质量发展

 本章小结

1. 从内涵上看，金融是服务于人类生产和消费过程，在不确定环境中进行的货币资金流通与资源跨期配置。从外延上看，金融是以金融功能为不变特质而形式多样的组织机构、金融市场、金融工具与金融制度安排的总称。

2. 金融的功能可以划分为基本功能、核心功能、衍生功能。金融的基本功能包括资金融通功能、支付结算功能；金融的核心功能是资源配置功能；金融的衍生功能包括信息创造功能、财富管理功能、宏观调控功能、金融普惠功能和金融的绿色功能。

3. 金融的运行是指金融参与主体通过金融市场或者金融机构实现资金融通的行为过程。资金融通主要有直接融资和间接融资两种方式。

4. 中国特色现代金融体系可以分为金融调控体系、金融市场体系、金融机构体系、金融监管体系、金融产品和服务体系以及金融基础设施体系六个部分。

5. 高质量发展是全面建设社会主义现代化国家的首要任务。金融的地位是通过其在实体经济中的作用体现出来的。

 思考题

1. 请问直接融资和间接融资的本质区别是什么？为什么我国要大力发展直接融资？

2. 举例说明，金融是如何助推经济高质量发展的？

3. 2022 年 11 月，中国（上海）自由贸易试验区发布了 30 个金融创新案例，此前，已累计发布 10 批共 130 个金融创新案例。结合这些案例谈一谈金融与经济的关系，以及金融如何推动经济增长。

4. 中国特色现代金融体系的构成及特征是什么？

5. 请结合中国式现代化的特征，讨论金融与经济的关系。

即测即评

第二篇
金融微观运行机制

第二章　货币与信用

农工商交易之路通，而龟贝金钱刀布之币兴焉。
——《史记·平准书》，陈曦等注译，中华书局 2022 年版。

≡▶ 学习目的和要求

理解货币演化的本质规律及基本内涵；掌握货币的主要功能；理解货币形式与货币制度的演变；掌握信用和信用体系的内涵；提升对中国货币制度、传统金融文化的理解，增强文化认同感与民族自信心。

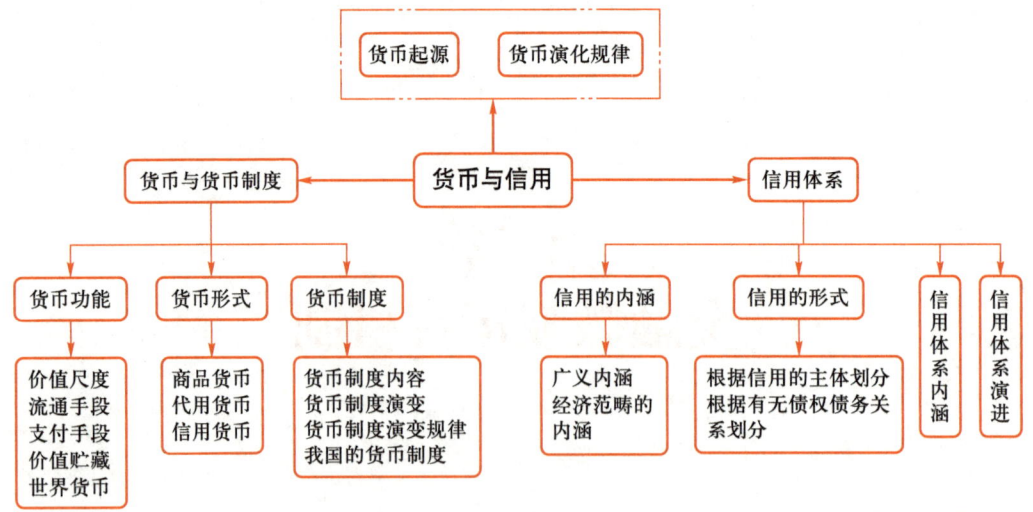

知识结构导图

货币与信用作为金融的基石，是金融学需要关注的基础问题。信用制度是市场经济的基本制度，是现代商品经济得以正常运转的基础和前提。本章分析了货币、货币制度、信用、信用形式、信用体系相关的知识，帮助读者建立对中国货币制度与信用体系演进框架的深刻认知。

第一节　货币与货币制度

现代经济的快速发展得益于三大因素：高度分工与专业化、大规模生产与规模效应、高效率的交易制度。人们在使用货币达成交易时，推动了三大因素的快速发展，货币形态的千变万化也与三大因素演化的方向、速度有关。为此，本节从货币起源出发，对货币功能、货币形式的演变及货币制度进行阐述。

一、货币起源与演化规律

马克思认为"金银天然不是货币，但货币天然是金银"[1]。货币并非自然存在，而是伴随人类活动产生。货币的起源是什么，货币的本质又是什么？在不同时代背景、不同观察角度下，对货币的认知和理解也不尽相同。

---

[1]《马克思恩格斯文集》第五卷，人民出版社 2009 年版，第 108 页。

（一）货币起源

中国传统的货币起源学说主要有两种：一种是以《管子》为代表的先王制币说，认为货币是圣王先贤为治国安民而创造出来的；另一种是以司马迁为代表的交换需要说，认为货币是商品交换的沟通手段，是为适应商品交换的需要而自然产生的。

西方的货币国定论认为货币价值不是货币本身所具有的，而是由国家权威所规定的。如德国新历史学派经济学家克纳普认为，货币是法制的产物，货币不过是一种支付手段，与创造货币的材料无关，只要有国家法律的权威就可以自由选定货币支付手段。还有学者基于交换角度理解货币及其起源，如亚当·斯密在《国富论》中写道，"分工一经完全确立，一个人自己劳动的生产物便只能满足自己欲望的极小部分……须用自己消费不了的剩余劳动生产物，交换自己所需要的别人劳动生产物的剩余部分……"①。古典学派的经济学家则基本是货币中性论者，认为货币只是商品交换的媒介，生产者生产商品，目的不是获得货币，而是用货币购买自己所需的商品。

也有学者从可接受性出发，认为货币是任何一种被普遍接受的、可以用于支付购买商品和服务或者偿付债务的物品。凯恩斯从可接受性中具化出了流动性的观点。流动性是指一种资产转换为交易媒介的难易程度和速度。在凯恩斯的理论中，流动性几乎就是货币的同义词，因为与其他任何商品、有价证券或资产相比较，货币都具有最高的流动性，货币持有者可以随时随地用持有的货币购买所需商品，或将其转换为其他资产。

马克思基于商品交换与商品价值形式发展，提出货币是商品交换长期发展的产物，是固定充当一般等价物的特殊商品。具体而言，货币的产生经历了四个阶段：个别的、偶然的物物交换；扩大的物物交换；一般等价物的产生；货币的产生。在原始社会末期以前，没有商品交换。随着生产力的发展，出现了社会分工和私有制，也就产生了商品生产和商品交换。最初的商品交换是偶然的剩余劳动产品的交换，是物与物的交换。随着生产力和社会分工的发展，物物交换的范围不断扩大，并且一种商品经常能和多种商品交换，物物交换的局限性也越来越明显。物物交换需要"需求的双重巧合"，即要求交换双方在物品的种类、数量、时间、地点等方面都达成共识，否则难以完成。人们从长期的交换实践中逐渐认

---

① ［英］亚当·斯密:《国富论》，郭大力、王亚南译，商务印书馆 2015 年版，第 19 页。

识到，如果有一种人们都乐意接受的商品，作为交换所需商品的媒介，物物交换的缺点就可以克服。这种能与各种商品交换的商品就是一般等价物。直接的物物交换发展为利用一般等价物充当媒介的间接交换，而当某一种商品，如金、银等贵金属，从多种一般等价物中分离出来，比较固定地充当一般等价物时，这种固定的一般等价物就成了货币。

专栏 2-1

先王制币说与《管子》的货币思想

　　《管子》是我国先秦时期的一部重要典籍，其中约三分之二的篇章直接讨论或间接涉及经济问题，包括商品、货币、市场、信贷、财政、税收等方面。《管子》的金融思想已经初成体系，构成了我国古代金融思想的基石，对后世影响深远。

　　关于货币的起源，在《管子·国蓄》篇中，有这样一段论述："玉起于禺氏，金起于汝汉，珠起于赤野，东西南北距周七千八百里。水绝壤断，舟车不能通。先王为其途之远，其至之难，故托用于其重，以珠玉为上币，以黄金为中币，以刀布为下币。"这段话的大意是说玉、黄金、珍珠等物品都产自远方，运输不易，先王因此将其作为货币，使其流通。由此可见，货币是由君王"创造"的，货币的价值来源于君王的权威，货币的属性与职能也由君王赋予，这便是中国古代传统的先王制币说。

　　先王为什么要创造货币呢？因为先王已经意识到货币是干预经济的重要工具，先王可以利用货币控制财物、驾驭百姓、控制天下。比如在《管子·国蓄》篇中，就有关于市场供求均衡与国家宏观调控的论述："人君知其然，故视国之羡不足而御其财物。谷贱则以币予食，布帛贱则以币予衣。视物之轻重而御之以准，故贵贱可调而君得其利。"这段话的大意是说如果谷物粮食供大于求、价格偏低，农民无法售粮获利，就应该由国家出面用货币购买，增加需求，提高粮价，如此以货币的投放调控物价。当然，对于货币总量也需要控制，《管子·山国轨》篇强调："田有轨，人有轨，用有轨，乡有轨，人事有轨，币有轨，县有轨，国有轨。不通于轨数而欲为国，不可。"轨是统计的意思，国轨即国家的统计工作，这段话强调了治理国家需要懂得统计理财，可见当时人们已经意识到了货币总量对经济运行的重要性。

（二）货币演化规律

人类由物物交换时代进入货币交易阶段，本质上与经济发展和经济结构息息相关。在专业分工与大规模生产阶段，任何交易活动都涉及资源主体转换与资源跨期转换。而货币的存在能大幅度降低其中的两项成本：一是交易成本，即寻求减轻物物交换体系下必须担负的搜寻、等待、贮藏等交易成本；二是信息成本，即货币通过货币价格缓解信息不完全问题，降低交易中的信息成本。

资源主体转换，指在固定时点上，交易双方彼此以拥有的超额商品供给去满足对方欠缺的超额商品需求，从而实现商品的重新分配。这种商品的转移必须满足"需求的双重巧合"：第一，自愿交易，在茫茫人海中能够寻得愿意互换商品的欲望互补对象；第二，商品品质与交换比例的双重巧合；第三，为应对可能出现的交易机会，人们必须储备大量商品静候交易对手出现，这会导致贮藏成本与等待成本偏高；第四，信息不完全，完成物物交换所需信息匮乏，致使人们在不确定环境下，需要付出较高的信息成本来实现交易。

为了降低交易成本与信息成本，人们先是构建集中交易场所，寻找交易媒介商品，并逐渐将它固定下来充当一般等价物。充当一般等价物的商品一般具备两个特征：一是货币本身具备某些可信赖且不变的特性，使得交易成本中检验品质及防备耗损部分极小；二是建立在良好信用基础上的最广泛可接受性，这种信任关系在生人社会中对选择固定交易媒介具有决定性影响。

资源跨期转换，指交易双方在不同时点交换不同的商品，即资源在不同的时空重新配置的现象。一旦涉及时间因素，商品交换需求需要满足时间巧合才能奏效。为提高交易效率，必然需要简化目前与未来商品交易比例的计算方式，货币的记账单位与延期支付功能应运而生，由此货币逐渐开始具有价值贮藏功能，以消除人们因收支时点不匹配而衍生的时间双重巧合问题。

二、货币功能

货币的功能可以概括为价值尺度、流通手段、支付手段、价值贮藏和世界货币五种，其中价值尺度、流通手段与支付手段是货币最基本的功能。

（一）价值尺度

货币的价值尺度功能是指货币能用来衡量和表示不同商品或服务的价值，从而便于对不同商品或服务进行价值比较。货币具有普遍的接受性，这意味着商品和服务可以经由货币来表现其价值，使其具有价格。商品和服务的价格就是商品和服务内在价值的货币表现，即值多少钱。"值多少钱"就是货币在发挥价值尺度功能，如一瓶矿泉水售价 3 元，一次外卖配送服务费 10 元。在物物交换体系中，由货币发挥价值尺度功能，可将 N 种物品交换种数由 $\dfrac{N(N-1)}{2}$ 种降为 $N-1$ 种，大幅度降低了交易成本。值得注意的是，货币发挥价值尺度功能时只需要观念上的货币即可，不需要现实的货币，给商品或服务标价的过程就是货币发挥价值尺度功能的过程。

（二）流通手段

货币的流通手段功能是指能够以货币为媒介进行商品交换。货币发挥价值尺度的功能使商品和服务具有价格后，就必须依靠现实的货币来完成交换。与物物交换不同，货币发挥流通手段的功能表现为：人们为了获得一项商品或服务，就必须持有一定的货币；而为了得到购买商品或服务的货币，就必须出卖自己已有的商品或提供服务。这一过程简单概括就是"卖—货币—买"。货币的流通手段功能，降低了买卖的难度，缩短了交易的时间，节省了交易成本，增加了交易的可能，提高了交易的效率。

作为价值尺度的货币与作为流通手段的货币不同。前者只是观念上的货币，在表示商品或服务价值时，并不需要用现实的货币；后者则必须要用现实的货币。虽然执行流通手段功能的货币必须是现实的货币，但它却可以是不足值的货币。只要人们普遍相信它代表一定价值量，它就可以很好地执行流通手段功能。如不足值的铸币和纸币，它们所代表的价值量都要大于其本身的价值，因为其价值法定，它们仍能超值流通。

（三）支付手段

货币的支付手段功能是指在以延期付款或预付款形式买卖商品时，货币作为独立的价值形式进行价值单方面转移所执行的功能。在执行流通手段功能时，商品和货币的交割是同时进行的。一手交钱一手交货，这是货币在发挥流通手段功能。如果商品让渡同商品价格的实现在时间和地点上分离开来，即一手交钱另一手没有拿到货，或者一手交货另一手并没有得到相应的钱而只得到延期支付的允诺，那么货币在此时便充当了未来支付的工具。

社会化大生产使生产流通领域形成了彼此合作、相互依赖的关系。货币发挥支付手段职能，就是通过合约的方式，解决钱货交易分离，一定时期后付款或交货的问题。除了生产环节以外，货币的支付手段功能在消费环节也愈发重要，比如分期付款、消费信贷等。

（四）价值贮藏

如果人们获得货币后，在未来相当长的时期内不进行消费，那么这部分货币就会暂时退出流通，执行价值贮藏功能。所谓价值贮藏，就是购买力的长期储存，是从获得收入到支出收入的过程中对其购买力的保存，此时货币暂时退出流通领域处于静止状态。

货币价值贮藏功能的优势在于，由于其本身就是交易媒介，无须转换成其他物品就可以直接用于购买活动，因此人们愿意持有。但货币贮藏容易遭遇物价上涨带来的风险，货币贮藏要求物价稳定及未来可预期的偿付性。为此，现代中央银行多将物价稳定作为第一目标。

（五）世界货币

随着国际贸易的频繁化和国际交往的发展，经济活动不再局限于一国国内，货币跨国流通成了一种现实需求。货币的世界货币功能，即指一国货币被不同的经济主体接受，在世界范围内执行价值尺度、流通手段、支付手段和价值贮藏的功能。黄金、英镑、美元等都曾发挥世界货币职能，随着中国经济的稳步向好与共建"一带一路"倡议等的实施，人民币在交易结算和储备货币中的比例逐步增加，人民币的世界货币功能也日益体现。

三、货币形式的演变

（一）货币形式

结合历史上出现过的货币形式，我们总结了三种货币形式的分类方法：一是按币材的自然属性，分为实物货币、金银币和纸币；二是按发行者的身份，分为私人铸币、国家铸币或银行铸币以及国家纸币；三是按货币的实际价值与货币价值量之间的关系，分为足值货币和非足值货币。

根据以上三种分类方法，货币形式的演变大致经历了商品货币、代用货币、信用货币三个发展阶段。

1. 商品货币

商品货币兼具商品和货币双重身份，其作为货币与作为普通商品的价值相等，执行货币功能时是货币，不执行货币功能时是商品。商品货币是货币最原始、最朴素的形式。商品货币的发展主要有实物货币（如牛、布、贝壳等）与金属货币（如金币、银币、铜币等）两种形态。就金属货币而言，铜钱因便于劳动人民的小额交易，较金银更广泛地发挥了价值尺度、流通手段和支付手段功能；金银则更多发挥价值贮藏功能，和充当国与国之间的交易媒介。从秦半两开始，到汉五铢钱（见图2-1），再到开元通宝、光绪通宝等，中国的铜钱外观基本都呈现圆形，中央有一个四方孔洞的设计样式，代表了"天圆地方"的传统宇宙观。

图2-1 五铢钱

注：最早于汉武帝时期发行，"铢"为重量单位，一两等于二十四铢。

商品货币的缺陷在于：第一，过于沉重，异地运输十分困难；第二，价格受制于本身的供求状况，它们数量的增加远远少于待交易商品数量的增加，不能满足商品交易的发展需要，货币发行不足还容易造成通货紧缩。

2. 代用货币

代用货币是在贵金属货币流通的制度下，代替贵金属货币流通的纸质货币符号。代用货币的功能是流通手段，其面值本身代表了相应数额的金属货币，可以与所代表的金属货币自由兑换。中国北宋年间出现的交子、西方早期银行体系产生的银行券，都属于代用货币。代用货币的发行必须有足量贵金属作保证，以满足随时兑现的需要，因此代用货币的发行量会受到贵金属准备的限制，难以满足经济发展的需要。

3. 信用货币

信用货币是不以任何贵金属为基础的、独立发挥货币功能的货币。与代用货币不同，信用货币不代表任何金属货币，它只是一种信用凭证。信用货币通常依靠国家信用或银行信用流通，作为一种信用凭证，它赋予持有者支取商品或服务的权利，凭借这种权利，持有者就能在特定范围内取得相应价值的商品或服务。目前世界各国发行的货币基本都属于信用货币。信用货币主要由国家发行、控制和管理，是货币的价值符号、债务货币，具有强制性的特征。

信用货币的主要缺点是：第一，发行没有刚性约束，容易因为发行过多产生通货膨胀，因此货币发行的立法保证和持有者对政府的信心成为信用货币稳定运行的必备条件；第二，信用货币，尤其是纸币和硬币容易被盗，且在批量交易时，由于数量过大可能产生高昂的运输成本，但伴随着现代银行业的发展，出现了支票和电子支付等新的货币形式。

数字货币是信用货币的一种最新发展形态。数字货币可以被认为是一种基于节点网络和数字加密算法的虚拟货币，具有结算效率高、交易速度快、高度匿名性、不可篡改性等特点。我国是最早研究中央银行数字货币的国家之一，开发了数字人民币作为数字货币与电子支付工具。自 2020 年至今，中国人民银行已逐步试点并在全国范围内推广数字人民币。数字人民币的出现，适应了经济发展以及社会公众对零售支付便捷性、安全性、普惠性、隐私性等方面的需求。数字人民币的设计，兼顾了实物人民币和电子支付工具的优势，既具有实物人民币的支付即结算、匿名性等特点，又具有电子支付工具的成本低、便携性强、效率高、不易伪造等特点。

纸币

专栏 2-2

数字人民币

　　数字人民币是中国人民银行发行的数字形式的法定货币。数字人民币由指定运营机构参与运营，以广义账户体系为基础，支持银行账户松耦合功能，与实物人民币等价，具有价值特征和法偿性。具体而言：

　　第一，数字人民币是中国人民银行发行的法定货币。数字人民币是法定货币的数字形式，与实物人民币一样具备货币的基本功能。数字人民币的发行、流通管理机制与实物人民币一致，但以数字形式实现价值转移。数字人民币以国家信用为支撑，具有法偿性。

　　第二，数字人民币采取中心化管理、双层运营。数字人民币发行权属于国家，中国人民银行在数字人民币运营体系中处于中心地位，负责向作为指定运营机构的商业银行发行数字人民币并进行全生命周期管理，指定运营机构及相关商业机构负责向社会公众提供数字人民币兑换和流通服务。

　　第三，数字人民币主要定位于现金支付凭证（M0），将与实物人民币长期并存。

　　第四，数字人民币是一种零售型中央银行数字货币，主要用于满足国内零售的支付需求。

　　第五，在未来的数字化零售支付体系中，数字人民币和指定运营机构的电子账户资金具有通用性，共同构成现金类支付工具。

　　基于数字货币的特性，中央银行发行数字货币的直接好处不仅是节约纸币的发行、流通、结算成本，还增强了中央银行对资金的掌控能力。相较于纸币而言，数字货币具备发行成本更低、交易成本更低、可追踪、造假成本更高等优势。数字货币的"留痕"和"可追踪性"能够提升经济交易活动的便利度和透明度，洗钱、逃税漏税等违法犯罪行为有望减少。

资料来源：中国人民银行数字人民币研发工作组：《中国数字人民币的研发进展白皮书》，2021。

（二）货币形式演变规律

交易效率和交易成本是决定货币形式演变的关键因素。

使用谷物、牛羊等实物货币，交易成本高，交易效率低，因为实物货币有着明显的局限性：首先，不易分割，分割后其部分价值明显小于整体价值，其作为交易媒介的功能受限；其次，不易保存，所有实物都具有使用周期，牛羊等活物更是具有生命周期，一旦周期结束，价值将随之消失，即使是处于周期之中，在不同的阶段其价值也有大有小，因此无论作为交易媒介还是作为价值贮藏其交易成本都过高；最后，不同地区的实物货币不尽相同，这阻碍了跨区域交易的进行，降低了交易的效率。

金属货币之所以能够取代实物货币，正是基于其价值稳定、易于贮藏、易于分割等优势。然而，金属货币也有弊端。第一，金属货币的携带和运输不便，在进行长途运输及大宗交易时，流通成本过高且存在安全问题。第二，金属货币在流通中难免磨损，这使得金属货币的名义价值和实际价值经常背离，引起市场混乱。

代用货币轻便且面额可以根据市场需求调整，解决了金属货币保管、携带、运输不便的问题，同时其印刷成本远低于铸币的成本，避免了自然磨损和人为损毁，大幅度降低了交易成本，因此能够取代金属货币。

但是，代用货币的发行量受贵金属准备的限制，很难满足经济发展的需要。尤其在经济急速发展时期，大量商品由于货币短缺而难以销售或价格下跌，由此引发经济萧条。经济增长的需求催生了信用货币。信用货币在流通中代替金属货币执行支付手段和流通手段的职能，可以促进商品流通，加快资本周转速度，减少流通中所需要的货币流通量，在一定程度上解除了流通中金银铸币数量不足对商品交换的束缚。但由于其完全基于信用的特点，信用货币自始至终都存在着通货膨

支付系统与数字货币

胀的压力。

随着资金往来的日益频繁，人们对支付方式便捷化的需求也与日俱增，以计算机和互联网等技术为代表的现代科学技术在金融业的广泛应用，成为推动货币形式创新的契机，数字货币的产生进一步提高了支付的效率，使交易在时间与空间上都更为自由。

四、货币制度

货币制度是针对货币的有关要素、货币流通的组织与管理等内容，以国家法律形式或国际协议形式加以规定所形成的制度。不同的国家有不同的货币制度，国家货币制度是一国货币主权的体现，由本国政府或立法机构独立制定实施，其影响范围主要在国内。

（一）货币制度的内容

第一，规定货币材料。在建立信用货币制度之前，确定不同的货币材料构成了不同的货币本位，如确定用黄金充当币材就构成了金本位，用白银充当币材就构成了银本位。当前，世界各国都实行不兑现的信用货币制度，不再对币材作出规定。

第二，规定货币单位。货币单位是指货币的计量单位名称，如商品货币时期的"两""镑"与现代国家使用的"美元""英镑""泰铢"等。

第三，规定货币种类。规定货币种类主要是指规定主币和辅币。主币就是本位货币，是一国货币制度规定的标准货币。辅币是指本位货币单位以下的小面额货币，它是本位货币的等分，主要解决商品流通中不足一个单位货币的小额货币支付问题。

第四，规定货币的法定支付能力。货币的法定支付能力分为两种：无限法偿和有限法偿。无限法偿是指无论支付数额多大，无论属于何种性质的支付（如买东西、还款、缴税等），对方都不能拒绝接受。本位币一般具有无限法偿的能力。有限法偿是指在一次支付中若出现超过规定的数额，收款人可以拒绝接受，但在法定限额内不能拒收。辅币通常为有限法偿。

第五，规定货币铸造发行的流通程序。金属货币制度中，根据是否有权将金属币材铸造成货币或将主币熔化，可分为自由铸造与限制铸造；信用货币制度出现后，根据私人部门是否有权发行货币，可分为私人发行与垄断发行。

第六，规定货币发行准备制度。货币发行准备制度是指发行者必须以某种金属或某几种形式的资产作为其发行货币的准备，从而使货币的发行与某种金属或某些资产建立联系和制约关系。在金属货币制度下，一般以金或银作为货币发行准备；在信用货币制度下，一些国家的货币发行也会采取与某个国家的货币直接挂钩的方式，如钉住美元或英镑等。

（二）货币制度的演变

货币制度经历了从金属本位制到信用本位制的演变。

1. 金属本位制

金属本位制又包括银本位制、金银复本位制与金本位制。

银本位制是较早实现的货币制度之一，其基本内容包括：以白银作为本位币币材，银币为无限法偿货币，具有强制流通的能力；本位币的名义价值与本位币所含的一定成色、重量的白银相等，银币可以自由铸造、自由熔化；银行券可以自由兑现银币或等量白银；白银和银币可以自由输入输出。

金银复本位制是金、银两种铸币同时作为本位货币的货币制度，流行于16世纪至18世纪资本主义发展初期的欧洲各国。其基本特征是：金银两种金属同时作为法定币材，以金银铸造的货币为本位货币，具有无限法偿能力，一般情况下，大额批发交易用黄金，小额零星交易用白银；金银铸币都可以自由铸造、自由熔化、自由输入输出，金币与银币之间、金银币与货币符号之间都可以自由兑换。

在金银复本位制下，金与银必然有一定比价。金银比价完全由市场确定的称为平行本位制；金银比价由政府规定的称为金银双本位制；金币可自由铸造，银币由政府铸造的称为跛行本位制。值得注意的是，金银复本位制中会出现“劣币驱逐良币”的现象，即当两种实际比价和法定比价不同的货币同时流通时，在价值规律的作用下，实际价值较高的良币退出流通进入贮藏，而实际价值较低的劣币充斥市场，这种规律又称为格雷欣法则。

由于劣币驱逐良币，以及金矿的相继发现，从18世纪末到19世纪初，资本主义国家先后从金银复本位制过渡到金本位制。但黄金的稀缺性与世界商品交易的增加导致全球黄金不足，金本位制又演变为金币本位制、金块本位制和金汇兑本位制三种形态。三者主要的区别在于：金币本位制下，金币可以自由流通、铸造、熔化，黄金可以自由输入输出，货币发行准备全部为黄金；在金块本位制下，以金块为准备发行的纸币代替金币流通，人们持有的货币必须达到一定数量才可以兑换为金块；在金汇兑本位制下，人们持有的货币在国内不能兑换黄金，只能兑换与黄金有联系的外币，最著名的金汇兑本位制当属以美元和黄金为基础的布雷顿森林体系。

2. 信用本位制

信用本位制是指以不兑现的信用货币作为流通中主体货币的货币制度，因此也称不兑现的信用货币制度。在这种货币制度下，贵金属不再作为本位币进入流通。信用本位制有三个特点：一是现实经济中的货币都是信用货币，主要由现金和银行存款构成；二是现实中的货币都是通过金融机构的业务投入到流通中去；三是国家对信用货币的管理调控成为经济正常发展的必要条件。

信用本位制对商品经济的发展产生了巨大的影响。第一，信用货币突破了金属货币物质价值总量的限制，及时满足了商品规模迅速扩大而产生的货币需求的增长。第二，信用货币为国家管理社会经济提供了强有力的工具。在允许自由铸造的金属货币制度下，货币的供给是分散进行的，而信用本位制使货币供给集中于国家手中，国家可以利用货币政策，通过调节供给量等来调整国民经济结构和调控经济增长，以达到宏观调控的目的。当然，信用本位制也产生了许多至今无法根本解决的新问题，如通货膨胀。

（三）货币制度的演变规律

下面分别从币材供给与经济匹配度、交易效率的内在要求、不同币种间的套利与竞争三个方面，来分析货币制度演变的规律。

1. 币材供给与经济匹配度

银本位制的兴起是由于美洲的发现与白银产量的激增；金本位制的兴起是因为持续开采导致白银过多、银价下跌，不利于国内货币流通和国际收支；信用本位制的出现则是因为黄金产量的增幅无法满足商品经济发展的需求。

2. 交易效率的内在要求

从银本位制到金银复本位制的演变，使人们可以根据交易额的大小，选择金或银两种不同的货币支付，方便了交易。而金属本位制中货币保存、携带、运输的诸多不便又最终催生出信用本位制这种更能节约交易成本的制度。此外，这种与贵金属脱钩的货币制度也提高了经济调控的效率。

3. 不同币种间的套利与竞争

金银复本位制下由于白银市场价格下跌，由政府规定的银币作为货币的价值高于其作为普通商品在市场上的价值，套利的结果是银币充斥流通。当金银的实际价值与名义价值相背离时，法律上被低估的金币被人收藏、熔化或者输出国外而退出流通领域，而法律上被高估的银币则独占市场，格雷欣法则发挥作用，最终使银币的铸造受到限制，金银复本位制无法继续。

金本位制的源头英国，正是由于在金银复本位制下，本国银币与欧洲大陆相比价值偏低，大量白银被出口到欧洲大陆换为黄金后运回套利，才会在 18 世纪不得不将货币大规模重铸，彻底放弃金银复本位制，采用黄金作为唯一货币标准，最终走上金本位制的道路。

（四）我国的货币制度

1. 我国古代的货币制度

中华文明源远流长，在不同的历史时期均有与当时社会制度和经济发展相适应的货币制度形成。总体而言，我国古代的货币制度是一种多元币制。春秋以前，贝币是使用最为广泛的货币；到了西周，金属货币使用范围扩大。秦朝统一中国后，建立了以黄金和铜钱为货币的货币制度，黄金主要用于封赏和贮藏，铜钱用于民间经济活动。西汉基本沿用了秦以来的货币制度，东汉时黄金逐渐退出了流通领域。汉末至魏晋南北朝时期的货币呈现出缺乏统一性和连贯性的特征，货币大体上以铜钱为主，绢帛为辅，尤其是十六国时的北方地区，基本都使用实物货币。隋唐时期国家重新统一，铜钱的流通又恢复活跃，但绢帛依然是国内流通中的重要货币，具备了货币的各种功能。

中国传统的货币制度

宋朝时实物货币不再流通，货币以铜钱为主，也铸铁钱和使用白银。北宋时期世界上第一张纸币"交子"在四川出现，南宋时期又出现了"关子""会子"等，纸币和铜钱开始同时流通使用。元朝的货币以纸币为主，铸造的铜钱多作为供养钱或庙宇钱，且禁止金银在民间流通。明初曾一度效仿元朝，用钞（一贯钞）不用钱，但不久以后又转变为以纸币为主，铜钱为辅。明中期纸币泛滥，币值暴跌，因此明正统以后便不再使用纸币，又回归到白银和铜钱并用的金属货币制度。此时铜钱依然作为小额交易的媒介履行货币的各种功能。"隆庆开关"后，美洲白银的大量涌入使白银功能从之前的支付手段和价值贮藏延展到了价值尺度和流通手段。这种制度一直持续到清末，在一场旷日持久的币制改革大讨论之后，清政府于 1910 年颁布了《币制则例》，宣布中国正式实施银本位制。但随着清王朝的覆灭，《币制则例》也随即终止。

2. 我国现行的货币制度

人民币是我国的法定货币。人民币制度的主要内容有：第一，人民币是法定货币，具有无限法偿能力；第二，人民币制度是一种不兑现纸币货币制度；第三，人民币的货币基本单位为"元"，辅币单位是"角"与"分"，1 元＝10 角，1 角＝10 分；第四，人民币的发行主体为中国人民银行。人民币采取的是不兑现的信用货币制度，法律规定人民币与金银无关，不与外币确定正式的关系，不依从于任何国外的货币制度，并规定除人民币外，金银及一切外币均禁止流通。中国人民银行统一发行人民币，依法实施货币政策，对人民币总量和结构进行管理和调控。

第二节　信用体系

"诚者，天之道也；思诚者，人之道也。"[1] 社会主义市场经济是信用经济和法治经济。推动金融高质量发展、建设金融强国，需要坚持法治和德治相结合，大力弘扬中华优秀传统文化，积极培育中国特色金融文化。

一、信用的内涵

信用有广义的内涵和经济范畴的内涵。广义的信用指"能够履行跟人约定的事情而取得的信任"[2]。中华优秀传统文化强调重信守诺，孔子曾有"民无信不立"之说，荀子则认为"诚信生神，夸诞生惑"。金融行业以信用为基础，更要坚持契约精神，恪守市场规则和职业操守，做到"诚实守信，不逾越底线"。

经济范畴的信用来自以还本付息为条件的借贷活动，即以还本付息为条件的价值单方面让渡，以及未来还本付息承诺的组合。信用这种经济行为是以收回本金并获得利息为条件的贷出，或以偿还本金并支付利息为前提的借入，它通常代表着一种债权债务关系。比如，在历史上自然经济占主导、生产力低下的时期，人们不得不借入高利贷来应对意外事件、维持生产生活。而早在战国时期，国家信用就已经出现。《周礼·地官司徒》中记录了关于"泉府"这一国家机构对民间进行赊贷的情况，"赊"是不取息的借贷，而"贷"则是取息的借

---

[1] 《孟子·离娄上》，方勇译注，中华书局 2018 年版。

[2] 中国社会科学院语言研究所词典编辑室编：《现代汉语词典》第七版，商务印书馆 2016 年版，第 1462 页。

贷，"凡赊者，祭祀无过旬日，丧纪无过三月"。借贷双方持有的凭证在古代称为"傅别"。"傅别"蕴含着契约的理念，这便是我国金融信用文化最初的直观体现。

依据不同的契约方式与场景，在信用基础上产生了不同的信用关系，即在相互信任的基础上有条件地使用或让渡某种物品或资源所达成的契约关系及履行该契约的行为过程。随着金融的创新发展，信用开始突破传统的债权债务关系，无债信用日益普及。

从信用的起源来看，经济范畴的信用与商品经济的发展、商品交换关系的确立密切相关，一般而言，交换的存在与发展取决于两个基本要素：社会分工和产品属于不同的所有者；社会分工越复杂，社会成员间的交换就越频繁。货币有支付手段职能，只要不是一手交钱一手交货的现货交易，就必然产生信用关系。也就是说，产权的明晰和社会分工的发展是信用关系产生和发展的基础。此外，信用与货币也关系密切。一方面，货币借贷拓展了信用的范围，扩大了信用的规模；另一方面，信用拓展了货币的形态及其流通的领域。

二、信用的形式

（一）根据信用的主体划分

依据信用主体的不同，可以把信用划分为互助信用、商业信用、合作信用、银行信用和国家信用。由互助信用到商业信用、合作信用、银行信用，再到国家信用，只有前一种形式的发展达到了某种程度，后一种形式才会有足够的成长空间。这是因为各类信用契约的标准化程度各有不同，从互助信用到国家信用标准化程度逐渐提高。从交易技术的要求来看，标准化程度越高的契约越容易进行大规模的市场交易，也更需要信用市场的培育，因此也就越依赖于前面基础信用形式的完善。

1. 互助信用

互助信用是信用活动的初始形态，它不以营利为目的，且参与双方彼此熟悉。随着原始社会后期剩余产品的出现，血缘组织内部出现了偶然的物物交换，偶然的信用活动随之而生。当时的生产力水平极低，物品的借贷仅仅为了满足基本生存的需要。人们出借物品往往是为了今后在自己所需时能借入物品，体现了予人方便就是予己方便的朴素人生观。

现代社会中多数人虽然不需要长期依靠借贷维系生存，但也存在偶然的信用需求，亲友邻里之间临时借贷仍是非营利性质的，属于典型的互助信用。

2. 商业信用

商业信用是按照市场原则运行，供求双方通过平等交易来实现利润最大化的信用类型，比如赊销。一方面，分工程度的不断提高，商品生产所占比例快速上升，社会化大生产迅速成为主流，商品经济替代了自然经济。生产目的的改变，使越来越多的人希望借助信用获得资本以扩大再生产，商业信用需求日益旺盛。另一方面，可支配资源的数量与分布结构也发生了质的变化。信用货币的普遍应用实际上潜在地增加了可供借贷的资源，银行可以便利地将其用于信用活动，在信用供给方面出现了不断强化的竞争。

基于营利目的的信用需求有较大的交易条件弹性，而供给方又存在相互竞争，这样双方可以通过对等谈判谋求自己的利益，信用主体的主观能动性大幅提高。

3. 合作信用

合作信用是组织化、营利性的互助信用。它一方面是互助信用在市场经济条件下进化的结果，另一方面利用互助信用弥补了商业信用的不足。合作信用保留了互助信用在熟人圈进行且信息和履约成本相对较低的特点，能更好地满足小额及临时借贷的需求。标会、合会等民间非正式组织，以及信贷协会、信用社和合作银行等法律认可的正式组织都提供合作信用，有偿吸收资金和组织化的运行使其拥有持续扩展的基础，而来自借款人的利息则可以用来支付资金成本、组织的运营和风险管理费用等。

4. 银行信用

银行信用是银行或其他金融机构以货币形态提供的信用。银行信用具有三个特点：第一，银行信用的资金来源于社会各部门暂时闲置的资金，银行通过吸收存款的方式将其积聚为巨额的可贷资金，因而银行的资金贷放可以达到非常大的规模；第二，银行信用是以货币形态提供的，因此它可以独立于商品买卖活动，具有广泛的授信对象；第三，作为银行信用的存款和贷款在数量和期限上都具有相对的灵活性，可以满足存款人和贷款人在数量和期限上的多样化需求。

与直接融资范畴的商业信用不同，银行信用属于间接融资，银行在其中扮演着信用中介的角色。银行信用的特性可以克服商业信用的局限性。首先，在资金提供规模方面，银行通过吸收存款汇集成巨额货币资金，不仅能够满足小额资金的需求，亦能够满足大额信贷资金的需要。其次，在资金流向与范围方面，以银行为中介的资金供求双方完全不必受商业信用中上下游关系的限制，信用关系得以大幅度拓展。最后，在借贷期限方面，银行具有吸收短期存款、发放长期贷款的"续短为长"功能，也使得银行信用克服了商业信用在期限上的局限性。因而，银行信用就成为现代经济中最基本、占主导地位的信用形式。

5. 国家信用

国家信用是政府以债权人或者债务人身份参与的信用活动。现代社会中，国家信用主要表现为国家作为债务人而形成的负债。国家的负债分为内债和外债两种，内债是对国内的负债，外债是在国际金融市场上的负债。

国家信用的发展与政府所拥有的强制力密切相关。一方面，政府可以利用强制力促使个人或其他组织借债给政府；另一方面，强制性的税收为政府偿还债务提供了较可靠的保障，国债通常享有很高的信誉，个人和组织往往更乐意将资金借给政府。强制力使得政府能够比较容易地举债，但有时也会出现国家信用过度使用的倾向。如果国家因信用规模过度或其他原因出现还款困难，将会造成国家信用破产并引起其他信用形式的连锁崩溃反应。

（二）根据有无债权债务关系划分

根据有无债权债务关系，可以把信用划分为有债信用和无债信用。传统的信用活动基本都与借贷活动相关，因此债权债务关系在很长时期内都被认为是信用必需的要素之一。而无债信用是一种以债权债务关系为基础、又在一定程度上脱离了债权债务关系的信用形式，如担保、股份信用、贷款承诺、金融衍生产品、各种征信机构提供的信用等级证明等。其中，股份信用是在企业所有权结构演化过程中出现的信用形式。通过向公众募集资本金建立股份公司，股份公司实际控制人与投资公众之间形成了信用关系。股份信用与传统的商业信用、银行信用、国家信用的一个重要区别在于，其体现的是一种非债契约关系。

无债信用的权利义务非标准化导致其履约保障机制更依赖于多方面的制度，信用制度的范畴因此扩展，信用体系得以进一步演化。当代社会经济活动中，无债信用的表现形式日趋多样化，典型代表除了前文提及的股份信用以外，还有政府担保和贷款承诺等。与有债信用相比，二者存在明显的差别。

第一，虽然有债信用与无债信用的实质都是对未来某个时期交易双方权利和义务的安排，但有债信用契约约定的是关于债的权利和义务，而无债信用契约约定的是其他方面的权利和义务，后者所涉及的范围更为广泛。

第二，有债信用活动中交易的一方享有权利，另一方则承担义务，权利方和义务方泾渭分明。无债信用活动中一方经常对另一方既承担义务又享有权利，履行义务可能成为行使权利的前提条件。

第三，有债信用契约设定的权利、义务简单明了，可以清晰地、定量地表达，如商业信用、银行信用、国家信用等均只涉及债权和债务。无债信用中的权利和义务常常千差万别、复杂多样，其中不少只能作出模糊的或原则性的描述，如股东和公司实际控制人的权利义务。

三、信用体系的内涵

信用体系是由与信用互相联系、互相制约的事物构成的一个整体，基本要素包括信用主体、信用活动、信用制度、信用机构等。

信用主体包括个人、企业、金融机构、国家等。信用活动包括借贷、担保、保险等一系列经济金融活动。信用制度是指国家管理信用活动的规章制度与行为规范。信用机构主要包括信用中介机构、信用服务机构与信用管理机构。信用中介机构指为资金融通直接提供服务的机构，通常简称金融机构。信用服务机构指提供信息咨询和征信服务的机构，如征信公司、信用评估机构等。信用管理机构主要指对各种信用中介机构和信用服务机构实施管理的机构，可分为政府设立的监管机构和行业自律型管理机构。

中国征信体系
建设有哪些
进展？

信用体系的内涵包括三个层面：一是微观层面的信用运行体系，包括信用机构、信用形式和信用工具；二是宏观层面的信用运行管理体系，包括信用的宏观调控与监督管理；三是介于二者之间的征信系统，包括个人征信系统、企业及公司征信系统、政府征信系统和各种信用评级系统。这三者是一个有机整体，缺一不可。

社会信用体系是社会主义市场经济体制和社会治理体制的重要组成部分，对于促进经济高质量发展至关重要。它以法律、法规、标准和契约为依据，以健全覆盖社会成员的信用记录和信用基础设施网络为基础，以信用信息合规应用和信用服务体系为支撑，以树立诚信文化理念、弘扬诚信传统美德为内在要求，以守信激励和失信约束为奖惩机制，目的是提高全社会的诚信意识和信用水平。完善的社会信用体系对降低交易成本、缓解信息不对称具有重要作用。

古人云："诚信者，天下之结也。"中华优秀传统文化强调重信守诺，金融行业以信用为基础，更要坚持契约精神，恪守市场规则和职业操守。一方面要大力弘扬中华优秀传统文化中诚实守信的传统美德，让守信者处处受益、失信者寸步难行；另一方面要坚持契约精神，着力强化金融业信用文化建设。

四、信用体系演进

信用体系的存在，降低了社会的交易成本，提高了经济效率。信用体系随着市场经济的发展而逐步完善，也与市场经济发展阶段相适应。

第一，信用形式的演进。在封建社会，商品交换并不活跃，信用与生产没有直接的联系，因此互助信用或高息贷款占据主导地位。市场经济发展初期，信用与商品生产、交换密切相关，合作信用、商业信用、银行信用、国家信用都得到了长足的发展。现代市场经济环境下，银行信用与股份信用异军突起，信用出现了脱离商品生产与交换的趋势。

第二，信用关系的演进。最初的信用关系发生在熟人社会，后来逐步由熟人社会向生人社会转化。在这个过程中，抵押、担保等发挥了重要作用，信用关系的演进不仅表现为规模和技术的发展，还包含了履约保障机制的演进。

第三，信用主体的演进。随着经济组织结构的演化尤其是企业形式的变化，信用主体的范围不断扩大，信用主体的类型不断增多，拓展到个人、政府以及其他主体。

第四，契约形式的演进。最初的信用是有债信用，信用契约是债权人与债务人之间的债权债务关系。随着市场经济的发展，交换日益频繁与复杂，信用关系呈现出以债权债务关系为基础，又在一定程度上脱离债权债务关系的特点，即出现无债信用关系。

第五，信用工具的演进。从类型上看，由单一信贷信用工具发展为多种信用工具，如股份信用、国家信用等；从功能上看，从单一功能的信用工具发展为多功能并存的信用工具，如可转债、股份信用等。

 **重要概念**

> 货币　货币功能　货币形式　货币制度　信用　信用体系　信用的形式

本章小结

1. 马克思认为货币是固定充当一般等价物的特殊商品。

2. 货币的功能有价值尺度、流通手段、支付手段、价值贮藏与世界货币。

3. 货币形式的演变大致经历了商品货币、代用货币、信用货币三个发展阶段。交易效率和交易成本是决定货币形式演变的关键因素。

4. 货币制度经历了从金属本位制到信用本位制的演变。

5. 信用的形式根据信用主体的不同，可以划分为互助信用、商业信用、合作信用、银行信用和国家信用；根据有无债权债务关系，可以划分为有债信用和无债信用。

6. 信用体系是由与信用互相联系、互相制约的事物构成的一个整体，基本要素包括信用主体、信用活动、信用制度、信用机构等。

思考题

1. 货币的本质是什么？现在，金银等贵金属还可以充当货币吗？

2. 推动货币形式与货币制度发展的因素有哪些？随着经济发展和人民富裕，辅币单位"分"渐渐淡出人们的视野，它是否还有存在的必要？我国未来的货币制度又会如何演变？

3. 截至 2025 年 3 月，数字人民币累计开立个人钱包 3.2 亿个，累计交易金额超过 7 万亿元。你认为相比微信支付等工具而言，数字人民币现有的优点是什么？

4. 2020 年 8 月，蚂蚁"花呗"部分用户开始接入中国人民银行征信系统。为什么互联网金融会被纳入中国人民银行征信系统？互联网征信对我国信用体系建设有什么帮助？

即测即评

第三章　利率与期限结构

为使用资本而支付的金额和这个资本本身之间的比率，表示利息率，这是用货币来计量的。

——《马克思恩格斯文集》第七卷，人民出版社 2009 年版，第 402 页。

▤▶ 学习目的和要求

理解利息、利率、货币的时间价值以及无风险利率的基本内涵；掌握现值与终值的含义和计算；掌握债券均衡利率的决定；理解利率的期限结构以及相关理论；掌握全球各类资产利率定价模式；增强对利率市场化改革在优化金融资源配置、推动经济高质量发展中的核心作用的认识。

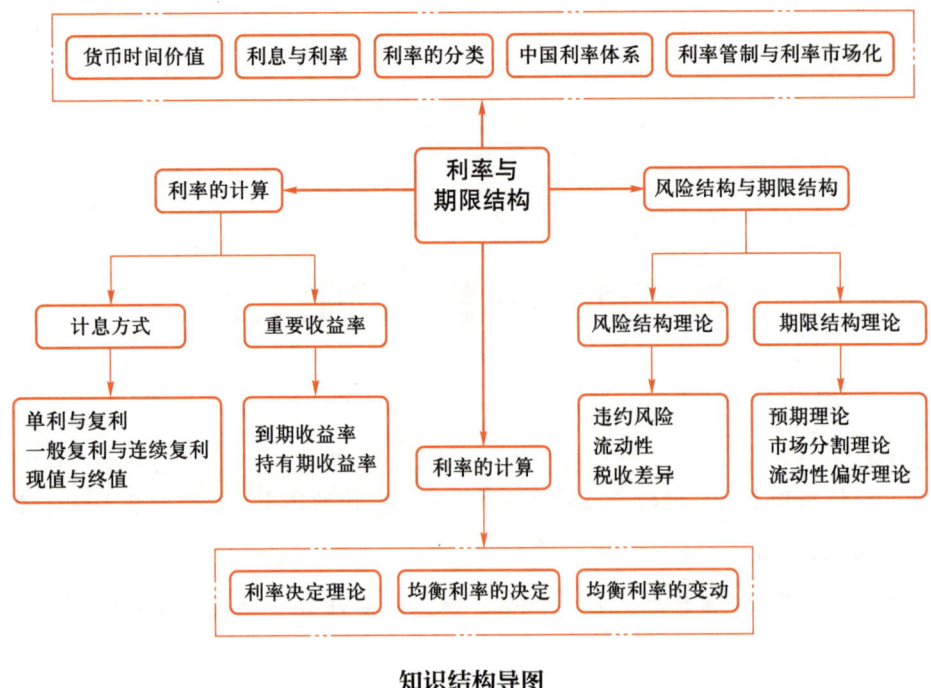

知识结构导图

资金价格是市场运行的重要基础，资金有效配置是各类资源配置的关键。利率作为最重要的资金价格指标，会对经济主体行为和资金有效配置产生关键影响。本章将介绍利率产生的原因和利率的分类、总结中国利率体系现状以及利率市场化改革进程、详细讲解利率计算方法、分析均衡利率的决定以及介绍利率的风险结构理论和期限结构理论。

第一节　利率的基本概念

本节从利率的基本概念开始，阐述货币的时间价值和无风险利率的内涵；讲述利率的分类；从中央银行政策利率、基准利率、市场利率三个方面阐述中国利率体系的基本情况；最后介绍利率管制与利率市场化。

一、货币的时间价值、利息与利率

（一）货币的时间价值

在现实生活中，现在所拥有的 1 元钱通常比 1 年后的 1 元钱更有价值。把现在拥有的 1 元钱存进银行，1 年后从银行取出的货币总额将大于 1 元，两者的差额就是通常所说的利息。解释该现象，需要用到"货币的时间价值"的概念。货币的时间价值是指同等金额的货币，其现在的价值要大于其未来的价值。利息即货币的时间价值的体现。

货币为什么具有时间价值呢？一种观点认为货币的时间价值源于对当前消费推迟的补偿，但这种观点没有指明利息的来源。货币的时间价值不可能由"时间"和"耐心"创造，马克思进一步指出货币所有权和使用权的分离使平均利润分割为利息和企业利润。表面看，利息来源于借贷资本运动的时间差，是借贷资本家放弃资本使用权的报酬；但是实际上利息和企业利润都来源于雇佣工人在生产过程中创造的剩余价值，利息是被借贷资本家瓜分的剩余价值，这是货币时间价值的真正来源。

（二）利息与利率

利息指借贷关系中资金借入方支付给资金贷出方的报酬。由于货币具有时间价值，因此在将来偿还所借的资金时，人们还需要增加一定数额的利息。利率是利息率的简称，它是指一定时间内支付的利息总额与借贷本金总额的比率。在不考虑风险的情况下，利息会受到借贷期限和借贷本金总额的影响，利率剔除了本金总额的影响，可以得出单位货币时间价值。

无风险利率指将资金投资于无风险资产得到的利息率。无风险利率意味着投资获得的利率本质上只是对货币时间价值的补偿，不涉及对投资风险的补偿。在现实中，可以把"完全安全的投资"的期望收益率作为无风险利率，短期国债收益率就是一种天然的无风险利率。

马克思对利率决定有过经典的阐述："利息率对利润率的关系，同商品市场价格对商品价值的关系相类似。就利息率由利润率决定来说，利息率总是由一般利润率决定，而不是由可能在特殊产业部门内占统治地位的特殊利润率决定，更不是由某个资本家可能在某个特殊营业部门内获得的额外利润决定。"[1]

二、利率的分类

中国的金融市场中存在各种各样的利率，可以以是否考虑物价变动因素、起息日的时点等为标准对利率进行分类，如表 3-1 所示。

---

[1] 《马克思恩格斯文集》第七卷，人民出版社 2009 年版，第 409 页。

表 3-1　利率的分类

分类标准	利率种类
是否考虑物价变动因素	名义利率与实际利率
起息日的时点	即期利率与远期利率
借贷期限的长短	短期利率与长期利率
借贷期内利率是否调整	固定利率与浮动利率
计算利息的时间周期	年利率、月利率与日利率

（一）名义利率与实际利率

按照是否考虑物价变动因素，利率可分为名义利率与实际利率。名义利率是指未剔除物价变动因素的利率。实际利率是指剔除物价变动因素后的利率，即货币购买力不变条件下的利率。实际利率可以分为事前实际利率和事后实际利率，事前实际利率依据通货膨胀预期变化调整；事后实际利率依照通货膨胀实际变化调整。

名义利率无法体现出货币的时间价值，因此必须剔除物价变动因素，使用实际利率来衡量货币的时间价值。根据费雪效应，即在物价发生变动时，为维持实际利率的稳定，名义利率会不断发生变化。费雪效应也可以使用费雪方程式来体现。费雪方程式可以表示为：

$$i = (1 + r)(1 + \pi^e) - 1 \tag{3-1}$$

其中，i 代表名义利率；r 代表实际利率；π^e 代表预期通货膨胀率。

当 π^e 相对较小时，费雪方程式可以简化为：

$$i = r + \pi^e \tag{3-2}$$

如果在年初借出一笔利率为 5%（$i = 5\%$）、期限为 1 年的普通贷款，合理预期价格水平将会上升 3%（$\pi^e = 3\%$）。在年底时，按照所能购买的实际产品和服务来计算，最终会赚取 2% 的实际利率的收益，即：

$$r = 5\% - 3\% = 2\%$$

（二）即期利率与远期利率

依据起息日的时点不同，利率分为即期利率与远期利率。即期利率是指债券票面所标明的利息收益或购买债券时所获得的折价收益与债券当前价格的比率。远期利率是指隐含在给定的即期利率中从未来的某一时点到另一时点的利率水平。通常在确定了收益率曲线后，所有的远期利率都能够依照收益率曲线上的即期利率计算求得。远期利率有助于反映市场对未来利率走势的期望，也是中央银行制定和执行货币政策的重要参考工具。在成熟市场中，几乎所有利率衍生品的定价都依赖远期利率。

（三）短期利率与长期利率

根据借贷期限的长短，利率可以分为短期利率与长期利率。短期利率指融资期限在一年（含）以内的利率。长期利率指融资期限在一年以上的利率。相比于短期利率，长期利率由于期限较长，不确定因素增多，风险也更大，因此一般高于短期利率。

（四）固定利率与浮动利率

以借贷期内利率是否调整为标准，利率可分为固定利率与浮动利率。固定利率是指在借贷期限内利率不随资金供求状况变动而变动的利率。浮动利率是指在借贷期限内利率随市场利率的变化而定期调整的利率。固定利率多用于短期借贷，而浮动利率往往适用于借贷期限较长、市场利率多变的借贷关系。

（五）年利率、月利率与日利率

以计算利息的时间周期为标准，利率可分为年利率、月利率与日利率。年利率以年为时间周期计算利息，通常用百分号表示，简称几"分"。月利率以月为时间周期计算利息，通常用千分号表示，简称几"厘"。日利率以日为时间周期计算利息，一般用万分号表示，简称几"毫"。以单利为计息方式时，年利率、月利率和日利率在实际运用时的换算关系为：年利率＝月利率×12，月利率＝日利率×30。

三、中国利率体系

目前，中国已基本建立较为完整的市场化利率体系，形成了市场化程度较高的利率传导机制，如图3-1所示。

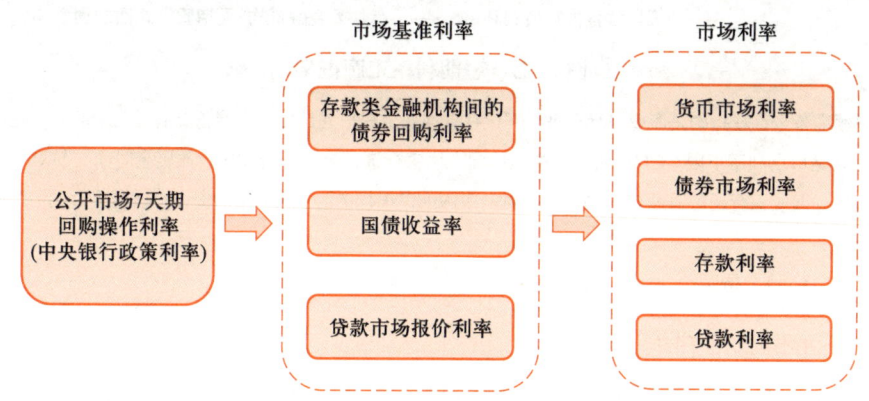

图3-1　中国利率体系与调控框架

资料来源：中国人民银行网站。

（一）中央银行政策利率

中央银行政策利率是指中央银行为体现货币政策意图，面向金融机构投放或回笼流动性，进一步影响同业拆借和存贷款利率的利率工具。

中国人民银行主要通过利率走廊机制来维持短期市场利率的稳定。利率走廊由三个重要指标构成：超额准备金存款利率、公开市场操作 7 天期逆回购（OMO）利率和 7 天期常备借贷便利（SLF）利率，三者分别作为利率走廊下限、中枢和上限。而存款类金融机构 7 天期质押式回购利率（DR007），作为中国人民银行调控对象被约束在利率走廊之中，如图 3-2 所示。综合来看，短期市场利率将围绕 OMO 利率上下波动，同时波动范围还受到利率走廊上下限约束。2024 年以来，中国人民银行明确了以公开市场 7 天期回购操作利率为主要政策利率。

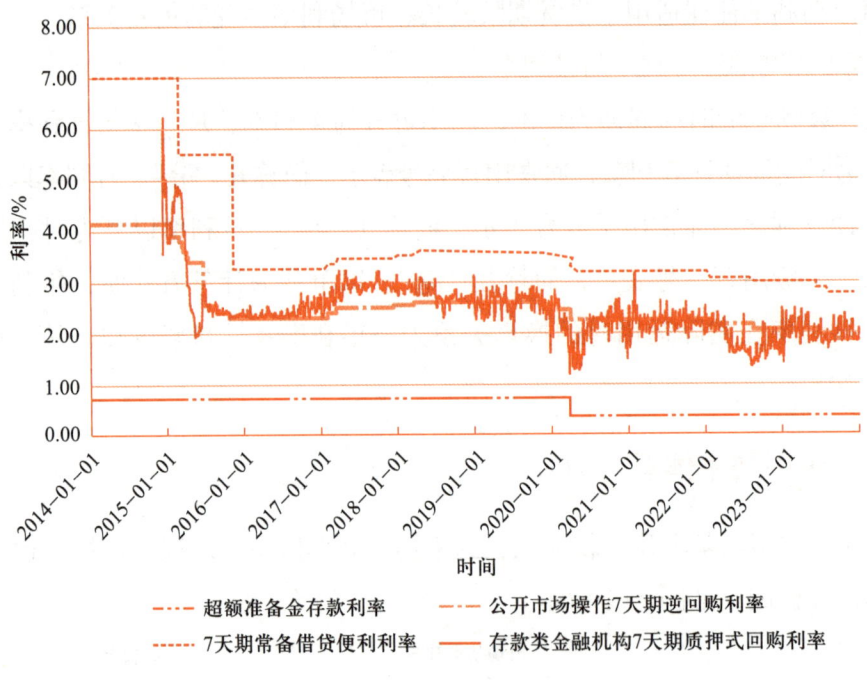

图 3-2　短期利率走廊框架

注：超额准备金存款指的是商业银行在央行开设存款准备金账户并计提法定准备金后的剩余部分，超额准备金存款利率也就是市场利率下限。OMO 利率指的是中国人民银行进行公开市场操作投放资金时向交易对手方要求的利率。类似地，商业银行还可通过 SLF 利率，随时向中国人民银行申请 7 天期限的资金。该利率形成了短期市场利率上限。

资料来源：Wind 数据库。

（二）市场基准利率

基准利率是金融市场上具有普遍参照作用的利率，是确定其他利率水平或金融资产价格的参考标准。基准利率是利率市场化机制形成的前提条件和核心内容，是在金融市场上具有普遍参考作用的利率。在选取基准利率时，需要考虑其是否同时具有可靠性、稳健性、高频性、易得性、代表性和传导性。

当前，上海银行间同业拆放利率（Shibor）是中国人民银行着力培育的市场基准利率，是由信用等级较高的银行组成报价团自主报出的人民币同业拆出利率计算确定的算术平均利率。目前，对社会公布的 Shibor 品种包括隔夜、1 周、2 周、1 个月、3 个月、6 个月、9 个月及 1 年。该利率是短期债券品种定价的参考基准，以及货币市场衍生金融工具如利率互换、利率期权、利率期货等发展的基础性指标。

2020 年，中国人民银行发布《参与国际基准利率改革和健全中国基准利率体系》白皮书，旨在将存款类金融机构间的债券回购利率（DR）打造成为中国货币政策调控和金融市场定价的关键性参考指标。DR 不仅是货币市场的基准利率，也是未来中国基准利率体系的核心。同时，中国基准利率体系还包括信贷市场的基准利率——LPR 和债券市场的基准利率——国债收益率。但目前 DR 在回购市场之外尚无影响力，货币市场、浮息债券市场等金融产品的定价依然主要以 Shibor 为基础。

中国人民银行选择 DR 作为基准利率的理由如下：第一，DR 是存款类金融机构之间交易形成的利率，有效剔除了交易参与者的信用资质干扰；第二，DR 以国债、政策性金融债等风险权重为 0 的债券作为抵押品，具有无风险利率的特征；第三，DR 是交易中心根据银行间质押式回购市场所有存款类机构之间开展的质押式回购交易形成的加权利率，是真实成交利率，可靠性强、不易被操纵；第四，DR 交易活跃，具有全面、透明、易得的特性，价格具有较强的代表性；第五，DR 被认为是中国人民银行利率走廊的潜在目标中枢；第六，DR 作为货币市场的短端利率，是观察货币政策的风向标，也是银行间流动性状况最直接的观测指标，同时短端利率可以作为"基准的基准"传导至中长端。

信贷市场的基准利率则为 LPR。LPR 由报价行自主报价，约束和指导非 LPR 报价行的贷款投放利率，包括 1 年期、5 年及以上两个利率品种。2019 年 8 月，中国人民银行决定改革完善 LPR 形成机制。此后，货币政策至信贷市场的传导路径由"贷款基准利率→贷款利率"转变为"货币政策工具利率→LPR→贷款利率"。截至

贷款市场报价
利率（LPR）
简介

2024 年 1 月，LPR 报价行数量为 20 家，覆盖全国性银行、城商行、农商行、民营银行及外资银行等多类机构。以 2023 年 6 月 20 日为例，5 年期以上 LPR 由

4.3% 降至 4.2%，下调 10 个基点，100 万元 30 年期等额本息计算贷款月供将减少约 58.54 元，累计利息减少约 2.1 万元。

除此之外，债券市场的基准利率是国债收益率，国债收益率之所以具有基准性作用，主要是因为其具有无风险、参与主体多元化、流动性高、反映市场供求关系和预期变化等特征。

（三）市场利率

市场利率是指由金融市场上供求关系决定的利率。市场中的自由竞争使得货币资金的供求逐渐趋于均衡，此时市场利率也是均衡利率。市场利率包括货币市场利率、信贷市场利率和债券市场利率。

1. 货币市场利率

货币市场利率可分为回购利率和拆借利率。回购利率可分为质押式回购利率和买断式回购利率。拆借利率包括上海银行间同业拆放利率（Shibor）、同业拆借（IBO）利率以及中国银行间同业拆借利率（Chibor）。

2. 信贷市场利率

信贷市场利率分为存款利率和贷款利率。常见的存款利率有活期存款利率和定期存款利率，存款利率会随存款期限的不同而存在差异。贷款利率受贷款品种、用途和担保方式多方面因素影响。一般来说，信用贷款利率最高，保证类贷款利率次之，抵押类或者质押类贷款利率最低。

3. 债券市场利率

债券市场利率是指金融机构和非金融企业发行的监管机构认可的标准化债券融资利率。目前，国债、政策性金融债、地方政府债等利率债以招标方式发行为主，企业债、公司债、短期融资券、中期票据、分离交易可转债、资产支持证券、次级债等信用债以簿记建档发行为主。债券市场利率主要以国债收益率和对应信用利差为基准来决定。

（四）市场利率发挥作用的条件

1. 完全竞争的市场经济体系

市场经济依靠市场机制这只"无形的手"来实现资源配置。在完全竞争市场中，经济主体在利率等价格机制作用下，对经济状况作出理性预期，并根据其他经济主体的行为不断修正行为决策，最终使经济总体趋近帕累托最优。

2. 自主决策的微观经济主体

在市场经济中，每个微观经济主体在符合法律规范的条件下追求自身经济利益的最大化。只要微观经济主体是追逐利益的，他们必然关注利率的变动。除此之外，他们还应该有权对其资金交易的规模、价格、偿还期限、担保方式等具体条款进行讨价还价，也具有自主定价的权利。

3. 充分传播的市场经济信息

利率发挥作用的途径是信息传播，各微观经济主体都是基于已有信息来作出预期和决策的。如果存在信息不对称现象，许多经济主体获取信息不足或失真，其经济行为会与市场规律相悖，利率的影响力也会下降。

4. 科学合理的利率弹性

利率弹性是指其他经济变量对利率变化的敏感程度。该比率越大，说明某经济变量对利率越有弹性，该经济变量就会对利率的变化越敏感，通过利率变动引导其朝着预期目标变化的意图也就越容易实现。

5. 健全完善的金融市场体系

利率发挥作用的主要场所是广义的金融市场，包括银行信贷市场和证券市场。只有在有效市场环境下，经济主体才能通过竞争，让市场反映所有相关的信息，并据此作出有效决策。同时，利率本身也需要能准确及时地反映经济与资金供求状况，因此利率正常发挥作用的基本条件就是利率市场化。

四、利率管制与利率市场化

（一）利率管制与利率市场化的含义

利率管制是指国家将资金利率调整到高于或低于市场均衡水平的一种政策措施。利率管制有两类主要情形：一类是单项管制，也就是国家只管制存款利率或者贷款利率；另一类是多项管制，国家不仅会管制存款利率或者贷款利率，还会管制贴现率以及手续费等服务的价格。利率管制是国家通过调整金融市场中的利率来调节经济运行的重要政策。

利率市场化是指通过市场和价值规律机制，由供求关系决定利率的运行机制。利率市场化是让市场根据资金供求以及市场走势来自主调节利率，形成以中央银行基准利率为基础，以货币市场利率为中介，由市场供求决定金融机构存贷款利率和金融市场利率的市场化利率形成机制和市场化利率体系。

（二）利率市场化理论

1. 利率市场化的理论基础

金融抑制理论和金融深化理论是利率市场化的理论基础。金融抑制理论认为，发展中国家的金融市场存在严重的扭曲，从而导致资本利用效率较低和经济增长缓慢。政府行政性压低资金价格使得企业资金需求过度和国内储蓄不足。在这种情况下，中小企业难以获得融资，最终抑制经济发展。

金融深化理论认为，金融改革应当推行金融自由化政策，充分实现金融市场的资金配置功能，进而发挥收入效应、储蓄效应、投资效应，消除金融抑制并促进经济发展。推行金融自由化政策的关键在于放开利率和汇率的管制，使资产价格真实地反映市场供求关系。

2. 利率市场化的条件与步骤

实现利率市场化的前提条件一般有：第一，具备公平、公开、统一、充分竞争的资金市场；第二，市场参与者具有一定的理性；第三，市场中的资金流动具有合理性和合法性。

中国利率市场化改革的基本步骤为"先外币、后本币；先贷款、后存款；先大额长期存款、后小额短期存款"。一般而言，利率市场化的推进在于风险与效率的权衡，实现利率市场化可分为三个步骤：首先，在发展和完善货币市场的同时进行贷款利率的市场化，即推进货币市场的发展和统一，促进利率市场化信号的形成，形成比较完善的银行间市场利率体系；其次，跟踪市场利率并及时调整贷款利率，进一步扩大贷款利率的浮动范围，进而逐步放开对整个贷款利率的管制；最后，推进存款利率的市场化，逐步扩大存款利率的浮动范围。

中国的利率市场发展历程

现阶段，我国利率市场化改革取得新成效。第一，推动存贷款利率市场化。一是推进贷款市场报价利率（LPR）改革，二是建立存款利率市场化调整机制。第二，维护利率市场竞争秩序。一是督促金融机构坚持风险定价原则，理顺贷款利率与国债收益率等市场利率之间的关系。二是督促金融机构规范存款利率定价行为，防范破坏市场竞争秩序的不合理定价行为。

第二节　利率的计算

人们日常金融活动都涉及利率的计算，可以通过学习利率的计算方法核算收益，进行投融资决策。利率的计息方式分为单利计息和复利计息；利息的计算通常会涉及现值与终值、到期收益率以及持有期收益率。

一、计息方式

（一）单利

单利是指在计算利息时，无论借贷期的长短，仅以本金为基数计算利息，所生利息不再计算下期利息的计息方法。

单利计息的利息计算公式可以表示为：

$$I = P \times r \times n \qquad (3-3)$$

单利计息的本金与利息之和（简称本利和）的计算公式可以表示为：

$$S = P + I = P(1 + r \times n) \qquad (3-4)$$

其中，S 表示本利和；P 表示本金；I 表示利息额；r 表示利率；n 表示计息周期数。

（二）复利

复利是指将本期的利息加入本金一并计算下一期利息的计息方法，俗称"利滚利"。

复利计息的本利和计算公式可以表示为：

$$S = P(1 + r)^n \qquad (3-5)$$

复利计息的利息计算公式可以表示为：

$$I = S - P \qquad (3-6)$$

（三）一般复利与连续复利

P 代表本金，r 代表年利率，n 代表计息周期数，倘若利息按每年计一次复利，则本利和为 $S = P \times (1 + r)^n$；倘若每年计 m 次复利，则本利和为 $S = P \times (1 + r/m)^{mn}$。当 m 为有限数值时，r 称为一般复利；当 m 趋向无穷大时（即每年计息次数为无穷大），利率 r 的含义为当时间可以无限分割时的复利利率，也就是连续复利。

连续复利的本利和计算公式可以表示为：

$$S = \lim_{m \to \infty} P \times \left(1 + \frac{r}{m}\right)^{mn} = Pe^{rn} \qquad (3-7)$$

（四）现值与终值

通过利率不仅能够计算出现在的一笔资金在未来的价值，也能够计算出未来的一笔资金在现在的价值是多少，这就与终值和现值的概念有关。

现值（PV），又可以称作贴现值，是指未来某一时点或某一时期的货币金额根据一定利率水平计算出的相当于现在的值。复利计算中的本金就是现值。

终值（FV），是指现在的一笔货币金额在一定利率水平下计算出的相当于未来某一时点的值。复利计算中的本利和也就是终值。

通常情况下，几乎所有金融工具的定价问题都与现值 PV、终值 FV、时间区间 t、利率 r 这四个变量密切相关，确定其中任何三个变量，就可以得出第四个变量。在具体计算的过程中，可以借助如图 3-3 所示的现值—终值示意图使问题变得更加简洁直观。

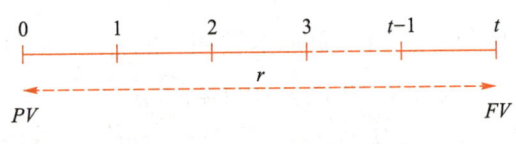

图 3-3　现值—终值示意图

令 n 表示计算的期数，C_n 表示第 n 期的现金流，在此基础上对单期与多期现值和终值进行计算。

1. 单期情况

当仅有一个计息周期（单期）时，已知现值求终值，其公式可以表示为：

$$FV = C_0(1+r) = PV(1+r) \qquad (3-8)$$

当仅有一个计息周期（单期）时，已知终值求现值，其公式可以表示为：

$$PV = \frac{C_1}{1+r} = \frac{FV}{1+r} \qquad (3-9)$$

2. 多期情况

当有多个计息周期（多期）时，已知现值求终值，可以分为单利和复利两种情况进行计算，按单利计算时，其计算公式可以表示为：

$$FV = C_0(1+r \times n) = PV(1+r \times n) \qquad (3-10)$$

按复利计算时，其计算公式可以表示为：

$$FV = C_0(1+r)^n = PV(1+r)^n \qquad (3-11)$$

这里将 $(1+r)^n$ 称为终值复利因子，它是指如果投资收益率为 r，1 单位货币在投资 n 期后的终值。

当有多个计息周期时，已知终值求现值，也可以分为单利和复利两种情况进行计算，按单利计算时，其计算公式可以表示为：

$$PV = \frac{C_n}{1+r \times n} = \frac{FV}{1+r \times n} \qquad (3-12)$$

按复利计算时，其计算公式可以表示为：

$$PV = \frac{C_n}{(1+r)^n} = \frac{FV}{(1+r)^n} \qquad (3\text{--}13)$$

这里将 $1/(1+r)^n$ 称为现值复利因子，也可以称作贴现因子，它是指如果投资收益率为 r，n 期后的 1 单位货币的现值。

需要注意的是，在计算现值时，人们一般采用复利计算，所使用的利率被称为贴现率，也就是使终值折算后与现值相等时的利率。现值的复利计算公式具有以下特征：第一，其他条件不变，现值随终值的增加而增加；第二，其他条件不变，现值随时间的减少而增加，这一点也反映出货币的时间价值；第三，其他条件不变，现值随贴现率的减少而增加。

二、重要收益率计算

（一）到期收益率

为了进行债务工具比较，人们通常使用到期收益率来精确地衡量利率的高低。到期收益率是衡量债券投资收益最常用的指标，是在投资者购买债券并持有至到期的前提下，使得未来各期利息收入、到期本金收入的现值之和等于债券购买价格的贴现率。常见的债务工具有普通贷款、定期定额偿还贷款、息票债券、贴现债券、永久债券等。

常见债务工具
到期收益率
计算

息票债券是指在发行时明确了债券票面利率和付息频率及付息日，债券到期时，偿还最后一次利息和本金的债券。息票债券到期收益率的计算公式为：

$$P = \frac{F \times R}{1+r} + \frac{F \times R}{(1+r)^2} + \frac{F \times R}{(1+r)^3} + \cdots + \frac{F \times R}{(1+r)^n} + \frac{F}{(1+r)^n} \qquad (3\text{--}14)$$

其中，r 表示到期收益率；P 表示息票债券的市场价格；F 表示息票债券的面值；R 表示息票债券的票面利率；n 表示息票债券的到期期限。令 C 表示每期息票利息，即 $C = F \times R$。

在式（3–14）中，在息票债券的面值、票面利率和到期期限已知的情况下，如果知道息票债券的市场价格，就能够求出息票债券的到期收益率；反之，如果知道息票债券的到期收益率，就能够求出它的理论价格。

例 3–1 某息票债券的面值为 100 元，息票率为 10%，每年付息一次，期限 10 年。求其价格为 80 元、90 元、100 元、110 元、120 元时，到期收益率分别为多少?

解答: 根据式(3-14),其中 $C=100\times10\%=10$, $F=100$, $n=10$,再分别将价格 P 的不同取值代入式中,就能求出对应的到期收益率,结果如表3-2所示。

表3-2　息票债券的价格与对应到期收益率

当前价格/元	80	90	100	110	120
到期收益率/%	13.81	11.75	10.00	8.48	7.13

通过观察表3-2与计算公式,可以发现以下规律。

(1)如果息票债券当前的价格和面值相等,那么到期收益率等于息票利率。

(2)息票债券的价格与其到期收益率之间是负相关关系,即其他条件不变的情况下,息票债券的到期收益率随其市场价格升高而降低;息票债券的市场价格也会随其到期收益率升高而降低。

(3)当息票债券的价格高于其面值时,其到期收益率低于息票率;当息票债券的价格低于其面值时,其到期收益率高于息票率。

(二)持有期收益率

持有期收益率(回报率)是指买进某一债券并持有一段时间后,以某个价格卖出该债券,在整个持有期该债券提供的平均回报率。持有期收益率的计算公式可以表示为:

$$\sum_{n=1}^{t}\frac{C_n}{(1+r)^n}+\frac{P_t}{(1+r)^t}=P \tag{3-15}$$

其中, C_n 表示该债券每年支付的利息; P_t 表示债券的出售价格; P 表示债券的购买价格; t 表示持有债券的年限; r 表示该债券的持有期收益率。

表3-3提供了利率从10%上升到20%条件下,按照面值购入的、息票利率为10%的不同期限债券的1年期回报率,即持有期收益率。

表3-3　利率由10%上升至20%时不同期限债券的1年期回报率

债券购买时距离到期日年数	初始到期收益率/%	初始价格/元	下一年价格/元	回报率/%
10	10	100	59.7	−30.3
5	10	100	74.1	−15.9

续表

债券购买时距离到期日年数	初始到期收益率/%	初始价格/元	下一年价格/元	回报率/%
2	10	100	91.7	+1.7
1	10	100	100	+10.0

根据式（3-15），可以得出以下一般性结论。

（1）只有在距离到期日的期限与债券持有时间相等时，债券的回报率才会等于其初始到期收益率。

（2）如果距离到期日的期限长于持有债券的期限，那么利率的上升必将伴随着债券价格的下跌，从而导致债券出现资本损失。

（3）距离债券到期日的期限越长，债券价格和回报率的波动幅度越大。

经过以上分析可以发现，当市场利率波动时，债券的价格和回报率也会发生波动，这被称为债券的利率风险。当市场利率波动时，期限越长的债券，其价格和回报率的波动越大。可见，长期债券的利率风险高于短期债券。

第三节　利率的决定

本节先介绍利率决定理论，然后基于债券的供求曲线分析市场中均衡利率产生的过程以及均衡利率的变动。

一、利率决定理论

马克思的利率决定理论以剩余价值的分割作为出发点，认为利息是贷出资本家从借入资本家那里分割来的一部分剩余价值，也是贷出资本家因放弃资本获利机会而应当获得的一种报酬。由于剩余价值的具体表现是利润，利息则是利润的一部分，因此利润总额和平均利润率分别决定了利息和利率。在马克思的利率决定理论中，利率的上限为平均利润率，此时借入资本家获得的剩余价值为零；同时利率应当大于零，否则贷出资本家不会贷出资本。利率一般会在零与平均利润率之间浮动。

可以从货币供求视角进一步阐释利率决定理论。第一，利率取决于资本的供需，储蓄是利率的增函数，投资是利率的减函数。在市场经济中，当储蓄大于投资时，利率会下降，促使人们减少储蓄，增加投资。第二，人们有一种"流动性偏好"，这种意愿产生了货币需求，利息是在一定时期内牺牲流动性的报酬。货币供需决定利率水平。第三，利率由可贷资金的供求关系决定。可贷资金理论可以简化为债券供求分析框架，认为利率和债券价格存在反向关系。

从利率的结构与期限来看，利率决定理论认为长期利率由市场对未来短期利率预期和流动性溢价共同决定，央行对短期利率的调控会通过预期传导至长期市场。货币学派的利率决定理论强调货币供应量对利率的直接影响。短期货币供给增加会降低利率（流动性效应），但长期可能因通货膨胀预期上升导致名义利率反弹（费雪效应）。

二、均衡利率的决定

（一）债券的需求曲线

债券的需求曲线反映了除债券价格和利率以外的其他变量不变的情况下（即其他变量的值已给定）需求数量与价格之间的关系。

举例来说，考虑 1 年期贴现发行债券的市场需求，贴现发行债券不支付息票利息，只在 1 年后向持有人支付 1 000 元的面值。如果债券持有人持有债券 1 年，就能够获得该债券的回报，并且回报率等于以到期收益率衡量的利率。这代表着贴现发行债券的预期回报率等于利率 r，由此可以得出：

$$r = R^e = \frac{F - P}{P} \tag{3-16}$$

其中，r 表示以到期收益率衡量的利率；R^e 表示预期回报率；F 表示贴现发行债券的面值；P 表示贴现发行债券的最初购买价格。

从这个表达式可以看出，不同的债券价格对应着不同的利率与预期回报率。如果该债券以 950 元的价格出售，则对应的利率与预期回报率为 5.3%，即图 3-4 中的 A 点。如果债券价格由 950 元下降到 900 元，那么此时对应的利率与预期回报率变为 11.1%，预期回报率的上升导致债券需求上升，即图 3-4 中的 B 点。同理得出图中的 C 点和 D 点。连接上述价格—需求数量点就形成了 Q_d 曲线，也就是债券的需求曲线。债券的需求曲线往往是向右下方倾斜的，这说明在其他条件不变的情况下，随着债券价格的下降，其需求数量也会相应增加。

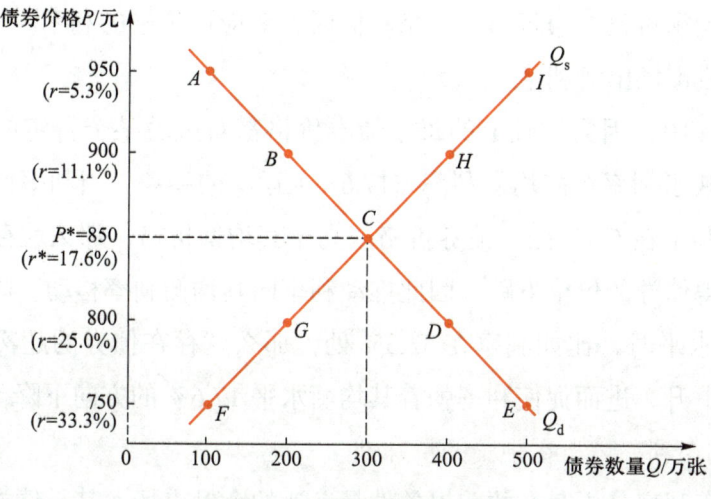

图 3-4　债券的供给与需求

注：债券市场在需求曲线 Q_d 与供给曲线 Q_s 的交点 C 点达到均衡。此时债券的需求数量与供给数量相等，均衡价格 $P^* = 850$ 元，均衡利率 $r^* = 17.6\%$。

（二）债券的供给曲线

债券的供给曲线反映了除债券价格和利率以外的所有经济变量不变条件下，债券供给数量与价格之间的关系。如图 3-4 所示，在债券价格为 750 元的情况下，此时对应的利率为 33.3%（图 3-4 中的 F 点）。当债券价格上升到 800 元时，对应的利率为 25%，因债券融资成本下降，债券的供给数量上升（图 3-4 中的 G 点）。如果债券价格继续上升到更高的 850 元，则对应着更低的利率 17.6%，债券供给数量进一步增加（图 3-4 中的 C 点）。在债券价格上升到 900 元甚至 950 元的情况下，其对应的利率会更低，进而导致债券的供给数量继续增加（图 3-4 中的 H 点和 I 点）。连接上述的价格—供给数量点就会形成 Q_s 曲线，也就是债券的供给曲线。债券的供给曲线通常是向右上方倾斜的，这说明在其他条件不变的情况下，随着债券价格的上升，其供给数量也相应增加。

（三）市场均衡与均衡利率

在经济学中，在给定价格上，当人们愿意购买（需求）的数量与人们愿意出售（供给）的数量相等时，就实现了市场均衡。同理，在债券市场上，当债券的需求数量与债券的供给数量相等时，债券市场就实现了市场均衡，即：

$$Q_d = Q_s \tag{3-17}$$

在图 3-4 中，市场均衡出现在 C 点。此时，债券的需求曲线与供给曲线相交，C 点表示的债券价格为 850 元，对应的利率为 17.6%，而相应的债券数量为 300 万张。可见在价格 $P^* = 850$ 元处，债券需求数量与供给数量相等，因此这一价格被称为均衡价格或市场出清价格；同时，对应该价格的利率 $r^* = 17.6\%$ 被称为均衡利率或市场出清利率。

在图 3-4 中，因为纵轴上的每个债券价格都对应着某个特定的利率值，所以该图还反映了利率有向均衡利率（17.6%）运动的趋势。当利率低于其均衡水平时，比如利率在 5.3% 处，债券价格就高于其均衡价格，那么就存在债券的超额供给，使得债券的价格下跌，因此推动利率向其均衡利率移动。同样，当利率高于其均衡水平时，比如利率在 33.3% 处，那么就存在债券的超额需求，使得债券的价格上升，进而促使利率朝着其均衡水平 17.6% 的方向下降。

（四）均衡利率分析在中国的特殊性

上述均衡利率分析存在的前提条件是发达的金融市场尤其是债券市场，供求双方决定唯一的均衡利率。在渐进式改革的利率市场中，上述均衡利率分析机制在中国不具有完全的适用性。中国信贷市场中经常存在"多重均衡利率"现象。"多重均衡利率"是指同一经济体内不同细分市场或交易场景中，因供需结构、风险定价和制度约束的差异，形成多个相互独立且稳定的利率均衡点。例如：农贷市场中存在关系借贷零利率、正规金融机构基准利率（如 3.43%）和非正规市场高利率（如 10%～20%）并存的格局。

三、均衡利率的变动

下面将分别应用债券供求理论和流动性偏好理论对均衡利率的变动进行分析。

（一）债券供求理论的分析视角

在采用债券供求理论来分析均衡利率的变动之前，我们需要首先学习资产需求理论。资产需求理论的核心在于分析投资者在不同条件下对资产的选择偏好，其主要影响因素及影响效果表现在以下几个方面。

第一，财富规模。资产需求与财富正相关，财富增长时投资者倾向于增加资产需求。第二，预期收益率。资产需求与预期收益率正相关，给定其他条件不变，投资者更偏好预期收益率高的资产。第三，风险水平。资产需求与风险负相关，回报不确定性越高（如股票市场波动），投资者越可能减少资产需求。第四，流动性。资产需求与流动性正相关，资产转化为现金的便利性直接影响需求，流动性强的资产（如国债）更受市场青睐。

现在应用债券供求机制来分析均衡利率的变动。本书中，需求（供给）曲线的移动是指在每一给定债券价格（或利率），债券价格和利率之外的其他因素的变化引起的需求量（供给量）的变动，从而导致曲线的移动。当某些因素发生变化引起需求曲线或供给曲线移动时，会形成新的均衡利率。

下面考察财富、预期利率和预期通货膨胀率等因素如何导致需求（供给）曲线的移动，以及这些因素的变化对均衡利率产生的影响。

1. 债券需求曲线的移动

引起债券需求曲线移动的因素包括：财富、预期利率、预期通货膨胀率、相较于其他资产的风险水平、相较于其他资产的流动性等。表 3-4 概括了这些因素变动对债券需求曲线产生的影响。

表 3-4　债券需求曲线移动的影响因素

影响因素	影响因素变动	每一债券价格水平上的需求数量变动	需求曲线的位移
财富	↑	↑	
预期利率	↑	↓	
预期通货膨胀率	↑	↓	
相较于其他资产的风险水平	↑	↓	

续表

影响因素	影响因素变动	每一债券价格水平上的需求数量变动	需求曲线的位移
相较于其他资产的流动性	↑	↑	

注：这里仅显示影响因素上升时的结果，影响因素下降时的结果与表中各栏的情况正好相反。B^s 表示债券供给曲线，B_1^d 和 B_2^d 分别表示移动前后的债券需求曲线。

（1）财富。

商业周期扩张时期，财富不断增加，每一债券价格（或利率）所对应的债券需求量都会上升，需求曲线向右移动（见表3-4），从而导致债券均衡价格上升，均衡利率下降。公众的储蓄倾向是另外一个影响财富的因素。如果家庭增加储蓄，财富将会上升，债券需求上升，需求曲线向右移动。同样，在衰退阶段，随着收入和财富的下降，债券需求量也会下降，需求曲线向左移动，均衡利率上升。

经济周期与利率

（2）预期利率。

一般而言，债券的预期收益率越高，债券需求就越大；另外，可替代资产的预期收益率的提高会导致对债券需求的减少。

第一，预期利率对债券需求曲线存在影响。如果人们预计明年的利率较他们以前预期的高，长期债券的预期价格将会下降，导致预期收益率的下降，每一利率水平上的需求量都会下降，需求曲线向左移动（见表3-4），从而导致债券均衡价格下降，均衡利率上升。

第二，其他可替代资产预期收益率对债券需求曲线的影响。当人们突然对股票市场变得乐观，股票预期收益率上升，若此时债券的预期收益率保持不变，那么债券相对于股票的预期收益率就会下降，导致债券需求量的下降，推动需求曲线向左移动（见表3-4），债券均衡价格下降，均衡利率上升。

（3）预期通货膨胀率。

预期通货膨胀率的变化也可能影响实物资产（如房产）预期收益率的变化，

从而对债券需求产生影响。一方面，如果预期通货膨胀率上升，将会导致未来实物资产的价格升高，带来更高的名义资本收益率。这样，相对于实物资产的预期收益率来说，债券的预期收益率将会下降，从而引起债券需求量的下降。另一方面，可以将预期通货膨胀率的上升理解为债券真实利率的下降，结果导致债券的预期收益率下降，引起债券需求量下降。总之，预期通货膨胀率上升将会导致债券预期收益率的下降，引起债券需求量下降，需求曲线向左移动（见表3-4），债券均衡价格下降，均衡利率上升。

（4）相较于其他资产的风险水平。

债券市场价格越不稳定，与债券相联系的风险就会越大。债券风险上升将引起债券需求下降，需求曲线向左移动（见表3-4），债券均衡价格下降，均衡利率上升。

（5）相较于其他资产的流动性。

如果债券流动性好，交易债券将会更加容易，债券流动性的提高使每一利率水平上的债券需求量上升。债券流动性上升引起债券需求量增加，需求曲线向右移动（见表3-4），债券均衡价格上升，均衡利率下降。

2. 债券供给曲线的移动

投资项目的预期盈利能力、预期通货膨胀率、政府财政赤字会引起债券供给曲线发生移动。

下面，分析这些因素如何各自引起债券供给曲线的移动（在其他因素不变的情况下）。表3-5总结了这些因素变动对债券供给曲线的影响。

表3-5 债券供给曲线移动的影响因素

影响因素	影响因素变动	每一债券价格水平上的供给数量变动	供给曲线的位移
投资项目的预期盈利能力	↑	↑	

续表

影响因素	影响因素变动	每一债券价格水平上的供给数量变动	供给曲线的位移
预期通货膨胀率	↑	↑	
政府财政赤字	↑	↑	

注：这里仅显示影响因素上升时的结果，影响因素下降时的结果与表中各栏的情况正好相反。B^d 表示债券需求曲线，B_1^s 和 B_2^s 分别表示移动前后的债券供给曲线。

（1）投资项目的预期盈利能力。

在商业周期的扩张时期，投资项目的预期盈利能力很高，在给定的债券价格和利率水平上，所对应的债券供给也随之上升。因此，在商业周期的扩张阶段，债券供给上升，供给曲线向右移动（见表3-5），从而使债券均衡价格下降，均衡利率上升。同样，在衰退阶段，有较高预期盈利能力的投资机会减少，债券供给下降，供给曲线向左移动，债券均衡价格上升，均衡利率下降。

（2）预期通货膨胀率。

实际利率（等于名义利率减去预期通货膨胀率）能更准确地衡量借款成本。对于一个给定的利率（债券价格）来说，如果预期通货膨胀率上升，则借款的真实成本下降，这样，对于任意给定的债券价格，债券供给上升。因此，预期通货膨胀率上升会引起债券供给上升，推动供给曲线向右移动（见表3-5），债券均衡价格下降，均衡利率上升。

（3）政府财政赤字。

当政府的财政支出大于财政收入时，会出现财政赤字，财政部通过发行债券弥补财政赤字。当财政赤字扩大时，财政部就会发行更多的债券，在每一债券价格和利率水平上的债券供给就会上升，供给曲线向右移动（见表3-5），债券均衡价格下降，均衡利率上升。

专栏 3-1

预期通货膨胀率与中国利率变化：债券供求分析框架

从1993年开始，中国连续三年通货膨胀率达到两位数，1994年通货膨胀率更是超过了20%。同一期间利率也不断上升，在1993年7月至1996年8月，利率都在10%以上的水平调整，其中1995年7月1日利率调整后高达12.06%。中国预期通货膨胀率与利率变化可以利用债券供求框架进行分析。

图3-5描述了中国预期通货膨胀率上升过程对均衡利率的影响。假设初始预期通货膨胀率偏低，初始供给曲线和需求曲线（B_1^s和B_1^d）交于点1，此时均衡债券价格为P_1。

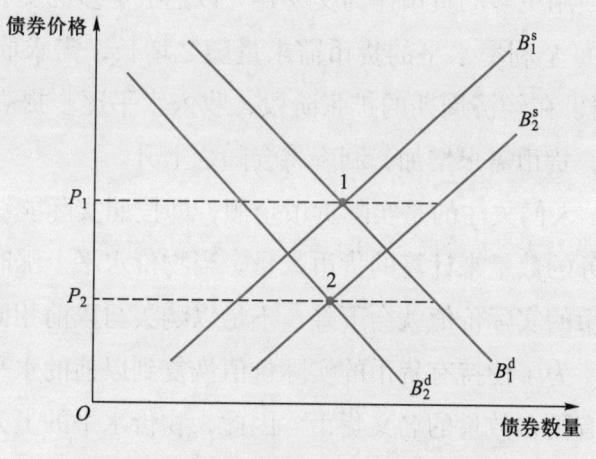

图 3-5 中国预期通货膨胀率变动的影响

在预期通货膨胀率上升期间，对于任一给定债券的价格和利率来说，债券相对于实物资产的预期收益率都会下降。就债券需求曲线而言，债券需求量会下降，债券需求曲线向左移动，假设从B_1^d移到B_2^d。预期通货膨胀率上升，同时也会引起供给曲线的移动。对债券供求曲线来说，在任一给定的债券价格上，借入资金的真实成本下降，引起债券供给量上升，供给曲线向右移动，假设从 B_1^s 移到 B_2^s。此时，均衡点从点1移动到点2，均衡债券价格（纵轴）从 P_1 下降到 P_2，均衡利率从 i_1 上升到 i_2。

通过上述分析，可以得到一个重要的结论：预期通货膨胀率上升，均衡利率也将随之上升。

类似地，美联储统计数据显示，1953年至2014年，美国3个月期国库券利率和预期通货膨胀率通常具有一致的协同变化趋势。20世纪90年代至21世纪初日本经济伴随着通货紧缩现象，预期通货膨胀率较低，导致日本长期处于低利率状态，1998年11月，日本甚至出现极端情况：6个月日本国库券利率为负。

（二）流动性偏好理论的分析视角

在流动性偏好理论中，决定均衡利率的曲线是货币需求曲线和货币供给曲线。

1. 货币需求曲线移动

有两个重要的宏观经济因素会引起货币需求曲线的移动：收入和物价水平。

当收入增加时，一方面，人们愿意持有更多的货币作为价值贮藏手段；另一方面，人们希望使用更多的货币作为交易媒介以达成更多的交易。因此，收入水平的提高会导致每个利率水平的货币需求量随之增长，需求曲线向右移动（见表3-6）。这表明，在经济周期的扩张阶段，收入水平逐步提高，在其他变量保持不变的条件下，货币需求增加，利率将会随之上升。

货币供给量的增加会降低利率吗？

人们关注的是实际货币余额，即按照实际能够购买到的商品和服务的数量来计算的货币数量。当物价水平上涨时，同样数量名义货币的实际价值就会下降，不足以购买与以前相同数量的商品和服务。为了使持有货币的实际价值恢复到以前的水平，人们将会希望持有更多数量的名义货币。因此，物价水平的上升将会导致货币需求量随之增长，需求曲线向右移动（见表3-6）。这表明在货币供给量和其他变量保持不变的条件下，当物价水平提高的时候，利率会随之上升。

2. 货币供给曲线移动

假设货币供给完全由中央银行控制，则货币供给曲线的移动就只受到中央银行的影响。如果中央银行提高货币供给量，货币供给曲线将向右移动，利率会随之下降（见表3-6）。

表 3-6　货币需求曲线和供给曲线的移动

影响因素	影响因素变动	每一利率水平上的货币需求或供给变动	曲线位移	利率变动
收入	↑	M^d ↑		↑
物价水平	↑	M^d ↑		↑
货币供给	↑	M^s ↑		↓

注：这里仅显示影响因素上升时的结果，影响因素下降时的结果与表中各栏的情况正好相反。M_1^d（M_1^s）和 M_2^d（M_2^s）分别表示移动前后货币需求（供给）曲线，M^d（M^s）表示货币需求（供给）曲线。

第四节　利率的风险结构和期限结构

本节分别介绍利率的风险结构和利率的期限结构，进而分析影响风险结构的主要因素和阐释利率的期限结构的主要理论。

一、利率的风险结构理论

利率的风险结构是指相同期限的金融工具不同利率水平之间的关系。相关理论关注利率风险结构的影响因素，主要包括违约风险、流动性以及税收差异。

（一）违约风险

违约风险是指当金融工具到期时发行人不愿意或者没有能力履行其偿付本金和利息的义务而造成投资者损失的可能性。一般来说，金融工具的违约风险越大，该金融工具对投资者的吸引力就越小，发行者就需要承诺更高的利率，从而弥补投资者所承担的较高的违约风险。所以，对于期限相同但具有不同违约风险水平的金融工具，其利率存在差别，违约风险越大，利率越高。违约风险的大小不仅与发行主体的特征密切相关，也受到宏观经济运行周期的影响，在经济下行周期，违约风险将普遍上升。这种在损失发生之前对所承担风险的补偿被称为风险补偿。

（二）流动性

流动性是指资产可以迅速转换为现实购买力而不受到损失的能力。因为投资者都存在流动性偏好，即倾向于持有更容易变现的资产。通常使用资产变现的速度与效率之间的协调性来衡量资产的流动性。变现速度能够通过资产交易时间的长短来判断，而变现效率能够通过资产可能面临的交易成本和预期损失来判断。除了资产自身的特征外，金融市场的完善程度对资产流动性也存在较大的影响，在不完善的金融市场中资产的交易成本可能增加，交易时间也可能延长，进而可能降低资产的流动性。

（三）税收差异

税收通过影响投资者所能获得的实际收益对金融工具的利率产生影响。由于投资者最关注的是金融工具的税后实际利率，倘若不同种类金融工具所产生利息收入的税率不一致，那么这种税收差异就会体现到税前利率中。一般来说，金融工具享受的免税待遇越高，对应的利率会越低。通常情况下，政府债券的利息收入可以免缴所得税，而公司债券的利息收入则需要缴纳一定比例的所得税。因此，在期限、风险、流动性等其他因素都相同的条件下，公司债券的利率会高于政府债券的利率。

二、利率的期限结构理论

利率的期限结构是指相同风险水平的金融工具不同利率水平之间的关系，反映了期限长短对其收益率的影响。

利率的期限结构有两种特别值得注意的现象：第一，不同期限金融工具的利率往往是同方向波动的；第二，较长期限金融工具的利率通常会高于较短期限的金融工具。对于这两种现象有三种解释，而这三种解释构成了三个经典的利率期限结构理论，分别是市场预期理论、市场分割理论以及流动性偏好理论。

（一）市场预期理论

市场预期理论具有以下假设：第一，整个资本市场是统一的，不同期限的金融工具之间具有完全的替代性；第二，投资者对不同期限的金融工具没有任何特殊的偏好，最终目标是利润最大化；第三，交易和持有金融工具没有成本，这使得投资者能够无成本地替换金融工具；第四，绝大多数投资者都可以准确地预期未来利率并且依据预期作出合理的投资选择。

当上述的假设条件都满足时，一次性长期投资的预期收益与多次、连续、等量短期投资的预期收益相等，进而可以得出长期债券利率是期限内预期短期利率的平均值。

对于 t 时刻 n 年期的长期债券而言，其收益率 R_{nt} 有：

$$R_{nt} = \frac{R_t + R_{t+1}^{e} + \cdots + R_{t+(n-1)}^{e}}{n} \qquad (3-18)$$

可以得出市场预期理论的基本结论：金融工具的长期利率是短期利率的函数。长期利率同现在的短期利率之间的关系依赖于现在的短期利率同预期短期利率之间的关系。

它们的关系具体表现为：如果未来每年的短期利率相同，那么现期长期利率就等于现期短期利率，收益率曲线表现为一条水平线；如果未来的短期利率预期要上升，那么现期长期利率将高于现期短期利率，收益率曲线表现为一条向右上倾斜的曲线；如果未来的短期利率预期要下降，那么现期长期利率将低于现期短期利率，收益率曲线表现为一条向右下倾斜的曲线。

市场预期理论把不同期限的金融工具当作密切联系的统一体，进而为资本市场上不同期限利率的同向波动提供了合理解释。但市场预期理论无法解释收益率曲线向右上倾斜的现象，无法解释为什么长期利率会高于短期利率。

（二）市场分割理论

市场分割理论对市场预期理论中的完全替代假设进行了批判，指出各种期限的金融工具之间根本没有替代性，它们的市场是彼此独立、相互分割的，所以每种金融工具的利率由自身的供求状况决定。

市场分割理论认为有五个原因造成了市场分割：第一，投资者可能对某种期限的金融工具有特殊的偏好；第二，投资者无法了解足够的信息，他们仅仅关注某些金融工具；第三，不同性质的借款人通常仅仅关注某种期限的金融工具；第四，一些机构投资者的负债结构决定了它们投资期限的长短；第五，市场中缺少易于销售的统一的金融工具。

市场分割理论直接解释了收益率曲线一般向右上倾斜的现象，也就是长期利率高于短期利率的情形。这是因为人们通常更愿意持有短期金融工具，而不愿意持有长期金融工具，所以短期利率相对较低。但是，市场分割理论将不同期限的资本市场看成是分割的，所以该理论也有一定的局限性，它无法解释不同期限金融工具的利率通常是同向波动的现象。

（三）流动性偏好理论

流动性偏好理论从投资者的流动性偏好角度解释短期利率与长期利率的差异来源和联系。该理论指出，短期金融工具的流动性比长期金融工具高。因为短期金融工具的期限较短，这使得其价格波动风险小于长期金融工具。风险规避者更偏好高流动性的短期金融工具，导致其利率低于长期金融工具。因此，在确定远期利率时，不仅要考虑预期信息，还要考虑因风险因素而引起的流动性偏好。

流动性偏好理论强调，短期利率决定长期利率时，除了包括即期的短期利率和以后若干期的预期短期利率的平均数，还应该考虑流动性溢价。

因此对市场预期理论关于长短期债券收益率关系的公式进行如下的修正：

$$R_{nt} = \frac{R_t + R_{t+1}^{e} + \cdots + R_{t+(n-1)}^{e}}{n} + l_{nt} \tag{3-19}$$

其中，l_{nt} 为在 t 时刻的 n 期债券的流动性（期限）溢价。

根据该理论，大部分投资者偏好持有短期金融工具，为了激励投资者持有长期金融工具，需要向投资者支付流动性补偿。长期利率则是预期的短期利率与流动性补偿的利率之和。在实际运用中，流动性偏好理论在描绘收益率曲线的形状时也比市场预期理论更合理、更一致。

但是，流动性偏好理论中投资者总是偏好期限较短的金融工具的这一假设，在现实经济金融交易中并不总是成立。比如，寿险公司、养老基金等这类特殊的机构投资者往往更偏好长期的金融工具，这是因为长期金融工具的收益期限与它们所持有资金的期限更为匹配。

上述的利率期限结构理论都可以在一定程度上说明利率期限结构的存在，但是由于假设条件的局限性，它们都不能完美地解释收益率现象。只有充分考虑理论背后的假设后，才能利用这些理论获得更加可信的分析结果。

🎙 重要概念

货币的时间价值 利息 利率 无风险利率 名义利率 实际利率 即期利率 远期利率 中央银行政策利率 基准利率 现值 到期收益率 持有期收益率 利率的风险结构 利率的期限结构

🎙 本章小结

1. 利息是指借贷关系中资金借入方支付给资金贷出方的报酬。

2. 中国的利率体系包括中央银行政策利率、市场基准利率和市场利率。中央银行政策利率主要为公开市场 7 天期回购操作利率。市场基准利率包括存款类金融机构间的债券回购利率（DR）、贷款市场报价利率（LPR）和国债收益率。市场利率有货币市场利率、信贷市场利率和债券市场利率。

3. 利率的计息方式分为单利和复利。利率的计算通常会涉及现值与终值、到期收益率以及持有期收益率的计算。

4. 引起债券需求曲线移动的影响因素包括：财富、预期利率、预期通货膨胀率、相较于其他资产的风险水平、相较于其他资产的流动性等。

5. 利率的期限结构是指相同风险水平的金融工具不同利率水平之间的关系，反映了期限长短对其收益率的影响。

6. 利率的期限结构理论包括市场预期理论、市场分割理论和流动性偏好理论。

思考题

1. 简述中国的利率体系，并说明各类利率之间如何保持价格联动和传导。

2. 一国货币供给增加后，对利率的短期影响机制和长期影响机制是什么？这种差异背后的原因是什么？

3. 从 1993 年开始，连续三年通货膨胀率达到两位数，1994 年通货膨胀率更是超过了 20%。1996 年，通货膨胀终于得到了基本控制，随后人民币贷款基准利率持续下降。请问通货膨胀过后，为什么利率会下降？请用债券供给需求理论进行分析。

4. 2022 年美国国债多次出现利率倒挂（即 2 年期国债收益率高于 10 年期国债收益率）现象，请分析其背后的原因。

即测即评

第四章 汇率与汇率制度

汇兑率是货币金属的国际运动的晴雨计。

——《马克思恩格斯文集》第七卷，人民出版社 2009 年版，第 651 页。

▤▶ 学习目的和要求

理解外汇市场的定义、特点；掌握汇率的基本定义、分类；理解汇率决定理论；了解汇率制度及人民币汇率制度的市场化改革历程；培养全球化战略思维，增强对金融高水平开放下我国汇率决定与制度构建机制的认识。

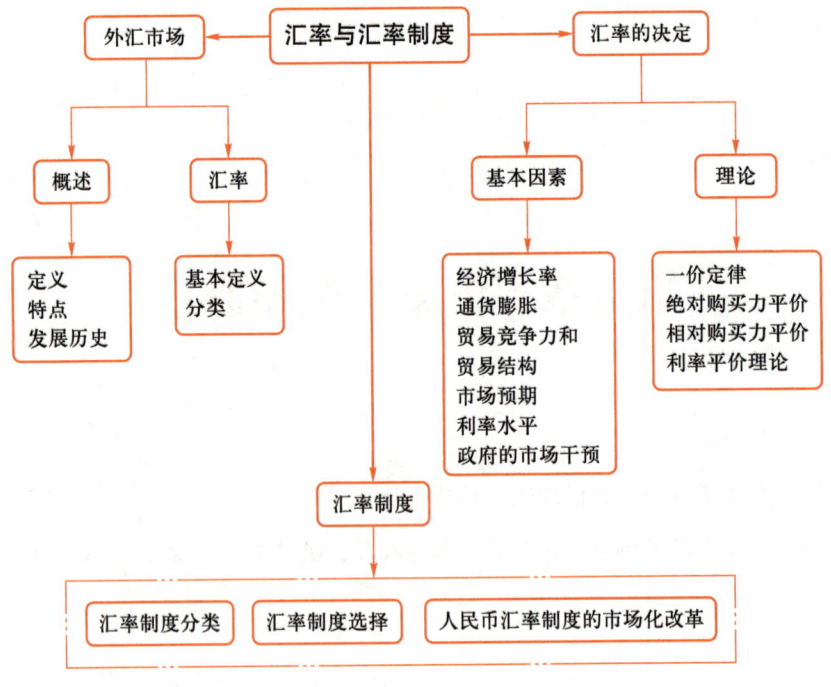

知识结构导图

外汇市场高质量发展在加快建设金融强国过程中扮演着重要的角色，基本稳定且富有弹性的汇率可以提升人民币的国际信誉和竞争力，增强中国人民银行的宏观调控能力，提升金融机构的风险管理能力，促进国际金融中心的建设。本章遵循"市场基础→定价机制→制度安排"的递进逻辑，首先对外汇市场以及汇率的基本概念进行界定，接着探究汇率的影响因素和决定机制，进而剖析汇率制度的选择与演进，旨在揭示引起汇率和汇率制度变动的重要驱动力，为金融高水平对外开放提供关键的基础知识。

第一节　外汇市场

外汇市场是中国金融市场体系的重要组成部分，与股票市场、债券市场、货币市场等共同构成了多元化、层次化、有序化的金融市场体系，在宏观调控、资源配置、汇率形成和风险管理中发挥着重要作用。

一、外汇市场概述

（一）外汇市场的基本定义和特点

外汇市场是外汇交易的场所，银行、企业和个人是外汇市场上最主要的参与者。1994年外汇体制改革后，中国成功建立起全国统一的外汇市场，包含了根据交易主体进行划分的外汇零售市场和外汇批发市场两类。其中，外汇零售市场是指银行与企业、银行与个人客户之间进行柜台式外汇买卖所形成的市场，涉及货币兑换、进出口结算等业务。外汇零售市场一般为零散交易，交易量较小，交易成本较高，买卖差价较大。外汇批发市场又称银行间外汇市场，是指商业银行等金融机构之间进行外汇买卖所形成的市场。外汇批发市场单笔交易数额巨大，每日交易总额占整个外汇交易额的80%以上。外汇批发市场又可以进一步划分为两类，一是商业银行同业间的外汇交易市场，是商业银行为弥补与客户交易产生的买卖差额、回避汇率波动风险、调整自身外汇资金余缺而形成的市场；二是中国人民银行与商业银行之间的外汇交易市场，是中国人民银行实施宏观调控、调节供求、稳定汇率的场所。

除根据交易主体进行划分外，外汇市场还可以根据有无具体交易场所分为有形外汇市场和无形外汇市场；或根据外汇交割的时限分为即期外汇市场（现汇交易市场）和远期外汇市场（期汇交易市场）。

外汇市场具有以下四个显著特点。

（1）交易币种集中。外汇市场上交易的币种相对集中，主要集中于人民币、美元、欧元、日元、英镑等国际主要货币，这便于市场操作和风险管理。

（2）参与主体多元。外汇市场的参与者包括银行、非银行金融机构、企业和个人等，其中银行是市场的核心，而个人交易者的交易占比较低。

（3）可交易时间长。外汇市场原则上是一个24小时不停止，全天候交易的市场，我国银行间人民币外汇市场交易时间为每周一至周五的9：30至次日3：00。

（4）资金结算时间短。资金结算可采取"T＋0"模式，即买入的外汇可在当日卖出，卖出外汇获得的资金可在当日继续买入外汇，客户在交易日当天可多次交易。

（二）外汇市场的发展历史

外汇市场的发展是一个不断深化和完善的过程，经历了从严格管制到市场化的转型，其发展历史可以概括为以下五个主要时期。

（1）计划经济时期的外汇市场（1949—1978 年）：实行高度集中的外汇管理体制，这一时期外汇资源短缺，所有外汇收入必须售给国家，用汇实行计划分配，对保障外汇收支平衡、保持汇率稳定起到了积极作用。

（2）改革开放初期的外汇市场（1978—1993 年）：1978 年党的十一届三中全会后，外汇管理体制改革起步，以增强企业外汇自主权、实行汇率双轨制为特征。这一时期外汇留成制度的实行和外汇调剂市场的建立，促进了市场机制的萌生和发展。

（3）外汇市场的市场化初步形成期（1994—2000 年）：1994 年取消外汇留成制度，实行银行结售汇制度，建立了以市场供求为基础的、单一的、有管理的浮动汇率制度，统一规范的外汇市场开始形成。1996 年取消了所有经常性国际支付和转移的限制，人民币实现国际收支经常项目下的可兑换，银行间外汇市场进一步发展。

（4）市场调节为主的外汇市场（2001—2012 年）：2001 年我国加入世界贸易组织，迅速融入全球经济后，外汇管理提出国际收支平衡的管理目标，人民币资本项目可兑换等重大改革探索有序推进。2005 年人民币汇率形成机制改革启动，不断理顺外汇市场供求关系，实行以市场供求为基础、参考一篮子货币进行调节、有管理的浮动汇率制度。这一时期外汇市场交易品种不断丰富，市场参与者更加多元化，交易规模持续扩大。

（5）统筹金融开放和安全的外汇市场（2013 年至今）：这一时期，我国一方面积极推进金融开放，推出了沪港通、深港通、债券通等重大改革举措，有效扩大了跨境人民币使用场景和离岸市场建设，推动了汇率形成机制与国际规则接轨，稳慎推进人民币国际化；另一方面注重金融安全，构建了多层次风险防控体系，增强了外汇市场的整体韧性，确保了在开放的过程中外汇市场的稳定和安全。

专栏 4-1
外汇市场波动对进出口、国际资本流动以及通货膨胀的影响

外汇市场波动与进出口：当本国货币升值时，进口商品的本币价格下降，有利于扩大进口，但出口商品的外币价格上升，可能降低出口商品的竞争力，

影响出口企业的盈利；反之，本国货币贬值有利于出口，但会增加进口成本。

外汇市场波动与国际资本流动：当本国货币升值时，可能吸引外国投资者购买本国资产，导致资本流入；反之，本国货币贬值则可能引发资本外流，对本国金融市场和经济稳定造成影响。

外汇市场波动与通货膨胀：当本国货币升值时，进口商品的本币价格下降，可能有助于抑制通货膨胀；反之，当本国货币贬值时，进口商品的本币价格上升，这可能导致国内物价水平上涨，从而加剧通货膨胀。

二、汇率的定义与分类

（一）汇率的基本定义

在外汇市场中，货币的买卖不是简单的交易行为，还涉及一个重要的概念——汇率。汇率也称为汇兑率、汇价或外汇牌价，是一种相对价格，用以表示一种货币相对于另一种货币的价值。在金融市场中，汇率扮演着多维度的关键角色，是重要的经济稳定器和国际收支调节器，对经济高质量发展以及国家宏观经济政策的制定和实施都有着深远的影响。

马克思在劳动价值论基础上建立的国际价值论认为，各国的生产条件、劳动熟练程度和劳动强度不同，因此生产同种商品所需要的劳动时间存在较大差异，社会必要劳动时间决定的价值量在各国的平均数形成一个阶梯。通过国际贸易，价格的价值内含量差别、货币的含金量差别将转化为交易双方的货币比率的差别，由此出现了汇率。

由于汇率涉及两种货币，也常常被称为"双边汇率"。"双边"意味着两个方面，一方面是单位外国货币的本国货币价格，对应着直接标价法，另一方面是单位本国货币的外国货币价格，对应着间接标价法。

直接标价法，又称应付标价法，表示购买单位外国货币需要支付的本币数量。这一方法是除英美等少数国家外，大多数国家采用的汇率标价法。中国使用直接标价法计算人民币汇率，比如，2025 年 5 月 30 日人民币对美元汇率中间价为 7.20，即购买 1 美元需要支付 7.20 元人民币。

间接标价法，又称应收标价法，表示出售单位本币能够收到的外国货币数量。直接标价法下的汇率取倒数即为间接标价法下的汇率。基于上面的例子，

2025 年 5 月 30 日，间接标价法下的人民币对美元汇率中间价为 0.139，即出售 1 元人民币能够获得 0.139 美元。

（二）汇率的分类

根据汇率的波动幅度，汇率可分为固定汇率和浮动汇率。固定汇率是指一国货币与另一国货币的兑换比率基本固定，只允许小范围的波动。浮动汇率是指一国货币与另一国货币的兑换比率根据外汇市场供求自由波动。目前，中国采用有管理的浮动汇率，通过加强外汇市场管理，保持人民币汇率在合理均衡水平上的基本稳定。

根据外汇银行的交易方向，汇率可分为买入汇率和卖出汇率。买入汇率是银行从同业或客户手中购买某种货币所使用的汇率，分为现钞买入价和现汇买入价。卖出汇率是银行向同业或客户卖出某种货币所使用的汇率，同样也分为现钞卖出价和现汇卖出价。一般看到的人民币中间价是由中国外汇交易中心于每日银行间外汇市场开盘前向所有银行间外汇市场做市商询价，并将全部做市商报价作为人民币对美元汇率中间价的计算样本，去掉最高和最低报价后，剩余报价加权平均得到。

汇率的相关概念

根据外汇的交割期限，汇率可分为即期汇率和远期汇率。即期汇率又称现汇率，是即期外汇交易使用的汇率。远期汇率是远期外汇交易使用的汇率[①]。

根据汇率是否直接涉及载体货币，汇率可分为基本汇率和套算汇率。基本汇率是指一国货币对载体货币的汇率。其中，载体货币指在国际上被广泛接受、作为国际结算货币以及在外汇储备中占比较大且可自由兑换的货币，如美元、日元、欧元等。套算汇率是指两国货币基于相同载体货币的基本汇率套算而出的汇率。例如，人民币对韩元汇率可由人民币对美元和美元对韩元的基本汇率套算出来。

根据是否考虑物价水平变动的影响，汇率可分为名义汇率和实际汇率。名义汇率是未经物价指数调整计算的汇率，仅反映两国货币名义上的交换比率。实际汇率是考虑两国物价水平的差异，综合两国物价指数对名义汇率调整后所得的汇率，反映国内商品和国外商品的交换比率。

---

① 远期汇率需要结合衍生品的概念在后面进一步学习。

第二节　汇率的决定

　　加强外汇市场管理，保持人民币汇率在合理均衡水平上的基本稳定，是深化金融体制改革的重要任务之一。管理外汇市场以维持汇率稳定的前提是理解汇率是如何被决定的。

一、影响汇率的基本因素

　　汇率是一国货币对外价格的表现形式，受到国内和国际众多因素的影响。在汇率分析中，长期汇率和短期汇率是两个重要的概念，二者之间存在对立统一的关系。一方面，长期汇率和短期汇率在形成机制和影响因素等方面存在显著差异；另一方面，它们又相互联系、相互影响。长期汇率会约束短期汇率的波动范围，而短期汇率的波动会累积成长期汇率趋势。

（一）影响长期汇率的基本因素

　　长期汇率是指由一国经济基本面决定的均衡汇率，反映两国商品、服务及资本在长期内流动的平衡状态。其基本影响因素是经济基本面变量，而非短期市场波动，以下是影响长期汇率的重要基本因素。

　　1. 经济增长率

　　经济增长率对长期汇率的作用复杂多面。一方面，一国经济增长率的提高，不仅彰显了国家经济实力的增强，还提升了其货币的国际购买力，从而倾向于推动该国货币相对于外国货币升值。另一方面，经济的快速增长带动了国民收入的增加，可能刺激进口需求。若出口保持稳定，这种情况下可能导致国际收支逆差，进而对其货币构成贬值压力。然而，对于出口导向型经济体，高增长往往意味着出口的扩大，带来经常账户顺差，从而促使其货币升值。同时，一国经济增长势头良好，该国的利润率也往往较高，这会吸引外国资金流入该国进行直接投资，改善资本账户收支，进而促使其货币升值。一般而言，从长期看，高经济增长率有力地支持着一国货币升值的强劲势头。

　　2. 通货膨胀率

　　货币的对内价值，即其在国内的购买力，构成了对外价值（汇率）的基石。马克思说道："如果现在 1 镑只代表从前代表的货币的一半，那它就自然不会算做 25 法郎，而只算做 12.5 法郎了。"[1] 通货膨胀，作为货币供应量超过商品流通实际需求引发的货币贬值和物价上涨现象，直接反映货币对内价值的缩水。一国出现通货膨胀意味着该国货币代表的价值量下降，一般来说，相对通货膨胀率持续较高的国家，由于其货币的国内价值下降相对较快，其货币相对于外国货币会贬值。

3. 贸易竞争力和贸易结构

贸易竞争力是指一国商品和服务在国际市场上的竞争力，当一国的出口商品在国际市场上具有较高的竞争力时，其国际市场份额会增加，外国企业和消费者需要更多的该国货币来购买这些商品，从而推动其货币升值。贸易结构是指一国出口商品和服务的构成，当一个国家的贸易结构以高附加值产品为主时，该国货币的国际地位和需求提升，进一步巩固其货币价值。

（二）影响短期汇率的基本因素

短期汇率是指由外汇市场即时供需关系决定的市场即时汇率，可能偏离长期汇率的水平。以下是影响短期汇率的重要基本因素。

1. 市场预期

在国际金融市场上，短期资金的规模已经达到了十分庞大的程度。这些巨额资金对世界各国的政治、经济、军事等因素具有高度敏感性，主要受预期因素的支配。一旦出现任何风吹草动，这些资金就会开始流动，或是为了保值，或是为了获取高额投机利润。这种资金流动常常给外汇市场带来巨大冲击，成为各国货币短期汇率波动的重要原因。市场预期包括对国际收支状况、相对物价水平、相对利率水平或相对资产收益率以及汇率本身等方面的预期。只要市场上出现一国货币不久将下跌的预期，市场中就可能立即出现抛售该国货币的活动，从而导致其货币的市场价格立即下降。

2. 利率水平

一国利率水平的高低反映了借贷资本的供求情况。当一国的利率水平显著高于其他国家时，会引发国际资本逐利性流动。套利资本通过债券市场、股票市场等渠道涌入高利率国家，推升该国货币需求，促使其货币升值；反之，利率下降，将导致资本外流至利率更高的经济体，外汇市场上该国货币抛售压力加剧，引发其货币贬值。

---

① 《马克思恩格斯文集》第七卷，人民出版社 2009 年版，第 669 页。

3. 政府的市场干预

各国中央银行会对外汇市场进行干预，以维护经济稳定，避免短期汇率波动对国内经济产生不利影响。其主要手段是在外汇市场买卖外汇，通过改变外汇的供求关系来影响汇率走势。当一国货币汇率过高，影响国际收支和经济发展时，中央银行会在外汇市场抛售本币并购买外汇，增加该国货币供应，使其货币贬值。相反，当一国货币汇率过低，影响其国际信誉时，中央银行会抛售外汇并购买本币，减少该国货币供应，从而使其货币升值。政府通常在市场汇率剧烈波动、本币大幅升值或贬值等特殊情况下进行干预，有时也会为了促进出口或改善贸易状况进行干预。然而，这种干预对汇率变化的作用通常是短期的，无法根本改变汇率的长期趋势。

二、汇率决定理论

（一）一价定律

一价定律是经济学中的基本定律之一，其含义为在无贸易壁垒（关税和配额）、市场完全竞争和极低运输成本的情况下，任何完全同质的商品在两国的价格应该完全相同。

从无套利的角度出发，可以更好地理解一价定律。举例来说，如果美国商品价格高于中国相同商品的价格，套利者可以从中国购买该商品然后向美国出售，这种低买高卖的行为最终会使得两国商品的价格趋于一致。因此，一价定律认为，在满足前述假设的情况下，同质的商品尽管生产地、销售地不同，其内在价值或者绝对价值应当一致，两国汇率将等于同一商品以两国货币表示的价格之比，用公式可表示为：

$$S = \frac{p_i^*}{p_i} \tag{4-1}$$

其中，S 代表名义汇率，采用直接标价法；p_i 代表商品 i 的外国价格；p_i^* 代表商品 i 的本国价格。

假定中国钢材的价格为每吨 649.15 元人民币，与其同质的美国钢材价格为每吨 100 美元。按照一价定律，若人民币对美元汇率为 6.491 5，这样每吨美国钢材在中国的价格也为 649.15 元人民币。当人民币对美元汇率为 12.983 0 时，每吨中国钢材在美国的价格为 50 美元，而每吨美国钢材在中国的价格为 1 298.30 元人民币。中国钢材在两国的价格都更便宜，则存在一定的套利空间。

因为中美两国钢材是同质的，没有任何差异，可以完全相互替代，所以可以通过在美国市场中买入 50 美元的中国钢材，并以 1 298.30 元人民币的价格在中国市场卖出，即获得 100 美元。最终中国钢材的需求增加而美国钢材的需求减少，由此中国钢材的价格上升而美国钢材的价格下降，从而消除套利空间，均衡时汇率重新回到 6.491 5，两国钢材在两国的价格相同。

由于无贸易壁垒（关税和配额）、市场完全竞争和极低运输成本等前提在现实世界中难以满足，违反一价定律的状况时常发生，但这并不意味着一价定律不重要。从理论意义来看，一价定律揭示了本国商品价格和汇率之间的基本关系，更为复杂的汇率决定理论往往以此作为基础思想之一。从实践意义来看，一价定律成立可以作为分析外汇市场行为或者外汇投资者制定套利策略的出发点。

（二）绝对购买力平价

一价定律是描述单个商品价值相同的经济学基本定律，而现实中两个国家之间的商品是多种多样的，一价定律并不能直接应用在现实的经济活动中。在一价定律的基础上，瑞典经济学家古斯塔夫·卡塞尔正式提出并系统阐述了购买力平价理论，其从单个商品延伸到一篮子商品，是从商品市场的角度来描述中长期汇率变动的汇率决定理论。这一理论主要用于确定某种货币是否被高估或低估。由于购买力平价理论简单易懂，经济学家给予它高度重视，并用来解决许多政策和实际问题。

购买力平价理论认为两国的汇率水平由两国货币的相对购买力，即由购买力之比决定，而货币的购买力与物价水平互为倒数，因此两国的汇率水平由两国的物价水平之比决定，本国的相对物价水平上升将导致其货币贬值。概括来说，购买力平价理论认为，任何两种货币的汇率都会随着两国物价水平的变动而进行调整，汇率主要是由两种货币在其各自国内所具有的购买力决定。假定美国一篮子商品价格为 100 美元且固定不变，中国一篮子商品价格从 649.15 元人民币上涨到 714.07 元人民币（上涨 10%），按照购买力平价的观点，汇率必须上升为 7.140 7，此时美元升值 10%，即如果中国物价相对于美国上涨了 10%，美元必须升值 10%。

虽然一价定律和购买力平价理论关系密切，但两者之间存在本质区别。一价定律是经济学中的基本定律，而购买力平价理论是以一价定律为基础建立起的理论。购买力平价理论的正确性并不要求一价定律严格成立。因为购买力平价理论是从宏观经济角度出发，比较两国的整体价格水平，而非单一商品价格。即使某些商品价格偏离一价定律，只要整体价格水平和汇率水平的变化趋势符合购买力平价理论的逻辑，该理论仍具有一定的解释力。

可以借助实际汇率来进一步理解购买力平价理论。例如，假定美国一篮子商品价格为 100 美元，中国一篮子商品价格为 649.15 元人民币，人民币对美元的名义汇率为 6.491 5。在美国将一篮子商品出售获得 100 美元，再将 100 美元按照 6.491 5 的汇率兑换为 649.15 元人民币后，同样可以在中国购买到一篮子商品，此时中国一篮子商品和美国一篮子商品的交换比率为 1，因此当前实际汇率为 1。使用数学符号进行概括性的表述：将外国一篮子商品售出获得 P 单位外国货币，再按照名义汇率 S 兑换为 $S \times P$ 单位本国货币，使用 $S \times P$ 单位本国货币可购买本国 $S \times \dfrac{P}{P^*}$ 一篮子商品，此时实际汇率为 $S \times \dfrac{P}{P^*}$。

从长期来看，国内外商品的交换比率为 1，即实际汇率为 1，由此，可以得到购买力平价理论的表达式：

$$S = \frac{P^*}{P} \tag{4-2}$$

其中，S 代表名义汇率，采用直接标价法；P 代表外国价格水平；P^* 代表本国价格水平，常使用消费者价格指数来表示。

按照购买力平价理论，如果本国物价水平相对于外国物价水平上升，本国货币应当贬值，外国货币应当升值，从而维持两国货币的购买力平价。

专栏 4-2

人民币对美元汇率的购买力平价分析

图 4-1 展示了 1995 年 1 月至 2025 年 5 月中国对美国的相对物价水平 $\left(\dfrac{CPI_{CHN}}{CPI_{USA}} \right)$ 以及人民币对美元汇率的变动指数。在 2005 年之前，人民币与美元绑定，这种紧密的关系意味着美国的货币政策将会传导到中国的货币政策上，中国货币政策的自主性较弱。2005 年 7 月开始，中国实行有管理的浮动汇率制度，使得中国货币政策获得了更高的灵活性。从长期趋势来看，中国对美国的相对物价水平与人民币对美元汇率的变动趋势相似，部分证实了购买力平价理论。

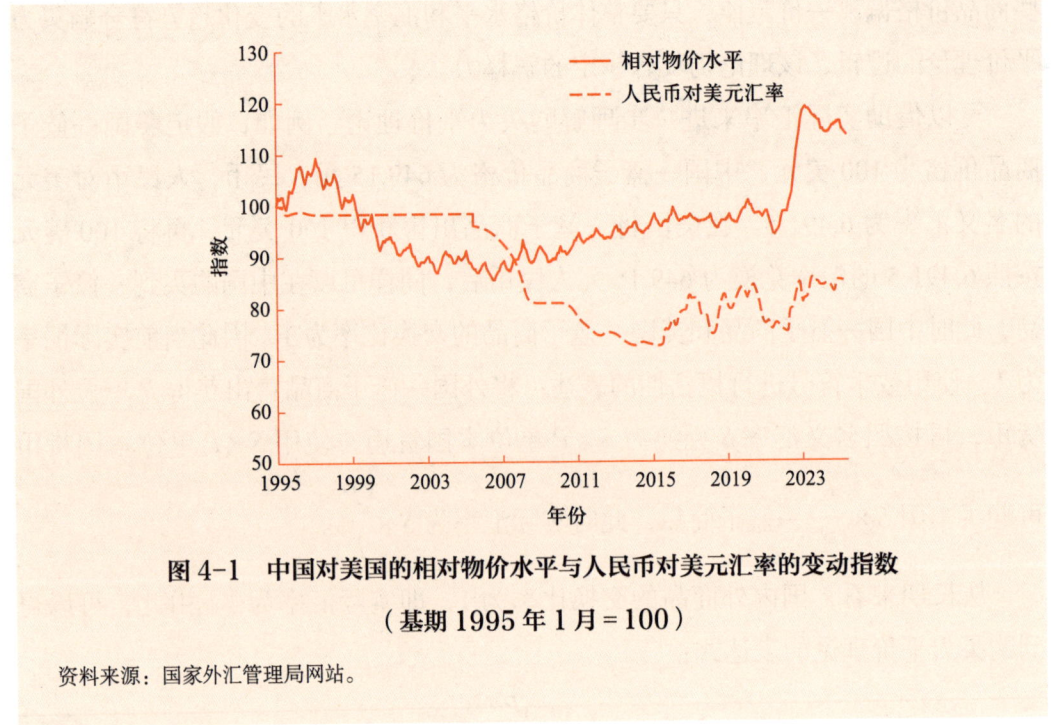

图4-1　中国对美国的相对物价水平与人民币对美元汇率的变动指数

（基期 1995 年 1 月 = 100）

资料来源：国家外汇管理局网站。

（三）相对购买力平价

上述购买力平价理论属于绝对购买力平价，因为它涉及的是绝对价格水平。相对购买力平价是一个比较宽松的购买力平价形式，它仍然从商品市场出发，侧重考虑不同国家价格水平的相对变动与汇率变动之间的关系，即把汇率变动与不同国家之间价格变动的差异联系起来。

将绝对购买力平价表达式的每个变量变为百分比变化的形式，可以得到相对购买力平价的表达式：

$$\%\Delta S = \%\Delta P^* - \%\Delta P = \pi^* - \pi \tag{4-3}$$

其中，$\%\Delta S$ 代表名义汇率百分比变化；$\%\Delta P^*$ 代表本国价格水平百分比变化；$\%\Delta P$ 代表外国价格水平百分比变化；π^* 代表本国通货膨胀率；π 代表外国通货膨胀率。

换言之，汇率的变动由两国的通货膨胀率之差来决定。假设美国通货膨胀率为 1.23%，中国通货膨胀率为 2.42%，那么人民币对美元汇率的变动应为 1.19%，即人民币相对美元贬值 1.19%。

购买力平价的
偏离和巴拉
萨—萨缪尔森
效应

（四）利率平价理论

利率平价理论认为国家之间货币短期存款利率的差额是汇率的重要决定因

素。不同于购买力平价理论从商品市场上的无套利出发，利率平价理论主要考虑的是资本市场上的无套利，可用于分析短期汇率的变动。

假定资本可以跨国自由流动，便可以合理地假设风险和流动性相同的资产是完全替代品。此时持有本国资产和外国资产的预期收益应当相同，否则将存在套利空间。但本国资产和外国资产分别采用不同的货币进行计价，不能直接进行预期收益率的比较，需要根据汇率换算到相同的计价单位。

假设投资者在期初持有一单位人民币计价的资产，考虑分别投资于人民币资产和美元资产两种情况，然后在期末时将两种资产的最终价值转换为人民币进行比较。

投资者投资人民币资产的预期收益率为：

$$R^{\mathrm{d}} = i^{\mathrm{d}} \tag{4-4}$$

其中，R^{d} 代表人民币资产的预期收益率；i^{d} 代表人民币利率。

投资者投资美元资产时首先将一单位的人民币兑换成 $1/E_t$ 数量的美元，购买美元资产并持有一期，到期之后将美元资产的本息和按照下一期的预期汇率兑换为人民币。投资者投资美元资产的预期收益率为：

$$R^{\mathrm{f}} = \frac{(1+i^{\mathrm{f}})/E_t}{1/E_{t+1}^{\mathrm{e}}} - 1 = \frac{E_{t+1}^{\mathrm{e}}(1+i^{\mathrm{f}})}{E_t} - 1 \tag{4-5}$$

其中，R^{f} 代表美元资产的预期收益率；i^{f} 代表美元利率；E_t 代表当期人民币汇率，采用直接标价法；E_{t+1}^{e} 代表预期下一期人民币汇率，采用直接标价法。

持有人民币资产的相对预期收益率为：

$$\text{相对 } R^{\mathrm{d}} = i^{\mathrm{d}} - R^{\mathrm{f}} = i^{\mathrm{d}} - \left[\frac{E_{t+1}^{\mathrm{e}}(1+i^{\mathrm{f}})}{E_t} - 1 \right] = i^{\mathrm{d}} - \frac{E_{t+1}^{\mathrm{e}}}{E_t} i^{\mathrm{f}} + \frac{E_t - E_{t+1}^{\mathrm{e}}}{E_t} \tag{4-6}$$

在不考虑其他因素时，因 E_t 短期波动较小，$\dfrac{E_{t+1}^{\mathrm{e}}}{E_t} i^{\mathrm{f}}$ 近似等于 i^{f}，式（4-6）可以近似表达为：

$$\text{相对 } R^{\mathrm{d}} = i^{\mathrm{d}} - i^{\mathrm{f}} + \frac{E_t - E_{t+1}^{\mathrm{e}}}{E_t} \tag{4-7}$$

由于风险和流动性相同的人民币资产和美元资产预期收益率相同，因此有相对 $R^{\mathrm{d}} = 0$。进而可以推导出：

$$i^{\mathrm{d}} = i^{\mathrm{f}} - \frac{E_t - E_{t+1}^{\mathrm{e}}}{E_t} \tag{4-8}$$

式（4-8）便为利率平价条件，它说明本国利率等于外国利率减去本国货币的预期升值率（在直接标价法下，当 $E^e_{t+1} < E_t$ 时，预期本币升值）。换言之，本国利率等于外国利率加上外国汇率的预期升值率。如果本国利率高于外国利率，那么意味着外国货币的预期升值率为正，从而可以补偿较低的外国利率。

利率平价条件也很直观地表明，假设资本可以自由流动，且国内外资产可以完全替代，在外汇市场达到均衡时，持有国内外资产的预期收益率相等。从另一个角度来看，利率平价条件同时也是外汇市场的均衡条件。只有当汇率使得本国资产和外国资产的预期回报率相等时，投资者才愿意同时持有本国资产和外国资产。否则，将存在套利空间，投资者将在低价市场买入资产并在高价市场卖出实现套利。假设中国某资产的预期收益率水平相较于同质的美国资产更高，则在中国市场上该资产的价格更低，而在美国市场上该资产的价格更高。投资者可以在中国市场上买入该资产并在美国卖出，获得无风险零成本的正回报率。

对利率平价条件进行变形可得：

$$E_t = \frac{E^e_{t+1}}{i^d - i^f + 1} \qquad (4-9)$$

式（4-9）表明，即期汇率与外国利率和预期汇率正相关，与本国利率负相关。而在直接标价法下，即期汇率越高，本币币值越低。利率平价条件表明，本币币值与外国利率和预期汇率负相关，与本国利率正相关。

专栏4-3

利率平价理论的实际应用

（一）利率变动的影响

2020年，美联储实施了极其宽松的货币政策，导致美国利率大幅下降，使得中国利率相对较高，中美利差迅速拉大。这一利率差异促使外国投资者更倾向于将资金投入中国市场，增加了对人民币的需求，推动2020年人民币对美元持续升值，体现了本国利率相对上升→本币升值的传导路径。

（二）预期汇率变动的影响

2022年年末至2023年年初，欧美等发达经济体的通货膨胀见顶回落、加息预期放缓，市场普遍预期2023年全球经济发展将呈现"东升西落"的格局，以中国为代表的亚洲国家将成为世界经济增长引擎。在这一背景下，市场预期人民币将升值，促使人民币对美元汇率在 2022 年 12 月初快速反弹，体现了预期本币升值→本币升值的传导路径。

（三）货币政策的影响

2022 年，美联储激进加息，而中国维持宽松货币政策，导致中美利差倒挂。这一政策差异使得外国投资者更倾向于将资金投入美国市场，减少了对人民币的需求，导致人民币贬值，体现了本国宽松货币政策→本国利率相对下降→本币贬值的传导路径。

第三节 汇率制度

汇率制度是经济制度和金融制度的重要组成部分，全面掌握汇率制度的基本概念和实际应用，有助于更好地理解政策决策的背景和依据，为持续完善汇率制度，支撑金融强国建设提供理论支撑和实践指导。

一、汇率制度分类

汇率制度是一国及其货币当局对本国汇率水平及其变动方式的一系列制度性安排。一般来说，汇率制度大致可以分为两种类型：固定汇率制和浮动汇率制。固定汇率制指的是将本国货币的价值同某一参照物按照固定比价进行锚定的制度。在固定汇率制中，该国货币与锚定参照物之间的汇率是固定不变的。而在浮动汇率制中，该国货币与其他所有货币之间的汇率都是波动的。

目前学界对于汇率制度的分类方法主要有两种，一种是法定汇率制度分类，另一种是事实汇率制度分类。其中，法定汇率制度是一国官方所宣布采用的汇率制度。但是在很多情况下，一国实际采用的汇率制度与其宣布的汇率制度往往不符。许多名义上宣布采用浮动汇率制度或者是有弹性的汇率制度的国家，其汇率实际浮动的区间很小，甚至根本没有浮动。这些国家实际采用了一种相对固定的汇率制度。

为了更好地观察汇率制度对各国经济的影响，经济学家依据各国汇率的实际波动情况和汇率制度运行中的可观察信息进行分类，从而确定事实汇率制度。在这一领域，国际货币基金组织的事实汇率制度分类具有较高的权威性。2009年，国际货币基金组织根据其成员国实际汇率安排的特点，定义了三大类共十小类的汇率制度。这三大类汇率制度按照汇率固定程度从高到低依次为：硬钉住、软钉住和浮动汇率制度。

硬钉住包括两种汇率制度。（1）无独立法定货币的汇率安排。该制度以某外国货币作为本国流通的主要法定货币或者是货币联盟中的成员国共用同一种法定货币。例如，厄瓜多尔放弃本国主权货币而直接使用美元作为流通和法定偿付的手段，欧元区国家则共同使用欧元作为其法定货币。（2）货币局安排。该汇率制度下，政府通过立法承诺，按照固定汇率将本国（地区）货币与某强势货币进行等价兑换。同时，为了满足法律制度的要求，政府还会对发钞机构进行相应的限制。例如，保加利亚对欧元的货币局安排制度要求列弗以1.955 83列弗兑1欧元的固定汇率钉住欧元。

软钉住包括五种汇率制度。（1）传统钉住。该制度要求一国货币与另一国或一篮子货币保持固定兑换比率，货币当局可采用直接或间接干预手段维持固定汇率。相比于硬钉住制度，传统钉住制度并不要求该国对汇率不变作出任何承诺，货币政策存在一定的灵活性。采用该制度的国家有沙特阿拉伯、约旦等。（2）稳定化安排。该制度要求一国货币与另一国或一篮子货币的即期汇率波幅控制在2%以内并维持半年及以上。采用该制度的国家有马尔代夫、越南等。（3）爬行钉住。采用该制度的一国货币当局一般在作出一定汇率安排承诺（本币与外币保持一定的平价）的情况下，可根据所选定的宏观经济指标的变化对汇率进行经常性、小幅度的调整。采用该制度的国家有洪都拉斯、尼加拉瓜等。（4）准爬行钉住。该制度类似于爬行钉住，其中心汇率可根据宏观经济指标进行周期性调整，其汇率可在2%的区间内波动。采用该制度的国家有哥斯达黎加、海地等。（5）水平区间钉住。该制度下汇率在中心汇率周围的固定范围波动，范围常大于±1%。采用该制度的国家有汤加等。

浮动汇率制度包括三种汇率制度。（1）管理浮动。该制度下汇率主要由市场决定且不存在明确的、可预估的汇率水平。存在一定的政府干预，但干预不是以维持一定的汇率水平为目标，而是以缓解过度的汇率波动为主。采用该制度的国家有韩国、新西兰、印度等。（2）自由浮动。自由浮动的汇率完全由市场决定，而政府干预通常只为处理外汇市场的异常情况。采用该制度的国家有美国、日本、俄罗斯等。（3）其他制度。

二、汇率制度选择

在开放经济当中，汇率不仅影响贸易收支，还影响宏观经济表现、国际收支平衡、物价水平等重要经济变量。因而，汇率制度的选择是一个国家的重要课题。

（一）汇率制度选择理论

金本位时期，货币本身具有价值，汇兑平价具有内生的稳定性，因而汇率制度理所当然为内生的固定汇率制度。第一次世界大战结束后，各国实行黄金和外汇管制，国际金本位固定汇率制度彻底崩溃，国际货币制度和汇率制度进入全面动荡时期，汇率制度选择理论开始发展。

1. 固定汇率制与浮动汇率制的优缺点

固定汇率制的优点在于能够有效规避汇率风险，从而促进贸易和投资活动。然而，固定汇率制在面对外界经济条件变化时，缺乏灵活性，难以进行及时调整。这可能导致国际收支的严重失衡，最终可能引发货币危机。在浮动汇率制度下，汇率的不稳定性增加了经济活动的不确定性，这对国际贸易和投资产生了不利影响。然而，浮动汇率制度也带来了更为有效的国际调节体系，这不仅更加有利于国际贸易的自由发展，还提供了利率和汇率的双重调节手段，从而有助于实现国内经济发展等目标。

2. 汇率制度选择的标准

（1）生产要素流动性。在生产要素可以自由流动的区域内，资源配置效率较高。在这种情况下，固定汇率制是可行的，因为它能为贸易和投资提供稳定的汇率环境，减少汇率波动带来的不确定性。而在生产要素不能自由流动的区域，经济发展往往存在不平衡，某些地区可能因为资源禀赋、政策环境等因素而发展滞后。在这种情况下，通过货币币值的变动来促进生产要素的流动就显得尤为重要。因此，更适合选择浮动汇率制，以便通过汇率的灵活调整来适应经济发展的需要。

（2）经济结构特征因素，如经济规模、经济开放程度、进出口贸易的商品结构与地域分布、相对通货膨胀率以及国际金融市场一体化程度等。一般来说，经济开放程度较高、经济规模较小或者进出口集中度较高的国家多实行固定汇率制或钉住汇率制；而经济开放程度低、进出口商品多样化、地域分布分散化、同国际金融市场联系密切、资本流动较为频繁或者国内通货膨胀与其他主要国家不一致的国家，更倾向于实行浮动汇率制。

（3）政策配合。蒙代尔—弗莱明模型认为在开放经济条件下，固定汇率制下财政政策有效，货币政策无效；而浮动汇率制下货币政策有效，财政政策无效。克鲁格曼总结为资本自由流动、固定汇率与货币政策独立性三者之间存在着"不可能三角"。如果选择了资本自由流动和货币政策独立性，那么浮动汇率制就是合意的；如果选择了资本管制和货币政策独立性，那么固定汇率制就是合意的。

（4）货币危机防范。在布雷顿森林体系崩溃之后，新兴市场经济国家经历货币危机，逐步从固定汇率体系转向浮动汇率体系。一般而言，不合理的经济政策与存在某种缺点的汇率制度相结合，是导致货币危机发生的重要原因。

（5）政治因素。集权程度高的国家更容易维持固定汇率制，而分权程度越高的国家越容易受到利益集团的压力和影响，难以采取不受利益集团欢迎的政策手段来维持固定汇率。

（二）汇率制度选择的影响因素

总结上述汇率制度选择理论的相关研究，汇率制度的选择是一个动态问题。影响汇率制度选择的因素复杂多样，而且这些因素本身随着政治、经济和金融发展变化而变化。汇率制度的选择应该是一个动态的转换过程，具有历史的阶段性，要分长期、中期、短期来分别研究汇率制度选择的影响因素。

从长期来看，影响汇率制度选择的决定性因素是汇率制度与政策之间的协调。因为在长期内，一国或地区的汇率水平取决于其货币的购买力平价，而各国货币购买力平价的差异又取决于各国经济的增长速度和经济政策之间的协调。在长期历史发展过程中，没有哪个国家能够一直维持这些经济因素的同步性，从而保持不变的汇率制度。从长期来看，各国都会自愿或者非自愿地改变其汇率制度，以满足其特定时期的特殊需要。

从中期来看，现实世界中的汇率制度安排是由经济结构特征所决定的，影响汇率制度选择的决定性因素主要有利率市场化程度、一国经济金融的开放程度、经济规模的大小、通货膨胀率协调能力、贸易集中度、国内货币供应量大小、政府的汇率政策偏好等。

从短期来看，影响汇率制度选择的决定性因素主要有金融脆弱性、外债中货币错配程度、资本流动冲击、政府声誉、公众心理预期和金融恐慌等。

三、人民币汇率市场化改革

人民币汇率制度改革是金融体系改革的重要组成部分，也是发展和完善社会主义市场经济不可或缺的配套措施。新中国成立以来，经济体制经历了曲折的发展演变过程。外汇管理体制改革也经历了多个阶段，不断适应各个阶段的发展需求，逐步走向完善。1994 年以前，外汇管理体制先由高度集中的计划管理模式，转变为在外汇留成和外汇上缴体制基础上的计划与市场结合的管理模式，然后再转变为建立在结售汇制上的以供求关系为基础、市场调节为主的管理模式。

1994 年前人民币汇率制度的历史演进

（一）汇率市场化改革的开端

根据 1993 年党的十四届三中全会审议通过的《中共中央关于建立社会主义市场经济体制若干问题的决定》，作为全面经济体制改革的一部分，外汇管理体制也进行了重大改革。1993 年发布的《中国人民银行关于进一步改革外汇管理体制的公告》要求："1994 年 1 月 1 日开始，实行人民币汇率并轨。并轨后的人民币汇率，实行以市场供求为基础的、单一的、有管理的浮动制。"

1994 年人民币汇率改革是汇率市场化改革的开端，主要内容包括：第一，将官方汇率与市场调剂汇率统一为单一汇率，结束了双轨制的历史；第二，建立以市场供求为基础的汇率形成机制，使汇率更真实地反映外汇市场的供求关系；第三，实施有管理的浮动汇率制度，具体措施包括对境内机构的经常项目外汇实行银行结售汇制度，对外汇指定银行间外汇买卖价格实行浮动幅度管理，中国人民银行直接参与外汇市场交易，通过市场操作影响汇率生成，稳定汇率。

（二）浮动汇率制度的推进

2005 年上半年，随着世界经济企稳、美联储稳步加息、国内经济运行平稳，我国迎来了新一轮汇率改革的时间窗口。2005 年 7 月 21 日，中国人民银行宣布开始实行以市场供求为基础、参考一篮子货币进行调节、有管理的浮动汇率制度。"7·21"汇率改革使得人民币汇率制度开始向真正的浮动汇率制度迈进，改革的主要内容包括：第一，人民币不再钉住单一美元，形成更富弹性的汇率形成机制；第二，中国人民银行于每个工作日闭市后公布当日银行间外汇市场美元等交易货币对人民币汇率的收盘价，作为下一个工作日该货币对人民币交易的中间价格；第三，2005 年 7 月 21 日 19：00，美元对人民币交易价格调整为 1 美元兑 8.11 元人民币，作为次日银行间外汇市场上外汇指定银行之间交易的中间价，外汇指定银行可自此时起调整对客户的挂牌汇价；第四，每日银行间外汇市场美元对人民币的交易价仍在中国人民银行公布的美元交易中间价上下 0.3% 的幅度内浮动，其余货币对人民币的交易价在中国人民银行公布的该货币交易中间价上下一定幅度内波动。

2005 年后，人民币汇率的波动区间逐步扩大：2007 年 5 月，汇率日波动幅度从 0.3% 扩大至 0.5%；2012 年 4 月，日波幅扩大至 1%；2014 年 3 月，日波幅进一步扩大至 2%。相较于汇率弹性的增强，汇率中间价的市场化改革则相对滞后。从 2013 年开始，国际经济环境也发生了变化。2013 年年底，美国开启货币政策正常化进程，美元随之走强，并带动人民币相对于全球其他主要货币有效汇率升值。而在此期间，国际经济增速有所放缓，走强的人民币汇率和走弱的实体经济出现矛盾，使得市场对人民币由升值预期转向贬值预期，人民币汇率中间价与交易价差距大幅走扩。

（三）汇率形成机制的完善

2015 年 8 月 11 日，中国人民银行宣布优化人民币对美元汇率的中间价报价机制。"8·11 汇改"使得以市场供求为基础、双向浮动、有弹性的人民币汇率运行机制逐渐形成。"8·11 汇改"对市场造成了不小的冲击，此后人民币汇率进入近一年半的贬值区间，并伴随着资本的大规模流出。面对"8·11 汇改"引发的市场剧烈波动，中国人民银行随后及时调整人民币汇率中间价形成机制以稳定市场。

"8·11 汇改"的启动是汇率市场化改革进程中的重要一步。在市场对人民币由升值转向贬值预期的状况下，启动汇率改革，下调人民币汇率，是纠正被高估的人民币对美元汇率、缓解贬值预期的合理选择。此外，"8·11 汇改"重点优化了人民币汇率中间价形成机制，使得中间价的形成主要由外汇市场供求情况决定，做市商报价来源更为透明，很大程度上缩小了中国人民银行对汇率中间价的操控空间。同时，"8·11 汇改"也是促进人民币加入特别提款权货币篮子、推动人民币国际化进程的重要助力。

2017 年 5 月，中国人民银行进一步在中间价报价模型中引入逆周期因子，以适度对冲市场情绪的顺周期波动，缓解外汇市场的羊群效应。逆周期因子的引入使人民币汇率中间价更加全面地反映宏观经济等基本面因素，增强了汇率的稳定性和市场信心。

2024 年 7 月，党的二十届三中全会关于深化金融体制改革的部署和要求，进一步提出保持人民币汇率在合理均衡水平上的基本稳定。中国人民银行遵循兼顾金融开放和安全的理念，积极完善"宏观审慎＋微观审慎"双支柱框架、运用预期管理工具箱、推动市场主体落实"汇率风险中性"理念等，形成高效的汇率稳定机制，实质性地支撑金融强国建设。

人民币汇率制度演变历史总结如图 4-2 所示。

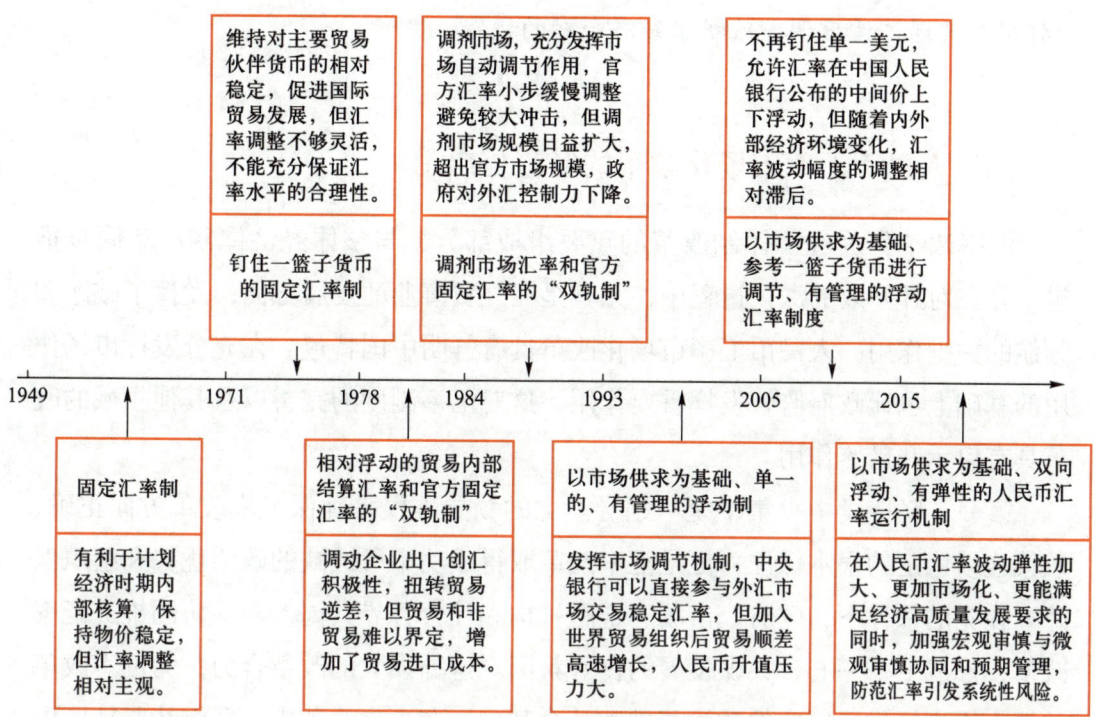

图 4-2 人民币汇率制度演变历史

专栏 4-4

逆周期因子——人民币汇率的"稳定器"

逆周期因子的核心作用是通过调节中间价，对冲市场上的顺周期行为，避免人民币汇率因市场情绪而出现过度波动或单边趋势。当市场出现贬值（升值）预期时，逆周期因子可以通过上调（下调）中间价来稳定汇率。

2017 年，人民币汇率持续单边贬值，中国人民银行首次引入逆周期因子，成功缓解了人民币贬值压力，稳定了市场预期。2020 年至 2022 年，外汇市场运行平稳，人民币汇率以市场供求为基础双向浮动、弹性增强，逆周期因子暂别舞台。然而，2023 年，面对美元强势、中美货币政策分化以及国内经济下行压力，人民币汇率再次面临贬值压力。中国人民银行重启逆周期因子，通过调节中间价，有效缓解了人民币的贬值趋势，为国内经济复苏提供了稳定的外部环境。

逆周期因子的使用体现了中国人民银行对汇率调控的灵活性和前瞻性，

也反映了中国在人民币汇率市场化改革中的平衡策略，既保持了市场的主导作用，又通过适度调控维护了经济金融的稳定。

四、人民币汇率市场化改革的经验与启示

汇率改革作为经济体制改革的重要组成部分，与整体经济体制改革同步推进，并在对外开放的深化过程中，尤其是在外贸事业的发展方面，发挥了破冰和领航的关键作用。人民币汇率市场化改革具有鲜明中国特色，在充分发挥市场作用的基础上也让政府监管发挥重要作用，这对汇率制度的完善以及其他领域的改革具有启示和借鉴作用。

第一，坚持党中央集中统一领导。党的领导不仅是确保汇率改革方向正确、政策连续稳定的根本保证，更是汇率改革取得成功不可或缺的政治优势和组织保障。在党的领导下，政府、市场、金融机构和社会各界共同参与、协同推进汇率改革，形成上下一心、共谋发展的良好氛围。这种强大的改革合力，为汇率改革的深入推进提供了坚实的政治基础和社会基础。在未来改革中，要继续坚持党中央集中统一领导，确保汇率等领域改革始终沿着正确的方向前进，为国家的经济繁荣和发展作出更大的贡献。

第二，坚持市场化取向。让市场在汇率调整和决定中发挥作用，并逐步发挥越来越重要的作用。在经济体制转轨时期，引入贸易内部结算价和外汇调剂汇率，引导官方汇率的调整，缓解了外贸企业的汇率风险；在建立和完善社会主义市场经济体制时期，建立真正意义上的外汇市场，让市场在汇率决定中发挥基础性作用，提高了汇率的灵活性和效率，促进了资源的有效配置。由于复杂的国内外经济金融形势，改革过程中出现走走停停的情况，但市场化取向和目标一直不变。人民币汇率市场化改革显著提升了经济运行效率和国际竞争力，体现了市场化取向是符合经济发展规律的正确选择。

第三，积极管理汇率。汇率完全由市场决定时，可能出现过度波动和中长期失衡，即市场失灵。政府进行汇率管理旨在纠正这种失灵，稳定汇率，而非设置汇率水平或操纵汇率。在人民币汇率市场化改革中，不同时期设置了不同机制实现汇率的稳定。在双轨制汇率时期，官方汇率起到事实上的稳定器作用；随着市场化改革的深化，银行间外汇市场的独特安排、参考一篮子货币进行调节等机

制，都不同程度地发挥了稳定汇率的作用。人民币汇率市场化改革过程中对汇率稳定的重视，避免了改革对经济潜在的负面冲击，表明在尊重市场力量的同时，政府有必要进行积极的汇率管理，以纠正市场失灵，维持汇率的基本稳定。

第四，兼顾汇率制度的内外协调性。对内协调性要求汇率制度与国内财政、货币政策紧密配合，形成政策合力。这不仅有助于提高财政、货币政策的自主性，避免外部汇率波动对国内经济的过度冲击，而且对于维护国内宏观经济稳定、促进经济增长具有重要意义。对外协调性则要求汇率制度与全球金融政策相适应，积极融入国际金融体系。通过与国际规则接轨，提升中国在国际经济交往中的信誉和地位，增强中国在全球金融治理体系中的话语权和公信力，为中国经济的持续健康发展创造良好的外部环境。

第五，兼顾金融开放和安全。在推进人民币汇率市场化改革的过程中，始终把维护国家金融安全放在首位。稳健进行改革，不盲目追求开放速度而牺牲金融稳定。通过逐步放宽汇率波动区间、增强汇率弹性，同时保持对汇率市场的必要干预，确保人民币汇率的基本稳定，避免因汇率大幅波动而引发的系统性金融风险。面对当下地缘政治局势复杂多变、"金融战"风险不断攀升的挑战，还应强化跨境支付系统稳定，提升外汇交易和结算平台等金融基础设施的安全性与可靠性，从而保障人民币汇率稳定，筑牢国家金融安全防线。

第六，改革的关键在"务实"而非"最优"。"务实"包含两个方面的含义，一是可行，二是有效。在改革过程中，往往不是直接采取理论意义上的"最优"解。实现"最优"需要满足各种各样的条件，而在现实世界中往往存在方方面面的约束。加上这些约束以后，"最优"解不见得能取得预期的成效。任何改革政策都需要顺应当时的政治和经济环境，照抄照搬理论结果并不能行得通。因此，应尽量在给定的政策空间内根据国内外经济形势和金融市场的发展状况，适时调整改革的步伐和力度。

第七，采取渐进式改革方式。过去主流理论认为一步到位式改革优于渐进式改革，但在国内外实践中成功的往往是渐进式改革。对于事关全局的改革，尤其是像汇率等重要价格变量，一步到位的调整如果幅度过大，即使方向是对的，产生的严重冲击也会使结果适得其反。汇率大幅度变动会带来资源重新配置的压力，重新组织生产要素并组成新的企业需要时间，这会导致短期内大量资源闲置浪费，进而使经济出现断崖式下滑甚至崩溃，长期来看产业体系也可能难以恢复。考虑到资源重新配置的难度和成本，"阵痛"并不必然带来新生。渐进式改革以时间换空间，摊薄资源重新配置成本，从而实现经济平稳过渡。货币危机为此提供了案例。货币危机是一种极端的一步到位式汇率调整，如1997年亚洲金融危机，正是从最初的货币危机演变为全面的金融综合性危机，部分国家至今仍未能回到危机前水平。渐进式改革的成功也从一个侧面表明，要避免长期积累导致的汇率过度扭曲，应允许市场不断纠正扭曲和释放风险。

🎙 重要概念

外汇市场　汇率　一价定律　购买力平价理论　利率平价理论　汇率制度　人民币汇率市场化改革

🎙 本章小结

1. 外汇市场是中国金融市场体系的重要组成部分。外汇市场的类型可根据交易主体、有无具体交易场所以及外汇交割的时限进行划分。

2. 外汇市场的特点体现在交易币种集中、参与主体多元、可交易时间长和资金结算时间短四个方面。

3. 汇率用以表示一种货币相对于另一种货币的价值，分为直接标价法和间接标价法。此外，可根据汇率的波动幅度、外汇银行的交易方向、外汇的交割期限、汇率是否直接涉及载体货币以及是否考虑物价水平变动的影响对汇率进行分类。

4. 影响长期汇率的基本因素主要包括经济增长率、通货膨胀率、贸易竞争力和贸易结构，影响短期汇率的基本因素主要包括市场预期、利率水平、政府的市场干预。

5. 汇率决定理论主要包括一价定律、购买力平价理论和利率平价理论。其中，一价定律认为，在无贸易壁垒（关税和配额）、市场完全竞争和极低运输成本的情况下，任何完全同质的商品在两国的价格应该完全相同。购买力平价理论认为，任何两种货币的汇率都会随着两国物价水平的变动而进行调整，汇率主要是由两种货币在其各自国内所具有的购买力决定。

利率平价理论认为，本国利率等于外国利率加上外国汇率的预期升值率。

6. 汇率制度主要包括硬钉住、软钉住以及浮动汇率制度。

7. 人民币汇率改革的三个阶段分别以 1994 年、2005 年和 2015 年为关键节点，每个阶段的改革都旨在逐步推进汇率市场化，增强汇率的弹性和稳定性，以适应国内外经济环境的变化。

8. 人民币汇率市场化改革的经验与启示主要包括坚持党中央集中统一领导、坚持市场化取向、积极管理汇率、兼顾汇率制度的内外协调性、兼顾金融开放和安全、改革的关键在"务实"而非"最优"和采取渐进式改革方式。

思考题

1. 收集和计算人民币对美元的年平均汇率数据，分析 2010 年至 2024 年间人民币汇率变动对中国出口企业利润的影响。

2. 发展中国家货币贬值所形成的贬值惯性是导致其陷入中等收入陷阱、低收入陷阱乃至发生经济危机的重要原因，但人民币汇率在经历并轨贬值后，对美元却是呈现升值的态势，人民币汇率为何能避免贬值惯性？

3. 事实证明中国人民银行对汇率的有效管理保障了国内外金融经济环境的稳定，那么中国人民银行是如何判断汇率的合理水平的？其干预的方式又有哪些？

4. 结合汇率选择理论，简述影响汇率制度选择的因素有哪些，并据此分析 2015 年至今人民币汇率制度变动的影响因素。

5. 为什么说人民币国际化是经济发展的必然趋势，人民币国际化的利弊有哪些，如何规避其中不利的影响？

即测即评

第五章　股票及衍生品定价

贵出如粪土，贱取如珠玉。

——《史记·货殖列传》，陈曦等注译，中华书局 2022 年版。

≡▶ 学习目的和要求

掌握有效市场假说；掌握均衡定价原理与无套利定价原理；理解比较估值法和内在价值法；掌握资本资产定价模型；掌握远期合约与期货合约的定价；理解期权合约的价值及影响期权价格的因素；增加对中国特色估值体系的理解；增强对中国资本市场定价有效性在发挥资本市场功能和推进金融强国建设中作用的理解。

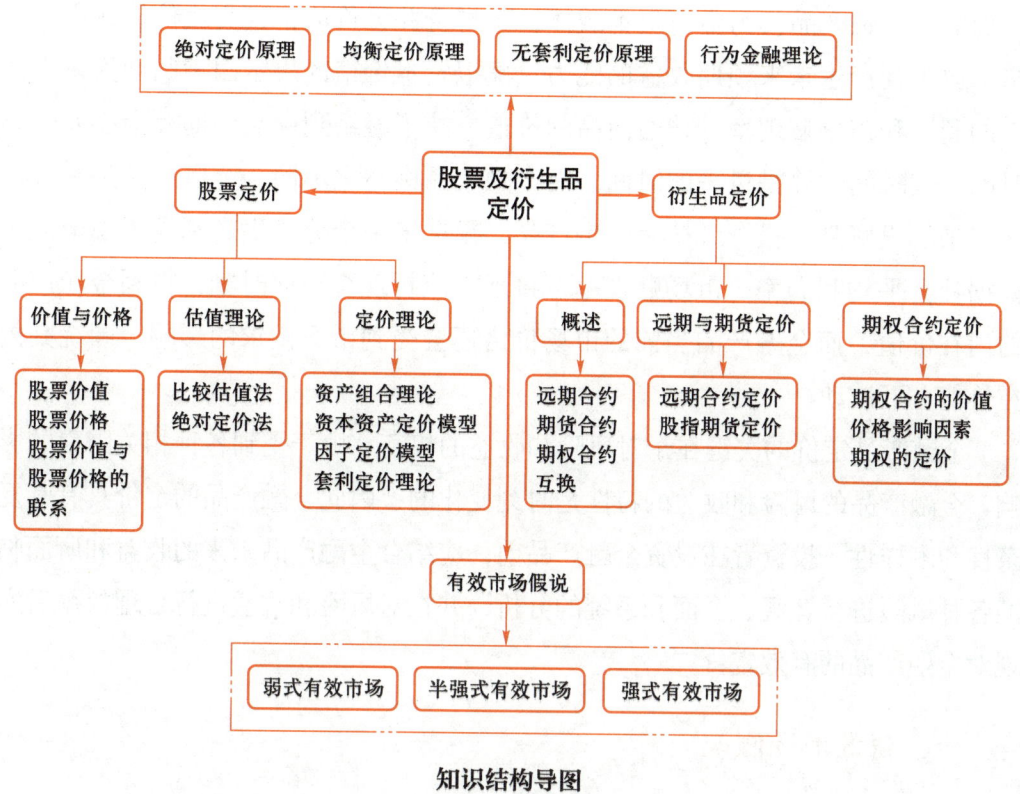

知识结构导图

金融资产是如何被定价的？这是金融学者长期以来关注的焦点问题，也是金融学理论探讨的核心问题之一。股票及衍生品定价对于资本市场长期稳定发展起到基础性的作用，也是建设强大金融中心的基本前提条件，对于建设金融强国具有重要意义。本章对金融产品定价的一般原理进行介绍，在此基础上对股票的估值、资本资产定价模型与因子定价模型进行分析，并运用无套利定价原理对衍生品定价进行探讨。

第一节　金融产品定价原理

准确的股票及衍生品定价有助于提升我国金融市场的资源配置效率，增强我国金融市场的国际竞争力，推动我国金融市场从规模扩张向质量提升转变。资产定价理论是现代金融理论的基石之一，货币时间价值是金融资产定价的基本原则。金融产品定价包括发行市场或一级市场上的估值定价，也包括交易市场或二级市场上的交易定价。从马克思主义政治经济学的视角来看，区别于普通商品，金融产品作为虚拟资本载体，其本身并无价值，其交换价值或市场价格来源于其产生未来预期收益的能力。虚拟资本价格的决定因素归纳为未来产生的利润和市场贴现率。普通商品的价值反映了凝结到商品中的社会必要劳动时间，该时间主要是过去的时间。而金融产品则与之不同，金融产品是一种面向未来的投资品。投资者持有金融产品，预期未来会分享生产利润（现金流），根据社会平均利润率（市场贴现率）将现金流折现至当前时刻，得到金融产品的内在价值，而金融产品当前的市场价格还会受到市场供求的影响，围绕其内在价值上下波动。

金融产品定价的关键在于对风险和收益的权衡。由于受到各种相关因素的影响，金融产品的风险和收益的特性是时刻变化的，因此金融产品的定价具有其复杂性和多样性。投资者在投资金融产品前，应结合金融产品未来的收益和所面临的各种风险进行客观、全面和系统的分析，并在对风险和收益进行合理权衡后实现对金融产品的有效定价。

一、有效市场假说

20 世纪 50 年代，经济学家开始分析时间序列数据、研究经济周期等。而股市作为经济的晴雨表，自然成为学者们关注的对象。学者们发现股票价格的变动具有随机性，即股票价格具有不可预测性。

如何解释这一现象呢？假设股票价格是可预测的，那么只需要在股价将要上涨时买入股票，并在股价下跌前卖出股票，就可以获得无穷无尽的收益。事实上，这种机会会瞬间消失。一般而言，假设投资者是理性的，一旦有信息指出某个股票的价格被低估，投资者便会立即买入该股票，使其价格迅速上升至合理水平，使得投资者只能获得正常收益，即与股票风险相匹配的预期收益。因此，股票价格只会对新信息作出上涨或下跌的反应，但新信息不可预测，于是得到了股票价格不可预测的结论。

股票价格的变化类似于化学中的分子"布朗运动"，具有"随机漫步"的特点，即变动的路径是不可预期的。1970 年，尤金·法玛提出了"有效市场假说"。在一个信息交流和信息竞争非常充分的社会里，股票市场上的一个特定信息会被所有理性的投资者知晓，并迅速作出合理的反应，从而使得投资者不会获得超额收益，而只能赚取经风险调整后的正常收益。当股票价格总是反映全部可获得信息时，市场是有效的。

有效市场分为三种，即弱式有效市场、半强式有效市场和强式有效市场。在弱式有效市场中，股票价格充分反映了历史交易价格和交易量中所隐含的信息。此时技术分析法将无法获得超额收益，因此要想取得超额收益，投资者需要寻求历史价格信息以外的信息。在半强式有效市场中，股票价格完全反映所有公开信息，不仅包括历史价格信息，还包括有关公司价值、宏观经济形势和政策方面的信息。此时仅仅以公开信息为基础的分析将不能获得超额收益，未来的价格变化依赖于新的公开信息。在该市场中，只有那些利用内幕信息的投资者才能获得非正常的超额收益。在强式有效市场中，股票价格总能及时充分地反映所有相关信息，包括公开信息和内幕信息，任何人都不可能通过公开信息或内幕信息获取超额收益，此时金融产品信息的产生和公开是高效且真实的，信息的处理和反馈也是准确的。在强式有效市场中，每位投资者掌握的信息都是一样的，并具有一致的价值判断。

总体来说，有效市场假说在一定程度上反映了金融资产价格与信息之间的关系，金融资产价格中包含的信息量体现了金融资产定价的准确性。若当前市场达到了强式有效，则金融资产价格包含了全部的相关信息，当前的金融资产实现了绝对准确的定价。因此在强式有效市场中，金融资产价格不存在任何的价值偏离，任何投资分析都没有价值，投资者会选择消极保守的态度，例如针对市场指数进行投资。而在弱式有效市场和半强式有效市场中，金融资产的定价并不是完全准确的，投资者可以通过更多积极的投资分析，努力寻找存在价格偏离价值的金融资产，从而获得超额收益。

二、资产定价的基本原理

（一）绝对定价原理

绝对定价原理本质上是基于绝对价格这一基本概念进行定价的，绝对价格是指基于消费的模型和一般均衡模型，依据宏观经济基本面的风险敞口确定的价格。一般来说，资产定价都在试图解释不确定支付（报酬）的权益价格与价值。金融资产的绝对定价原理遵循一个基本原则，即价格等于预期回报的折现。边际效用是衡量个人满足程度的基本指标，因此边际效用可以作为预期边际回报的一般化衡量。投资者可以通过调整资产购买和当前消费的比例使得当前边际效用的损失等于未来边际效用的收益，从而实现总效用最大化。因此，基于投资者的边际效用对资产回报进行折现，资产价格应当等于资产回报的预期折现值。

绝对价格和绝对定价原理通常是从金融角度解释价格形成的原因。绝对价格定价的主要应用是确定并衡量影响资产定价的总体风险或宏观经济风险。例如，预期收益率随着时间和资产的变化而变化，其变化方式与宏观经济变量或预测宏观经济事件的变量有关。

基于绝对定价原理，科克伦提出了基于折现因子的资产定价理论，科克伦假设只存在两期（也可以扩展到多期），即当前 t 期以及未来 $t+1$ 期，并将资产定价为：

$$p_t = E_t(m_{t+1}x_{t+1}) \tag{5-1}$$

$$m_{t+1} = f(宏观经济变量) \tag{5-2}$$

其中，p_t 是当前资产价格；x_{t+1} 是未来的资产回报；m_{t+1} 是 t 到 $t+1$ 期的随机折现因子。随机折现因子 m_{t+1} 具有随机性，因其在 t 时无法准确确定，折现因子 m 的随机成分与特定资产回报 x 之间的相关性反映了对特定资产的风险调整。投资者也可定义唯一的随机折现因子，即每项资产都采用同一个折现因子，并将其代入期望来包含所有的风险调整。随机折现因子 m_{t+1} 也被称为边际替代率，表示投资者愿意用 $t+1$ 时的消费替代 t 时的消费的比率。

（二）均衡定价原理与无套利定价原理

金融资产的定价是金融资产交易能否完成、资金融通能否实现的关键。均衡定价和无套利定价是两种重要的资产定价方法。

1. 均衡定价原理

在经济学理论中，供求关系是决定价格的关键。均衡定价原理正是通过分析金融市场中资产的供给和需求来确定金融资产的价格。投资者所拥有的金融资产未来的不确定性收益决定了投资者未来的消费，因此投资者未来消费的偏好决定了其对于金融资产的偏好，最终影响金融资产的需求。因此可以说，金融资产定价的一个核心内容就是研究投资者在跨期条件下和不确定性条件下的投资行为。

在进行金融资产定价之前，需要了解风险的本质，对风险进行度量，并尝试刻画投资者对风险的偏好以及风险条件下的投资行为。比如，绝大多数投资者是风险厌恶的，更偏好于确定性的结果。所以对高风险水平的金融资产，投资者要求更高的回报率，这部分因为风险而增加的回报率叫作风险溢价。若假定一个投资者是风险中性的，那么他对金融资产的偏好就完全取决于金融资产本身的期望支付，此时高风险水平的金融资产也无须提供风险溢价。

在资产组合理论中，马科维茨提出了均值—方差分析的概念。以往的定价方法认为，金融资产的需求取决于它本身的风险收益特性，而马科维茨不再仅仅关注单个金融资产具有的特征，而是将单个金融资产置于组合中。通过将该金融资产与其他金融资产进行组合配置，从而获得权衡风险和收益后的最优组合，此时投资者对资产的偏好还取决于该资产与组合中其他资产的相关性。

结合风险和资产组合理论，可以推导出投资者对金融资产的需求，并且可以直接假定金融资产的供给是外生给定的，然后将金融资产的供需结合在一起，获得均衡状态，得到对金融资产的定价。

2. 无套利定价原理

无套利定价原理不对投资者的偏好和禀赋作出假定，其核心条件是金融市场中不存在套利机会。套利是指投资者可以在无风险无成本的条件下获利。比如，当前购买一个键盘需要花费 100 元，购买一个鼠标需要花费 80 元，同时还有一个键盘和鼠标的组合套装只卖 150 元，那么套利机会出现了。因此在无套利定价原理下，只需要知道键盘、鼠标和套装中任意两种商品的价格，就可以知道第三种商品的合理价格。同样地，可以通过价格已知的金融资产来给另外一些相关金融资产定价。

无套利状态是均衡状态的必要但非充分条件，即均衡状态下的市场一定是无套利的，但无套利状态下的市场未必是均衡的。原因在于，在市场达到均衡状态时，所有投资者都做了最优决策，这种情况下市场中不存在套利机会。反之，当市场中不存在套利机会，它未必能达到市场的均衡。无套利定价原理本质上是通过复制某种资产来为其他资产定价。所以不要求对偏好、禀赋、市场结构作出假设，只需要知道部分资产的价格信息，即可以实现相对精确的定价。基于这种"复制"的思想，无套利定价原理给金融市场发展带来了强大的推动力，现代衍生品市场就建立在无套利定价原理体系之上。

无套利定价原理没有对投资者的风险偏好进行假定，无论一个投资者风险偏好如何，都会在发现套利机会之后实施套利。所以当一个市场处于无套利状态时，风险厌恶或者风险中性都不会改变市场无套利的事实。因此可以基于风险中性的视角，把资产定价转换成一个计算资产期望支付的问题。

（三）行为金融理论

20 世纪 80 年代前后，市场中出现了一些与理性人假设不符的异常现象，比如股权溢价之谜、封闭式基金折 / 溢价之谜、小盘股效应等，经济学家认为这些异象是由一些非理性行为导致的。行为金融理论认为传统的金融理论忽略了现实中投资者的决策过程，以及投资者的个体差异性，而由此导致的非理性行为可以分为两大类：信息处理错误和行为偏差。

信息处理错误包括预测错误、过度自信和保守主义偏差等。预测错误是指投资者在进行预测时，经常会过于依赖近期经验而非先验信息，在信息不完全的情况下作出极端预测。一个典型的例子是，如果公司近期表现良好，投资者会认为其未来收益较高，但这个收益的预测值往往与公司的客观前景不符，因此股票在首次公开发行时都会有较高的市盈率。投资者意识到自己的预测错误后，又会导致股票的长期弱势。过度自信是因为人们往往会高估自己信念和预测的准确度，或高估自己的能力。资本市场中积极的投资管理比消极的投资管理更普遍，即使积极投资管理的表现不佳，但仍然占据主导地位，这种现象就是投资者对自身投资能力过度自信的一种表现。过度自信在资本市场中会导致资产组合收益下降，在实物资产中也会导致公司的投资失败。保守主义偏差是指投资者对最近发生的事件反应太慢、太保守。这说明投资者对公司的新消息反应不足，以至股票价格只能逐渐反映出新信息，这种偏差也是引发股票市场收益动量效应的重要原因。

行为偏差极大影响了投资者对风险—收益模型的构建，从而影响其对风险和收益的权衡。以框定偏差为例，它是指人们的判断与决策依赖于所面临的决策问题的形式，即尽管问题的本质相同，但形式不同也会导致人们作出不同的决策。因此投资者选择形式的构建会影响其决策。比如让投资者在随机收益 0~200 元或者固定收益 100 元中选择，投资者可能选择固定收益；但是如果让投资者在随机损失 0~200 元或者固定损失 100 元中选择，投资者可能选择随机损失。投资者面对收益时往往规避风险，而面对损失时却甘愿冒险。

第二节　股　票　定　价

1990 年和 1991 年，上海证券交易所、深圳证券交易所相继开业，标志着中国股票市场的正式建立，是中国资本市场发展的里程碑。党的十八大以来，我国资本市场快速发展，在促进资源优化配置、推动经济快速发展和社会长期稳定、支持科技创新等方面发挥了重要作用。股票定价是指对股票价值和价格的评估和确定。在交易进行之前，股票买卖双方要根据自己获取的信息对股票价值进行估计，从而使股票以双方接受的价格成交，基于这个角度来说股票定价是交易的前提和基础。在交易结束后，已成交的股价为股市其他投资者提供重要参考，此时股票定价又成为股票交易的结果。股票价值、股票价格等概念极易混淆，本节将分别从股票价值、股票价格、股票的价值估计等方面，介绍股票定价。

一、股票定价概述

（一）股票价值

股票价值即内在价值，也可以称为股票的理论价值，决定了股票的市场价格。股票价值主要由股票自身的内在属性或者基本面因素决定，不受外在因素（如短期供求关系变动、投资者情绪波动等）影响。而基本面因素包括经济形势、宏观经济政策等会影响公司未来收益进而引起股票价值变化的宏观因素，以及行业层面的中观因素和公司层面的微观因素。金融学理论提出了多种模型和方法用于估计股票价值，但由于未来收益及市场利率的不确定性，各种模型计算出来的价值只是股票价值的一个估计值。

（二）股票价格

股票价格即股票的市场交易价格，一般指股票在二级市场上交易的价格。根据股票交易发生的时间，通常分为历史价格、当前价格和预期价格。股票价格由股票价值决定，但同时受许多其他因素的影响。其中供求关系是最直接的影响因素，其他因素通过作用于供求关系而影响股票价格。由于影响股票价格的因素复杂多变，所以股票价格呈现出不断波动的特征。

（三）股票价值与股票价格的联系

根据马克思主义政治经济学的观点，股票价值决定股票价格，股票价格总是围绕股票价值波动。因此，股票价格反映了市场投资者对股票价值的评估。买方之所以愿意按某个价位买进股票，主要是因为他们认为持有该股票带来的收益超过了机会成本（比如说，预期股价将会上涨、预期公司将派发较高红利）。换言之，买方认为该股票价格被低估了。同理，卖方之所以愿意出售股票，主要是因为他们认为股票价格被高估了，将来可能下跌。因此，研究股票价值并与股票价格相比较对

专精特新企业
高质量发展

于投资决策非常重要。

二、股票的价值估计

本节将介绍两种不同的股票估值方法，一种是比较估值法，另一种是绝对定价法。比较估值法主要包括市盈率法、市净率法等方法；绝对定价法主要是指贴现模型法，贴现模型法主要包括股利贴现模型。

（一）比较估值法

对股票进行基本面的分析往往是为了发现被错误定价的股票，而股票的真实价值能够从一些可观察到的财务数据中得出。通常使用股票投资分析的网站就可以得到如表 5-1 所示的信息。在表 5-1 中列出了某公司的关键财务数据以及相关行业上市公司的可比数据。该公司当天的总市值为 21.89 亿元，净资产为 15.27 亿元，市盈率为 21.80，市净率为 1.43。

表 5-1　某公司关键财务数据

项目	总市值	净资产	净利润	市盈率（动）	市净率	毛利率	净利率	ROE
某公司	21.89 亿元	15.27 亿元	2 510 万元	21.80	1.43	21.10%	4.11%	1.68%
行业平均	72.48 亿元	35.66 亿元	5 761 万元	95.47	3.01	19.98%	5.94%	1.38%
行业排名	157/177	98/177	75/177	30/177	29/177	78/177	107/177	73/177

那么如何根据表中的数据对该公司进行评估呢？通常，比较估值法不能孤立地给某个股票估值，而是需要参考可比股票的价格，相对地确定待估股票价值。一般运用股票的市场价格与某个财务指标之间的比例关系对股票进行估值。如常见的市盈率、市净率、企业价值与息税折旧摊销前利润比等均属比较估值法常用指标（见表 5-2），其中最常用的比率指标是市盈率和市净率。

表 5-2　比较估值法分析

指标	指标简称	适用	不适用
市盈率	P/E	周期性不明显的公司，一般制造业、服务业	亏损公司、周期性公司
市净率	P/B	周期性明显的公司、重组型公司	重置成本变动较大的公司、固定资产较少的服务行业

续表

指标	指标简称	适用	不适用
企业价值与息税折旧摊销前利润比	EV/EBITDA	资本密集、准垄断或具有巨额商誉的收购型公司	固定资产更新变化较快的公司
市盈增长比率	PEG	IT 等成长型行业	成熟行业

市盈率，是指股票市场价格与每股收益的比率，计算公式为：市盈率＝股票市场价格 / 每股收益。市盈率反映了企业的未来增长情况，市盈率高于同行的公司往往拥有较高的收益增长率。市净率，是指股票市场价格与每股净资产的比率，计算公式为：市净率＝股票市场价格 / 每股净资产。市净率反映了企业的投资价值。由此重新回到表 5-1，通过对比该公司市盈率、市净率与行业均值可以发现，该公司的市盈率、市净率均显著低于行业平均水平。这些比率表明该公司的股票价格可能被低估了。

比较估值法虽然简单易用，但前提是金融市场上有大量可比股票在进行交易且市场对这些股票的定价相对稳定。而且可比公司的选择是个体主观行为，世界上没有风险性和成长性完全相同的两个公司。同时，该方法通常忽略了决定资产最终价值的内在因素和假设前提，导致估值结果容易产生偏差。

（二）绝对定价法

绝对定价法也称内在价值法。假设某投资者买入一股某公司的股票，计划持有一年。该股票的内在价值是年末公司派发的股利 D_1 与预期售价 P_1 的现值之和，由于预期售价和股利是未知的，因此实际上计算的是期望的内在价值，而非确定的内在价值。可以表示为：

$$V_0 = \frac{E(D_1) + E(P_1)}{1+r} \qquad (5-3)$$

其中，r 为贴现率；$E(D_1)$ 为年末公司派发的股利的期望；$E(P_1)$ 为股票预期售价的期望（为了方便，后面均使用 D_1、P_1 代替期望值）。

同理，股票在第一年年末的内在价值为：

$$V_1 = \frac{D_2 + P_2}{1+r} \qquad (5-4)$$

若假设股票年末以内在价值被销售，即 $V_1 = P_1$，式（5-3）可以表达为：

$$V_0 = \frac{D_1}{1+r} + \frac{D_2 + P_2}{(1+r)^2} \qquad (5\text{-}5)$$

由此类推，假设股票下一年都会以内在价值被交易，即 $V_1 = P_1$，$V_2 = P_2$，…，$V_n = P_n$，当持有期为 n 年时，可以将股票价值表示为持有期为 n 年时的股利现值和售价现值之和。由于股票的存续期没有期限，则当 n 无限大时，可以将公式无限替代下去，即：

$$V_0 = \frac{D_1}{1+r} + \frac{D_2}{(1+r)^2} + \frac{D_3}{(1+r)^3} + \cdots + \frac{D_n}{(1+r)^n} + \frac{P_n}{(1+r)^n} \qquad (5\text{-}6)$$

由式（5-6）可以发现，股票的内在价值等于无限期内所有预期股利和售价的现值之和。该式被称为股利贴现模型。

股利贴现模型主要的优点在于其具有简单性和内部一致性。股利贴现模型是基于公司未来派发的股利计算的，计算过程较为简便。但股利贴现模型有一定的局限性：第一，该模型不适用于不发放股利的公司，对于不发放股利或者微利的公司来说，使用股利贴现模型会使得股票的内在价值被低估；第二，运用股利贴现模型决定普通股股票内在价值存在一个难点，即投资者必须预测所有未来时期支付的股利。

由于普通股股票没有一个固定的生命周期，因此通常要给无穷多个时期的股利流加上假设，以便计算股票的内在价值。这些假设主要与股利增长率 g 有关。由此，不同的股利增长率假设派生出了不同类型的股利贴现模型。

当假设股利增长率 g 固定不变时，可以预测未来的股利金额分别为：

$$D_1 = D_0(1+g) \qquad D_2 = D_0(1+g)^2 \qquad D_3 = D_0(1+g)^3 \cdots$$

则股票内在价值表达式为：

$$V_0 = \frac{D_0(1+g)}{1+r} + \frac{D_0(1+g)^2}{(1+r)^2} + \frac{D_0(1+g)^3}{(1+r)^3} + \cdots = \frac{D_1}{r-g} + \frac{D_0(1+g)}{r-g} \qquad (5\text{-}7)$$

式（5-7）被称为固定增长的股利贴现模型，又叫戈登增长模型，使用该模型需要满足：$r > g$。可以发现，当股利不增长时（$g = 0$），该股利流就是简单的永续年金（无限期内每年等额收入的现金流）。随着 g 的增长，企业股价也在增长。

例 5-1 S 公司最近一期支付的股利 $D_0 = 3.81$ 元，贴现率为 12%，假设股利增长率 g 固定，且 $g = 0.05$，计算 S 公司股票的内在价值。

解答： 根据戈登增长模型，S 公司股票的内在价值为：

$$V_0 = \frac{D_0(1+g)}{r-g} = \frac{3.81 \times (1+0.05)}{0.12-0.05} = 57.15（元）$$

例5-2 W公司股票派发3元的年度固定股利，贴现率为15%，那么该股票的内在价值是多少？

解答： W公司的股利固定为3元，即股利增长率 $g = 0$。

根据戈登增长模型，W公司股票的内在价值是：

$$V_0 = \frac{D_0}{r} = \frac{3}{0.15} = 20（元）$$

观察角度和估值技术的巨大差异使得股票估值相关领域的理论和方法层出不穷。由于每个投资者对股票内在信息的掌握并不相同，主观假设也不一致，所以即便大家采用相同的计算模型，每个人算出来的内在价值也可能不一样。

三、资产组合理论与资本资产定价模型

（一）资产组合理论

1952年，马科维茨提出了资产组合理论，这一理论在研究方法上构建了衡量效用与风险程度的指标，确定了资产组合的基本原则。资产组合理论也叫均值—方差分析方法，其核心问题是在不确定条件下对收益和风险的权衡。通常来说，投资者希望当风险一定时，期望收益最大化，或者说期望收益一定时，投资组合的风险最小化。在构造资产组合的同时，投资者还能通过分散化的投资来对冲掉一部分风险。常常听到这样一句话，"不要把鸡蛋放在同一个篮子里"，马科维茨的资产组合理论深刻地体现了这句话的含义。

资产组合理论可以帮助投资者衡量不同的投资风险，以及合理构建自己的投资组合以取得最大收益。当投资者将一笔资金在持有期里进行投资，他会在期初进行一些资产的购买，然后在期末全部卖出。投资者需要在期初决定购买哪些资产，以及资金如何在这些资产上进行分配，从而达到效用的最大化。

（二）资本资产定价模型

在资产组合理论的基础上，1970年，夏普提出了资本资产定价模型。他认为金融资产的风险可分成两个部分：一部分是与市场整体风险相关的系统风险，无法通过投资组合的方式分散；另一部分是金融资产的特有风险，即可以通过投资组合方式分散的非系统风险。因此投资者可以建立投资组合降低乃至消除非系统风险，但无法避免系统风险。

资本资产定价模型包括如下假设：（1）投资者以期望回报率和标准差作为评价证券组合好坏的标准，所有投资者都是价格接受者；（2）所有的投资者都追求收益最大化，且都是风险厌恶者；（3）每种证券都无限可分，即投资者可以购买到他想要的这份证券的任何非整数份；（4）资本市场是完全有效的市场，没有任何交易摩擦；（5）投资者可以以无风险利率无限制地借贷，且无风险利率是相同的；（6）投资者有相同的预期，即他们对证券回报率的期望、方差以及相互之间的协方差的判断是一致的。基于以上假设，资本资产定价模型认为单个证券的风险溢价取决于单个资产对市场资产组合风险的贡献程度，即单个证券的风险溢价是市场资产组合的各个资产收益协方差的函数。夏普将证券组合中单一证券风险的衡量指标设定为 β，用公式表示：

$$\beta_i = \frac{Cov(R_i, R_M)}{\sigma_M^2} = \frac{\rho_{iM}\sigma_i\sigma_M}{\sigma_M^2} = \rho_{iM}\frac{\sigma_i}{\sigma_M} \tag{5-8}$$

其中，σ_M^2 是市场资产组合的方差；$Cov(R_i, R_M)$ 是证券 i 与市场组合的协方差。由 β 的公式可以看到，β 衡量的证券风险主要取决于该证券与市场组合的协方差而不是证券本身的方差。因此，β 反映了单一证券波动与市场波动的关系，所以 β 值可作为测定风险的指标。进一步可以给出资本资产定价模型的公式：

$$R_i = R_F + \beta(R_M - R_F) \tag{5-9}$$

其中，R_i 是某个金融资产的预期收益率；R_M 是市场的预期收益率；R_F 是无风险利率。一般来说，市场的预期收益率 R_M 可以近似于市场综合指数收益率，如上海证券交易所综合指数收益率等。β 通常需要用历史数据来计算，如果 β 值为 1.1，表示当市场整体变动 10% 时，该股票变动 11%，说明该股票的风险大于市场整体风险，当然它的收益率也应大于市场整体收益率。当 $\beta=0$ 时，表示该股票对市场变动的敏感度为零（即无敏感度），这时资产没有系统风险，资产的预期收益率等于无风险利率。当 $\beta=1$ 时，资产的变动幅度和市场整体变动幅度相同，资产预期收益率等于市场的预期收益率。假定某证券的无风险利率是3%，市场资产组合预期收益率是 8%，β 值为 1.1，则该证券的预期收益率为：$3\% + 1.1 \times (8\% - 3\%) = 8.5\%$。

四、因子定价模型和套利定价理论

虽然资本资产定价模型给出了理性投资者在均衡市场状态下的资产选择模

式，但它将影响价格均衡的因子定义为系统风险，并没有进一步揭示影响均衡的内在因素是什么，以及这些因素是如何影响资产价格的。夏普于 1963 年提出了因子定价模型，试图发现资产价格背后的驱动因素，理解资产价格的经济学机理。如果把资本资产定价模型看成相对定价，因子定价模型可以视作绝对定价。以夏普单因子定价模型为例，该模型认为资产收益率的非预期变动是某一因素变化的结果（如 GDP 增长率等），该模型可表示为：

$$R_i = E(R_i) + \beta_i F + \varepsilon_i \qquad (5\text{-}10)$$

其中，R_i 表示股票 i 的收益率；$E(R_i)$ 表示当所有因子为零时的期望收益率；β_i 表示股票对因子的敏感度；F 表示影响资产收益率的因子；ε_i 为非预期的公司特有事件的影响，其期望值为 0。

当因子定价模型中具有多个风险来源时，可以将单因子定价模型拓展为多因子定价模型。以两因子定价模型为例，假设经济周期的不确定性和利率的波动是影响资产价格最重要的两个宏观经济风险，分别用未预期的 GDP 增长率（GDP）和未预期的利率变化（IR）来表示，则模型可表示为：

$$R_i = E(R_i) + \beta_{iGDP} GDP + \beta_{iIR} IR + \varepsilon_i \qquad (5\text{-}11)$$

罗斯于 1976 年在因子定价模型基础上提出了套利定价理论。罗斯的套利定价理论基于三个基本假设：因子定价模型能描述金融产品收益、市场上有足够的资产分散非系统风险、完美的金融市场不存在套利机会。套利定价理论的核心就是找出一组因子的线性组合来拟合定价模型。尽管套利定价理论类似于一种扩展的资本资产定价模型，但它是以不同的思维方式推导出来的。套利定价理论简化了假设条件，得到了人们的普遍重视和广泛应用。

五、中国特色估值体系

近年来，我国资本市场上市公司结构体现出与经济体制演进变化、产业结构转型升级相适应的趋势。中国特色估值体系是 2022 年以来资本市场呈现的一个新观点。中国特色估值体系源于对金融企业和央地国企估值偏低的研究，并拓展到如何服务于整个产业价值与竞争力的提升，敦促资本市场向基本面价值回归，以构建更规范、透明、开放、有活力、有韧性的资本市场。因此，构建中国特色估值体系有利于促进市场资源配置功能更好地发挥。

传统估值理论忽略了中国特色估值体系在市场机制和估值逻辑上的内涵要求，缺乏借助资本市场深化国资国企改革的深层次理解。同时，主流估值模型中的现金流折现估值法特别强调时间价值回报的维度，从而对企业价值进行简单估算，存在片面性。我国企业发展受经济制度等因素影响，传统估值理论不能完全符合中国特色估值体系的内在要求。

建设中国特色现代资本市场和中国特色估值体系，走出一条有中国特色的金融发展之路。一方面，要有机融入估值体系中的中国元素，重点关注制度文化背景，包括法律制度、传统文化特别是经济制度背景的影响。另一方面，要从估值的长期性入手，关注估值标的在国家战略中的重要地位。布局战略性重点行业的上市公司，锚定以战略性新兴产业为主导的核心资产，以实现战略性重点行业上市公司的价值重塑与回归，助力探索形成符合中国特色的估值定价体系，提升投资人长期回报水平，更好地推动中国资本市场的长效发展。

我国正处在迈向中国式现代化的关键时期，资本市场也正处于向高质量发展转变的关键阶段，建立中国特色估值体系须以全面深化资本市场改革为基石。首先，要坚持和加强党对资本市场工作的全面领导，坚持以人民为中心的价值取向，更加有效地保护投资者特别是中小投资者合法权益，让投资者更好地分享经济高质量发展的成果。其次，要以强监管、防风险、促高质量发展为主线。要强本强基，严监严管，以资本市场自身的高质量发展更好地服务经济社会的高质量发展。最后，要充分体现目标导向、问题导向。针对历史暴露出来的制度机制、监管执法等方面的突出问题，及时补短板、强弱项，推动解决资本市场积累的深层次矛盾。

第三节　衍生品定价

衍生品是指由某种更为基础的标的变量派生出来的产品，如原油期货、股票期权、利率期货等，衍生品的标的变量常常是某种交易资产的价格。在这一节中，我们将介绍一些重要的衍生品类型以及其定价方法。

一、衍生品概述

衍生品是指建立在标的资产基础之上，价格取决于标的资产价格变动的衍生产品。标的资产是一个相对的概念，不仅包括现货的普通商品和金融产品，还包括衍生工具。作为衍生品的标的资产主要有各类资产价格（如农产品、股票、债券等）、价格指数、汇率等。

经济学中通常将市场区分为商品市场和金融市场，而衍生品的出现改变了市场结构。衍生品市场连接起了传统的商品市场和金融市场，并以其杠杆交易特征撬动了巨大的交易量。那么衍生品是如何诞生的呢？追溯历史可以发现，避险需求是衍生品产生的最根本原因。20 世纪 70 年代以来，布雷顿森林体系崩溃和石油危机导致利率、汇率、债市、股市发生了前所未有的波动，迫使金融机构、企业寻找可以规避市场风险、进行套期保值的金融工具，期货、期权等衍生品应运而生。

根据交易的特征，衍生品可以分为远期合约、期货合约、期权合约、互换和结构化衍生品。由衍生品的定义可以看出，它们具有跨期性、高投机性和高风险性三个显著特性。跨期性是由于衍生品是约定在未来某一时间按照一定条件进行交易或选择是否交易的合约，所以具有明显的跨期性。高投机性和高风险性是因为衍生品的交易只需要支付少量的保证金就可签订大额的合约，在收益可能倍增的同时，交易者所承担的风险与可能的损失也会成倍放大，衍生品的杠杆效应决定了它的高投机性和高风险性。

（一）远期合约

让我们从一个现实场景入手：设想消费者在 11 月 1 日进入某书店购买某畅销书。然而销售人员告知该书已售罄，告知他在 11 月 10 日到货后以 50 元的价格卖给该消费者。如若该消费者在 11 月 1 日同意在接到书店通知时支付 50 元购买该书，该消费者与书店销售人员之间即签订了一个远期合约。表 5-3 说明了这一远期合约中交易双方的权利与义务。

表 5-3　针对以远期合约购书的说明

11 月 1 日	11 月 10 日
购买方	
购书者同意：	购书者：
1. 在 11 月 10 日支付 50 元购书款	1. 按 50 元购买价格支付
2. 在 11 月 10 日提书	2. 收到书

续表

11 月 1 日	11 月 10 日
销售方	
售书者同意：	售书者：
1. 在 11 月 10 日交书	1. 交出书
2. 在 11 月 10 日接受 50 元购书款	2. 收到 50 元购书款

注：现金不在 11 月 1 日易手，而在 11 月 10 日书到货时易手。

关于远期合约有一些基本概念需要熟知。（1）到期日。远期合约到期的时间被称为到期日。在上述案例中到期日为 11 月 10 日。（2）标的资产。远期合约中的目标资产被称为标的资产。（3）交割价格。远期合约交割时所实际履行的成交价格被称为交割价格。在上述案例中交割价格为 50 元。（4）多头头寸。远期合约中在未来某一时刻以约定价格买入标的资产的一方称为多头头寸，简称多头。（5）空头头寸。远期合约中在未来某一时刻以约定价格卖出标的资产的一方称为空头头寸，简称空头。

远期合约是指期货合约以外的，约定在将来某一特定的时间和地点交割一定数量标的物的金融合约。其中，标的资产、买卖双方和约定的交割价格是构成远期合约的重要因素。需要注意的是，由于远期合约并未发生类似股票市场中的买卖行为，因此合约中买或卖仅为双方之间的一种协议，资金在合同签订时并没有转手。根据标的资产划分，常见的远期合约包括远期利率协议、远期外汇合约、远期股票合约和远期债券合约等。

（二）期货合约

期货合约是指期货交易场所统一制定的、约定在将来某一特定的时间和地点交割一定数量标的物的标准化合约。根据标的资产不同，期货合约主要分为商品期货与金融期货两类。

商品期货是期货交易的起源种类。其规避风险、价格发现的功能对于现代市场经济的运作发挥着越来越重要的作用。金融期货的繁荣主要是由于金融风险越来越受到人们的关注，许多具有创新意识的交易所纷纷尝试推出金融期货合约，以满足人们规避金融市场风险的需求。金融期货主要包括股指期货、利率期货和外汇期货等。

期货合约是在交易所内、以标准化的合约进行的。下文将重点介绍期货市场的基本交易制度，包括保证金制度、逐日盯市制度和结算保证金制度。

1. 保证金制度

在期货交易开始之前，所有交易者必须在经纪公司开立专门的保证金账户，并按照其买卖期货合约价值的一定比例（通常为 5%~15%）缴纳资金，以作为执行期货合约的资金保证，这笔资金被称为初始保证金。假设沪深 300 股指期货的保证金为 15%，合约乘数为 300，那么当沪深 300 指数为 5 000 点时，投资者交易一张期货合约的初始保证金为 $5\ 000 \times 300 \times 15\% = 225\ 000$（元）。

2. 逐日盯市制度

在每日期货交易结束后，交易所与清算机构要根据每日期货结算价进行结算和清算，计算每个投资者所持合约的浮动盈亏并及时调整该交易者的保证金账户头寸，该过程被称为逐日盯市制度。当保证金账户的余额低于交易所规定的维持保证金水平时，投资者将收到保证金催付通知，即在限期内投资者需要将保证金水平补足到维持保证金的标准。这一部分额外资金被称为追加保证金。当投资者无法提供追加保证金时，经纪公司将对合约进行强制平仓。

3. 结算保证金制度

作为交易所的附属机构，清算中心在期货交易中担任中介角色，以保证交易双方履行合约。清算中心的主要任务是对每日交易进行记录，以便计算每一个会员的净头寸。同时，清算中心要求其会员在清算中心开设保证金账户，其相应的保证金被称为结算保证金。

远期合约和期货合约本质上都是交易双方约定在未来某一时间按特定条件买卖一定数量标的资产的合约，二者之间的关键区别在于交易机制差异。相比于远期合约来说，集中交易、标准化的期货合约的灵活性虽然比远期合约小，但也使得期货头寸的清算更加便捷，交易所担保使得交易者不必调查对手的信用状况，有效降低了交易者面临的违约风险。表 5-4 总结了远期合约与期货合约的主要区别。

表 5-4 远期合约与期货合约的主要区别

区别	远期合约	期货合约
交易场所	交易双方私下商定	交易所内交易
标准化程度	非标准化	标准化

续表

区别	远期合约	期货合约
交割价格	交易双方直接谈判确定	公开竞价或做市商报价
交割日期	通常指明一个交割日	具有一系列交割日
结算方式	在合约到期时结算	每日结算
结清方式	通常发生实物或现金交割	通常在到期前平仓
违约风险	信用风险高	信用风险低

（三）期权合约

期权合约是指约定买方有权在将来某一时间以特定价格买入或者卖出约定标的物（包括期货合约）的标准化或非标准化合约。例如，在大连商品交易所交易的一张合约月份为 2024 年 11 月的液化石油气期权合约赋予期权持有者在 2024 年 10 月 14 日或之前的任何时间，以 3 500 元 / 吨的价格购买 20 吨液化石油气的权利。在此例中，3 500 元 / 吨是期权的执行价格，2024 年 10 月 14 日是期权的到期日。值得注意的是，期权赋予持有者的是购买或出售资产的权利，而不是义务，因此期权持有者只会在对其有利时才会行权。

关于期权有一些基本概念需要熟知。（1）到期日，期权到期的时间称为到期日。到期日之后，期权失效。（2）执行价格，合约规定的购进或售出资产的价格称为执行价格。（3）标的资产，期权合约中的目标资产称为期权的标的资产。（4）执行期权，通过期权合约购进或出售标的资产的行为称为执行期权。（5）期权费，期权的购买价格称为期权费。

期权是当前应用最广泛的衍生品之一，它的收益取决于其标的资产的价值，是非常有用的套期保值和投机工具，其标的资产有股票、农产品、金属、原油等。

（四）互换

互换是指约定在将来某一特定时间内相互交换特定标的物的金融合约。远期合约也可以视为仅交换一次现金流的互换，一般来说互换都会涉及未来多次现金流的交换，因此互换也可以视为一系列远期合约的组合。互换的种类很丰富，最基本的形式是利率互换和货币互换。本书重点介绍利率互换。

利率互换是指交易双方将同种货币不同利率形式的资产或债务相互交换，主要是基于固定利率和浮动利率的交换。这里用一个例子来具体介绍利率互换。假定互换方甲在长期资本市场上可筹集到比较优惠的固定利率长期债务，但甲担心未来利率走势趋于下跌，为防范利率风险，希望增加浮动利率债务比重，于是进行互换交易。互换方乙的信用等级相对甲要低一些，乙在浮动利率市场借款条件相对于其在长期固定利率市场借款条件要优惠一些，乙希望增加固定利率债务，以适应该公司资产匹配要求。甲乙借款情形如表 5-5 所示。

表 5-5　互换方的利率互换比较优势

项目	借款人		比较优势	总计
	甲	乙		
长期资本市场	11%	12.5%	1.5%	1.25%
6 个月 Shibor	Shibor + 0.125%	Shibor + 0.375%	0.25%	

甲在长期资本市场上更具有优势，乙在浮动利息市场上更具有优势。如果甲在长期资本市场上融资，而乙在浮动利息市场上融资，双方进行互换则双方共可以节省 1.25% 的融资成本。双方可根据实际情况谈判确定分配比例，本案例中假设各自可节省 0.625%（1.25% ÷ 2 = 0.625%）。双方的利率互换如图 5-1 所示。

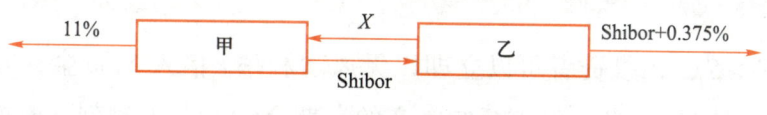

图 5-1　利率互换示意图

对互换方甲来说，因为可节省成本 0.625%，所以有：11% + Shibor − X = Shibor + 0.125% − 0.625%，解得，X = 11.5%。对于互换方乙而言，实际成本比从市场获得固定利率可节省：12.5% − 11.875% = 0.625%。

二、远期与期货的定价

（一）远期定价

相对于其他衍生品，远期合约的应用历史最为悠久，它能够在生产者和消费者之间直接搭建桥梁，满足不同投资者规避商品价格风险的需要。因此，远期成为衍生品市场重要的风险对冲工具。在介绍远期的定价之前，先做如下的基本假设：（1）市场无佣金、买卖价差和交易税等交易成本；（2）市场参与者能够以同一无风险利率进行借贷；（3）允许现货市场存在卖空交易；（4）合约标的资产无现金收益，即标的资产从当前时刻至远期合约到期时刻不产生任何现金流收入。

本节讨论将采用以下符号：T 代表远期合约的期限；S_0 代表远期合约标的资产的当前价格；F_0 代表远期合约中的交割价格；r 代表以连续复利计算的期限为 T 年的无风险利率。

假设远期合约价值为 0，考虑两种投资策略。组合 A：购买期限为 T 年的一份远期合约，交割价格为 F_0；同时，以无风险利率借入 $e^{-rT}F_0$ 的资金并投资于无风险资产。组合 B：在 T 时刻以价格 S_0 购入一单位标的资产。在组合 A 中，以数额为 $e^{-rT}F_0$ 的现金对无风险资产进行投资、在 T 年末其价值将增长至 F_0。这是因为：$e^{-rT}F_0e^{rT}=F_0$。因此，在 T 期收回投资的金额在远期合约到期时刚好可用于交割得到一单位标的资产，即上述两个组合在 T 时刻都为投资者提供一单位标的资产。根据无套利原则，组合 A 和组合 B 在时间 T 获取一单位标的资产的成本必须相等，无现金收益的资产远期（期货）价格为：

$$F_0 = S_0e^{rT} \tag{5-12}$$

式（5-12）即为无现金收益资产的现货—远期平价定理。式（5-12）表明，对于无现金收益资产而言，远期价格等于标的资产现货价格以无风险利率计算的终值。

如果 $F_0 > S_0e^{rT}$，投资者可以立即以无风险利率 r 借入 S_0 资金，并买入一单位标的资产，同时卖出一份该标的资产的远期合约。在 T 时刻，该投资者以持有的现货资产在期货市场交割，获得现金 F_0，并偿还借款本息 S_0e^{rT}，从而获得 $F_0 - S_0e^{rT}$ 的无风险利润。反之如果 $F_0 > S_0e^{rT}$，投资者进行以上步骤的反向操作也可以获得相应的无风险利润。

例 5-3　假设一种无红利、无股息支付的股票目前市价为 30 元，3 个月期限的无风险利率为每年 4%，求 3 个月期限的该标的股票远期价格。

解答：根据式（5-12），远期合约的合理交割价格为：

$$F_0 = 30 \times e^{4\% \times 0.25} = 30.30（元）$$

（二）股指期货的定价

股指可以被看成支付股息的投资资产，投资资产为构成股指的股票组合，股息等于构成资产所支付的股息。如果 q 为该股指的股息收益率，则股指期货的定价考虑以下两种投资策略。组合 C：购买期限为 T 年的一份股指期货合约，交割价格为 F_0，同时，以无风险利率借入 $e^{-rT}F_0$ 的资金并投资于无风险资产。组合 D：借入数额为 S_0e^{-qT} 的现金，将构成组合 C 股指期货合约中股指的股票按股指构成比例组成股票组合，购买 e^{-qT} 个单位该股票组合，并且将未来收到的股息全部再投资于该股票组合。

在组合 C 中，其价值在 T 时刻等于一单位股票组合。在组合 D 中，由于股票组合的所有现金收入全部投资于该股票组合，该组合的价值在 T 时刻也正好等于一单位股票组合。根据无套利原则，组合 C 和组合 D 在时间 T 获取一单位股票组合的成本必须相等，组合 C 的成本为 F_0e^{-rT}，组合 D 的成本为 S_0e^{-qT}。因此，支付已知股息收益率的股指期货价格为：

$$F_0 = S_0e^{(r-q)T} \tag{5-13}$$

例 5-4　假设沪深 300 指数收盘价为 4 900 点，按连续复利的年无风险利率为 4%，沪深 300 指数预期年化股息率为 2.5%。求 3 个月后到期的沪深 300 股指期货相应的理论价格。

解答： 根据式（5-13），沪深 300 股指期货的理论价格应为：

$$F_0 = 4\ 900 \times e^{(4\% - 0.25) \times 0.25} = 4\ 918.41（元）$$

三、期权合约的定价

期权产品总体上可以分成两种基本类型：看涨期权赋予持有者在到期日或之前以某一约定价格购进一种资产的权利；看跌期权赋予持有者在到期日或之前以某一约定价格出售一种资产的权利。期权按照是否只能在到期日行权可以分为美式期权和欧式期权。美式期权可以在到期日或到期日之前的任何时间执行期权，而欧式期权只能在到期日执行期权。此外，根据标的资产不同，可将期权分成实物期权和金融期权，其中金融期权包括股票期权、股指期权等。

（一）期权合约的价值

以股票看涨期权为例，假设某公司股票的看涨期权执行价格为 310 元，到期日为 11 月 29 日，该期权赋予期权持有者在 11 月 29 日之前以 310 元购买 500 股该公司股票的权利。只有在股票实际价格高于 310 元时，以 310 元购买该公司股票才是有利的，否则，持有者会选择不执行期权。

当标的股票价格高于执行价格时，看涨期权的内在价值等于标的股票价格与执行价格之差，当标的股票价格低于执行价格时，看涨期权的内在价值为 0。看涨期权在到期日的价值可归纳为：

$$看涨期权到期日价值 = \begin{cases} S_T - X & 如果\ S_T > X \\ 0 & 如果\ S_T \leqslant X \end{cases} \quad (5-14)$$

其中，S_T 为到期日的股票价格；X 为期权执行价格。如果期权持有者执行期权能获得收益，则称此期权为实值期权或者价内期权，如果期权持有者执行期权无利可图，则称此期权为虚值期权或者价外期权。

　　由于看涨期权买方需要支付购买期权的期权费，因此看涨期权买方的收益等于期权价值减去期权费，买入看涨期权的损益为：

$$看涨期权到期日损益 = \begin{cases} S_T - X - c & 如果\ S_T > X \\ -c & 如果\ S_T \leqslant X \end{cases} \quad (5-15)$$

其中，c 为看涨期权的价格，即期权费。买入该公司股票看涨期权损益如图 5-2 所示。图 5-2 中假设看涨期权的期权费为 10 元，当最终股价低于 310 元时，期权买方不会执行期权，期权买方的利润为 −10 元，当最终股价高于 310 元时，期权买方会执行期权，但在最终股价低于执行价格加期权费（320 元）时，期权买方的利润仍为负值，只有最终股价高于 320 元时，期权买方才能获得正利润。看涨期权买方的损失存在下限，即期权费，但其收益无上限。

　　同理，我们来了解看跌期权的价值。假设某公司股票看跌期权的执行价格为 260 元，到期日为 1 月 27 日，该期权赋予期权持有者在 1 月 27 日之前以 260 元出售 500 股该公司股票的权利。期权持有者只有在股票实际价格低于 260 元时，以 260 元出售股票才是有利的，否则，期权持有者选择不执行期权。

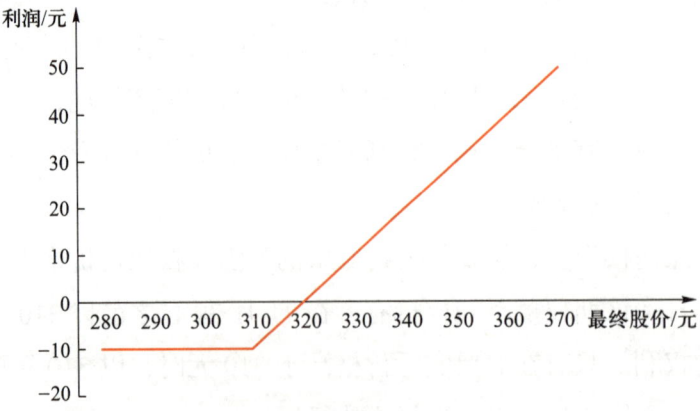

图 5-2　看涨期权到期日利润

当标的股票价格低于执行价格时，看跌期权的内在价值等于执行价格与标的股票价格之差，当标的股票价格高于执行价格时，看涨期权的内在价值为0。看跌期权在到期日的价值可归纳为：

$$看跌期权到期日价值 = \begin{cases} 0 & 如果\ S_T \geq X \\ X - S_T & 如果\ S_T < X \end{cases} \qquad （5-16）$$

其中，S_T 为到期日的股票价格；X 为期权执行价格。

与看涨期权类似，看跌期权买方的利润等于期权价值减去期权费，买入看跌期权的损益为：

$$看跌期权到期日损益 = \begin{cases} -p & 如果\ S_T \geq X \\ X - \dot{S}_T - p & 如果\ S_T < X \end{cases} \qquad （5-17）$$

其中，p 为看跌期权价格，即期权费。买入该股票看跌期权损益如图 5-3 所示。

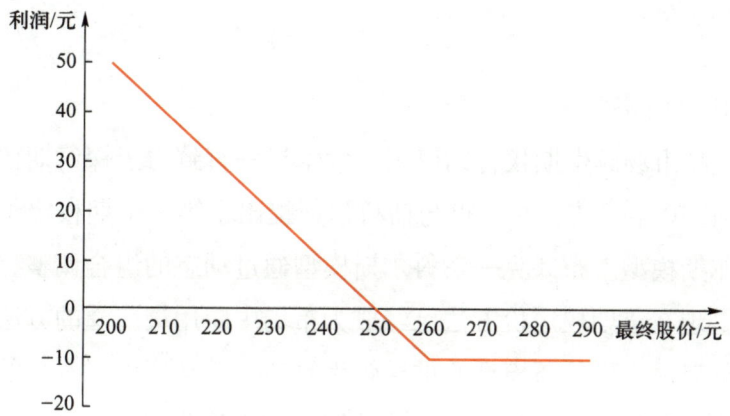

图 5-3　看跌期权到期日利润

图 5-3 中假设看跌期权的期权费为 10 元，当股价高于 260 元时，期权买方不会执行期权，期权买方的利润为 -10 元，当股价低于 260 元时，期权买方会执行期权，但在股价高于执行价格减期权费（250 元）时，期权买方的利润仍为负值，只有股价低于 250 元时，期权买方才能获得正利润。看跌期权买方的损失存在下限，即期权费，其收益可能很大。

（二）影响期权价格的因素

总体来说，以下因素会影响期权价格：（1）执行价格与标的资产市场价格，是影响期权价格最主要的因素；（2）期权期限，指期权剩余的有效时间，即期权成交日至期权到期日的时间；（3）无风

期权的定价：
二叉树模型和
B-S 公式

险利率；（4）标的资产价格的波动性；（5）标的资产的收益。表5-6总结了这些因素的影响效果。

表5-6 当一个变量增加其他变量不变时，对于期权价格的影响

变量	欧式看涨	欧式看跌	美式看涨	美式看跌
执行价格	−	+	−	+
标的资产市场价格	+	−	+	−
期权期限	?	?	+	+
无风险利率	+	−	+	−
标的资产价格的波动性	+	+	+	+
标的资产的收益	−	+	−	+

注：? 代表关系不明确。

（三）期权的定价

自从衍生品市场诞生期权合约以来，学术界一直致力于探讨期权合约的定价问题。20世纪70年代初，布莱克与斯科尔斯提出了第一个期权定价模型，即布莱克—斯科尔斯模型。布莱克—斯科尔斯模型通过动态的组合调整，实现了期权的连续复制，现在该期权定价方法已经成为市场中应用最广泛的方法。

由于布莱克—斯科尔斯模型的推导较为复杂，已经超出了本书的范围，因此这里直接给出模型最终的定价公式，看涨期权的定价公式为：

$$C = S_0 N(d_1) - X e^{-rT} N(d_2) \tag{5-18}$$

其中，$d_1 = \dfrac{\ln(S_0/X) + (r + \sigma^2/2)T}{\sigma\sqrt{T}}$；$d_2 = d_1 - \sigma\sqrt{T}$；$C$ 是看涨期权的价格；S_0 是当前的股票价格；$N(d)$ 是标准正态分布的累积概率分布函数，即标准正态分布小于 d 的概率；X 是看涨期权的执行价格；r 是按连续复利计算的无风险利率；T 是从现在至到期日的时间；e^{-rT} 是连续复利下的贴现因子；σ 是股票连续年收益率的标准差。

尽管布莱克—斯科尔斯模型有许多优点，但它仍是建立在对现实的抽象假设上，模型中的重要假设有：（1）在期权到期日前，股票不支付股利；（2）无风险利率 r 和股票年收益率的标准差 σ 在期权有效期内不变；（3）股票价格是连续的，没有重大冲击导致的股价异常波动。

此外，要通过布莱克—斯科尔斯模型得到准确的期权价格，还必须保证输入公式的各个参数值是正确的。其中股票当前价格 S_0、期权执行价格 X 和至到期日时间 T 都是期权交易者可以确切获知的，无风险利率 r 可以参考相同期限的国债收益率。难点是股票收益率标准差 σ 的确定，这需要获知从现在至到期日股票收益率的波动，很明显未来的情况很难准确预知，即公式中所需股票收益率标准差的真实值是得不到的。为解决此问题，常用的方法是通过历史数据估计收益率标准差，有些交易者也会根据对市场的判断来调整估计值。例如，若判断即将有事件导致股价的波动增加，可以通过调高标准差估计值来反映这一点。

我们已经得知如何采用布莱克—斯科尔斯模型为看涨期权定价，这里我们可以通过复制的思想推导出相应看跌期权的价格。期权市场中存在一种保护性看跌期权，它由股票头寸和此股票的看跌期权组成，可以保证组合的最低收益。实际上，通过购买相同到期日和执行价格的看涨期权，再组合到期价值为期权行权价格的国债就可以复制保护性看跌期权组合。由于未来现金流相同的资产组合，其构建的成本也应该相同，则有：

$$C + \frac{X}{(1+r)^T} = S_0 + P \qquad (5\text{-}19)$$

式（5-19）也被称为看跌—看涨期权平价定理。为了与布莱克—斯科尔斯模型一致，以连续复利的形式计算现值，则式（5-19）可写为：

$$C + Xe^{-rT} = S_0 + P$$
$$P = C + Xe^{-rT} - S_0 \qquad (5\text{-}20)$$

在已知看涨期权价格的前提下，通过式（5-20）就可以得到相同执行价格和到期日看跌期权的价格。将布莱克—斯科尔斯看涨期权定价公式代入式（5-20），可以直接得到欧式看跌期权的定价公式：

$$P = Xe^{-rT}N(-d_2) - S_0 N(-d_1) \qquad (5\text{-}21)$$

需要说明的是，目前讲到的期权定价都是针对欧式期权的定价，相比于欧式期权只能在到期日行权，美式期权可以在到期日之前的任何时刻（实际中要在交易所规定的交易时间内）执行期权，显然（可以证明的）提前执行期权的权利是有价值的，因此美式期权的价值要不低于相应的欧式期权。

 重要概念

有效市场假说　绝对定价原理　均衡定价原理　无套利定价原理　行为金融理论　比较估值法　股利贴现模型　资产组合理论　资本资产定价模型　套利定价理论　现货—远期平价定理

本章小结

1. 资产定价的基本原理包括：绝对定价原理、均衡定价原理、无套利定价原理及行为金融理论。

2. 股票主要有两种不同的估值方法，一种是比较估值法，另一种是绝对定价法（也称内在价值法）。股利贴现模型作为绝对定价法，假定股票的内在价值等于无限期内所有预期股利和售价的现值之和。

3. 衍生品是指建立在标的资产基础之上，价格取决于标的资产价格变动的衍生产品。根据交易的特征，衍生品可以分为远期合约、期货合约、期权合约、互换和结构化衍生品。

4. 现货—远期平价定理表明，对于无现金收益资产而言，远期价格等于标的资产现货价格以无风险利率计算的终值。

5. 看涨期权赋予持有者在到期日或之前以某一约定价格购进一种资产的权利；看跌期权赋予持有者在到期日或之前以某一约定价格出售一种资产的权利。

思考题

1. 如果将加密货币视为金融资产，可以基于什么定价理论对其定价？

2. 我国一些互联网高科技公司常年亏损，却拥有很高的市场价值，请问应该如何对其进行估值？

3. 在现实生活中，无论是用股利贴现模型计算出的股票价值，还是用资本资产定价模型计算出的股票价格，往往都与实际股票价格存在一定偏

差，请问这是什么原因造成的？

4. 假如一段时间内，股票市场预期收益率为 10%，投资短期国债的预期收益率为 3%。此外，市场收益率的历史方差为 0.04。有一只股票，其收益率与市场收益率的历史协方差为 0.08。请根据资本资产定价模型，粗略估计这只股票在这段时间内合理的收益率。

5. 请思考金融市场中合理有效的资产定价为何可以促进企业可持续发展、推动新质生产力的发展。

即测即评

第三篇
中国金融体系

第六章　金融机构

完善金融机构定位和治理，健全服务实体经济的激励约束机制。

——《中共中央关于进一步全面深化改革　推进中国式现代化的决定》，人民出版社2024年版，第20页。

▤▶ 学习目的和要求

了解中国金融机构的主要类型；掌握商业银行存在的经济学逻辑；理解商业银行的基本业务与经营原则；掌握商业银行风险管理的主要内容与相关理论；掌握政策性金融机构存在的理论基础与基本业务；理解农村金融机构存在的理论基础及创新；掌握金融机构经营管理能力，增强对金融机构政治性、人民性的认识，深化对强大的金融机构是金融强国建设关键核心金融要素之一的理解。

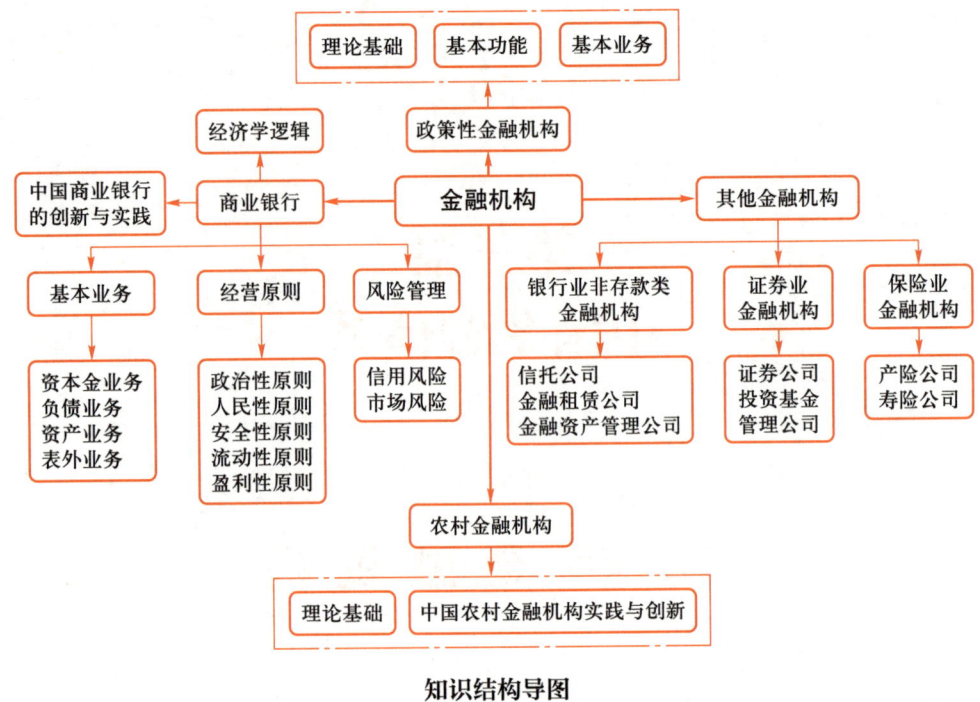

知识结构导图

强大的金融机构是金融强国建设的六个关键核心金融要素之一。金融机构，也称金融中介，是指经营货币和信用业务、从事各种金融服务的经济组织。我国金融体系属于典型的银行主导型金融体系。本章对各类金融机构的功能、基本业务及发展模式进行重点分析。

第一节　金融机构类型

建设金融强国应当拥有强大的金融机构，这就要求金融机构运营效率高、抗风险能力强、门类齐全、具有全球布局能力和国际竞争力。建设金融强国重点在于构建分工协作的金融机构体系。我国金融机构门类齐全，在此基础上建设金融强国的关键是要错位发展、优势互补，在服务实体经济上各司其职、各展所长。各类金融机构都要坚守初心、回归本源，切实增强竞争力和服务能力，满足实体经济和人民群众多层次多样化金融服务需求。

一、中国金融机构发展历史

银行业是一个古老的行业，它起源于古代的银钱业和货币兑换业。现代意义上的银行起源于文艺复兴时期的意大利货币兑换交易机构，英国的银行家起源于为顾客保管金银的金匠，他们创造了部分存款准备金制度和随时兑现的流通券。1694年，英国出现了世界上第一家股份制商业银行——英格兰银行。

中国历史上产生了多种金融机构，包括提供日常周转资金的典当行，提供小额借贷的印局，提供钱银兑换的钱庄、银号，提供铸造活动的银铺、银炉，提供商业票据兑换的账局和异地汇兑业务的票号，如表6-1所示。

表6-1 中国历史上的金融机构与金融工具

金融机构	产生时期	主营业务	金融工具	主要服务对象
典当行	南北朝	抵押放款	当票、银钱票	各阶层民众、商人
印局	明末清初	小额借贷	印子钱	小商小贩、城市底层民众
钱庄、银号	明代中叶	兑换货币、评定金银成色及重量、存放款	银钱票	地区商业、民众
银铺、银炉	清前期	买卖与兑换金银、熔铸银锭	—	—
账局	清雍正、乾隆年间	存放款	商业票据	远距离贸易的商人
票号	清道光年间	异地汇兑、存贷款	汇票、银钱票	长途贩运贸易、大商人

资料来源：燕红忠主编：《中国金融史》，上海财经大学出版社2020年版，第188页。

在抗日战争时期，金融机构主要包括国民党统治地区以"四行两局一库"为主导的官僚资本金融机构体系和抗日根据地的银行体系。1947年，中共中央批复成立中国人民银行筹备处。1948年12月1日，中国人民银行在河北省石家庄市宣布成立。到1952年，以中国人民银行为核心的金融体系建立起来，最终形成了中华人民共和国成立初期相对简单的金融体系。

改革开放以来，我国国民经济向市场经济转轨，金融改革的主要任务是引进市场经济金融体系的基本结构。1983年9月，《国务院关于中国人民银行专门行使中央银行职能的决定》颁布。至此，我国正式建立中央银行体制，由中国工商银行、中国农业银行、中国银行、中国建设银行组成的国家专业银行体系也开始形成。20世纪90年代上半期开始，各专业银行逐渐转向商业银行。根据1993年党的十四届三中全会精神，我国成立了国家开发银行、中国进出口银行、中国农业发展银

中国金融机构发展史

行三家政策性银行，原四大行不再按专业领域划分业务。

二、中国金融机构的类型

金融机构按是否能吸收公众存款可分为：存款性金融机构和非存款性金融机构。存款性金融机构主要通过吸收存款来募集资金，如商业银行、合作储蓄银行和信用合作社等。非存款性金融机构不得吸收公众储蓄。

金融机构按设立目的可分为：政策性金融机构和商业性金融机构。政策性金融机构不以营利为目的，是根据国家的产业政策或政府的相关政策进行投融资活动的金融机构。商业性金融机构是独立的经营主体，在符合法律法规、监管制度的框架下，以营利为主要经营目标。

金融机构按功能可分为：银行业存款类金融机构、银行业非存款类金融机构、证券业金融机构、保险业金融机构与金融控股公司（见图6-1）。银行业存款类金融机构主要包括政策性银行、商业银行、合作性金融机构、财务公司等，是金融体系中最核心的部分。银行业非存款类金融机构包括信托公司、金融资产管理公司、金融租赁公司、汽车金融公司、贷款公司、货币经纪公司等。证券业金融机构，主要是指证券公司、证券投资基金管理公司、期货公司等，是资本市场的重要参与者。保险业金融机构，包括人身保险公司、财产保险公司等，为社会公众及企业提供风险保障。金融控股公司是指依法设立，控股或实际控制两个或两个以上不同类型金融机构，自身仅开展股权投资管理，不直接从事商业性经营活动的有限责任公司或股份有限公司。

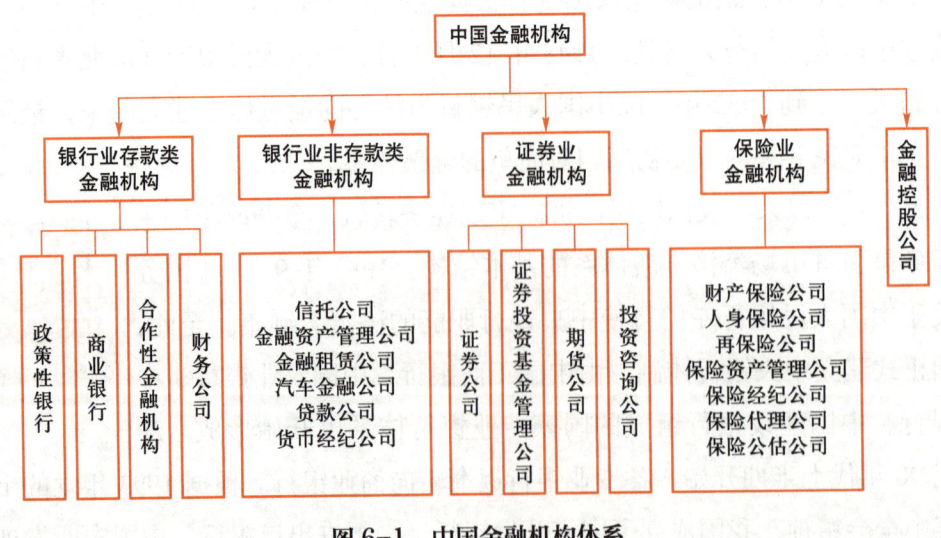

图 6-1　中国金融机构体系

第二节 商业银行

我国金融体系主要采取以商业银行为主体的间接融资模式，商业银行的创新发展和实践是我国经济高质量发展的重要支撑力量。

一、商业银行存在的经济学逻辑

（一）降低交易成本

投资者或者借款人在进行投资或者借出资金前，需要获得与交易有关的真实、完整的信息。但是信息的收集与甄别需要花费大量的时间和成本，因此在没有金融中介（即商业银行）存在的情况下，投融资交易的成本是巨大的。

从融资流程来看，借款人希望寻求外部融资，在市场上寻找贷款人并提交相关辅助材料；贷款人则需要综合评估借款人的经营情况等信息。贷款发放后，贷款人还需要对借款人进行监督，进一步增加了相关交易成本。

从信息完备性视角来看，金融商品交易产生的成本可归为三类：交易前的信息搜寻成本、交易时的签约成本和交易后的监督成本。相较于个体投资者，金融中介在进行金融交易时，可以借助其专业化、规模化、多元化的优势，有效降低上述三类交易成本。

金融中介降低交易成本的主要方法是利用技术上的规模经济和范围经济。规模经济是把众多投资者的资金汇集起来发放大额贷款或进行大额投资，从而形成规模经济效应，即随着交易规模的扩大，降低每单位投资的交易成本。例如，与发放一笔 100 万元贷款相比，发放一笔 1 000 万元贷款所涉及的交易成本并未高出多少。同时，规模经济优势也有助于金融中介提升专业化水平，如开发专门的信用风险评估系统、贷款管理系统等工具。这些专业化技术虽然存在较高的初期投入，但会降低边际交易成本，进一步强化规模效应。

范围经济是随着金融中介的产生与大规模扩张而出现的。当社会资金的划转功能逐渐被金融中介垄断，金融中介可借助多元化发展进一步实现范围经济。从整个社会的储蓄投资过程来看，金融中介有助于提高储蓄和投资水平，在各种可能的投资机会之间更有效地分配资金。同时，金融中介还可通过协调借贷双方不同的金融需求进一步降低金融交易的成本，并且依靠中介过程创造出各种受到借贷双方欢迎的新型金融资产，改进激励相容的信贷履约机制。

（二）缓解信息不对称

1. 信息不对称问题

信息不对称是金融市场上的基本特征事实。信息不对称可分为事前的逆向选择和事后的道德风险。阿克洛夫在次品市场模型中提出逆向选择理论。在存在信息不对称的情况下，商品售卖者比购买者更了解商品质量，购买者难以确定商品质量，于是只愿意支付市场平均价格。换言之，价格与质量存在信息不对称的干扰，好商品不能获得对应的价格而退出市场，最终导致次品充斥市场。在信贷市场上，逆向选择问题通常表现为那些高风险借款人往往更加积极地提出贷款申请，而低风险借款人却认为贷款成本过高而不愿意申请贷款。道德风险问题则表现为借款人在成功获得贷款后，可能从事一些高风险的活动，从而有损于贷款者的利益。

2. 金融中介在解决逆向选择问题中的必要性

利兰和派尔基于信息不对称中的逆向选择问题提出了 L-P 模型来解释金融中介存在的必要性。在 L-P 模型中，借款人是企业家，他们拥有项目的内部信息；贷款人是外部投资者，他们对项目和借款人的了解不及借款人。二者之间存在信息不对称。如果逆向选择问题非常严重，最终可能导致企业家得不到所需融资。企业家对项目的投资意愿或者投入比例可以被视为项目质量的信号，投资者根据这一信号来判断项目的好坏，进而决定是否投资。

L-P 模型进一步阐明，信息具有公共品属性和可信性两大特征，以此证明金融中介存在的必要性。第一，信息的公共品属性，容易产生"搭便车"行为。信息可以很容易地被复制、传播，这意味着信息的购买者可以将之转售给其他人而几乎不损害该信息对于购买者自身的价值，信息具有积极的外溢效应。因此，信息市场的生产和消费往往是不均衡的。第二，信息的可信性，就信息本身质量而言，潜在的购买者难以准确辨别信息的质量，存在次品市场的挤出问题。

如果让金融中介充当信息生产者，上述问题便可有效缓解。第一，金融中介的资产是"私有资产"，不会随意出售，金融中介在信息生产过程中无须担心信息的外溢，从而有效避免了"搭便车"问题。第二，通过对资产的合理定价，也间接解决了信息的质量和可信性问题，因为信息的质量在资产价格中得到了充分体现。

利兰和派尔通过 L-P 模型解释了金融中介如何缓解逆向选择问题。该模型从分析借款人如何使信贷市场相信其项目的真实性入手，强调了内部投资信号的重要性。金融中介可以通过投资它们具有专业知识的领域以显示信息方面的优势。L-P 模型证明了金融中介作为一种信息生产者联盟，相对于单个投资者而言具有节约信息成本的优势。

3. 金融中介在解决道德风险问题中的必要性

戴蒙德构建了一个简单的受托监控模型，表明通过金融中介的代理监督可以节约社会总监督成本，这也是金融中介存在的重要理由。假设企业家有一个投资项目，但其自有财富有限，需要向 m 个人融资，并签订债务合约，由企业家向投资者承诺在到期后进行偿付。如果双方都知道投资结果，或者投资者能无成本地获得该项目的投资结果，那么双方可以签订一个完全信息合约。

但在现实世界中，关于投资项目的收益、风险等信息在企业家与投资者之间的分布是非对称的，企业家拥有更多的信息优势，而投资者难以观察到所有信息。此时，企业家存在道德风险。为吸引投资者，企业家必须设计一个最优激励相容机制，也就是一个最优债务合约，既要让企业家的预期收益最大化，又要让投资者获得不低于市场利率的预期收益。

从理论上讲，缓解上述道德风险问题的缔约方式可以有以下三种。

一是投资者不监控企业家，但企业家要承担破产惩罚，假定成本为 C。

二是由投资者付出一定的监控成本 K 就能够观察到企业家的投资结果，缓解信息不对称问题。对于 m 个投资者，每个投资者都要花费成本 K 来监控企业家，则总的监控成本为 mK。

三是由投资者委托专门的监控人（如金融中介）代表所有投资者对企业家进行监控。如果金融中介存在，则会形成双层代理关系：一是金融中介吸收存款，即存款人（投资者）是委托人，金融中介是代理人；二是金融中介向借款人（企业家）发放贷款，即金融中介是委托人，企业家是代理人。为此又引出另一个问题：监控人的行动是投资者无法完全观察到的，需要给监控人提供额外的激励，这种激励所产生的成本就是代理成本，用 D 表示。此时，对企业家的监控总成本为 $K+D$。

成本最低的就是最优合约，投资者选择金融中介作为监控人的条件如下：

$$K+D \leqslant \min(C, mK) \qquad (6-1)$$

式（6-1）就是金融中介存在的条件。作为监控代表的金融中介，首先从企业家处获得偿付，也可以观察到企业家的偿付，此时企业家无须承担"破产惩罚成本"。随后，金融中介对投资者进行偿付，但投资者无从知悉金融中介是否对企业家进行了适当的监控，故而存在道德风险。那么，投资者如何知道金融中介进行了监督，并真实地公布其盈利？解决这一问题的关键是给予金融中介适当的激励，也就是投资者付出一定的监控成本，并通过最优债务合约让金融中介承担所谓的"破产惩罚成本"。如果一个金融中介监控的企业家的数量是各企业家的投资项目的独立同分布，则每个企业家的代理成本为 $D_N = D/N$。借助最优债务合约条件，戴蒙德证明了以下两个重要结论。

（1）D_N 是 N 的单调递减函数。这保证了金融中介存在的条件，即同一金融中介监控的企业家数量 N 要足够大，N 越大，D_N 就越低。

（2）金融中介具有规模效应和自然垄断倾向，金融中介的规模越大越好。N 个投资项目由一个金融中介监控的代理成本 D 要低于由多个金融中介监控的代理成本之和。随着金融中介的资产增长到足够大，每一个投资者的监督成本可以变得任意小。

（三）流动性保险

在现实生活中，缺乏流动性往往是资产固有的属性。如果在某一个时刻，某企业家因为流动性困境无法生产，这时他有两种选择：一是将已有资产出售变现，获得流动性，但由于他购买的设备是专项资产，对其具有需求的购买者非常少；二是为项目寻求新的融资。市场上的信息不对称导致资金缺乏，企业家运作的项目减少，市场上可获得的信息更少，这将进一步导致资金供给的匮乏。

戴蒙德和迪布维格提出了 D–D 模型，认为金融中介通过提供流动性保险的方式实现了资产转换的功能，满足了社会对长期资本的需求。现实中的投资项目需要长时期的投入，投资者随时可能面临流动性的冲击。如果金融中介介入，则可以为陷入流动性危机的投资者提供保险，增强其抵御冲击的能力。例如，银行为存款者提供活期存款合约，同时向借款人提供贷款，承担着将流动性负债转换为非流动性资产的职能，这相当于为存款者提供了一种"流动性保险"，允许他在最需要的时候消费。银行提供的活期存款合约能为在不同时间进行消费的人们提供更为有效的风险分担形式，改善竞争性市场的效率，是比直接市场融资更优的资源配置模式。

根据 D–D 模型，金融中介的出现使投资者可以改变其消费格局。一方面，金融中介将资金从众多投资者手中积聚起来，然后将较多的资金配置给推迟消费的投资者。另一方面，金融中介有助于个人投资者规避在第一时间就开始消费而不得不放弃从长期投资中获得更高回报的风险。

基于前文的分析，我们可以对商业银行有更深入的理解。

第一，银行最本质的功能是实现资金的期限转换，从而向外提供流动性（活期存款）和长期稳定的资金流（贷款）。而银行大部分利润正是来自短期资金和长期资金之间的利差。

第二，银行必须受到管制。同所有其他保险一样，存款保险也会带来道德风险问题。银行有可能因为存款保险的存在而更加冒险，比如将资金投向风险过高的项目。为了减轻道德风险，金融监管者需要对银行的业务加以规范。

第三，许多非银行金融机构也发挥着期限转换的功能，但缺乏存款保险制度的支持。也就是说，这些机构也可能遭遇挤兑，从而引发金融危机。

第四，互联网金融不会替代银行。即使信息的流动因为互联网而变得非常便捷，流动性（灵活性）与长期稳定资金供给之间的矛盾仍然存在，市场依然需要通过金融中介来构造资金池，发挥期限转换的功能。

二、商业银行的基本业务

为了理解商业银行运行机制，需要考察其资产负债表。表 6-2 列出了中国工商银行 2024 年年末的资产负债简表。下面将介绍商业银行的基本业务。

表 6-2　中国工商银行（集团）资产负债简表

单位：百万元

项目	金额	项目	金额
资产总额	**48 821 746**	**负债总额**	**44 834 480**
客户贷款及垫款总额	28 372 229	公司存款	15 507 405
公司类贷款	17 482 223	个人存款	18 541 510
个人贷款	8 957 720	其他存款	228 721
票据贴现	1 932 286	应计利息	559 337
贷款减值准备	815 497	同业及其他金融机构存放款项	4 020 537
投资	14 153 576	拆入资金	570 428
风险加权资产	25 710 855	**归属母公司股东权益**	**3 969 841**
		股本	356 407
		核心一级资本净额	3 624 342
		一级资本净额	3 949 453
		总资本净额	4 986 531

资料来源：《中国工商银行股份有限公司 2024 年度报告》，第 13—14 页。

（一）资本金业务

资本金一般指净资产，即资产与负债的差额。银行的资本金至关重要，因为它是商业银行应对不利冲击的缓冲垫，直接对应风险资产的可能损失（主要是非预期损失），关系到商业银行的偿付能力与安全性。

1. 监管资本构成

商业银行的资本金业务更多强调监管资本。监管资本指金融监管当局规定的商业银行从事经营活动必须持有的资本。商业银行的资本金不仅包含所有者权益，即股本、资本公积、盈余公积等，还包括一定比例的债务资本。

《巴塞尔协议Ⅲ》中规定的核心一级资本充足率、一级资本充足率和资本充足率，其分子基于清偿顺序逐渐增大。我国《商业银行资本管理办法》规定核心一级资本包括实收资本或普通股、资本公积、盈余公积、一般风险准备、未分配利润、累计其他综合收益和少数股东资本可计入部分。一级资本在核心资本的基础上还包括其他一级资本工具及其溢价，主要是商业银行发行的优先股。总资本在一级资本的基础上又增加了合格的二级资本工具及其溢价、超额损失准备。其中，二级资本工具主要指减记型二级债（当触发违约条件时，可以少还或者不还债权人款项），超额损失准备指超过损失准备最低要求的部分。

2. 资本充足率计算

《巴塞尔协议Ⅲ》中将银行的资本与风险资产相结合便形成了资本充足率的约束，将资本与总资产相结合就形成了杠杆率的考核。

商业银行资本充足率的计算方式如下：

$$资本充足率 = （总资本 - 对应资本扣除项）/ 风险加权资产 \times 100\%$$

$$（6-2）$$

$$一级资本充足率 = （一级资本 - 对应资本扣除项）/ 风险加权资产 \times 100\%$$

$$（6-3）$$

$$核心一级资本充足率 = （核心一级资本 - 对应资本扣除项）/ 风险加权资产 \times 100\%$$

$$（6-4）$$

其中，对应资本扣除项包括商誉、除土地使用权之外的无形资产、由经营亏损引起的递延税资产、损失准备缺口（拨备覆盖低于监管要求的部分）等。

在《巴塞尔协议Ⅲ》框架下，风险加权资产考虑商业银行面临的三类风险：信用风险、市场风险与操作风险。在我国，2024 年 1 月 1 日施行的《商业银行资本管理办法》，对商业银行规定如下：核心一级资本充足率不得低于 5%，一级资本充足率不得低于6%，资本充足率不得低于8%。此外，商业银行应当在最低资本要求的基础上计提储备资本，要求为风险加权资产的2.5%，由核心一级资本来满足。商业银行应在最低资本要求和储备资本要求之上计提逆周期资本，逆周期资本的计提与运用规则另行规定。商业银行同时还需要满足杠杆率的监管要求，商业银行并表和未并表的杠杆率均不得低于4%。

资本充足率的计算

3. 资本金业务策略

假如银行的资本充足率不满足动态监管的要求，可以从以下两个角度通过分子策略和分母策略补充资本金来达到监管要求。

分子策略，即通过发行资本工具的方式来扩充资本充足率中的分子。比较常见的资本工具包括：普通股、优先股、可转换债券、次级债券和混合型资本债券等。

分母策略，即通过缩减整体资产规模、降低整体资产的风险水平或者将高风险资产出售的方式，降低资本充足率中的分母来达到监管要求。

（二）负债业务

商业银行的负债是指商业银行承担的尚未偿还的、能够以货币计量的、必须以资产或者劳务偿付的债务，它代表商业银行对其债务人所承担的全部经济责任，是支撑商业银行资产业务的重要资金来源。负债业务是构成商业银行资金来源的业务，包括存款、与中央银行交易负债、同业负债和债券发行四个部分。

1. 存款

存款业务是商业银行负债业务的核心，包括客户存款、存款证和同业及其他金融机构存放款项。

客户存款可按多种方式分类，按产生方式可分为原始存款和派生存款；按期限可分为活期存款、定期存款和定活两便存款；按存款者可分为个人存款和单位存款。

2. 与中央银行交易负债

商业银行通过与中央银行交易获取资金，包括再贴现、再贷款、卖出回购款项（逆回购）等业务。2024年第四季度货币政策执行报告专栏"再贷款的机理、演进和发展"提出："21世纪前十几年，国际收支持续大幅顺差，外汇占款成为基础货币供应主要渠道，再贷款总量下降，最低余额约0.6万亿元，占央行总资产比重约4%。2014年以来，随着外汇占款的下降，再贷款再次成为基础货币供应的主要渠道。截至 2024 年年末，再贷款（含中期借贷便利）余额 12.7 万亿元，占央行总资产的 28.8%，在调节货币供给总量上发挥了重要作用。"

3. 同业负债

同业负债包括同业存放、拆入资金和卖出回购金融资产等。同业存放是指某银行存入其他银行的款项。拆入资金是指商业银行在货币市场从银行或者非银行金融机构调剂头寸余缺时产生的借入资金。卖出回购金融资产指商业银行将手中的现券以质押方式从银行或者非银行金融机构获取资金。

4. 债券发行

通过债券发行募集资金也是商业银行资金的重要来源。除了发行普通金融债券，商业银行还可通过发行永续债、二级资本债、可转换债券等债券资本工具补充商业银行资本。

（三）资产业务

资产业务是商业银行收入的重要来源，包括贷款与垫款、同业资产业务、备付金及与中央银行交易资产、证券投资业务四个部分。

1. 贷款与垫款

贷款按照保障条件分为信用贷款、担保贷款和票据贴现，其中担保贷款根据担保方式又分为保证贷款、抵押贷款和质押贷款三类。贷款按照贷款资金用途分为工业贷款、商业贷款、农业贷款、科技贷款和消费贷款。

如果说商业银行贷款业务是主动的资产配置与风险承担，那么垫款业务则是被动将表外业务回归资产负债表内。垫款是指银行在客户无力支付到期款项的情况下，由于银行提供了担保或者被迫履行承诺，需要以自有资金代为垫付的业务，往往在授信对象经营陷入困境、财务状况恶化的情况下被动发生，包括银行承兑汇票垫款、信用证垫款、银行保函垫款和外汇转贷款垫款等。

2. 同业资产业务

商业银行的同业资产业务是指商业银行与其他金融机构开展的相关资产类业务，包括存放同业、拆放同业和买入返售金融资产等。

存放同业是指商业银行在其他银行和非银行金融机构的存款。

拆放同业也叫拆出资金，是银行拆放于其他银行的各种货币资金，在同业拆借市场或者回购协议市场进行低于一年的短期资金往来。拆放同业通常需事先对拆入银行进行授信，或以票据进行质押（如逆回购），而存放同业则不需要。

买入返售金融资产是指商业银行按照回购协议先买入某项金融资产，在约定的未来交易时点将该项金融资产返售给原持有人所形成的临时性的资产配置。债券回购交易就是典型的买入返售金融资产。

3. 备付金及与中央银行交易资产

法定存款准备金、超额存款准备金、银行库存现金构成了商业银行的备付金资产。法定存款准备金是商业银行为了应对客户提取存款，而必须在中央银行开设账户中保留规定头寸的法定义务。商业银行实际持有的超过法定存款准备金率要求的部分即为超额存款准备金，不仅方便银行跨行结算，也是同业拆借市场调节头寸余缺的灵活资金。银行库存现金是银行为了应对客户提现需要而准备的现金。

中央银行公开市场业务中的（正）回购、商业票据的再贴现、中央银行票据的发行认购等构成商业银行对中央银行的交易资产。

4. 证券投资业务

证券投资业务是指商业银行将资金配置于有价证券的投资活动。该业务的投资对象主要是各种固定收益类金融工具，包括各类票据、短期融资券、超短期融资券、短期国债、中长期国债、地方债、企业债、公司债等。

在银行投资债券的过程中，既要考虑债券的票面利率、久期和规模，也要考虑税收和资本占用的机会成本。

（四）表外业务

表外业务是指不计入商业银行资产负债表，但会通过非利息收入影响损益表的业务。广义的表外业务包含了狭义的有风险的表外业务和无风险的中间业务。在实践中，常常将中间业务与广义的表外业务等同。本书的表外业务和中间业务指狭义的表外业务和狭义的中间业务。其中，狭义的表外业务也称或有资产和或有负债，如果发生风险该业务会重新计入资产负债表中。同时，根据现行的国际、国内资本监管框架，承担风险的表外业务资产也需合并计算风险加权资产，这意味着这类表外业务也会消耗银行的资本金。狭义的中间业务，是指银行不需要以自身的承诺或者动用自有资金开展的服务性业务，在提供金融服务的过程中银行始终扮演中介的角色，主要赚取佣金、手续费收入，所获得的利润不承担风险。

商业银行狭义的表外业务主要包括承诺类业务和金融担保类业务。

承诺类业务指商业银行承诺在未来某个时期会按照约定向客户提供授信支持的一类业务，包括贷款承诺、票据发行便利、信用卡未使用额度等。

金融担保类业务指商业银行根据市场交易中一方的申请，为申请人向交易的另一方出具履约保证，承诺当申请人无法履约时，由银行代为履约。如果申请人在银行存有足额的保证金，那么风险不会出现。但如果综合授信中采用的担保类工具，存在保证金不足值的情况，一旦申请者出现风险，银行就可能部分或者全部垫付履约款项，形成或有负债。担保类工具包括：商业信用证、备用信用证、银行保函和银行承兑汇票等。

商业银行中间
业务介绍

三、商业银行经营原则

金融具有功能性和盈利性双重属性。在长期经营实践中，西方商业银行形成了安全性、流动性和盈利性三条基本原则，而我国金融机构在发展宗旨、市场结构和风险分担机制上与其均有差异。我国商业银行的特殊性赋予了其政治性、人民性的基本原则。政治性、人民性是体现我国商业银行社会功能的价值属性。如何在这些原则之间保持合理平衡，是管理者们面临的难题。而克服这个难题的关键在于坚持党中央对金融工作的集中统一领导，推进国有企业、金融企业在完善公司治理中加强党的领导，促使盈利服从功能发挥，积极培育中国特色金融文化：诚实守信，不逾越底线；以义取利，不唯利是图；稳健审慎，不急功近利；守正创新，不脱实向虚；依法合规，不胡作非为。

1. 政治性原则

加强党中央对金融工作的集中统一领导，是做好金融工作的根本保证。商业银行要切实把思想和行动统一到党中央决策部署上来，把我们的政治优势和制度优势转化为金融治理效能，确保商业银行事业始终沿着正确的方向前进。一是要把牢政治方向。商业银行是我国金融机构体系的中流砥柱，绝不能在方向问题上犯错，必须坚守共产主义远大理想和中国特色社会主义共同理想、"两个一百年"奋斗目标，坚决贯彻党的基本理论、基本路线、基本方略。二是要涵养政治生态，把营造风清气正的政治生态作为基础性、经常性工作抓好抓实，坚持激浊和扬清并举，严明政治纪律和政治规矩。

2. 人民性原则

人民性是指商业银行要以人民为中心，坚决站稳人民立场，切实把满足人民群众日益增长的金融服务需求、提升最广大人民群众的获得感作为工作的出发点和落脚点，更加注重金融发展的普惠性，让广大人民群众共享金融发展成果。其人民性原则主要体现在三个方面：一是扩大服务广度，让金融资源惠及更广泛普惠群体，把金融产品和服务向更多弱势领域延伸；二是拓展服务深度，以综合金融服务满足多元金融需求，始终把满足人民群众日益增长的优质金融服务需求作为出发点和落脚点；三是提升服务温度，以金融服务实现可持续发展目标，使广大人民群众享有更加充实、更有保障、更可持续的获得感、幸福感、安全感。

3. 安全性原则

安全性是指银行减少经营风险，保证资金安全要求。由于商业银行自有资本较少且高负债经营，其安全性原则主要体现在三个方面：第一，商业银行需要满足监管合规的自有资本要求，形成抵御风险的底线；第二，商业银行应当在各类业务中重视风险控制，提高投资活动的安全性，审慎经营；第三，商业银行在通过负债业务获取资金时，也应该合理地控制其资金规模与期限结构。

4. 流动性原则

商业银行流动性原则包括两方面特征。一方面，一旦货币创造的环境发生变化，存款准备金不能满足储蓄者取款的要求，容易发生挤兑，合理的备付金规模可以有效地防范此类风险。另一方面，商业银行的资产负债在期限、规模、结构上存在一定的错配。商业银行吸收存款一般是分散、短期的，而其资产配置大多是大额、长期的，这就使得商业银行的经营存在脆弱性。由此，商业银行的流动性原则既要注重资金来源的流动性，如可通过大额存单、债券发行等主动负债来提高资金供给的稳定性，也要重视资产配置的期限、规模、结构与负债端相匹配，以及管理期限错配可能诱发的流动性风险。

5. 盈利性原则

商业银行的盈利性原则有别于普通企业。第一，商业银行盈利方式具有独特性。在利率市场化改革之前，商业银行的盈利在很大程度上依赖存贷款业务的稳定息差。利率市场化改革之后，商业银行也逐渐从传统的资金媒介型向全方位的金融服务型转变，非利息收入和中间业务收入在利润考核中日益重要。第二，商业银行经营对象具有特殊性，即货币资金，往往存在利润在前、风险在后的特点。商业银行对盈利的追求应该是建立在经营稳健、资产安全、流动性有保障基础上的。

四、商业银行风险管理

在上述原则的具体化中，一方面，资产负债管理成为现代商业银行经营管理

商业银行资产负债管理理论

的核心，其发展经历了资产管理、负债管理、资产负债综合管理三个不同阶段，并在此期间形成了不同的商业银行经营管理理论和管理方法。另一方面，风险管理是现代银行业经营的核心内容。银行经营面临信用、市场、操作、法律、声誉等众多风险，其中信用风险是最重要的风险。

（一）信用风险

信用风险源自债务人或交易对手未能履行合约而使得资金提供方蒙受损失的可能性。从商业银行资产结构来看，信贷资产往往是商业银行最重要的一类资产。

在信贷市场上，信息不对称是难以消除的基本特征，也是引发信用风险的根本原因。为了缓解信息不对称并减轻信用风险，商业银行可以从逆向选择、道德风险和风险转移三个维度进行信用风险管理。

1. 逆向选择问题解决方案

（1）信息收集与甄别。商业银行必须在受理审批贷款申请时，加强对借款人的信息收集与甄别，从而筛选出那些潜在的高风险借款人。在与借款人有关的信息中，无论是个人还是企业，金融信用信息（也就是征信信息）是非常关键的内容。借助征信机构查询借款人的征信信息是商业银行有效甄别借款人的重要途径。此外，商业银行还可针对特定借款人开展信息收集与核实等活动，借助实地调研、访谈等方式进行信息获取与验证核实。

（2）与客户建立长期联系。与客户建立长期联系也是商业银行增加信息获取、缓解信息不对称的重要渠道。关系型贷款理论认为，银企之间长期、紧密的联系有助于银行获取难以量化和传递的"软"信息。因此，与客户建立长期联系可以帮助银行甄别高风险借款人。在实践中，银行主要通过提供贷款承诺的方式建立长期客户联系。

（3）贷款专业化。银行还可通过贷款专业化的方式积累信用风险管理经验，从而降低针对单一借款人的信息收集成本，缓解信息不对称。

（4）信贷配给。信贷配给也是商业银行缓解逆向选择的重要手段，即拒绝向高风险借款人发放贷款。银行发放贷款的利率并不是越高越好，因为随着银行贷款利率上升，愿意接受高利率贷款的往往是打算从事高风险投资的借款人，银行应拒绝向这一类借款人发放贷款。

2. 道德风险问题解决方案

（1）抵押品要求。银行在发放贷款时一般会要求有充足的抵押品来对冲信用风险。银行更愿意发放那些包含抵押品条款的贷款，包括不动产抵押、动产质押等多种形式。当借款人到期未足额偿付贷款本息时，贷款人（银行）则可以出售抵押品，利用获取的收入来弥补贷款损失。借款人并不希望看到抵押品被出售，为了保全抵押物，借款人不太可能从事高风险投资活动。也就是说，贷款合同中的抵押品条款可以产生激励相容的作用。

（2）信贷配给。一般而言，贷款规模越大，借款人从事冒险投资、发生道德风险的动机越强。因此，商业银行在进行贷款审批时，通常会结合借款人的偿还能力，合理确定贷款规模。对于风险稍高的借款人，商业银行可能同意向其发放贷款，但实际放贷金额可能小于借款人的申请金额，以有效降低借款人发生道德风险的概率。

3. 风险转移的解决方案

（1）贷款出售和资产证券化。贷款出售是指银行将其贷款转售给其他银行或投资机构。资产证券化是指银行将缺乏流动性但具有未来现金流量的信贷资产，通过结构性重组，转变为可以在金融市场上流通的证券的过程。

（2）信用风险对冲。第一，商业银行可通过投资、购买与标的资产收益波动负相关的资产，以对冲标的资产潜在的风险损失。第二，商业银行可借助衍生工具进行信用风险管理，如信用违约互换等。第三，商业银行还可以通过信用保证保险进行信用风险管理。

商业银行普遍将贷款分为五级：正常类、关注类、次级类、可疑类和损失类。其中，次级类、可疑类和损失类被界定为不良贷款。不良贷款率即不良贷款总额在贷款总额中所占比重。不良贷款率可以说明商业银行贷款资产中信用风险的状况。

针对银行信用风险形成的不良贷款，一般有三种处置方式：转让、清收和核销。转让有两种方式，一种是打包转卖给资产管理公司，诸如长城资管、信达资管和东方资管，它们都是为承接大型国有商业银行坏账而设立的；另一种是通过不良资产证券化的方式出售给金融市场。清收的方式包括处置抵债资产、对企业进行破产清算、找第三方担保人还款等。核销指将不良贷款确认为损失，剔除出财报，但对于核销的贷款，银行依然保有追偿的权利。

（二）市场风险

市场风险是指金融市场价格波动引发商业银行表内外资产损失的风险。市场风险包括利率风险、汇率风险、资产价格风险、商品价格风险和衍生品风险。下面主要介绍利率风险。

利率风险是指市场利率水平变动给商业银行带来的风险，包括重新定价风险、收益率曲线风险、基准风险和期权性风险。商业银行为规避利率风险，通常会进行利率敏感型缺口管理和久期缺口管理。

1. 利率敏感型缺口管理

市场利率的变化会同时影响银行的资产端和负债端的现金流。利率敏感型缺口就是研究在市场利率波动时，资产端利息收入的变化与负债端利息支出的变化之间的缺口，计算方式如下：

$$利率敏感型缺口（GAP）＝利率敏感型资产（RSA）－利率敏感型负债（RSL）$$

$$(6-5)$$

当利率敏感型资产大于利率敏感型负债时，为正缺口；当利率敏感型资产小于利率敏感型负债时，为负缺口；当二者相等时，为零缺口。

当预期市场利率上升时，商业银行在资产负债配置上应持有正缺口。此时，银行利息收入的增加值将大于利息支出的增加值，从而扩大银行利润。当预期市场利率下降时，商业银行在资产负债配置上应持有负缺口。此时，银行利息收入的减少值会小于利息支出的减少值，使银行利润上升。

2. 久期缺口管理

久期缺口管理提出银行不能仅关注利率敏感型的资产和负债，固定利率的资产和负债同样存在风险；银行不能仅关注短期的净利息收入，还需要注重长期发展，关注银行净值的变化。

久期也称持续期，可以用来计算债务现金流的实际回收期限。根据金融资产定价的基本逻辑，当市场利率上升时，银行总资产和总负债的市场价值都随之下降，久期越长，市场价值下降得越多。但一般情况下，银行资产的久期与负债的久期往往存在差异，这也就导致市场利率发生变化时二者市场价值之差（即银行净值）也会发生变化。在实践中，先分别计算银行资产和银行负债的（加权）平均久期，然后分别考察市场利率变动对二者市场价值的影响，最终即可得出银行净值的变化值。

无论是对资产还是负债，久期均反映了市场价值对利率变化的敏感程度：

银行资产（负债）市场价值变动百分比 = － 利率变动百分比 × 久期　（6-6）

在久期缺口模型的框架下，银行应该根据市场利率变动的预期，主动调整久期缺口，使银行保持一个正的权益净值。久期缺口是指银行资产加权平均久期减去银行负债加权平均久期与资产负债率的乘积。

$$久期缺口 = 资产加权平均久期 - 负债加权平均久期 ×$$
$$（总负债 / 总资产）\qquad （6-7）$$

商业银行操作
风险管理

当久期缺口为正值时，银行净值与市场利率呈反方向变动，银行净值随利率上升而下降，随利率下降而上升；当久期缺口为负值时，银行净值随利率上升而上升，随利率下降而下降；当银行久期缺口为零时，银行净值不受利率变动影响。久期缺口越大，银行净值的边际变动就越大。当预期利率上升时，银行应当减少资产久期、扩大负债久期，使银行保持负缺口。

商业银行流动
性风险管理

五、中国商业银行的创新与实践

近年来，金融机构不断提升金融服务能力，优化资金供给结构，聚焦重大战略、重点领域和薄弱环节，持续提供优质金融服务，着力做好科技金融、绿色金融、普惠金融、养老金融、数字金融"五篇大文章"。

（一）构建科技金融服务体制机制，助推科技强国建设

商业银行立足职能定位，建立健全风控机制和激励约束机制，为科技创新重点领域和薄弱环节提供更加优质的金融服务。加大科技信贷投放力度、探索发展"贷款＋外部直投"业务、优化知识产权质押贷款等业务，支持科技型企业债券融资，探索开展科技信贷资产证券化业务。

中国人民银行数据显示，2025 年一季度末，高新技术企业贷款余额 18.45 万亿元，同比增长 8.5%；科技型中小企业贷款余额 3.33 万亿元，同比增长 24%。金融信贷资源更多投向实体经济和创新，有效推进"科技—产业—金融"良性循环，切实提升科技型企业服务质效。

（二）提供高质量绿色金融供给，助力经济社会绿色转型

商业银行立足职能定位，积极探索绿色金融、转型金融产品和服务创新。推出绿色信贷、绿色债券、碳金融工具以及转型贷款等多元化产品，支持清洁能源、节能减排和传统行业低碳转型。探索开展绿色信贷资产证券化业务，探索发展碳排放权、排污权等资源环境要素担保贷款。

目前，我国已形成以绿色贷款和绿色债券为主、多种绿色金融工具蓬勃发展的多层次绿色金融市场体系，本外币绿色贷款和绿色债券余额均居全球前列。截至 2025 年一季度末，绿色贷款余额 40.61 万亿元，比年初增长 9.6%，一季度增加 3.56 万亿元，其中基础设施绿色升级贷款、能源绿色低碳转型贷款、生态保护修复和利用贷款余额分别为 18.11 万亿元、8.13 万亿元和 4.81 万亿元；绿色债券余额 2.13 万亿元，累计发行突破 4.33 万亿元。

（三）提升普惠金融服务效能，服务共同富裕目标

商业银行立足职能定位，助力健全多层次普惠金融体系。探索增加小微企业首贷、信用贷，推广主动授信、随借随还贷款模式，规范发展供应链金融业务。探索拓宽生物性资产、养殖设施等抵质押资产范围。探索开展普惠信贷资产证券化业务。

我国商业银行的普惠金融发展取得长足进步，具体反映在金融服务的覆盖率、可得性和满意度的提升上。从覆盖面的情况看，截至 2023 年年末，全国乡镇银行业金融机构覆盖率达 97.93%。从重点领域金融服务的可得性情况看，金融服务呈现出"量增、面扩、价降"的态势。截至 2025 年一季度末，人民币普惠小微贷款余额 34.81 万亿元，同比增长 12.2%。从金融服务的满意度来看，小微企业的贷款成本整体呈下降趋势。2025 年前 2 个月，全国新发放普惠小微贷款平均利率为 4.03%，较 2018 年累计下降 3.9 个百分点。

（四）丰富养老金融产品和服务，促进中国式养老事业高质量发展

商业银行立足职能定位，助力完善应对人口老龄化的多层次养老金融体系。在养老金融领域积极创新，推出养老储蓄、养老理财、养老信贷等多元化产品，并优化适老化服务。加强养老金融产品创新，探索发行专项金融债券用于养老领域，探索开展养老信贷资产证券化业务。

截至 2025 年 3 月，市场上个人养老金理财产品总数已扩容至 33 只，固收类产品以超八成的绝对占比成为市场主力，投资者累计购买金额超 129.91 亿元。

（五）推进商业银行数字化转型，服务实体经济高质量发展

商业银行立足职能定位，全面实施数字化转型战略，打造覆盖支付、信贷、理财等全场景的数字化服务体系。第一，以数字化转型降低交易成本，尤其是边际交易成本。借助各类技术推动银行业务的线上化及智能化改造，降低获客成本，并实现业务的全流程线上办理，大幅度降低人力成本。第二，助推商业银行覆盖长尾客群，缓解信息不对称问题。借助大数据、云计算等各类科技赋能银行业务，打破相应的信息壁垒限制，延伸银行金融服务范围，同时借助各类政务平

台、第三方征信数据平台、运营商平台及互联网平台等的数据共享，实现对客户的精准画像和各类信息的互通，打破信息不对称，满足长尾客群"短、频、快"和小额、便捷的金融服务需求。第三，提升银行智能风险监测水平。通过实时、海量的个人及企业的信息运算、监测及分析，对客户实现合理的风险客观定价及欺诈风险、信用风险评估。

中国银行业协会《2024年中国银行业服务报告》显示，据不完全统计，2024年银行业金融机构离柜交易总额达2 626.8万亿元。银行业金融机构手机银行交易总额达365.51万亿元；手机银行个人客户数达31.95亿户，企业客户数达0.43亿户。银行业金融机构网上银行交易总额达2 147.73亿元。数字化服务已成为绝对主流。

第三节　其他金融机构

本节详细介绍除商业银行外其他金融机构的类型及其主要业务，以理解我国蓬勃发展的多样化金融机构体系。

一、银行业非存款类金融机构

银行业非存款类金融机构是指以融资业务为主的非银行金融中介机构，包括信托公司、金融租赁公司等。表6-3展示了银行业非存款类金融机构的资产与负债类型。

表6-3　银行业非存款类金融机构的资产与负债类型

非银行金融机构	主要资产类型	主要负债类型
信托公司	信托贷款	信托存款
金融租赁公司	金融租赁业务	各种借入资金
金融资产管理公司	银行不良资产	央行再贷款及发行金融债券

（一）信托公司

信托公司是以受托人身份，代人理财或者从事其他受托事宜的非银行金融机构。信托业务的关系人有委托人、受托人和受益人三方。委托人是原始财产的所有者，也是向受托人提出信托申请的一方。受托人即为信托公司，接受委托人的委托，代为管理经营信托财产。受益人是享受信托财产收益的一方，为委托人事先指定。信托有多种类型，大致可分为如表 6-4 所示的八类。

表 6-4　信托业务类型

业务类型	定义	特征
债权信托	把资金借给对方，约定期限和收益的产品，即融资类信托	占比最大，突出风险为信用风险
股权信托	投资于非上市的各类企业法人和经济主体的股权类产品	企业成长性风险较大
标品信托	投资标准化产品，包括国债、期货、股票、金融衍生品等	市场风险较大
同业信托	资金来源和运用都在同业里，包括拆借、短融、理财、资管计划等	通道、过桥、出表等，政策性风险较大
财产信托	非资金信托的财产委托给信托公司，信托公司帮助委托人进行管理运用、处分，实现保值增值	"受人之托、代人理财"的本源
资产证券化信托	担任特殊目的实体	费用较低，风险较低
公益信托、慈善信托	为学术、技艺、慈善、宗教以及其他公共福利事业而办理的信托	受益人为社会公众中符合特定条件的人士或团体
事务信托	事务性代理业务，包括融资解决方案、财务顾问、代理应收应付款项、代理存款等	专业性强

（二）金融租赁公司

金融租赁是以商品交易为基础的"融资"与"融物"相结合，用以筹集资金、购买设备的一种特殊业务方式。我国的金融租赁公司是指经银保监会（现为国家金融监督管理总局）批准，以经营融资租赁业务为主的非银行金融机构。融资租赁业务的流程如下：金融租赁公司筹措资金，提供以"融物"代替"融资"的设备租赁；在租赁期内，作为承租人的企业只有使用租赁物件的权利，没有所有权，按照规定交付租金；租期期满时，承租人向金融租赁公司支付少量的名义货价，双方即可办理租赁物件的产权转移手续或续租手续。

（三）金融资产管理公司

金融资产管理公司是各国主要专注不良资产处置的金融机构。由于债权人（如银行）在处置不良资产过程中可能面临法律法规限制等困难，由专业的金融资产管理公司来处置不良资产，有利于降低处置成本，防范金融风险。

我国的金融资产管理公司始于为四大国有银行剥离不良资产以实现股改上市，其收购不良贷款的资金来源主要是划转中国人民银行发放给国有独资商业银行的部分再贷款和发行金融债券。四家国有独资金融资产管理公司致力于收购国有银行不良贷款，管理和处置因收购国有银行不良贷款形成的资产。自四大国有银行完成股改上市后，四家金融资产管理公司开始从政策性向商业化转型，相继实现了股份改制，并逐渐形成了金融控股集团，开展多元化经营。2020 年，我国第五家全国性金融资产管理公司成立。全国性金融资产管理公司收购金融机构不良资产占银行业机构全部批量转出不良资产规模的 80% 以上，是不良资产收购主力军。

二、证券业金融机构

证券业金融机构是指以证券投资服务业务为主的金融机构，包括证券公司（证券经纪人和交易商）、投资基金管理公司等。证券业金融机构在促进证券投资活动、降低投资成本、规避投资风险等方面都起到独到的作用。

财务公司、保理公司、担保公司、货币经纪公司、汽车金融公司与影子银行

（一）证券公司

证券公司是由政府主管机关依法批准设立的在证券市场上经营证券业务的金融机构。证券公司的主要业务包括以下六个方面。

第一，证券承销与保荐。证券承销业务是指证券公司代理证券发行人发行证券的行为。证券保荐业务是指由保荐人对发行人进行推荐和辅导，核实公司发行文件的真实性、准确性、完整性，协助发行人建立严格的信息披露制度。

第二，证券经纪交易。证券经纪交易业务是证券公司接受客户委托代客户买卖有价证券的业务。在经纪交易业务中，证券公司可以收取一定比例的佣金作为业务收入。

第三，投资咨询与财务顾问。投资咨询业务是指证券公司为证券投资人或客户提供投资分析、预测等直接或间接的有偿服务。财务顾问业务是指与证券交易、证券投资活动有关的咨询、建议、策划等业务。

第四，证券融资融券。证券融资融券业务是指证券公司向客户出借资金供其买入证券或者出借证券供客户卖出，并收取担保物的经营活动。客户向证券公司借资金买入证券的是融资业务，客户向证券公司借证券卖出的是融券业务。

第五，自营业务。证券自营业务专指证券公司为自己买卖证券产品的行为。证券公司以自己的名义，以自有资金或者依法筹集的资金，为本公司买卖在境内证券交易所上市交易的证券，以获取收益。

第六，资产管理业务。资产管理业务是指机构投资者和个人投资者将一定的资金委托给证券经营机构进行投资管理的行为。它包括了一系列的活动，例如资产配置、证券投资、风险管理和回报收益等。

（二）投资基金管理公司

证券投资基金是一种资金信托，以金融资产为专门经营对象，以资产保值增值为根本目的，通过专门的投资管理机构筹集投资者资金，将资金分散投资于有价证券和其他金融工具，投资者按比例分享收益并承担风险。

按组织形态，可将证券投资基金分为公司型证券投资基金和契约型证券投资基金。公司型证券投资基金是依据公司法组成的以营利为目的、投资于有价证券的股份投资公司，在组织形式上与股份有限公司类似。契约型证券投资基金是由资金管理人、托管人和投资人通过订立信托契约，发行受益凭证将资金筹集起来，交由管理人根据信托契约进行投资的基金，也称单位信托基金。

三、保险业金融机构

保险，是指投保人根据合同约定，向保险人支付保险费，保险人对于合同约定的可能发生的事故因其发生所造成的损失承担赔偿保险金责任的行为。保险业金融机构具有分担转移管理风险，完善社会保障的功能。依据保险标的，可以分为财产保险与人身保险。保险业金融机构主要有产险公司、寿险公司等。

（一）产险公司

产险公司主要经营财产保险。财产保险是指以财产及其相关利益作为保险标的，因保险事故的发生导致财产的损失，以金钱或实物进行补偿的一种保险。财产保险有狭义和广义之分。狭义的财产保险是以物质财产为标的的各种保险，如企业财产、家庭财产等保险。广义的财产保险进一步细分为财产损失保险、责任保险、信用保险和保证保险。目前，广义的财产保险是我国财产保险公司经营的主要内容。

（二）寿险公司

寿险公司主要经营人身保险。人身保险是以人的寿命和身体为保险标的的保险，是应对人身风险的重要措施和手段。其中，以人的寿命为保险标的，且以被保险人生存或死亡为给付保险金条件的人身保险为人寿保险。人寿保险相应有生存保险、死亡保险和生死两全保险等险种。以人的身体为保险标的的人身保险为健康保险，分为健康保险和意外伤害保险等险种。

第四节　政策性金融机构

政策性金融机构，是指由政府创立或控股，依托国家信用支持，在特定的业务领域内，直接从事政策性融资活动，不以营利或利润最大化为经营目标的金融机构。本节将介绍我国的政策性金融机构的基本功能与主要业务。

一、政策性金融机构存在的理论基础

政策性金融机构具有政府的控制性、不以营利或利润最大化为经营目标、特定的服务领域与服务对象、特殊的融资原则四大特征。政策性金融机构相关理论主要包括市场失灵理论与准公共产品理论。

（一）市场失灵理论

市场失灵是指市场无法有效分配资源。新古典主义经济学推崇"看不见的手"理论，认为基于个体理性，市场自身能够实现资源的最优配置，他们反对政府干预，主张自由竞争。商业性金融机构在追求利润最大化的动机下，会导致自身最优决策带来更大的负外部效益或减少一定正外部效益，使得受影响的领域缺乏资金支持，不利于经济稳定发展。在这种情形下，就需要发挥政策性金融机构作用，配置公共资源。

（二）准公共产品理论

公共产品不同于一般商品，具有非竞争性与非排他性特征。非竞争性指对该物品增加消费没有边际成本，非排他性指对该物品消费不能排除他人同时消费。准公共物品投资的特点是投资初期投资数额大且无法产生内部经济效益，其外部经济效益虽大，但非排他性的存在无法阻止"搭便车"行为，导致商业性金融机构意愿不足。但在更长的时间跨度下会逐渐取得正效益。准公共产品的不可或缺性和市场机制与财政机制的局限性，决定了政策性金融机构具有发挥作用的空间。

从国际经验看，政策性金融业务长期存在，即使是发达市场经济国家也存在比较强大而且种类多样化的政策性金融服务。对于采取赶超型经济发展战略的发展中国家来说，发展政策性金融业务，可以适当集中有限的资金服务国家发展战略和产业政策，从而加快赶超步伐。

政策性金融机构概览

在我国现阶段，政策性金融机构也发挥着关键作用。第一，政策性金融机构可以弥补商业性金融机构与政府财政投资的缺陷，推动基础设施、基础产业建设，稳定和发展农村经济等薄弱环节。通过中长期信贷与投资等金融业务，为国民经济重大中长期发展战略服务，将资金引导到符合国家发展战略和政策导向的领域，实现金融资源的优化配置，促进经济结构调整和社会发展。比如在科技产业发展和区域经济建设等领域都存在资金不足的制约，这些领域的投资收益存在较大不确定性，迫切需要国家政策和资金的扶持，借以拉动商业性信贷资金的投入。第二，政策性金融机构具有逆周期的"准财政"调节特征。相比顺周期的商业性金融机构，政策性金融机构在特殊时期能够更好助力逆周期信贷扩张；相比财政政策，政策性金融机构更加灵活、高效。

二、政策性金融机构的基本功能

（一）服务国家战略

政策性金融机构最重要的功能就是服务国家战略，通过提供中长期信贷资金等金融支持手段来满足国家产业政策、区域振兴政策和对外开放政策的资金需要。服务国家战略是我国政策性金融机构的初心与使命，也是政策性金融机构人民性与时代性发展的必由之路。

（二）弥补市场缺陷

弥补市场缺陷功能，是指政策性金融机构代表政府通过金融手段实现社会资金的合理公平配置，弥补市场机制在社会资金配置方面的失灵。同时也把竞争机制适当引入公共领域，提高相关领域的经济效率。

（三）先导衔接

先导衔接功能指在国家产业或区域发展的创新领域，政策性金融机构先行先试、率先投入，为商业性金融机构提供引导、创造市场条件，同时根据国家产业政策实现过程中商业性金融机构所面临的难点和盲区进行金融服务的有效衔接，通过错位发展完善金融体系的有效性和先进性。

（四）逆周期调节

从经济周期角度来看，一般商业性金融机构的业务经营具备顺周期的特点，在经济下行周期会增加市场风险压力。政策性金融机构不以经济效益为主要目标，可以通过逆周期政策性金融工具的运用，发挥逆周期调节功能，起到熨平经济周期的市场稳定器作用。

三、政策性金融机构的基本业务

（一）负债业务

政策性金融机构主要依托国家信用支持，通过发行债券等获得资金。负债业务主要有同业及其他金融机构存放款项、向政府和其他金融机构借款、应付债券等。应付债券是政策性金融机构负债最主要的组成部分。

（二）资产业务

政策性金融机构的资产业务主要包括现金资产、金融投资、贷款业务。从投资领域来看，政策性金融机构贷款发放的领域是市场经济无法发挥作用或作用微弱的领域。服务对象主要是国有大中型企业、农民及其他需要帮扶的群体。从投资期限来看，政策性金融机构投资的项目期限较长。从利率价格来看，政策性金融机构符合一般金融机构运行规律，按照"保本微利"的经营原则，在职能范围内提供更广泛全面的信贷支持。从经营原则来看，政策性金融机构在一般商业性金融机构强调的"三性"（流动性、盈利性和安全性）的基础上，还要强调政策性，体现对政府政策的贯彻执行。从贷款方式来看，部分政策性金融机构采用间接贷款的方式，通过商业性金融机构向最终借款人发放贷款。

第五节　农村金融机构

我国是农业大国，重农固本是安民之基、治国之要。农村金融是实现我国乡村振兴的关键，也是我国农业供给侧结构性改革发展战略的重要驱动因素。

一、农村金融机构存在的理论基础

发展中国家普遍存在着迅速发展的工业部门和较为落后的农业部门这种"二元经济"结构。"二元经济"结构产生了农村金融抑制现象。主要表现为：长期的低利率政策导致货币资金的供求关系扭曲；政府对农村资金自由融通进行管制；城市工业通过低成本获取农村金融市场资金；金融供给不能有效覆盖农村资金需求。为此，学者们提出了农村金融机构相关的理论。

（一）农业信贷补贴理论

农业信贷补贴理论的基本前提是：（1）农村居民储蓄水平较低，资本积累不足；（2）农业具有投资规模大、周期长、收益低、风险高等特点，很难成为普通商业银行的服务对象。

该理论认为政府应该在农村金融市场中发挥绝对主导作用。首先，为了促进农业生产，政府有必要提供专项贷款由外部注入资金干预农村金融市场；其次，为了缩小农业与其他产业的差距，农业的融资利率必须要较其他产业低，二者的差距由政府补贴；最后，由于金融机构在农村开展业务成本较高、风险较大，应该对农村金融机构进行保护。

农业信贷补贴理论是一种信贷供给先行的农村金融发展战略。在这种理论的实践中，各国建立起由政府主导的农村金融机构，特别是专业的农村信贷中介。考虑到非正规金融机构的高利贷特征，政府会取缔民间金融机构，并运用政策性金融机构的低利率贷款，为农村注入低息的外部政策性资金，挤出民间金融机构。但仅在实践中依赖农业信贷补贴理论可能导致储蓄能力不足、过分依赖外部资金、不能有效覆盖所有农户等问题，使得农村信贷机构缺乏市场活力。

（二）农村金融市场理论

农村金融市场理论的基本前提有：（1）农村居民具有储蓄能力，没有必要从外部向农村注入资金；（2）人为压低利率会妨碍农村居民向农村金融机构存款，阻碍农村资本的形成；（3）资金运用的外部依存度高是贷款回收率低的重要原因；（4）农村资金有较高的风险费用，非正规金融的高利率具有一定的合理性。

农村金融市场理论认为要依靠市场自发的调节机制，使得农村金融机构获得可持续发展。其政策主张为：（1）农村金融机构的重要功能就是充当农村金融市场内部的金融中介，最主要的是动员储蓄的功能；（2）为了实现动员储蓄的功能、平衡资金供求关系，利率必须市场化，且实际利率不能为负；（3）农村金融发展是否成功，应该根据农村金融机构经营的自立性和可持续性水平来衡量；（4）没有必要实行专项特定目标的贷款制度；（5）农村非正规金融机构具有一定的合理性，应当积极引导，与农村正规金融机构并存发展。

但是，农村金融市场理论在广大发展中国家的实践中难以生效。首先，该理论研究的对象是私有制经济较为完善的市场经济国家，而农村金融市场理论的基本前提是很多发展中国家不具备的；其次，农村金融市场的不完全性和昂贵的信息成本在发展中国家表现得尤为突出，导致信息失灵和金融体系动荡；最后，发展中国家普遍存在法规制度不健全、征信体系缺失、信用环境不完善等情况，一味地取消政府管制可能造成农村金融市场的失序和不稳定。

（三）不完全竞争市场理论

不完全竞争市场理论认为：农村金融市场是不完全竞争的市场，借贷双方存在着信息不对称现象，仅仅依靠市场发展，很难培育出有效的农村金融市场。

在不完全竞争市场理论下，培育稳定的、有效率的农村金融市场，仍然需要必要的、合理的政府干预。该理论既基本肯定了市场机制的重要性，也注重适度的政府矫正市场失灵的作用。尤其是发展中国家的农村金融市场，具有更为严重的信息不对称和市场分割的情形，政府的适度干预非常必要。

该理论主要政策主张有以下六点。（1）在金融市场发育到一定程度之前，相比利率自由化，更应当注意将实际存款利率保持在正数范围，同时抑制存贷款利率的增长。若产生信用配给不足等问题，可由政府在不损害金融机构储蓄动员能力的基础上从外部供应资金。（2）在不损害商业银行基本利润的范围内，政策性金融（面对特定部门的低息融资）是有效的。（3）应鼓励并利用借款人联保小组及组织借款人互助合作形式，以避免农村金融市场存在的不完全信息导致的贷款回收率低下问题。（4）担保融资、使用权担保及互助储金会等办法是有效的，可以改善信息的非对称性。（5）应给予金融机构一定的特殊政策，如限制新参与者等保护措施。（6）政府对非正规金融市场应进行引导。该理论具有很强的操作性和现实层面的针对性，包括我国在内的许多发展中国家都采取了这一理论。

二、中国农村金融机构实践与创新

（一）农村金融机构的普惠性与广覆盖性

农村金融机构是农村金融体系的主要组成部分，是金融助力乡村全面振兴、城乡融合发展以及实现共同富裕的主力军，也是在农村践行金融工作政治性、人民性的重要力量。农村金融机构80%以上的人力、物力、财力配置在"三农"领域，营业网点覆盖所有乡镇，运用金融科技等手段将基础金融延伸至行政村，基本实现"日常金融不出户、基础金融不出村、综合金融不出乡（镇）"的普惠金融工作目标，在提升金融服务可得性和覆盖面、服务民生等方面发挥了重要作用。在资金投放上聚焦支农支小市场定位，是农户小额信用贷款、脱贫人口小额信用贷款、助学贷款以及各类农业市场主体生产经营贷款的主要投放机构，是支持"三农"事业发展不可替代的金融力量。

（二）农村信贷市场抵押品创新

我国农村土地公有制及流转限制的特征，使得农村信贷市场抵押品不足。为此，我国从四方面入手拓展涉农信贷抵押物范围：一是推进农村承包土地经营权和集体经营性建设用地使用权抵押贷款；二是推进林权抵押贷款；三是创新其他涉农贷款抵质押方式；四是积极构建政策性全国农村担保体系。

（三）农村社会资本与合作性金融组织

农村合作性金融组织的设立将农村弥足珍贵的金融资源留在了农村。2006年后中国出现了大量农民自发建立的资金互助组织以及农民专业合作社。农民资金互助的快速发展是在中央政府连续出台相关政策的背景下出现的：2006年中央一号文件提出引导农户发展资金互助组织；2008年党的十七届三中全会提出，允许有条件的农民专业合作社开展信用合作；2010年到2017年的中央一号文件相继提出，支持和规范农民专业合作社开展信用合作，其中2014年中央一号文件提出坚持社员制、封闭性原则，在不对外吸储放贷、不支付固定回报的前提下，推动社区性农村资金互助组织发展。

（四）中国粮食安全与农业保险

在中国人地关系紧张的大背景下，我国粮食安全被放在最重要的位置。在国内粮食生产的保障措施方面，农业保险发挥了重要作用。2006年的《国务院关于保险业改革发展的若干意见》提出建立政策性农业保险与财政补助相结合的农业风险防范与救助机制，探索建立中央、地方财政支持的农业再保险体系。2021年12月，财政部修订出台了《中央财政农业保险保费补贴管理办法》，由财政部依托中国农业再保险股份有限公司建设全国农业保险数据信息系统，对接承保机构农业保险核心业务系统，不断夯实农业保险高质量发展基础。

 重要概念

　　商业银行　逆向选择　道德风险　资本充足率　商业银行经营原则
信用风险　利率风险　政策性金融机构　农村金融机构

本章小结

1. 金融机构按是否能吸收公众存款，可分为存款性金融机构和非存款性金融机构。

2. 商业银行存在的经济学逻辑在于降低交易成本、缓解信息不对称以及流动性保险。

3. 商业银行的基本业务包括资本金业务、负债业务、资产业务、表外业务。

4. 商业银行经营原则包括政治性原则、人民性原则、安全性原则、流动性原则和盈利性原则。

5. 中国其他金融机构主要包括银行业非存款类金融机构、证券业金融机构、保险业金融机构三类。

6. 政策性金融机构，是指由政府创立或控股，符合国家信用保障和专门法律规范，在特定的业务领域内，直接从事政策性融资活动的非营利性公共金融机构。

思考题

1. 金融科技的出现对银行机构的本质功能产生什么冲击？银行的哪些功能会被金融科技改变？

2. 有观点认为互联网金融将取代传统商业银行，也有观点认为金融市场和其他非银行金融机构会取代商业银行。请问从商业银行存在的经济学逻辑出发，如何分析这些观点？

3. 我国政策性金融机构有何独特性？与商业银行之间是什么关系？

4. 国际金融危机后，国外影子银行机构的占比又快速恢复到危机前的水平，请问这背后的理论逻辑是什么？我国影子银行与国外相比，有何特殊性？

5. 我国农村金融市场有什么特点？农村金融机构如何服务乡村振兴？

即测即评

第七章 金融市场

健全投资和融资相协调的资本市场功能，防风险、强监管，促进资本市场健康稳定发展。

——《中共中央关于进一步全面深化改革 推进中国式现代化的决定》，人民出版社 2024 年版，第 20 页。

➡ 学习目的和要求

掌握金融市场的基本分类和主要作用；掌握我国货币市场种类与特征；了解我国资本市场种类与特征；理解我国衍生品市场种类与特征；理解我国金融市场各类创新实践；增强对中国特色社会主义市场经济的认识，提升对我国发展壮大金融市场的理论自信。

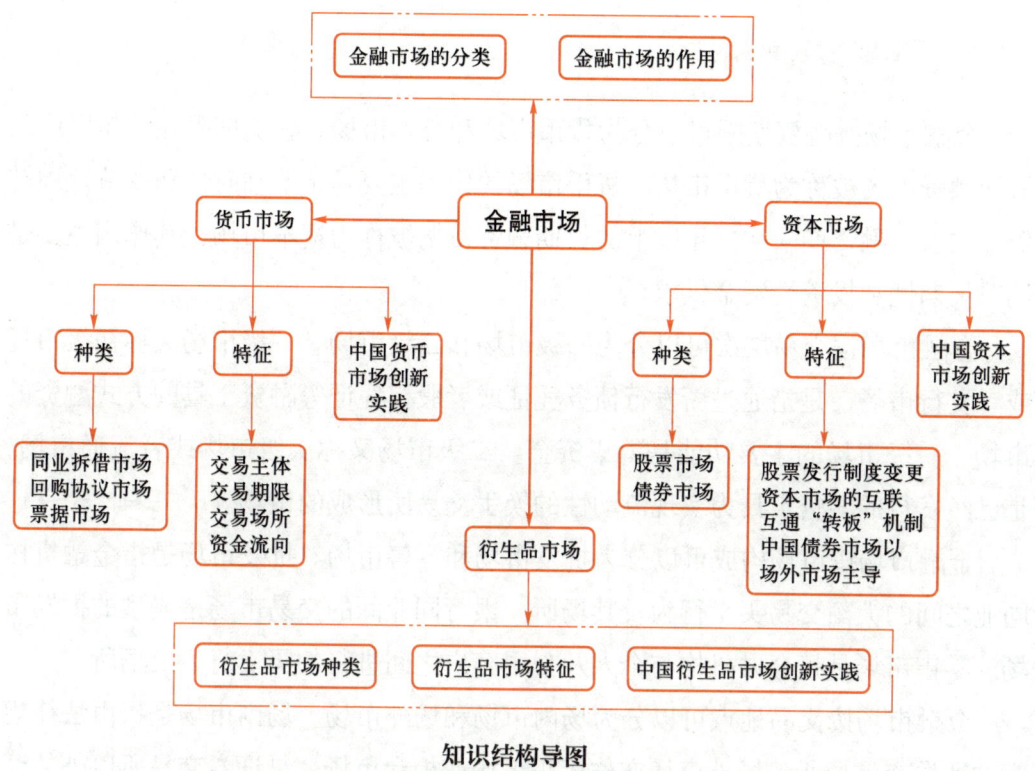

知识结构导图

金融市场是资金供应者和资金需求者双方通过金融工具进行交易而融通资金的市场，是实现资产有效定价和资源有效配置的关键场所。建设高质量的金融市场尤其是资本市场，是构建"强大的国际金融中心"的基本保障，对于建设金融强国具有重要意义。本章将分析金融市场分类及其作用，并探讨我国货币市场、资本市场、衍生品市场的种类、特征及创新实践。

第一节　金融市场概述

金融市场是指提供资金融通和金融资产交易的场所或机制的总和。金融市场和金融机构共同构成了一国的金融体系，不同国家的金融体系结构存在差异，有的国家以金融市场为主导，有的国家以金融中介为主导。本节对金融市场进行分类，进而分析金融市场的作用。

一、金融市场的分类

金融市场按融资期限可以分为货币市场和资本市场。融资期限在一年以内的短期融资市场被称为货币市场。货币市场的作用主要是调节临时性和季节性周转资金供求。融资期限在一年以上的长期融资市场被称为资本市场，其作用主要是调节长期性和投资性资金供求。

金融市场按交易层次可以分为一级市场和二级市场。一级市场又称初级市场或者发行市场，是指通过新发行债务凭证或者股权凭证等融资工具的方式融资的市场。一级市场的主要功能是筹集资金。二级市场又称次级市场或者流通市场，是已经发行的融资工具为实现流动性的换手交易所形成的市场。

金融市场按市场构成可以分为批发市场和零售市场。批发市场是指金融机构同业之间的大额交易买卖行为及其场所。银行同业间的交易市场是典型的批发市场。零售市场是指金融机构与个人及公司客户之间进行的买卖行为及场所。

金融市场按交易地点可以分为场内市场和场外市场。场内市场是指由法律规定的证券交易场所。场外市场亦称店头市场或柜台市场，是证券交易所以外的证券交易市场。

金融市场按交割时间可以分为现货市场和期货市场。现货市场是指现金交易市场，一般而言，在现货市场中成交和交割同时发生。期货市场指成交之后到交易双方规定的期限时再进行交割的市场。期货产品不仅仅是实物商品，也可能是虚拟的指数或价格。

金融市场按交易对象权属可以分为债权市场和股权市场。由债务工具交易形成的市场称为债权市场。债务工具本质是一种契约型合同，规定未来债务人向债权人支付利息和本金的方式。股权市场是交易股权凭证的市场。股权凭证的本质是对公司或者项目的所有权以及在此基础上获得的与股份相对应的利益分配权利。股权市场一般都是长期金融市场。

二、金融市场的作用

2023 年中央金融工作会议指出，要着力打造现代金融机构和市场体系，疏通资金进入实体经济的渠道。金融市场通过资源优化配置、信息生产传递、金融风险分担、宏观经济调节等作用赋能经济高质量发展。

（一）资源优化配置

金融市场是金融体系实现金融资源优化配置的重要机制，主要表现为价格机制、储蓄投资转化机制、监督和激励机制。

第一，金融市场主要通过价格机制实现资源配置，价格即为金融交易的有效融资成本。当金融交易的主要特征能够从融资成本中反映出来的时候，市场机制就能发挥最佳效用。从交易的成本和收益权衡的角度来看，市场可以通过交易标准化实现规模经济，降低金融交易成本。

第二，多元化的金融工具推动储蓄向投资转化。金融市场为参与者提供了有效的交易机制和丰富的交易品种。金融市场可以通过金融工具的发行和流通、金融中介的信用创造和风险管理，实现居民财富从储蓄向投资的转化，通过定价机制连接未来现金流的社会预期与微观经济体的投资偏好。

第三，有效的监督和激励机制。作为投资者的股东有两种监控公司的方式。一是主动型监控，即股东"以手投票"。股东参加股东大会，对管理层构成直接约束。二是被动型监控，即股东"以脚投票"。如果股东对公司管理层行为不满意，可以卖出股票。因此，证券市场提供了一种激励公司管理层的有效手段。

（二）信息生产传递

金融市场的信息生产传递是指金融市场作为信息平台，将信息整合以实现对不同领域的交易者之间的信息共享。金融市场的信息传递功能有以下两层含义。

第一，在微观层面，信息的传导主要表现为价格发现。金融市场的价格发现功能依存于市场流动性和市场效率。市场流动性可以使信息尽快反映到价格中，从而提高市场效率。市场效率包括配置效率和运作效率。配置效率意味着相同风险的资产可以获得相同的预期回报率；运作效率是指金融市场能够以可能的最低成本提供金融服务。

第二，在宏观层面，金融市场信息是国民经济的晴雨表。金融市场能够综合反映国民经济的各个维度，为观察和监测经济运行提供直观的指标。例如：根据金融市场的价格变化，市场参与者调整优化自己的投资行为决策；金融监管部门和货币当局以此实现货币政策调整或者市场监管的意图。

证券市场提供或传递信息是以证券市场的有效性为前提的。但是信息生产过程中还面临两个问题：一是信息的公共产品属性和"搭便车"问题导致信息的供给不足；二是信息质量不易辨别导致信息市场上好信息不足，坏信息充斥。但是，金融中介根据收集和处理的信息，买入和持有贷款或证券类型的资产，可以缓解上述问题。

（三）金融风险分担

金融市场的一个重要功能就是金融风险分担。金融市场分散与转移风险的功能本质是将风险与收益在不同风险偏好的投资者中传递和转移，从而创造市场的流动性，最终满足实体经济融资和管理风险的需求。金融市场可以为投资者提供以下两个方面的风险管理功能。

一是风险定价。所谓风险定价是依据金融学原理所确定的风险预期回报。现代金融理论能运用各种定价方法对其进行合理、科学的风险定价。科学合理的风险定价是金融市场风险分担和转移的前提和基础。正因为如此，定价理论（如资本资产定价模型、套利定价模型和期权定价模型）才得以成为现代金融理论的基础之一。

二是分散风险。在有效的金融市场上，投资者可以方便地构造风险最小的最优风险组合，以有效降低风险。金融市场的发展促使居民金融资产多样化和风险分散化。金融市场还可以为企业提供风险对冲工具。

（四）宏观经济调节

一是提供调控渠道。金融市场为宏观政策调节提供重要场所和渠道。间接金融调控体系必须依靠发达的金融市场传递中央银行的政策信号。货币政策调控方面，中央银行通过在金融市场上买卖国债、央行票据等有价证券，调节市场上的货币供应量。财政政策调控方面，政府通过金融市场发行国债来筹集资金，用于基础设施建设、社会保障等公共支出，刺激经济增长。

二是助力产业转型。金融市场能有效促进创新资本形成，助力产业转型升级。资本市场丰富的工具、产品和服务能够满足培育壮大新兴产业的投融资需求。金融市场通过发行承销、并购重组、股权激励、交易等机制，发展壮大耐心资本，促进"科技—产业—金融"良性循环，更好服务科技创新和新质生产力发展。

第二节 货 币 市 场

我国货币市场是一个交易频繁、规模庞大的短期融资市场，也是一个不断发展、日渐成熟的交易市场。本节从我国货币市场的种类与特征出发，对我国货币市场的创新实践进行深入探讨。

一、货币市场种类

货币市场是交易期限在一年以内（包含一年）的短期金融工具所形成的金融市场。货币市场有狭义和广义之分。狭义的货币市场是指通过制度化的交易设计或者标准化的短期金融工具交易所形成的资金融通市场；广义的货币市场还包括银行短期借贷市场。狭义的货币市场按照交易工具种类可分为：同业拆借市场、回购协议市场、票据市场、短期国债市场、大额可转让定期存单市场、外汇市场、短期债券市场、货币基金市场等。下面仅介绍前三种狭义的货币市场。

（一）同业拆借市场

同业拆借市场又称同业拆放市场，是金融机构之间以货币借贷方式进行的无担保短期资金融通活动的市场。同业拆借的资金主要用于弥补银行短期资金的不足、票据清算的差额以及解决临时性资金短缺需要。人民币同业拆借及债券交易的清算提示服务由中国外汇交易中心（全国银行间同业拆借中心）提供。

中国货币市场
演进：银行间
同业拆借市场

（二）回购协议市场

回购协议市场是指通过回购协议进行短期资金融通交易的场所。我国的回购协议市场交易一般分为国债回购、债券回购、证券回购、质押式回购等。

目前我国债券回购市场由银行间债券回购市场和上海、深圳、北京证券交易所市场组成。就期限品种而言，在银行间债券回购市场上，质押式回购的期限为1天到365天，买断式回购的期限为1天到91天。银行间债券回购市场采用询价方式交易。债券回购期限由交易双方协商确定，可以是一天到一年间的任意天数。交易所债券市场采用撮合交易，债券回购期限是标准化的。

（三）票据市场

票据是指出票人依法签发的，约定自己或委托付款人在见票时或指定的日期，向收款人或持票人无条件支付一定金额，并可以流通转让的有价证券。票据市场是短期资金融通的重要场所。

根据《中华人民共和国票据法》，我国的票据有汇票、本票和支票。汇票可以分为银行汇票和商业汇票，其中商业汇票又分为银行承兑汇票和商业承兑汇票。本票是指银行本票，我国无商业本票。银行汇票、支票仅仅是一种支付手段，不具备融资功能，也就不具备买卖功能。货币市场中的票据市场一般指商业汇票的签发、承兑、贴现、转贴现和再贴现所形成的资金融通市场。

二、货币市场特征

一般而言，货币市场具有交易期限短、流动性好、交易品种丰富等基本特征，下面从四个方面介绍中国货币市场的特征。

（一）交易主体

货币市场的交易主体结构日趋多元化，主要包括银行类金融机构、非银行金融机构、中央银行、政府部门、企业与个人投资者。以我国同业拆借市场为例，其参与主体主要包括：政策性银行、中资商业银行、外商独资银行、中外合资银行、城市信用合作社、农村信用合作社县级联合社、企业集团财务公司、信托公司、金融资产管理公司、金融租赁公司、汽车金融公司、证券公司、保险公司、保险资产管理公司以及中国人民银行确定的其他金融机构。

我国货币市场中的银行间市场参与主体早期主要是商业银行，随着中国同业拆借市场的管理改革，同业拆借市场参与主体的结构日趋多元化。根据全国银行间同业拆借中心数据显示，我国同业拆借市场成员总数从 2011 年的 892 家增长到 2025 年 7 月的 2 450 家，农村商业与合作银行的成员比例从 11% 上升到 50% 以上，而民营银行、消费金融公司等从无到有，金融机构类型进一步扩展。

（二）交易期限

货币市场的交易期限较短，一般在一年以内。货币市场侧重于弥补头寸和流动性不足，属于经常性资金流转的调剂活动范畴。从交易期限结构来看，1999 年之前隔夜和 7 天之内的拆借和回购所占的份额都不高（低于 50%）。全国银行间同业拆借中心数据显示，从 2000 年开始，交易期限呈现短期化趋势，隔夜与 7 天之内的拆借和回购占比大幅提升。2024 年上半年，从期限结构看，质押式回购 7 天以内成交量占比 96.4%，其中隔夜期限占比 85%。

（三）交易场所

中国货币市场交易场所主要有三个：一是银行间交易市场；二是上海证券交易所、深圳证券交易所和北京证券交易所；三是上海票据交易所。我国银行间市场采取自主询价、逐笔成交的场外交易模式。交易所市场主要面向中小投资者，其交易方式适合小额交易。从交易结构来看（见图7-1），我国银行间交易市场从2001年开始就占据了主体地位（超过了50%），2023年其所占的比重超过了80%。相对而言，交易所市场所占的比重则波动很大，呈现出"先降后升"的变化态势。

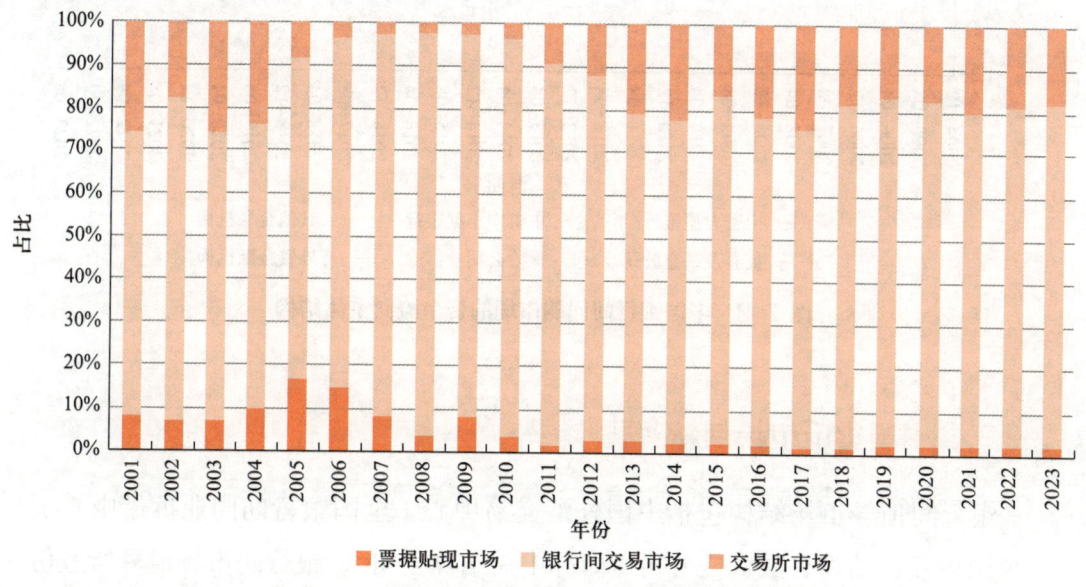

图7-1 中国货币市场产品交易所分布结构变化

（四）资金流向

货币市场资金流向可以反映不同金融机构间的短期资金盈余情况。整体来看，中国货币市场的资金流向基本上呈现"单向"特征，也就是资金总是从大型商业银行向其他机构流动。

如图7-2所示，中资大型银行牢牢占据着融出资金的绝对主体地位（多数年份甚至是唯一融出方），而其他金融机构、中资中小型银行、证券及基金公司等为主要融资主体。

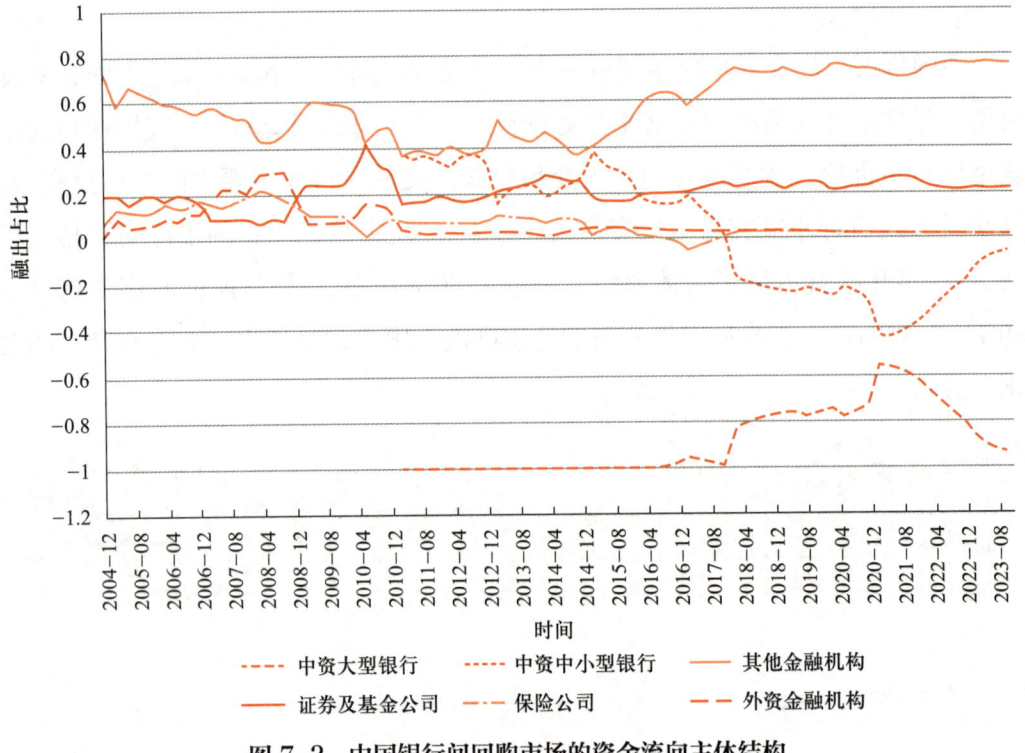

图 7-2　中国银行间回购市场的资金流向主体结构

三、中国货币市场创新实践

银行间债券市场结构包括中国外汇交易中心（全国银行间同业拆借中心）、中央国债登记结算有限责任公司（简称中央结算公司）、银行间市场清算所股份有限公司（简称上海清算所）。中国外汇交易中心承担交易功能。中央结算公司和上海清算所承担托管功能。商业银行、农村信用联社、保险公司、证券公司等金融机构进行债券买卖和回购。

（一）交易产品创新

信用债券产品方面，我国 2005 年 5 月推出了非金融企业的短期融资券。2010 年 12 月超短期融资券（SCP）首次在银行间市场挂牌交易。资产证券化产品方面，2005 年，信贷资产证券化试点率先在银行间债券市场进行。衍生品方面，2007 年推出远期利率协议，2010 年推出信用风险缓释合约和信用风险缓释凭证等信用衍生产品，2016 年 9 月推出信用违约互换和信用联结票据。2024 年推出买断式回购多券业务，单笔交易可支持多种债券作为质押品。

（二）交易方式创新

为了实现回购债券的二次利用，提高市场流动性，2004 年推出了买断式回购；为了满足市场参与者降低结算风险、实现投资策略多元化以及增加债券投资盈利渠道等多方面的需求，2006 年推出了债券借贷；为了进一步完善债券发行定价机制，打通债券一、二级市场，2014 年出台了《全国银行间债券市场债券预发行业务管理办法》，并于 2016 年开展了首笔交易。2022 年中国外汇交易中心推出集团内会员协商交易功能，支持同一金融机构的会员通过逐笔协商或批量上传达成人民币外汇交易。

（三）交易制度创新

一是建立了注册制发行审核制度。我国企业信用类债券的发行一直实行严格的审批制。2005 年，银行间债券市场推出短期融资券，并在发行审批上进行制度创新，率先建立发行备案制度（注册制）。二是建立银行间债券市场的行业自律组织。2007 年 9 月，中国银行间市场交易商协会成立，负责自律管理、开展市场创新、服务市场成员等事宜。

第三节　资 本 市 场

资本市场在金融运行中具有牵一发而动全身的作用。2023 年中央金融工作会议指出，要优化融资结构，更好发挥资本市场枢纽功能。《中共中央关于进一步全面深化改革　推进中国式现代化的决定》明确提出要发展多元股权融资，加快多层次债券市场发展，提高直接融资比重。金融强国建设也需要构建结构合理的金融市场体系，加快建立规范、透明、开放、有活力、有韧性的资本市场。要坚持把资本市场的一般规律同中国国情市情相结合，坚持和加强党的全面领导，坚持以人民为中心的价值取向，坚守资本市场工作的政治性、人民性，以完善资本市场基础制度为重点，更好地发挥资本市场的功能和作用，推进金融强国建设，服务中国式现代化大局。本节从中国资本市场的种类、特征、创新实践出发，对中国资本市场的演进事实与发展规律进行深入分析和探讨。

一、资本市场种类

资本市场是由交易期限在一年以上的长期金融工具所形成的金融市场，为一年以上资本性融资产品提供发行和交易服务。资本市场包括股票市场、债券市场、中长期资金借贷市场等。其中，股票市场和债券市场属于资本市场中最重要的两个市场。在建设现代化产业体系的过程中，资本市场具有独特的优势，满足不同的投融资主体对金融服务的多元化需求，并提升对科技创新和战略性新兴产业的支持力度。

资本市场"国九条"升级版，值得关注的九大看点

（一）股票市场

中国股票市场发展演进

股票市场是已经发行的股票转让、买卖和流通的场所，包括交易所市场和场外市场两大类别。交易所市场是股票流通市场最重要的组成部分，也是交易所会员、证券自营商或证券经纪人在证券市场内集中买卖上市股票的场所，是二级市场的主体。场外市场与交易所共同构成一个完整的证券交易市场体系。

1. 主板市场

主板市场和创业板市场属于交易所市场。主板市场对发行人的门槛较高，上市企业多为大型成熟企业。上海、深圳证券交易所是我国证券市场的主板市场。2021年4月，中小板正式并入主板市场。

2. 创业板和科创板市场

创业板市场也被称为二板市场，为暂时无法在主板市场（包括主板和中小板）上市的创业型企业提供融资途径和成长空间。创业板市场与主板市场相比，上市要求往往更加宽松。我国创业板市场于2009年10月在深交所启动，主要面向的是成长型创业企业，重点支持自主创新企业，特别是新兴产业的发展。

科创板市场是我国首个实行注册制的场内市场。科创板的上市条件更注重企业科技创新能力，允许符合科创板定位、尚未盈利或存在累计未弥补亏损的企业在科创板上市。科创板的发行制度设计创新有以下两点。（1）上市标准多元化，股权设置灵活。科创板上市标准包括"市值＋净利润＋收入""市值＋收入＋研发投入""市值＋收入＋现金流""市值＋收入""市值＋优势"五套差异化上市指标，科创板还允许特殊股权结构企业和红筹企业上市。（2）发行审核注册制。

在注册制试点过程中，股票发行的价格、规模、节奏主要通过市场化的方式，由发行人、保荐人等市场参与主体通过询价、定价、配售等市场机制加以确定，监管部门不设任何行政限制。

3. 新三板精选层市场（北交所承接）

2020 年新三板市场在基础层和创新层的基础上又推出第三层——精选层。2021 年 7 月上交所和深交所均发布了新三板精选层挂牌公司转板上市配套业务规则，开启从新三板精选层转板到上交所、深交所的通道。2021 年 9 月，北京证券交易所成立。通过

北交所设立是我国多层次资本市场体系的重大改革

组建北京证券交易所整体承接新三板精选层，将精选层现有挂牌公司全部转化为北交所上市公司，新增上市公司由符合条件的创新层挂牌公司产生。

4. 场外资本市场

场外资本市场主要包括全国中小企业股份转让系统、区域性股权交易市场、券商柜台市场、机构间私募产品报价与服务系统、私募基金市场等。

全国中小企业股份转让系统即新三板市场。新三板市场起源于 2001 年"股权代办转让系统"，为了改变中国资本市场柜台交易不够活跃的局面，同时也为了给更多的高科技成长型企业提供股份流动的机会，2012 年 9 月正式注册成立全国中小企业股份转让系统（简称全国股份转让系统）。2016 年新三板市场被分层成基础层和创新层两个部分。

区域性股权交易市场即四板市场，是为特定区域内的企业提供股权、债权转让和融资服务的私募市场。四板市场可以促进中小微企业股权交易和融资，鼓励科技创新和民间资本进入。区域性股权交易市场原则上不得跨区域设立营业性分支机构，不得接受跨区域公司挂牌。

券商柜台市场是指证券公司为投资人或特定交易对手提供交易所之外的投融资交易市场。

机构间私募产品报价与服务系统是指为市场参与人提供私募产品报价、发行、转让及互联互通、登记结算、信息服务的市场。

私募基金市场是指为合格投资者进行私募基金交易提供服务的市场。

（二）债券市场

债券市场是债券发行和交易的场所，是金融市场重要的组成部分，也是一国中央银行货币政策传导的重要载体。2023 年中央金融工作会议明确指出要促进

债券市场高质量发展。债券市场的健康发展，有利于稳定整个金融体系，降低金融风险，有利于丰富投资者的投资渠道和风险规避手段，也有助于金融市场基准利率的形成。

我国债券市场交易品种丰富，已经建立了完善的市场架构，包括国债、地方政府债、中央银行票据、企业债、公司债、短期融资券、中期票据、企业资产支持证券、中小企业集合票据、私募债等种类。

我国债券品种创新见表 7-1。

表 7-1　债券品种创新

年份	政府信用债券	金融债	企业信用债
1981	实物国债（国库券）		
1984			企业债
1985		特种贷款金融债	
1986		大额可转让定期存单	
1989			短期融资券
1992			城投债
1994	凭证式国债	政策性金融债（摊派发行）	
1996	贴现国债；中央银行融资券	特种金融债	
1998		政策性金融债（市场化招标发行）	
2000			以一年期定存为基准的浮动利率企业债
2001		非银行金融机构债	
2002	中央银行票据；商业银行柜台发行的记账式国债		
2003		境内美元债	中小企业集合债

续表

年份	政府信用债券	金融债	企业信用债
2004	凭证式国债（电子记账）	商业银行次级债；证券公司短期融资券；以 7 天回购利率为基准的浮动利率金融债	
2005		商业银行普通债；国际机构债（熊猫债）	信贷资产支持证券；企业资产支持证券
2006	储蓄国债（电子式）		可转债
2007	特别国债	以 Shibor 为基准的浮动利率金融债	公司债；以 Shibor 为基准的浮动利率企业债、短期融资券
2008			可交换债；中期票据
2009	地方政府债		中小企业集合票据
2010	政府支持机构债		企业资产支持票据
2011			非公开定向债务融资工具
2012			中小企业私募债
2013		同业存单	可续期债券
2014		证券公司短期公司债券；保险公司次级债；"三农"专项金融债	永续中期票据；项目收益债；项目收益票据
2015			战略性新兴产业专项债；养老产业专项债；双创孵化专项债；配电网建设改造专项债
2016	凭证式国债更名为储蓄国债（凭证式）	SDR 债券；绿色金融债	社会效应债券；绿色企业债
2020	抗疫特别国债	证券公司次级债	疫情防控债券
2024	超长期国债		
2025			科技创新债券

二、资本市场特征

（一）股票发行制度变更

我国的股票发行制度经历了审批制、核准制和注册制三个阶段。具体而言，审批制包括"额度管理"和"指标管理"两个阶段，核准制包括"通道制"和"保荐制"两个阶段，注册制则正处于探索与推广阶段。

2023 年中央金融工作会议进一步指出要推动股票发行注册制走深走实，发展多元化股权融资，大力提高上市公司质量，培育一流投资银行和投资机构。审批制、核准制和注册制具体的区别如表 7-2 所示，其中注册制是一种不同于审批制、核准制的证券发行监管制度，它的特点是以信息披露为中心，投资者可以获得必要的信息对证券价值进行判断并作出投资决策，中国证监会不作实质性判断。

表 7-2　审批制、核准制和注册制的区别

内容	审批制	核准制	注册制
发行指标和额度	有	无	无
发行上市标准	有	有	有
主要推荐人	政府或行业主管部门	中介机构	中介机构
对发行作实质判断的主体	中国证监会	证券交易所、中介机构、中国证监会	证券交易所、中介机构
发行监管性质	中国证监会实质性审核	证券交易所、中介机构和中国证监会分担实质性审核职责	证券交易所和中介机构实质审核、中国证监会形式审核

（二）资本市场的互联互通"转板"机制

我国主板市场、创业板市场、科创板市场、新三板市场以及区域性股权交易市场之间通过"转板"机制，实现"能上能下、能进能出"的互联互通。

如图 7-3 所示，以新三板的挂牌公司为例，"能上"是指该公司可以向上转板到北交所、上交所的科创板和深交所的创业板。"能下"是指上交所和深交所

的公司如果不再符合条件可以向下转板到新三板或者区域性股权交易市场进行挂牌。"能进能出"是指新三板市场通过"基础层—创新层—精选层"的分层结构，可以使得挂牌公司在不同层次之间进行转换。

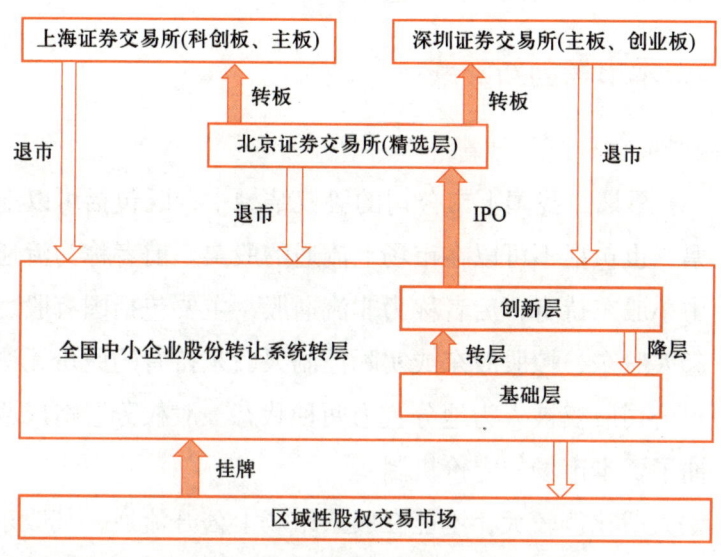

图 7-3　多层次资本市场的互联互通

（三）中国债券市场以场外市场为主导

我国的债券市场由银行间债券市场、交易所债券市场和银行柜台债券市场三个部分组成。其中银行间债券市场和银行柜台债券市场属于场外市场，交易所债券市场属于场内市场。这三个市场各有侧重，在规模、交易品种、机制、投资者类型及市场监管部门上均有不同。

银行间债券市场规模最大，成交最活跃，交易主体丰富，包括各种境内外的金融机构。在品种上除了交易所的债券种类外，还有短期融资券、中期票据、区域集优中小企业集合票据、非公开定向债务工具、金融企业短期融资券、非金融企业资产支持票据、信贷资产支持证券、同业存单等债务工具。

银行柜台债券市场参与主体是银行开户的个人与企业。投资品种为记账式国债和政策性金融债，记账式国债柜台交易方式为现券交易。

交易所债券市场规模不大，交易主体为保险公司和证券公司，商业银行参与相对有限。交易所交易的品种为国债、地方债、政策性金融债、企业债、公司债、可转债和中小企业私募债等。

此外，场内市场和场外市场的托管结算机制与监管主体也不同。中央结算公司与上海清算所共同负责银行间债券市场债券品种的发行、托管和结算业务。中央结算公司是银行柜台市场的一级托管人和交易所托管国债的总托管人。中国结算则承接了上交所和深交所的登记结算业务。交易所债券市场由中国证监会监管，银行间债券市场由中国人民银行监管。

三、中国资本市场创新实践

（一）中国股权分置改革创新

以资本市场高质量发展驱动金融结构与实体经济的共生演进

早期，我国上市公司的股权结构中，既包括可以上市流通的股票，也包括不可以在市场上流通的股票。前者称为流通股，主要是中小股东持有；后者称为非流通股，主要包括国有股、法人股。发起人股东、控股股东或实际控制人股东持有的股份无法流通，这使得公司股权被人为地分置为两种状态。股权分置造成股价分置，扭曲了资本市场的定价机制。

国有股、法人股比例较大，不能在股票市场上公开流通，其股东的股价收益权无法实现，他们不重视股票在二级市场的价格表现，而流通股股东则更加关注股票的价格。流通股股东和非流通股股东出现了利益分置。

在此背景下，我国开始尝试推动股权分置改革的实行。2005 年 4 月，经国务院批准，中国证监会发布了《关于上市公司股权分置改革试点有关问题的通知》，确立了"市场稳定发展、规则公平统一、方案协商选择、流通股东表决、实施分步有序"的操作原则，标志着以构建共同利益机制和矫正残缺的激励机制为目的的股权分置改革正式启动。2005 年 8 月，中国证监会、国资委、财政部、中国人民银行、商务部联合发布《关于上市公司股权分置改革的指导意见》；2005 年 9 月，中国证监会发布《上市公司股权分置改革管理办法》，我国的股权分置改革进入全面铺开阶段。

至 2007 年年初，已有 98% 的上市公司完成了股权分置改革。在股权分置改革之前，我国 A 股市场中非流通股占比在六成以上，随着股权分置改革的完成，流通股数开始逐渐增多，如图 7-4 所示。

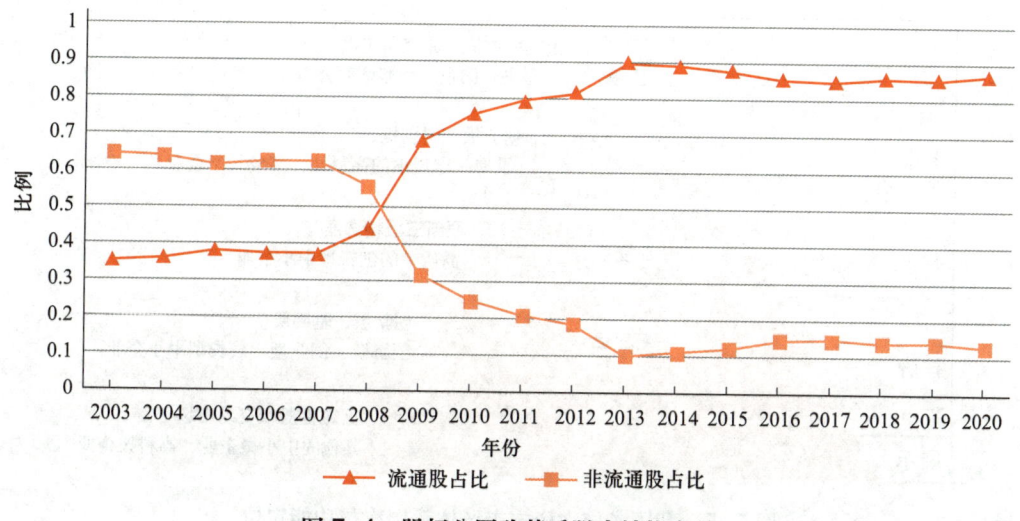

图 7-4　股权分置改革后股本结构变化

股权分置试点方案是我国证券市场制度的一大创举，具有划时代的意义。首先，股改后，我国沪深上市公司原国有股、法人股与公众股的股价分置和利益分置问题已不复存在，这有助于市场的长期健康发展。其次，股改实现了原国有股、法人股、公众股的价格并轨，并统一按市场机制定价，为股票价格真实反映公司的价值创造了市场化的条件。最后，保护投资者特别是公众投资者合法权益的原则使得改革试点的成功成为可能，这将提高投资者信心，使我国证券市场摆脱困境，避免被边缘化。

股权分置改革的成功极大地提高了上市公司股票的流动性，使得资产定价有了更广泛的基础，为资本市场的发展提供了良好的制度发展基础。因此，股权分置改革是中国资本市场发展历史上划时代的革命，是资本市场制度规范化和法治化的重要转折点，标志着中国资本市场发展新阶段的开始。

（二）中国特色多层次资本市场体系

为了满足不同企业的融资需求和投资者的多元化投资需求，需要一个多层次的资本市场来提供差异化的金融产品。多层次资本市场的各层级之间并非是平行割裂的，而是既相互区分又彼此交错的不断演进的结构。

图 7-5 给出了我国多层次资本市场体系层次与功能定位。中国多层次资本市场开始于 20 世纪 90 年代，经过 30 多年的发展逐渐形成了由主板市场、二板市场、新三板和四板市场组成的金字塔型市场格局。中国多层次资本市场中各板块定位清晰，错位发展，为不同行业、不同成长周期的企业提供了融资平台。

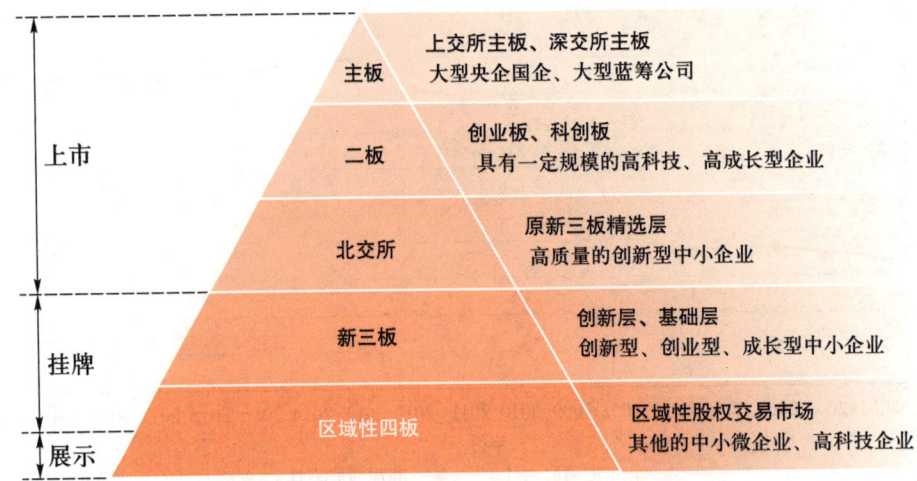

图 7-5　我国多层次资本市场体系层次与功能定位

注：2021 年 4 月 6 日中小板与深交所主板合并。"上市"对应着可以公开发行股票，故"上市"字眼只能由上市公司使用；"挂牌"字眼可以由新三板创新层和基础层的公司使用，也可以由四板市场的挂牌企业使用；"展示"字眼则为登陆四板市场展示板块的企业使用

　　1990 年成立的上海证券交易所主要面向大型蓝筹股企业，为国企或者行业的龙头等大型企业提供融资服务。2004 年成立的中小板主要服务中型稳定发展企业，包括高新技术企业和战略性新兴企业等，目前已并入主板市场。2009 年成立的创业板主要服务科技成长型企业，创业板为高新技术型、创新型、成长型的中小企业扩大了融资渠道。2013 年新三板正式运营，主要服务创新创业中小企业。2018 年，科创板成立，主要关注科技创新企业，重点扶持高新技术产业、战略性新兴产业及"互联网＋"产业。北京证券交易所于 2021 年成立后，原新三板精选层整体平移到北交所，为创新型、创业型和成长型中小微企业提供融资服务。我国多层次资本市场体系与服务内容如表 7-3 所示。

表 7-3　我国多层次资本市场体系与服务内容

中国多层次资本市场体系	场内市场	主板市场	上海证券交易所、深圳证券交易所主板市场，包括中小板市场。主板多为大型成熟企业
		创业板市场（二板市场）	2009 年启动于深交所，为具有高成长型的中小企业和高科技企业提供融资服务
		科创板市场	2019 年于上交所启动，为 3 类企业和 6 大领域的科技创新企业服务

续表

中国多层次资本市场体系	场内市场	新三板精选层市场	北京证券交易所于 2021 年成立后，原新三板精选层整体平移到北交所。为创新型、创业型和成长型中小微企业提供融资服务
	场外市场	全国中小企业股份转让系统（新三板市场）	2012 年成立，后分层为：基础层、创新层、精选层
		区域性股权交易市场（四板市场）	为其所在省级行政区内中小微企业证券非公开发行、转让及相关活动提供融资服务
		券商柜台市场	证券公司为投资人或特定交易对手提供交易所之外的投融资交易市场
		机构间私募产品报价与服务系统	为市场参与人提供私募产品报价、发行、转让及互联互通、登记结算、信息服务等服务
		私募基金市场	为合格投资者进行私募基金交易提供服务

第四节　衍生品市场

衍生品市场是金融市场的另一个重要组成部分。本节从中国衍生品市场的种类与特征出发，对中国衍生品市场的创新实践进行了深入分析和探讨。

一、衍生品市场种类

衍生品市场指提供衍生工具设计、发行和交易的市场。衍生品市场可以分为场内衍生品交易市场与场外衍生品交易市场两类。

（一）场内衍生品交易市场

1. 中国金融期货交易所

中国金融期货交易所（简称中金所）是经国务院同意，由中国证监会批准设立的，专门从事金融期货、期权等衍生品交易与结算的公司制交易所。中金所是中国首家以公司制为组织形式的交易所。中金所交易品种包括：沪深 300 股指期货、上证 50 指数期货、中证 500 指数期货、2 年期国债期货、5 年期国债期货、

10 年期国债期货等。

2. 大连商品交易所

大连商品交易所（简称大商所）成立于 1993 年 2 月，是经国务院批准并由中国证监会监督管理的五家期货交易所之一，也是中国东北地区唯一一家期货交易所。大商所是全球最大的油脂、塑料、煤炭、铁矿石和农产品期货市场。

3. 郑州商品交易所

郑州商品交易所（简称郑商所）成立于 1990 年 10 月，是经国务院批准成立的国内首家期货市场试点单位，由中国证监会管理。郑商所的小麦和棉花期货已纳入全球报价体系。"郑州价格"已成为全球小麦和棉花价格的重要指标。

4. 上海期货交易所

上海期货交易所（简称上期所）是受中国证监会集中统一监管的期货交易所，其宗旨是服务实体经济。根据公开、公平、公正和诚实信用的原则，上期所组织经中国证监会批准的期货交易。

5. 广州期货交易所

广州期货交易所（简称广期所）于 2021 年 4 月 19 日挂牌成立。2021 年 5 月，广期所两年期品种计划获中国证监会批准，明确将 16 个期货品种交由广期所研发上市，包括碳排放权、电力等事关国民经济基础领域和能源价格改革的重大战略品种。

（二）场外衍生品交易市场

我国场外衍生品交易市场主要包括银行间衍生品市场和机构间衍生品市场。银行间衍生品市场参与者主要是银行，同时包括券商、保险、基金等金融机构以及一些非法人组织。机构间衍生品市场可以分为银行柜台衍生品市场、证券公司场外衍生品市场、期货风险管理子公司衍生品市场等。除证券公司场外衍生品市场外，证券公司还会参与银行间市场的场外衍生品交易。下面重点介绍银行间衍生品市场与证券公司场外衍生品市场。

1. 银行间衍生品市场

银行间衍生品市场兴起最早，规模最大。我国银行间市场交易对象包括债券、外汇和衍生品等，中国银行间衍生品市场主要集中在中国外汇交易中心（全国银行间同业拆借中心）。该中心 2005 年 6 月推出债券远期交易；2005 年 8 月开展银行间远期外汇交易；2006 年 2 月开始人民币利率掉期交易，同年 4 月推出外汇掉期业务；2007 年 4 月推出利率互换交易；2011 年 7 月启动人民币对外币期权交易；2016年9月新增两类信用风险缓释工具衍生产品，信用违约互换和信用联结票据。中国银行间衍生品市场稳健发展，利率、汇率、信用、商品等衍生品市场规模均保持增长，市场结构保持稳定。

2. 证券公司场外衍生品市场

证券公司场外衍生品市场又被称为机构间私募产品报价与服务系统，是经过中国证监会批准设立的为机构投资者提供私募产品报价、发行、转让及相关服务的专业化电子平台。自2014年8月报价系统首只产品正式上线以来，证券公司场外衍生品市场的产品种类不断丰富，日均发行量和总规模也不断增长。

根据中国证监会规定，取得场外期权、互换业务资格的证券公司，可以在证券公司柜台开展衍生品业务。表7-4展示了2025年3—5月证券公司场外衍生品交易情况，从表中可以看出，场外期权的交易规模明显高于收益互换。

表7-4　2025年3、4、5月证券公司场外衍生品交易情况

业务类型	统计项	3月新开展	4月新开展	5月新开展
场外期权	成交名义本金/亿元	2 646.18	2 896.28	2 063.66
	成交笔数/笔	138 585	142 182	108 586
收益互换	成交名义本金/亿元	1 067.95	1 556.4	899.21
	成交笔数/笔	39 571	48 395	37 474
合计	成交名义本金/亿元	3 714.13	4 452.68	2 962.87
	成交笔数/笔	178 156	190 577	146 060

资料来源：中国期货市场监控中心。

二、衍生品市场特征

（一）场外衍生品市场形成三足鼎立格局

国内场外衍生品市场的发展由监管机构自上而下进行主导。不同监管体系下的子市场相互独立发展且采用不同的主协议体系，形成了中国银行间市场交易商协会体系下的银行间衍生品市场、中国证券业协会体系下的证券期货场外衍生品市场以及国际掉期与衍生工具协会体系下的外资机构柜台市场三大市场体系三足鼎立的市场格局。每个子市场之下又有多个主导机构或交易场所，共同组成了当

前我国相互交叉且复杂的场外衍生品市场体系。银行间衍生品市场通常是指在中国人民银行管辖范围内的中国场外衍生品市场，包括在中国人民银行认可的交易系统上达成的场外衍生品交易和在商业银行柜台开展的场外衍生品交易（见图 7-6）。

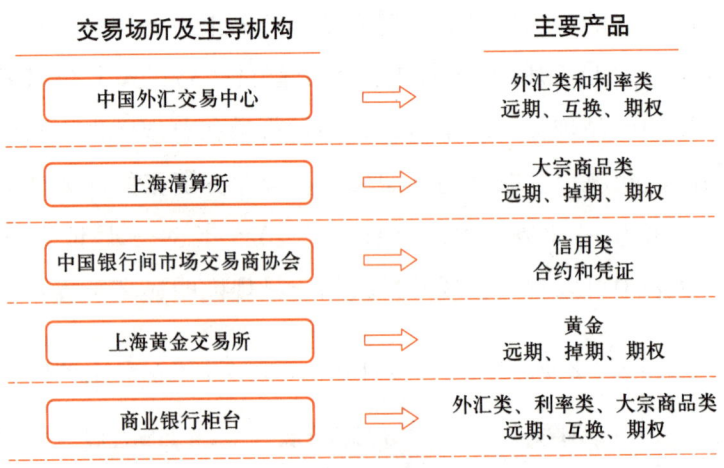

图 7-6　银行间市场交易场所及主导机构

证券期货场外衍生品市场通常是指在中国证监会管辖范围内，以证券期货经营机构为核心市场参与者的中国场外衍生品市场，交易的品种主要包括远期、互换、期权和信用保护工具，标的类型以权益类等为主（见图 7-7）。

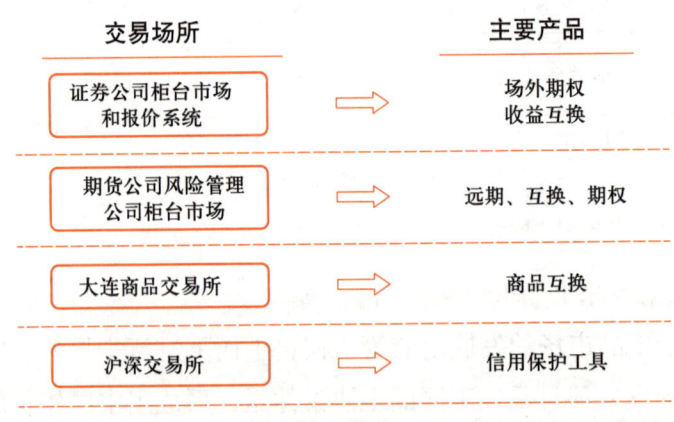

图 7-7　部分衍生品市场及其主要产品

（二）衍生品市场的高风险性

1. 高杠杆性特征

衍生品市场普遍采用保证金交易，与现货市场相比，我国衍生品市场存在高杠杆性的特征。衍生品交易时一般只需要客户缴纳少量的保证金即可签订大额合约或者交换衍生品。例如：中金所交易的沪深 300 股指期货合约的最低交易保证金为合约价值的 8%。郑商所交易的苹果期货合约的最低交易保证金为合约价值的 7%。

2. 高投机性特征

目前，我国期货市场中个体投资者比较多，个体投资者大多抱着盈利及投机的心理进入期货市场。在交易投资主体的构成中，风险对冲者占比相对较小，而风险投机者和套利者中又缺少主要机构投资人，导致我国期货交易的投机活动规模过大，经营风险增大。

（三）衍生品市场的高投资门槛

相对于证券投资基金、股票等金融产品，期货及相关衍生品市场的投资门槛较高。例如：创业板 ETF 期权的投资者申请开户前 20 个交易日，证券账户及资金账户内的资产日均不低于人民币 50 万元（不包括该投资者通过融资融券融入的资金和证券），投资者应在证券公司开户 6 个月以上并具备融资融券业务参与资格或者金融期货交易经历，或者在期货公司开户 6 个月以上并具有金融期货交易经历。

期货及其相关衍生品的 T + 0、杠杆交易等机制决定了该行业市场的风险较大，波动性较高。为保护中小投资者利益，中国证监会和期货交易所对衍生品投资者的资金量、风险承受能力提出了较高的要求，这些门槛一定程度上限制了投资者规模的快速扩张。

三、中国衍生品市场创新实践

（一）股指期货品种的创新实践

股指期货的主要功能包括以下三个方面。第一，风险规避功能。股指期货的风险规避是通过套期保值来实现的，投资者可以通过在股票市场和股指期货市场反向操作达到规避风险的目的。第二，价格发现功能。股指期货具有发现价格的功能，通过在公开、高效的期货市场中众多投资者的竞价，有利于形成更能反映股票真实价值的股票价格。第三，资产配置功能。股指期货采用保证金交易制度，交易成本很低，因此被机构投资者广泛用作资产配置的手段。

相较于成熟市场，我国沪深股市有一个明显的特点，市场的系统性风险大，容易出现暴涨暴跌、急涨急跌的现象，这种风险无法通过分散投资来规避。为了给市场参与者提供一个有效的避险工具，健全金融产品体系，2010 年 4 月，中金所成功推出第一个股指期货品种——沪深 300 股指期货。

（二）信用类衍生品的创新实践

2010 年 7 月，我国银行间债券市场推出了与中期票据捆绑的"中债合约 1 号"，这一合约被称为中国版信用违约互换的雏形。中国银行间市场交易商协会提出了基于"从简到繁、由易到难"的思路推动信用衍生产品有序创新发展中国式信用衍生品市场，给出一个"2 + N"创新产品框架，即先推出两类"信用风险缓释"产品作为基础的创新试点产品，同时为其他信用衍生品创新预留空间。两类信用风险缓释产品是信用风险缓释合约和信用风险缓释凭证。

信用风险缓释合约的交易结构和形式与国际通行的信用违约互换类似。信用风险缓释合约的主要特点是简单化，其标的债务限定于债券和贷款两种简单信贷资产。信用风险缓释合约的标的债务为具体特定债务，而在国际通行的信用违约互换中的标的债务为同权债务。信用风险缓释凭证则是由符合资质的机构所创设，为持有人就公开发行的标的债务提供信用风险保护、可交易流通的有价凭证。

（三）期权类衍生品的创新实践

我国期权市场起步较晚，当前场内活跃度较高的品种以股票期权和商品期权为主，利率期权目前仍处在起步阶段；场外则以外汇期权为主。

我国期权类衍生品发展历程如图 7-8 所示。

2011 年 4 月，银行间市场推出人民币对外汇期权交易业务。外汇期权需求集中在套保端，且相比外汇远期而言成本更低。2017 年 3 月，大商所上市豆粕期权，标志着首只场内商品期货期权正式推出。截至 2020 年 1 月底，共有 11 个场内商品期权在各交易所挂牌上市。

2015 年 1 月，中国证监会正式发布了《股票期权交易试点管理办法》及《证券期货经营机构参与股票期权交易试点指引》这一配套规则。2015 年 2 月上交所上市交易上证 50ETF 期权。经中国证监会批准，我国近年来相继上市了中金所中证 100 股指期权、上交所 500ETF 期权、深交所 500ETF 期权、创业板 ETF 期权、深证 100ETF 期权、上证 50 股指期权 6 个金融期权品种。

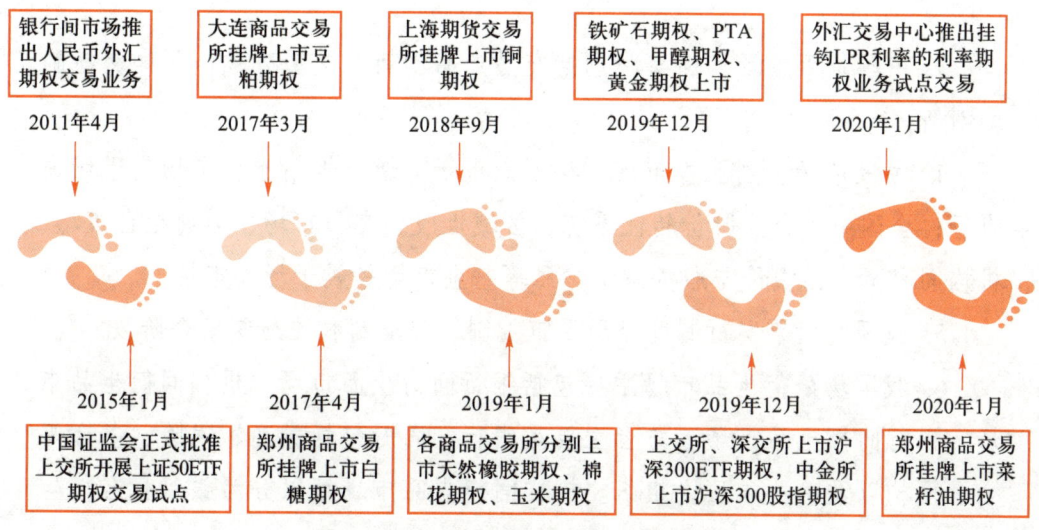

图 7-8　我国期权类衍生品发展历程

2020 年 2 月，中国人民银行等发布《关于进一步加快推进上海国际金融中心建设和金融支持长三角一体化发展的意见》，提出："发展人民币利率、外汇衍生产品市场，研究推出人民币利率期权，进一步丰富外汇期权等产品类型。"

🎙 重要概念

　　金融市场　一级市场　二级市场　场内市场　场外市场　注册制股权分置　多层次资本市场体系

🎙 本章小结

　　1. 金融市场是指提供资金融通和金融资产交易的场所或机制的总和。金融市场按融资期限可以分为货币市场和资本市场；按交易层次可以分为一级市场和二级市场；按市场构成可以分为批发市场和零售市场；按交易地点可以分为场内市场和场外市场；按交割时间可以分为期货市场和现货市场；按交易对象权属可以分为债权市场和股权市场。

　　2. 金融市场的作用包括资源优化配置、信息生产传递、金融风险分担、宏观经济调节等。

3. 中国货币市场创新实践包括交易产品创新、交易方式创新和交易制度创新。

4. 主板市场、创业板市场、科创板市场、新三板精选层市场属于场内市场；全国中小企业股份转让系统、区域性股权交易市场、券商柜台市场、机构间私募产品报价与服务系统、私募基金市场等属于场外市场。

5. 我国的股票发行制度经历了审批制、核准制和注册制三个阶段。

6. 我国场外衍生品市场主要包括银行间衍生品市场和机构间衍生品市场。银行间衍生品市场参与者主要是银行，同时包括券商、保险、基金等金融机构以及一些非法人组织。机构间衍生品市场可以分为银行柜台衍生品市场、证券公司场外衍生品市场、期货风险管理子公司衍生品市场等。

思考题

1. 请比较我国与全球其他国家货币市场与资本市场的区别，并分析存在这些区别的原因。

2. 近年来，全球直接融资市场占比都有所上升，请问背后的原因是什么？这与金融科技的发展相关吗？

3. 请比较分析资本市场与银行机构在推动一国经济创新发展上的区别。

4. 请问资本市场功能发挥与有效市场有什么关系？

5. 为了推动经济高质量发展，我国多层次资本市场应该如何发展？

即测即评

第四篇
中国金融宏观管理

第八章　中央银行制度

要建设现代中央银行制度，健全中国特色现代货币政策框架，完善基础货币投放和货币供应调控机制，发挥好货币信贷政策工具的总量和结构功能，有效维护人民币币值和经济金融稳定。

——中共中央党史和文献研究院编：《习近平关于金融工作论述摘编》，中央文献出版社 2024 年版，第 18 页。

▤▶ 学习目的和要求

掌握中央银行制度的理论基础；掌握现代中央银行制度的内涵和特征；掌握中国人民银行的组织形式、决策机构、职能；了解中国人民银行资产负债表的基本结构；掌握中国人民银行的主要业务；深刻把握中国人民银行工作的政治性、人民性，增强对强大的中央银行是金融强国建设关键核心金融要素之一的认识。

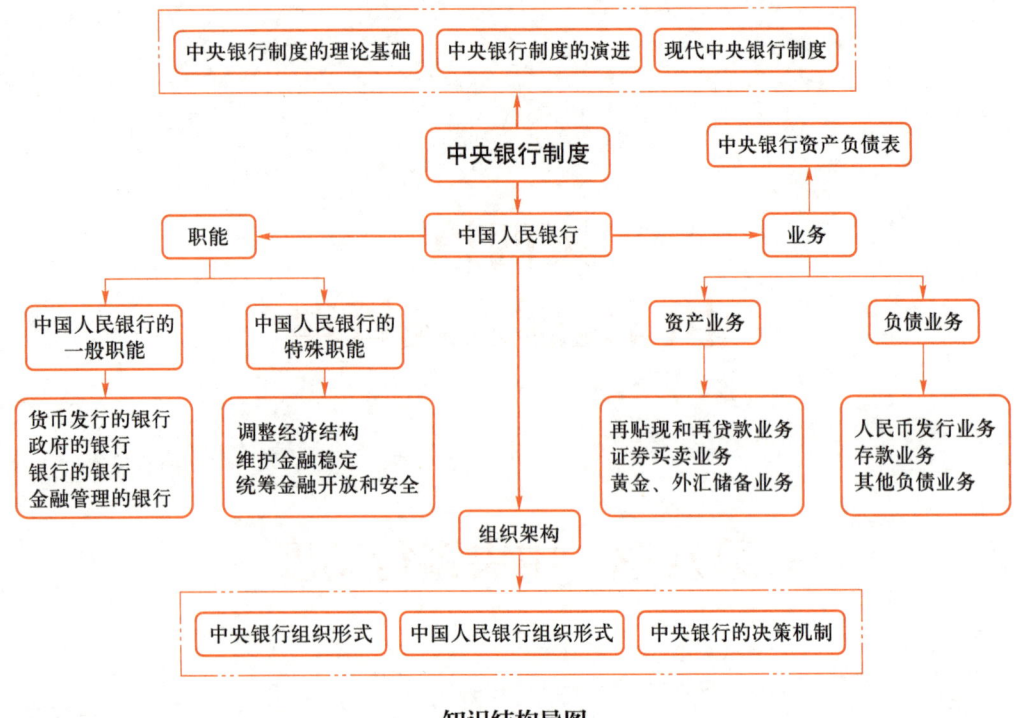

知识结构导图

建设金融强国是推进中国金融高质量发展的重要途径，而强大的中央银行是金融强国建设的关键核心金融要素之一。建立健全科学稳健的金融宏观调控体系，要加快建设现代中央银行制度。作为金融体系的中枢，中央银行代表国家进行货币金融管理，是现代经济中最为重要的宏观经济管理和调控部门之一。本章将介绍中央银行制度的理论基础与历史渊源，探讨中国人民银行的发展、组织架构、职能和主要业务。

第一节　中央银行制度的建立与发展

中央银行制度是指由中央银行代表国家进行货币金融管理，并以其为核心、以商业银行和其他金融机构为融资媒介的规范制度体系。中国的中央银行是中国人民银行，自 1984 年起专门行使中央银行职能。

一、中央银行制度的理论基础

从历史发展的视角来看，经济中的矛盾是中央银行制度得以产生和发展的根本动力。为此，中央银行如何解决现实经济中的各种问题是理解"为什么需要中央银行"的关键所在。

（一）政府融资问题

在 19 世纪末之前，各国的中央银行（或其前身）多为解决政府融资问题而建立，并获得"政府的银行"的职能。1694 年英国国会通过法案准许英格兰银行在不超过资本总额的限度内发行银行券并代理国库，成为政府的融资者和国库代理人。自此，英格兰银行成为历史上第一家具有"政府的银行"职能的银行。此后，美国建立的第一国民银行和第二国民银行、法国的法兰西银行、日本的日本银行等也将解决政府融资问题作为中央银行最重要的职能之一。

（二）货币发行问题

18 世纪后半叶到 19 世纪前半叶，在资本主义工业革命的推动下，社会生产力不断提高，商品流通迅猛加速。伴随着货币信用业务的迅速扩张，资本主义银行业得以快速发展。

最初，每家银行都有发行银行券的权力。如果每家银行都能保证自己发行的银行券随时兑现，问题便不会出现。事实上，私人银行拥有货币发行权存在三个致命缺陷。第一，银行林立，业务竞争十分激烈，恶意挤兑的情况时有发生。第二，银行规模较小，其发行的银行券难以被外地接受，给社会化生产和流通造成困难。第三，银行多，发行票据多，债权债务关系复杂，导致某种银行券不能兑现造成的连锁反应危害极大。

上述缺陷，突出地表现在英国 1825 年的经济危机、美国 1873—1907 年的多次经济危机、日本 1877—1880 年的恶性通货膨胀等事件中。这迫使早期建立中央银行的各国逐步采取统一货币发行权的政策。1803 年法兰西银行在巴黎地区获得为期 15 年的货币发行垄断权；1826 年英格兰银行在伦敦城外 65 英里（104.6 千米）之内获得货币发行垄断权；1882 年日本银行建立并逐步集中了货币发行权。到 20 世纪 20 年代末，已建立中央银行的各个国家，其货币发行权基本上都获得了集中，由此确立了中央银行是"发行的银行"的地位。

（三）票据交换与清算问题

商品经济的发展和银行业务的扩大，使得银行收受票据的数量不断攀升，银行间的债权债务关系日趋复杂，每天有大量资金需要清算，客观上需要一个统一的票据交换和银行间债权债务清算机构来节约交易成本和提高清算便捷性。1770

年，英国的私人银行组建了伦敦票据交换所。同时，因英格兰银行代理国库业务，货币发行范围广、信誉高，许多私人或股份银行也常在该行保留存款。1854年，各股份银行也加入伦敦票据交换所。此后，英格兰银行获得了"最终清算银行"的地位。

（四）最后贷款人问题

中央银行作为最后贷款人，是指其可以为商业银行和其他金融机构融通资金。随着商品生产流通的扩大，经济主体对银行贷款的需求量不断增加。但是，一些银行经常面临资金周转不灵、兑现困难的情况。虽然可以通过同业拆借、透支和向保留存款的大银行提取准备金等方式来解决部分问题，但资金数量极为有限。特别是遇到金融危机时，这种情形更为严重。银行因支付手段不足而大量倒闭的现象，始终贯穿于 20 世纪 30 年代以前的银行史，对一国经济的稳定发展造成了极大威胁。

因此，客观上国家迫切需要一个信用卓著、实力强大并能提供有效支付手段的机构充当商业银行的最后支持者。英格兰银行在英国具有最广泛的货币发行权，信誉好，并拥有许多银行的同业存款。因此，在 19 世纪的历次经济危机中，英格兰银行不仅自身安然无恙，还用其银行券对一般商业银行发放贷款，在中央银行史上最早获得了最后贷款人地位，或者说银行的银行地位。

（五）金融监督管理问题

从历史来看，中央银行承担金融监督管理职能后，在维护金融业稳定与促进金融业发展中发挥着巨大作用，具有历史必然性。中央银行独占货币发行，稳定了货币流通；中央银行组织全国资金清算，促进了商品生产和流通的发展；中央银行充当最后贷款人，增强了信用稳定。特别是 1913 年美国《联邦储备法案》的通过及美国联邦储备系统（简称美联储）的诞生，进一步强化了中央银行制度的作用。但是，由于当时资本主义正处于从自由竞争阶段向垄断阶段的过渡时期，中央银行制度并不健全，人们对金融业的监督管理意识还比较淡薄。20 世纪 20 年代以前，中央银行对金融业的监督管理仍比较松懈。

1929—1933 年，资本主义世界陷入"大萧条"。在此次危机中，大批银行倒闭，货币制度崩溃。危机之后，各国普遍认识到要保证经济金融稳定，就必须将金融业的经营活动置于中央银行（或者说主要是中央银行）的严格监督管理之下。为此，德国、瑞士、比利时、美国、法国等国在 20 世纪 30 年代至 40 年代相继通过法律加强了中央银行的监督管理职能，为现代金融监督管理制度的形成和发展奠定了基础。2008 年爆发的国际金融危机则使世界各国进一步加强了中央银行的宏观审慎管理职能。

二、中央银行制度的演进

随着国家经济的发展，中国中央银行制度不断调整和完善，其演进过程大致可分为以下五个阶段。

（一）中国人民银行的创建与国家银行体系的建立（1948—1952 年）

中国人民银行的历史可追溯至土地革命战争时期。1931 年 11 月，在江西瑞金召开的中华工农兵苏维埃第一次全国代表大会决定成立"中华苏维埃共和国国家银行"，并由其发行货币。1948 年 12 月，中国人民银行在河北省石家庄市正式成立。1949 年 9 月，中国人民政治协商会议通过《中华人民共和国中央人民政府组织法》，把中国人民银行纳入政务院直属单位系列。中国人民银行接受财政经济委员会指导，被赋予国家银行职能，承担发行国家货币、经理国家金库、管理国家金融、稳定金融市场、支持经济恢复和国家重建的任务。

在国民经济恢复时期，中国人民银行在中央人民政府的统一领导下，着手建立统一的国家银行体系。主要包括四个方面：一是建立独立统一的货币体系，使人民币成为境内流通的本位币，与各经济部门协同治理通货膨胀；二是迅速开设分支机构，形成国家银行体系，接管官僚资本银行，整顿私营金融业；三是实行金融管理，疏导游资，打击金银外币黑市，取消在华外商银行的特权，禁止外国货币流通，统一管理外汇；四是开展存款、放款、汇兑和外汇业务，促进城乡物资交流。这一时期，中国人民银行为人民币币值稳定和国民经济恢复与发展作出了重大贡献。

（二）计划经济时期的国家银行（1953—1978 年）

在计划经济时期，自上而下的银行体制成为国家吸收、动员、集中和分配信贷资金的基本手段。随着社会主义改造的加快，私营金融业被纳入公私合营银行的轨道，形成了集中统一的金融体制。中国人民银行作为国家金融管理和货币发行机构，既是管理金融的国家机关又是全面经营银行业务的国家银行。

与高度集中的银行体制相适应，我国从 1953 年开始建立集中统一的综合信贷计划管理体制，即全国的信贷资金，不论是资金来源还是资金运用，都由中国人民银行总行统一掌握，实行"统存统贷"的管理办法。银行信贷计划纳入国家经济计划，成为国家管理经济的重要手段。高度集中的国家银行体制，为大规模经济建设提供了全面的金融服务和监督。

（三）从国家银行过渡到中央银行体制（1979—1992 年）

1979 年 1 月，为加强对农村经济的扶持，我国恢复了中国农业银行。同年 3 月，为适应对外开放和国际金融业务发展的新形势，改革了中国银行的体制，将中国银行指定为外汇专业银行，同时设立了国家外汇管理局。此后，我国又恢复了国内保险业务，重新建立中国人民保险公司。

随着国家经济日益发展和金融机构不断增加，我国迫切需要加强金融业的统一管理和综合协调。中国人民银行专门承担中央银行职责，成为完善金融体制和推进金融业发展的紧迫议题。1983 年 9 月，国务院决定，自 1984 年 1 月 1 日起，中国人民银行专门行使中央银行职能，集中力量研究和实施全国金融宏观决策，加强信贷总量控制和金融机构资金调节，以保持货币稳定；中国人民银行对其分支行业务实行垂直领导；设立中国人民银行理事会，作为协调决策机构；建立存款准备金制度和中央银行对专业银行的再贷款制度。由此，中央银行制度的基本框架初步确定。

（四）现代中央银行制度的初建和完善（1993—2019 年）

随着社会主义市场经济的不断发展，市场间接调控的作用凸显，要求中央银行更多地发挥宏观调控职能。1993 年，按照国务院《关于金融体制改革的决定》，中国人民银行进一步强化金融调控、金融监管和金融服务职责，划转政策性业务和商业银行业务。1995 年，第八届全国人民代表大会第三次会议通过《中华人民共和国中国人民银行法》，首次以国家立法形式确立了中国人民银行的中央银行地位，标志着中央银行体制进入法治化、规范化轨道。2003 年，中国人民银行对银行、金融资产管理公司、信托投资公司及其他存款类金融机构的监管职能被分离出来，并和中央金融工作委员会的相关职能整合，成立中国银行业监督管理委员会。至此，中国人民银行新的职能正式表述为"制定和执行货币政策、维护金融稳定、提供金融服务"。

（五）现代中央银行制度的深化和发展（2020 年至今）

2020 年以来，国内外经济金融形势快速变化，金融创新层出不穷，数字金融快速发展。同时，金融风险交叉传染、金融服务实体经济能力不足等问题不同程度存在，货币政策传导机制仍需进一步疏通。党的二十大提出建设现代中央银行制度。2024 年 1 月，习近平在省部级主要领导干部推动金融高质量发展专题研讨班开班式上指出，金融强国需要"拥有强大的中央银行，有能力做好货币政策调控和宏观审慎管理、及时有效防范化解系统性风险"[①]。中央银行担负着调控货币总闸门的职责，是构建科学稳健金融调控体系的关键所在。要建设现代中央银行制度，健全中国特色现代货币政策框架，完善基础货币投放和货币供应调控机制，发挥好货币信贷政策工具的总量和结构功能，有效维护人民币币值和经济金融稳定。

加快完善中央银行制度是一项系统工程，中国人民银行聚焦以"双支柱"支撑实现"双目标"，也就是健全货币政策和宏观审慎政策双支柱调控框架，实现币值稳定和金融稳定双目标。围绕货币政策、系统性金融风险防控、金融稳定和国家金融安全、国际金融治理和合作、金融市场、金融基础设施建设、金融管理和服务等职责，加快建设现代中央银行制度。

三、现代中央银行制度

（一）现代中央银行制度的内涵和特征

1. 现代中央银行制度的内涵

现代中央银行制度是现代货币政策框架、金融基础设施服务体系、系统性金融风险防控体系和国际金融协调合作治理机制的总和。

（1）现代货币政策框架。现代货币政策框架包括优化的货币政策目标体系、创新的货币政策工具体系和畅通的货币政策传导机制。货币政策以币值稳定为首要目标，更加重视充分就业。丰富货币政策工具箱，健全结构性货币政策工具体系，以深化利率市场化改革为抓手疏通货币政策传导机制，更好地服务实体经济。

（2）金融基础设施服务体系。金融基础设施服务体系为经济发展和对外开放提供具有便捷性、连通性、安全性的金融基础设施服务。

（3）系统性金融风险防控体系。作为金融体系的最后贷款人，中央银行必须在事前、事中、事后全过程履行防控系统性金融风险的责任。事前要健全宏观审慎管理体系，做好跨周期和逆周期调节，完善审慎监管制度，强化金融监管协调机制。事中要压实各类金融交易主体的责任。事后要对重大金融风险形成过程中各交易主体的责任进行严肃追责，有效防范道德风险。

[①] 中共中央党史和文献研究院编：《习近平关于金融工作论述摘编》，中央文献出版社 2024 年版，第 17 页。

（4）国际金融协调合作治理机制。大国的货币政策往往具有很强的溢出效应和溢回效应。鉴于此，建设现代中央银行制度必须从完善国际金融协调合作治理机制的高度出发，推动国际货币体系和金融监管改革，积极参与构建全球金融安全网，完善汇率形成机制，统筹金融开放和安全。

2. 现代中央银行制度的特征

（1）更加注重物价稳定。20世纪80年代以来，部分国家和地区的中央银行更加重视通货膨胀预期管理，并从20世纪90年代起实施通货膨胀目标制。这一做法被认为促成了随后持续近20年低通胀、高增长的"大缓和"时代。虽然2008年国际金融危机爆发以来，不少中央银行转向多目标制，但物价稳定仍是绝大多数国家中央银行的首要目标。

（2）更加注重价格型调控框架。随着金融创新的活跃和支付技术的变革，传统数量型调控的效果逐步弱化，多数中央银行通过公开市场操作调节短期利率，以此促成稳定的中长期利率，进而降低私人部门消费和投资的不确定性，最终实现稳定物价等宏观经济目标。

（3）更加注重预期管理。随着预期对通货膨胀的影响日益提升，多数国家的中央银行开始向公众公开更多货币政策决策、执行程序和信息，更加充分地表达对经济金融形势的看法，以稳定通胀预期。在应对2008年国际金融危机过程中，美联储等中央银行还通过前瞻性指引，引导公众对中长期货币政策的预期。

（4）更加注重独立性。为避免政府对中央银行的干预，越来越多的国家和地区开始进行中央银行制度改革，明确中央银行和财政部门、监管部门的边界。例如，1998年《英格兰银行法》修订后，英格兰银行被赋予独立制定和实施货币政策的职权（无须经过财政部同意）。

（5）更加注重宏观审慎管理。2008年国际金融危机以来，西方发达经济体开始重新审视中央银行的职责定位和金融监管制度，纷纷强化了中央银行维护金融稳定和统筹宏观审慎管理的职能。例如，2010年美国通过《多德—弗兰克华尔街改革与消费者保护法》，将美联储的监管职责范围扩展至所有系统重要性银行和非银行金融机构。

（二）中国建设现代中央银行制度的基本原则和路径

1. 中国建设现代中央银行制度的基本原则

建设现代中央银行制度是全面建设社会主义现代化国家的必然要求。中国建设现代中央银行制度，既要符合经济金融普遍规律，更要具有适合中国国情的鲜明特色，走中国特色金融发展之路。

（1）坚持党中央对金融工作的集中统一领导。党的领导是中国特色社会主义的最本质特征，也是中国特色金融发展之路的最本质特征。只有坚持党中央对金融工作的集中统一领导，才能确保中国特色的现代中央银行制度永葆社会主义底色，确保中央银行的各项工作始终沿着社会主义正确方向前进。

（2）坚持以人民为中心的价值取向。中国人民银行的事业起于为人民服务，兴于为人民服务，必须充分体现人民性，以不断满足人民日益增长的优质金融服务需求为出发点和落脚点，健全具有高度适应性、竞争力、普惠性的现代金融体系，守护好老百姓的钱袋子；以高质量金融服务促进共同富裕，实现人民对美好生活的向往。

（3）坚持把金融服务实体经济作为根本宗旨。实体经济是金融的根基，金融是实体经济的血脉，为实体经济服务是金融的天职。金融活，经济活；金融稳，经济稳；经济兴，金融兴；经济强，金融强。在建设现代中央银行制度的过程中，必须坚守服务实体经济的天职，切实提升服务理念、能力和质效。

（4）坚持把防控风险作为金融工作的永恒主题。建设现代中央银行制度是中国金融高质量发展的重要组成部分，必须坚持有效防范和化解风险，高度重视金融风险的传染性、隐蔽性和破坏性，增强忧患意识，树牢底线思维、极限思维，牢牢守住不发生系统性金融风险的底线。

（5）坚持在市场化法治化的轨道上推进金融创新发展。中国人民银行是中国的中央银行，在国务院领导下，制定和执行货币政策，防范和化解金融风险，维护金融稳定。在实施货币政策时，要通过市场化方式调节货币和利率，充分发挥市场在资源配置中的决定性作用。在开展金融管理和金融服务、防范化解金融风险时，要依法行使行政权力，依法保护产权和人民利益，维护市场公平秩序。

（6）坚持深化金融供给侧结构性改革。中央银行在履行职能和实施宏观调控的过程中，必须坚持目标导向和问题导向，增强系统观念，把握好短期与长期、整体与局部的关系，持续深化金融供给侧结构性改革，加快建设中国特色现代金融体系。

（7）坚持统筹金融开放和安全。现代中央银行制度的建立过程也是中国金融进一步扩大对外开放的过程。中央银行要以制度型开放为重点推进金融高水平对外开放，完善对高质量共建"一带一路"的金融支持，稳慎扎实推进人民币国际化。同时，必须统筹开放与安全，稳慎把握好节奏和力度，牢牢守住开放条件下的金融安全底线。

（8）坚持稳中求进工作总基调。建设现代中央银行制度，必须把握好稳和进的关系。坚持稳字当头，以稳求进、以进固稳，在保持大局稳定的前提下谋进。进的重点是促发展、调结构、补短板，为经济社会发展提供高质量金融服务，在稳的基础上，把各项改革发展任务部署落实到位。

2. 中国建设现代中央银行制度的路径

（1）完善货币政策体系，维护币值稳定和促进经济增长。第一，中国人民银行要管好货币总闸门。以稳健灵活的货币政策调节货币供应，满足经济发展的流动性需求，确保物价水平稳定。第二，健全货币政策调控机制。包括：健全基础货币投放机制和货币供应调控机制，强化流动性、资本和利率约束的长效机制；发挥货币政策的总量和结构双重功能，精准加大对国民经济重点领域和薄弱环节的支持力度；建立市场化利率形成和传导机制，均衡利率由资金市场供求关系决定；完善以市场供求为基础、参考一篮子货币进行调节、有管理的浮动汇率制度，有效管理和引导市场预期。

（2）深化金融体制改革，提升金融服务实体经济的能力。中国人民银行要顺应经济社会发展的战略需要、阶段特征和结构特点，因势利导调整完善服务实体经济的重点方向和方式方法。优化资金供给结构，把更多金融资源用于促进科技创新、先进制造、绿色发展，扶持中小微企业，大力支持实施创新驱动发展战略、区域协调发展战略，确保国家粮食和能源安全等。盘活被低效占用的金融资源，提高资金使用效率。做好科技金融、绿色金融、普惠金融、养老金融、数字金融"五篇大文章"，推动金融资源真正集聚到高质量发展的战略方向、重点领域和薄弱环节上来。

（3）强化金融稳定保障体系，守住不发生系统性金融风险底线。必须坚持底线思维，健全金融稳定保障体系，建立维护金融稳定的长效机制。要把握好权责关系，健全权责一致、激励约束相容的风险处置责任机制；把握好快和稳的关系，建立健全应急响应机制，在稳定大局的前提下，扎实稳妥化解风险。

第二节　中央银行的组织架构

一、中央银行的组织形式及其演变

（一）中央银行的组织形式

由于各国和各经济体存在政治制度、经济制度和金融市场环境的差异，中央银行的组织形式也呈现较大差异。一般而言，中央银行的组织形式包括单一中央银行制、复合中央银行制、准中央银行制和跨国中央银行制等。

1. 单一中央银行制

单一中央银行制是指国家只设立一家中央银行作为政府金融管理机构，全面履行中央银行职能，领导全部金融事业的制度。单一中央银行制又分为一元中央银行制和二元中央银行制。其中，一元中央银行制是指国家只设立一家中央银行作为政府金融管理机构，并且可根据需要在全国各地设立分支机构，接受总行统一领导，形成由总行、分行、支行组成的中央银行体制。目前，世界上大多数国家的中央银行采用这种组织体制，如英国、法国、日本、中国等。二元中央银行制是指国家设立中央和地方两级相互独立的中央银行机构，分别行使金融管理和调控职能。地方级中央银行接受中央级中央银行的监督和指导，同时在其辖区内又具有一定独立性。二元中央银行制通常由联邦制国家采用，如美国、德国等。

2. 复合中央银行制

复合中央银行制是指政府不单独设立中央银行机构，而是由一家大银行既行使中央银行职能，又经营商业银行业务的制度。这种中央银行体制曾存在于20世纪60年代至80年代的苏联和东欧，以及1984年以前的中国。

3. 准中央银行制

准中央银行制是指一个国家或地区没有设立通常意义上的中央银行，只设置类似中央银行的机构，由政府授权一个或几个商业银行行使部分中央银行职能；或者虽设立了中央银行，但其只是初级形式，不具备中央银行基本职能。其特点是，一般只有发行货币、为政府服务、提供最后贷款援助和资金清算职能。中国香港特别行政区实行的就是准中央银行制，香港金融管理局负责行使制定货币政策、实施金融监管及支付体系管理等中央银行职能，货币发行由汇丰银行、渣打银行和中国银行负责。

4. 跨国中央银行制

跨国中央银行制是指两个以上主权独立的国家联合组成中央银行。其主要职能包括：发行货币、为成员国政府服务、执行共同的货币政策以及处理成员国政府一致决定授权的事项。跨国中央银行制的显著特点是跨国界行使中央银行职能。一般地，它与一定的货币联盟相联系，如欧洲货币联盟设立的欧洲中央银行、西非经济货币联盟设立的西非国家中央银行等。

（二）中国人民银行组织形式

中国人民银行的组织形式适应了不同时期经济建设的需求，以 1984 年为时间节点，经历了从复合中央银行制向单一中央银行制的转变。1984 年之后，在单一中央银行制的框架下，又从省分行制转变为大区行制，最后回归省分行制。

1. 复合中央银行制时期（1949—1983 年）

中华人民共和国成立初期，中国人民银行被赋予国家银行职能，承担发行货币、经理国库、管理金融、稳定金融市场、支持经济恢复和重建的任务。1949—1952 年，中国人民银行着手建立独立统一的货币体系，建立总、区、分、支行四级建制的分支机构，实行金融管理、开展存贷款和外汇汇兑业务。1953—1978 年的计划经济时期，中国人民银行体系成为国家吸收、动员、集中和分配信贷资金的基本手段。与高度集中的银行体制相适应，其分支机构设置也从总、区、分、支行四级建制变为省分行制，形成了业务上由中国人民银行总行垂直管理、人事上由各级地方党委管理的双重管理体制。总之，在 1984 年之前，中国人民银行作为国家金融管理和货币发行的机构，既是管理金融的国家机关，又是全面经营银行业务的国家银行。

2. 单一中央银行制下的省分行制时期（1984—1997 年）

为了加强金融业的统一管理和综合协调，以适应经济的发展和金融机构的增加，1984 年，中国人民银行开始专门行使中央银行职能。自此，中国中央银行的组织形式正式从复合银行制转变为单一银行制。分支机构设置依然保持原来的省分行制，并实行业务上由中国人民银行总行垂直管理、人事上由各级地方党委管理的双重管理体制。

3. 单一中央银行制下的大区行制时期（1998—2022 年）

社会主义市场经济体制建立后，经济资源配置和宏观经济调控方式逐渐以市场为基础。在按行政区划设立分支机构的制度背景下，中国人民银行分支机构党组织一般由地方党委领导。地方政府出于自身经济发展需要，往往施压于中国人民银行分支机构，导致中国人民银行宏观调控和监管容易受到地方经济利益的掣肘，影响了其全面履行中央银行职能。

在此背景下，大区行制应运而生。1998 年，中国人民银行开始实行大区行制，跨行政区设立 9 家一级分行，撤销省级分行，与此同时，成立中国人民银行系统党委，中国人民银行总行党委对各分支机构实行党的关系和人事任命垂直领导，由此强化中国人民银行实施货币政策的独立性。

4. 回归单一中央银行制下的省分行制时期（2023 年至今）

在大区行制的组织形式下，金融宏观调控职能相对集中于总行，保证了中国人民银行独立、公正地履行金融调控和监管职责，提高了金融服务水平和金融监管效率。然而，大区行制也日渐显露一些不足之处。例如，与商业银行按照省级行政区划设立分行的制度不匹配；大区分行职能"空壳化"；大区分行跨省管理半径太大，分管几个省份的大区分行较难兼容地方间经济差异，容易导致货币政策无法精准有效地支持不同地区差异化经济发展等。

为更好地实现金融服务实体经济、防范金融风险和深化金融供给侧结构性改革等目标，构建与金融强国相适应的现代中央银行组织体系，2023 年 3 月，中共中央、国务院决定撤销中国人民银行大区分行及分行营业管理部、总行直属营业管理部和省会城市中心支行，在 31 个省（自治区、直辖市）设立省级分行，在深圳、大连、宁波、青岛、厦门设立计划单列市分行。中国人民银行北京市分行保留中国人民银行营业管理部牌子，中国人民银行上海市分行与中国人民银行上海总部合署办公。管理体制上依然延续了大区行制时期的垂直管理模式，避免了地方政府对中国人民银行分支机构在货币政策执行过程中的干预，保证了中国人民银行各分支机构的相对独立性。

二、中央银行的决策机构

中国人民银行在中央金融委员会的领导下履行制定和执行货币政策、防范和化解金融风险、维护金融稳定的职责。中央金融委员会作为党中央决策议事协调机构，主要负责金融稳定和发展的顶层设计、统筹协调、整体推进、督促落实，研究审议金融领域重大政策、重大问题等。

中国人民银行实行行长负责制。行长领导中国人民银行的工作，副行长协助行长工作。中国人民银行行长人选由国务院总理提名，全国人民代表大会决定；

在全国人民代表大会闭会期间，由全国人民代表大会常务委员会决定，由中华人民共和国主席任免。中国人民银行副行长由国务院总理任免。

中国人民银行于 1997 年 7 月设立货币政策委员会。根据 2024 年修订的《中国人民银行货币政策委员会条例》，货币政策委员会是中国人民银行制定货币政策的咨询议事机构。其职责是：在综合分析宏观经济形势的基础上，依据国家宏观调控目标，讨论货币政策的制定和调整、一定时期内的货币政策控制目标、货币政策工具的运用、有关货币政策的重要措施、货币政策与其他宏观经济政策的协调等事项，并提出建议。

第三节　中央银行的职能

一、中国人民银行的一般职能

（一）发行的银行

发行的银行，是指中央银行垄断货币发行权，成为全国唯一法定货币发行机构。这一职能是中央银行的首要基本职能，是中央银行通过实施货币政策进行宏观调控的基础。

中国人民银行作为我国货币发行的银行，一方面要适时发行货币，保持货币供求基本均衡，满足社会经济发展的流动性需求；另一方面要适当调节货币增长速度来实施货币政策，处理好币值稳定与经济增长的关系。这就要求完善中央银行调节银行货币创造的流动性、资本和利率约束的长效机制，保持社会融资规模、货币供应量增长同经济增长、价格总水平预期目标相匹配。

（二）政府的银行

政府的银行，是指中央银行在代表政府执行货币金融政策的同时，还为政府提供金融服务。作为政府的银行，中国人民银行主要履行以下职责。

1. 代理国库

中国人民银行依法经理国库，为各级财政部门开设国库单一账户，办理预算资金的收纳、划分、留解、支拨和退付业务，依法对进出国库的预算资金进行监督管理，在实现国家预算收支任务中充分发挥执行、促进和监督作用。

2. 代理政府债券的发行

为了调剂政府收支或弥补政府赤字，发行政府债券是各国广泛采用的形式。中央银行通常代理政府发行债券，并办理债券到期的还本付息事宜。《中华人民共和国中国人民银行法》第二十五条规定："中国人民银行可以代理国务院财政部门向各金融机构组织发行、兑付国债和其他政府债券。"

3. 作为政府的金融代理人代办各种金融事务

中国人民银行在国际关系中，代表政府参加国际金融活动，代表国家与外国中央银行进行金融、贸易事项的谈判、协调与磋商，办理政府间的金融事务往来及清算等。

4. 代理政府保存和管理国际储备、管理外汇

中国人民银行负责保存和管理国际储备，对包括外汇、黄金、在国际货币基金组织中的储备头寸和特别提款权在内的储备资金总量进行调控，满足国际贸易的需要；对外汇资产结构进行调节；保持国际收支平衡和汇率基本稳定等。同时，中国人民银行承担制定和实施人民币汇率政策，推动人民币跨境使用和国际使用，维护国际收支平衡，实施外汇管理，负责国际国内金融市场跟踪监测和风险预警，监测和管理跨境资本流动，持有、管理和经营国家外汇储备和黄金储备等一系列职能。

5. 充当政府金融政策的顾问和参谋

在政府的经济金融决策中，中国人民银行往往以重要经济金融顾问的角色出现。中国人民银行拥有强有力的分支机构及迅速灵敏的信息反馈网络，能及时对经济形势作出客观判断和反应。中国人民银行设有专门的研究局，围绕货币政策决策，对经济增长及运行进行分析与预测；研究金融法律、法规、制度，跟踪了解其执行情况；研究我国产业政策和工业、农业、财税、外贸等部门经济动态，以及货币信贷、利率、汇率、金融市场等重大政策的执行情况，并提出建议。

（三）银行的银行

银行的银行，是指中央银行向商业银行和其他金融机构提供金融服务，充当全国存款准备金的保管者、金融票据交换中心、全国银行业的最后贷款人以及监督管理者。具体表现有以下几点。

1. 集中保管全国银行存款准备金

作为中央银行，中国人民银行履行着集中保管全国银行存款准备金的职能。

中国人民银行要求商业银行和其他相关金融机构根据其吸收存款的种类和规模，按照法定比率缴纳存款准备金并由其集中保管。其目的在于保持商业银行系统的清偿能力，控制商业银行货币创造能力和信用规模。

2. 充当全国金融机构的票据清算中心

中国人民银行集中保管全国银行存款准备金，为其进行资金清算提供了条件。商业性金融机构之间的支付只需通过各金融机构在中国人民银行开设的存款账户进行转账、轧差、直接增减即可。中国人民银行负责全国资金清算，一方面节约了资金使用，减少了清算费用；另一方面也有利于中国人民银行通过清算系统，强化对整个银行体系的监管。

3. 履行最后贷款人职能

当商业银行发生资金短缺且难以进行同业拆借时，可通过再贴现、再抵押等方式向中国人民银行借款，中国人民银行执行最后贷款人的职能。最后贷款人职能确立了中国人民银行在整个金融体系中的核心和主导地位。

（四）金融管理的银行

中央银行金融管理职能的演变

中国人民银行在制定和执行政府金融政策、管理与协调全国金融活动时，履行金融管理的银行的职能。该职能建立在上述三个职能基础之上。具体而言，中国人民银行承担着制定和执行货币政策、信贷政策、金融法规与银行业务基本规章，协调各金融监管机构管理金融机构和金融市场运行，牵头建立宏观审慎管理框架，牵头负责系统性金融风险防范和应急处置，维护国家金融安全等一系列职责。

二、中国人民银行的特殊职能

中国人民银行的政治性和人民性决定了其在履行中央银行的一般性职能之外，还需要发挥调整经济结构、维护金融稳定、统筹金融开放和安全的特殊职能。

（一）调整经济结构

中国人民银行作为货币政策的制定者与实施者，掌管着市场流动性的"总闸门"，通过发挥调节货币总量和结构的功能，盘活存量、提升效能，引导金融机构加大对科技创新、绿色转型、普惠小微、数字经济等方面的支持力度，推动金融资源真正集聚到高质量发展的战略方向、重点领域和薄弱环节上来，促进经济结构的优化和升级，为经济高质量发展营造良好的货币金融环境。

（二）维护金融稳定

防范化解金融风险，防止发生系统性风险，是金融工作的永恒主题。中国人民银行必须高度重视金融风险的传染性、隐蔽性和破坏性，树牢底线思维、极限思维，通过不断加强和完善现代金融监管，强化金融稳定保障体系，依法将各类金融活动全部纳入监管，消除监管空白和盲区，坚决守住不发生系统性金融风险的底线。

（三）统筹金融开放和安全

不断扩大金融高水平对外开放，实现金融开放与安全的动态平衡是构建新发展格局的重要组成部分。中国人民银行要在守住安全底线的前提下，稳步扩大金融领域制度型开放，提升跨境投融资便利化水平，稳慎扎实推进人民币国际化，确保国家金融和经济安全，实现高质量发展和高水平安全的良性互动。

第四节 中央银行的业务

中央银行职能作用的充分发挥有赖于其业务活动的开展，中央银行资产负债表正是中央银行资产、负债等各项业务活动的综合会计记录。

一、中央银行资产负债表的构成

中国人民银行的资产可以分为国外资产和对本国各部门的债权。国外资产一般包括外汇、货币黄金和其他国外资产；而对本国各部门的债权按主体可以分为对政府的债权、对金融机构的债权、对企业的债权和对其他特定机构的债权。中国人民银行的负债则主要包括储备货币（包括货币发行和金融机构以及非金融机构的存款）、国外负债、发行债券、政府存款等内容。中央银行的资产负债表也遵循"资产项目＝负债项目＋资本项目"的规律。表8-1和表8-2分别为中央银行一般性的资产负债表和2024年各季度中国人民银行资产负债表。

以下分别从资产端和负债端观察中国人民银行资产负债表构成情况。

资产端包括：（1）国外资产，主要包括外汇、货币黄金和其他国外资产，其中外汇占比较高；（2）对政府债权，主要表现为持有的政府债券；（3）对其他存款性公司债权，主要指对商业银行、政策性银行等其他存款性公司的再贴现、再贷款、逆回购操作和结构性货币政策工具余额等所形成的债权；（4）对其他金融性公司债权，主要表现为对其他金融性公司的再贷款、再贴现以及持有的此类公司的债券等；（5）对非金融性部门债权，主要指为支持老少边穷地区经济发展而发放的专项贷款等；（6）其他资产。从规模来看，中国人民银行的资产以国外资产和对其他存款性公司债权为主。

负债端包括：（1）储备货币，主要包括货币发行、金融性公司存款（即吸收公众存款的金融机构存放在中国人民银行的存款，包括存款性机构缴存的法定存款准备金、超额存款准备金）和非金融机构存款（主要是吸收支付保证金存款的机构的存款）；（2）不计入储备货币的金融性公司存款；（3）发行债券，即中国人民银行发行的债券；（4）国外负债，即对非居民的负债，主要包括国际金融机构的存款等；（5）政府存款，即各级政府的财政性存款；（6）自有资金；（7）其他负债。从规模来看，中国人民银行的负债端以其他存款性公司存款为主。

表 8-1　中央银行一般性的资产负债表

资产项目	负债和资本项目
国外资产	储备货币
外汇	货币发行
货币黄金	金融性公司存款
其他国外资产	非金融机构存款
对政府债权	不计入储备货币的金融性公司存款
对其他存款性公司债权	发行债券
对其他金融性公司债权	国外负债
对非金融性部门债权	政府存款
其他资产	自有资金
	其他负债

表 8-2　2024 年各季度中国人民银行资产负债表（季末余额）

单位：亿元

项目	第一季度	第二季度	第三季度	第四季度
国外资产	235 897.47	235 325.91	234 347.05	233 256.54
外汇	222 681.72	221 899.72	220 966.47	219 918.95
货币黄金	4 181.74	4 192.60	4 192.60	4 284.69
其他国外资产	9 034.01	9 233.60	9 187.98	9 052.90
对政府债权	15 240.68	15 240.68	22 613.79	28 781.48
其中：中央政府	15 240.68	15 240.68	22 613.79	28 781.48
对其他存款性公司债权	163 526.82	165 509.41	174 252.83	156 430.27
对其他金融性公司债权	3 218.20	3 800.20	7 427.28	6 709.92
对非金融性部门债权				
其他资产	20 977.51	16 670.58	16 409.69	15 335.10
总资产	438 860.69	436 546.79	455 050.63	440 513.31
储备货币	370 949.95	371 285.63	379 130.07	368 040.14
货币发行	122 842.95	122 507.22	126 973.62	133 302.35
金融性公司存款	224 850.04	225 480.77	227 983.54	210 586.20
其他存款性公司存款	224 850.04	225 480.77	227 983.54	210 586.20
其他金融性公司存款				
非金融机构存款	23 256.96	23 297.64	24 172.92	24 151.59
不计入储备货币的金融性公司存款	5 896.84	6 701.58	6 875.04	6 112.51
发行债券	1 350.00	1 550.00	1 547.50	1 570.90
国外负债	3 772.71	4 347.01	1 680.53	3 106.89
政府存款	43 559.77	41 319.43	48 070.71	44 997.20

续表

项目	第一季度	第二季度	第三季度	第四季度
自有资金	219.75	219.75	219.75	219.75
其他负债	13 111.66	11 123.38	17 527.04	16 465.92
总负债	438 860.69	436 546.79	455 050.63	440 513.31

资料来源：中国人民银行网站。

正确理解中央银行资产负债表与货币供应的关系

虽然各国在金融制度、信用方式等方面差别较大，但是，各国中央银行的任务、职责和业务大同小异，且通常会按照国际货币基金组织《货币与金融统计手册》中规定的口径编制资产负债表，因此各国中央银行资产负债表的基本结构颇为相近。

二、中央银行的资产业务

中央银行的资产是指中央银行所持有的各种债权。中国人民银行的资产业务主要包括再贴现和再贷款业务，证券买卖业务和黄金、外汇储备业务等。

（一）再贴现和再贷款业务

再贴现是指中央银行对商业银行或其他金融机构持有的未到期已贴现商业汇票予以贴现的行为。因此，再贴现业务实际上就是中国人民银行向商业银行和其他金融机构提供资金融通的业务，其服务对象是在中国人民银行总行及其分支机构开立存款账户的商业银行、政策性银行及其分支机构。

由于商业信用发展在计划经济体制下受到限制，因此，中国人民银行的再贴现业务起步较晚。1986年，中国人民银行上海总部开办再贴现业务。自此，再贴现业务才逐渐发展起来。1994年，中国人民银行总行也开始办理再贴现业务。从2008年起，再贴现工具发挥结构性功能，重点用于支持扩大涉农、小微和民营企业融资。发放对象包括全国性商业银行、地方法人银行和外资银行等具有贴现资格的银行业金融机构。2018年以来，中国人民银行通过多次增加再贴现业务额度，引导金融机构增加对符合政策导向的小微、民营企业等的票据开展贴现业务，实现结构引导、精准滴灌的目标，符合再贴现要求的企业票据融资利率明显下降，有效缓解了小微、民营企业的融资难融资贵问题。

再贷款业务是指中国人民银行采用信用放款、担保放款或抵押放款的方式向商业银行、政府及其他非银行金融机构发放贷款的业务，是中国人民银行的主要资产业务之一。在中国人民银行贷款业务中，向商业银行等金融机构发放贷款是其重要构成部分。近年来，为支持实体经济发展，中国人民银行充分发挥再贷款业务服务实体经济职能，创设一系列具有结构性功能的再贷款政策工具，如支农支小再贷款、支持煤炭清洁高效利用专项再贷款、科技创新再贷款、普惠养老专项再贷款等。

再贴现和再贷款业务充分体现了中国人民银行作为银行的银行，发挥向商业银行和其他金融机构提供金融服务的职能，同时也是履行最后贷款人职能的重要渠道，对中国人民银行进行宏观金融调控和防范化解系统性金融风险具有重要作用。

（二）证券买卖业务

中国人民银行的证券买卖业务是指中国人民银行以市场交易主体身份，在公开市场买卖证券，主要包括政府债券、中央银行票据、政策性金融债及其他流动性较高的有价证券等，以达到调节货币供应量的目的。当中国人民银行认为需要收紧银根时，便会在公开市场上卖出证券，回笼一部分基础货币；反之，便会在公开市场上买入证券，扩大基础货币供应。由于证券买卖业务具有操作灵活、主动的优点，目前已成为中国人民银行货币政策日常操作的重要工具。

（三）黄金、外汇储备业务

为保持人民币币值和汇率稳定、调节国际收支、清偿国际债务，中国人民银行会保管和经营一定量的黄金和外汇储备。尤其在经济全球化背景下，各国之间商品和服务进出口、资金借贷以及各种赠与和援助都需要用国际通用货币进行清算，保有合理数量的国际储备有利于保证经济健康持续发展。

一直以来，外汇储备是我国储备资产的主要内容。中国外汇储备规模变化趋势如图 8-1 所示。1996 年年底，我国外汇储备首次突破 1 000 亿美元，2000 年后出现持续高速增长的发展态势，并在 2006 年超越日本，成为全球最大外汇储备持有国。2014 年之后，外汇储备开始有所下降，并逐渐趋于平稳，但总体依然保持在高位。较高的外汇储备提高了我国维护经济金融稳定的能力，但也面临着较高的成本，对人民币币值、货币发行和货币政策独立性都造成了一定的负面影响。

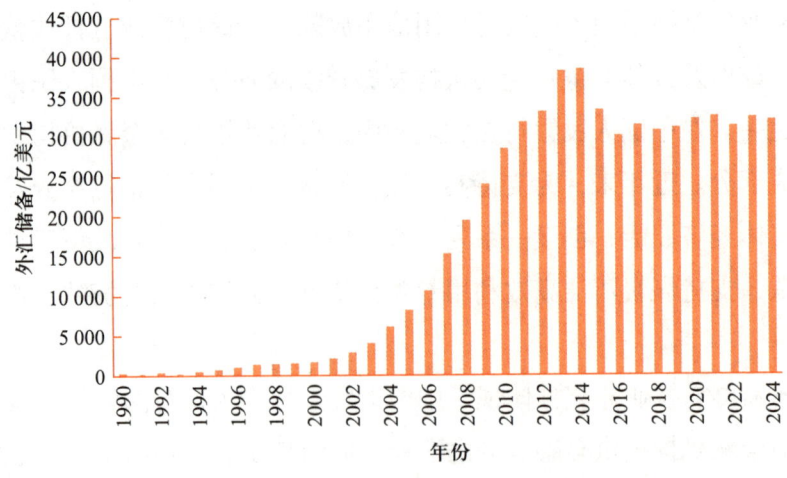

图 8-1　中国外汇储备规模变化趋势

资料来源：Wind 数据库。

三、中央银行的负债业务

中央银行的负债是指金融机构、政府以及其他部门持有的对中央银行的债权，是中央银行的资金来源。中国人民银行的负债业务主要包括人民币发行业务、存款业务和其他负债业务。

（一）人民币发行业务

人民币发行业务是中国人民银行的基本负债业务，具有两层含义。一是指货币从中国人民银行的发行库通过各商业银行的业务库流通到社会，是中国人民银行投放货币资金的行为。二是指人民币从中国人民银行流出的数量大于流通中回笼的数量，最终引起人民币供应量增加的行为。

（二）存款业务

存款业务是中国人民银行的主要负债业务。依据存款主体不同，中国人民银行的存款业务一般包括商业银行等存款性金融机构的准备金存款业务、政府存款业务、非银行金融机构存款业务、外国存款业务、特定机构和私人部门存款业务以及特种存款业务。中国人民银行通过办理存款业务可以调控社会信贷规模与货币供应量，维护金融体系稳定。

与商业银行的存款业务相比，中国人民银行的存款业务具有强制性、非营利性、存款对象主要为金融机构和政府部门，以及与存款人之间除了存在经济关系外，还存在管理与被管理的行政性关系的特点。

（三）其他负债业务

除人民币发行业务和存款业务两项主要负债业务之外，中国人民银行还会经营一些其他的负债业务，比如发行债券、对外负债和资本业务等。

发行债券（票据）业务指中国人民银行为调节金融机构多余流动性，向国内金融机构发行中央银行债券（票据），这往往表现为其负债结构的变化。为对冲外汇储备增加带来的基础货币投放增加，中国人民银行自 2002 年开始发行中央银行票据，将其作为公开市场操作工具来调节市场流动性。2012 年以来中国人民银行调节市场流动性的工具（如短期借贷便利、中期借贷便利、常备借贷便利等）日益增多，再加上 2014 年之后我国外汇储备有所下降，中央银行票据总量趋于平稳，在调节货币供应量和市场流动性中的作用逐渐降低。

对外负债主要指通过从国外银行借款、对外国中央银行的负债、国际金融机构的贷款、在国外发行的中央银行债券等方式产生的债务。中国人民银行对外负债的目的主要是平衡国际收支、维持汇率稳定和应对货币危机或金融危机。

资本业务是中央银行筹集、维持和补充自有资本的业务。《中华人民共和国中国人民银行法》第八条明确规定："中国人民银行的全部资本由国家出资，属于国家所有。"

中央银行的
其他业务

🎙️ 重要概念

中央银行　最后贷款人　现代中央银行制度　单一中央银行制　复合中央银行制　准中央银行制　跨国中央银行制　中央银行职能　中央银行资产负债表　资产业务　负债业务

🎙️ 本章小结

1. 从中央银行形成和发展的历史来看，中央银行的设立解决了现实经济发展中政府融资、货币发行、票据交换与清算、最后贷款人、金融监督管理等问题。

2. 现代中央银行制度是现代货币政策框架、金融基础设施服务体系、系统性金融风险防控体系和国际金融协调合作治理机制的总和。现代中央银行制度具有更加注重物价稳定、更加注重价格型调控框架、更加注重预期管理、更加注重独立性和更加注重宏观审慎管理等特征。

3. 中央银行的组织形式包括单一中央银行制、复合中央银行制、准中央银行制和跨国中央银行制。由于各国和各经济体存在政治制度、经济制度和金融市场环境的差异，中央银行的组织形式也呈现较大差异，但总体来说，世界上大多数国家采用的是单一中央银行制。

4. 中国人民银行除了履行发行的银行、政府的银行、银行的银行和金融管理的银行等一般性职能外，还具有调整经济结构、维护金融稳定、统筹金融开放和安全等特殊职能。

5. 中国人民银行的业务包括资产业务、负债业务和其他业务。资产业务主要包括再贴现和再贷款业务，证券买卖业务和黄金、外汇储备业务等。负债业务主要包括人民币发行业务、存款业务和其他负债业务等。

思考题

1. 相比传统中央银行制度，现代中央银行制度的主要特点是什么？中国建设现代中央银行制度需要坚持的原则是什么？中国应如何建设现代中央银行制度？

2. 随着首都经济圈、粤港澳大湾区、成渝地区双城经济圈等经济圈的建设和发展，中国人民银行的组织形式是否有必要进行改革？为什么？

3. 中国人民银行具有哪些特殊职能？这些特殊功能对推进中国式现代化有何重要意义？

4. 请问中国人民银行最新发布的《中国货币政策执行报告》涉及中央银行的哪些职能和业务？此外，中央银行可以通过哪些业务引导商业银行的贷款投放？

5. 结合中国人民银行的业务，阐述在当前百年未有之大变局下，中国人民银行如何在维护我国金融安全中发挥作用。

即测即评

第九章 货币供给

去杠杆，千招万招，管不住货币都是无用之招。

——《习近平著作选读》第一卷，人民出版社 2023 年版，第 619 页。

⊟▶ 学习目的和要求

理解货币供给的内涵及其统计口径；理解货币供给的内生性定义；掌握存款货币创造的前提条件及其派生过程；掌握现代银行制度下货币供给（乘数）模型；理解中央银行影响基础货币的渠道；增加对中国货币供给基本原理的认识。

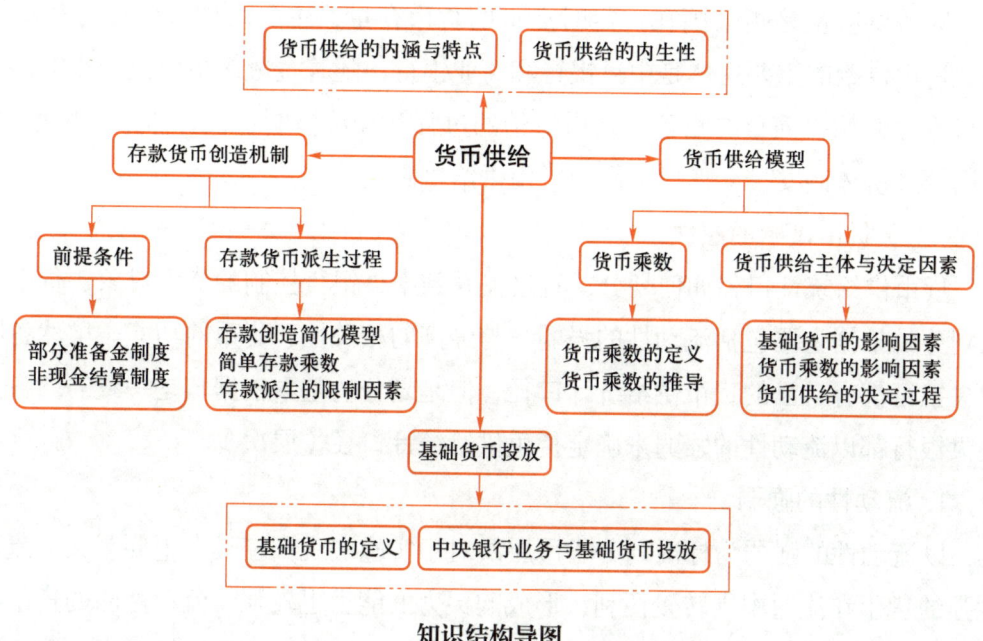

知识结构导图

货币供给对货币政策运行等宏观经济调控具有重要影响，是完善现代货币政策治理体系，建设"强大的中央银行"的重要保障。本章将界定基础货币、货币乘数等核心概念，讨论货币供给的内生性，分析存款货币派生过程，探讨经典的货币供给模型，总结中国货币供给规律。

第一节　理 论 基 础

中央银行能够完全决定货币供给吗？货币供给中的 M0、M1 和 M2 又分别指什么？本节将从货币供给的概念和层次出发，初步讨论货币供给的内生性和外生性，以此作为读者深入学习货币供给的基础。

一、货币供给的内涵与特点

（一）货币供给的定义

货币供给可以从静态和动态两个角度来理解。静态意义上的货币供给是一个存量概念，人们往往称其为货币供应量。动态意义上的货币供给是指现代金融体系向货币需求方提供货币的整个过程。

货币供应量是指某国在一定时点上的货币存量，主要由现金和银行存款构成。货币供给的重要主体是中央银行和商业银行，随着金融体系变化，非银行金融机构也开始扮演重要角色。货币供给的过程和经济体制、银行体系密切相关，不同的经济体制安排会形成不同的货币供给机制。

（二）货币供给的层次

货币供给统计口径如何划分，直接关系到中央银行控制的货币对象。货币层次划分的依据主要包括流动性的强弱、与经济的相关性、货币的功能。虽然各国中央银行都有自己的货币供给统计口径，但是划分的基本依据却是一致的。各国中央银行都以流动性的强弱来确定货币供给统计口径（层次）。

1. 流动性的强弱

以流动性的强弱为标准划分货币层次对于实施宏观调控具有重要意义。流动性强的货币在流通中周转较便利，形成购买力的能力也较强；流动性弱的货币在流通中周转较慢，形成购买力的能力也较弱。因此，最具有流动性的现金和活期存款称为狭义货币，表示经济社会直接购买力，而其他货币则称为准货币，表示经济社会潜在购买力。

2. 与经济的相关性

划分货币层次的重要目的之一是便于中央银行控制不同层次的货币。因此，货币层次的划分也需要考虑与经济活动的相关性。

3. 货币的功能

以货币功能划分的货币层次与以流动性的强弱确定的货币供给统计口径相辅相成。从货币交易媒介来看，货币应该包括通货和活期存款两部分，用于购买商品或者服务时的支付活动。为此，发挥交易媒介职能的货币可以被认为是第一层次的货币（M1）。从货币价值贮藏职能来看，货币还应包括一些定期存款、银行存单、信托存款等准货币，可以被认为是第二层次的货币（M2）。

按照国际货币基金组织的要求，货币供应量划分为如下三个层次：

$$M0 = 流通中的货币$$

$$M1 = M0 + 活期存款$$

$$M2 = M1 + 准货币$$

其中，M0 也称流通中的现金或通货，即流通于银行体系之外的现金，具有最强的购买力和流动性。M1 一般称为狭义货币，反映经济中的现实购买力，是被普遍接受的交易媒介。M1 流动性强，反映居民和企业资金松紧变化，是经济周期波动的先行指标。M2 一般称为广义货币，不仅反映现实购买力，还反映潜在购买力。M2 相较于 M1 流动性稍弱，但反映的是社会总需求变化和未来通货膨胀的压力状况。从历史经验来看，M2 与经济关联度最高。M2 与 M1 之差即居民定期储蓄存款和单位定期存款，其流动性稍差，国际货币基金组织称其为"准货币"。

（三）货币供给的统计口径

在现实情况下，随着经济发展，金融创新不断出现，货币供给统计口径也会随之变化。金融创新使得具有良好流动性的新型金融工具不断涌现，货币层次的内涵被不断突破，货币层次的划分被不断修改。1994 年 10 月，中国人民银行向社会公布"货币供应量统计表"，后来又进行了多次修正完善。2001 年，将证券公司客户保证金纳入货币供给 M2。2002 年，将中国外资、合资金融机构的人民币存款纳入不同层次的货币供应量。2011 年，将非存款类金融机构在存款类金融机构的存款和住房公积金存款纳入货币供给 M2。2018 年，用非存款机构部门持有的货币市场基金取代货币市场基金存款（含存单）。随着金融创新与支付手段的快速发展，个人活期存款已具备转账支付功能，无须取现可随时用于支付，与单位活期存款流动性相同，被计入狭义货币（M1）；而非银行支付机构客户备付金（如微信、支付宝中的沉淀资金）可以直接用于支付或交易，具有较强的流动性，也被纳入狭义货币（M1）统计口径。目前修订后的狭义货币（M1）包括：流通中的现金（M0）、单位活期存款、个人活期存款、非银行支付机构客户备付金。M2 除了 M1 之外还包括：城乡居民具有定期存款性质的储蓄存款、企业存款中具有定期存款性质的存款、外币存款、信托类存款、证券公司客户保证金存款、住房公积金中心存款、非存款类金融机构在存款类金融机构的存款、非存款机构部门持有的货币市场基金。

（四）货币供给过程的特点

在现代金融体制方面，多数国家采用"中央银行—存款货币银行"的二级银行体制，其具有以下三个特点。一是货币供给主体是中央银行和商业银行。货币供给的整个过程是在"中央银行—商业银行"的二级银行系统中进行的。二是货币供给主体依次创造相应货币数量。中央银行具有相对独立性，主要负责提供和调节基础货币，通过操作货币政策工具影响商业银行的业务活动和存款货币创造能力。以商业银行为代表的存款货币银行则通过吸收存款、发放贷款、转账支付等业务活动

中国货币供给
总量及结构

创造存款货币。三是非银行金融机构和社会公众对货币供给的影响越来越大。经济行为主体通过消费投资活动对货币供给产生影响。

二、货币供给的内生性

（一）货币供给的内生性定义

货币当局能否决定或者控制货币供给是经济主体普遍关注的问题。针对这一问题，经济学家经常就"货币供给是内生变量还是外生变量"展开讨论。

货币供给的内生性是指货币供给是经济系统的内生变量。它是由经济系统运行机制所决定的，其变动取决于公众、商业银行等各类行为主体以及核心经济变量如经济增长、物价水平、利率等。中央银行的货币供给不是主动的选择行为，而是被动的适应行为。马克思认为金属货币时代商品和黄金的内在价值决定价格，价格和商品量一起决定了"社会必要货币量"。商品交易过程中，货币作为媒介发挥流通手段的职能，"已知流通的速度和支付的节约，现实流通的货币量是由商品的价格和交易量决定的"[①]。

与内生性相对应，货币供给的外生性是指货币供给是经济系统的外生变量。它是由中央银行决定的，其变动主要取决于货币当局的政策行为，而不是取决于经济体系中的微观主体和核心变量。货币主义和新古典凯恩斯主义认为货币供给是由中央银行直接决定的。现代宏观经济学基本模型则以货币供给外生假设为基础。

（二）货币供给的内生性争论

货币供给理论
的历史演进

货币供给的内生性与外生性问题是货币理论中具有较强政策含义的问题。如果货币供给具有内生性，这意味着货币供给被动地决定于客观经济活动，而不能由货币当局有效地控制。如果货币供给具有外生性，这意味着货币供给可以由中央银行自主决定，货币政策的调节作用是决定性的。尽管央行基础货币多由中央银行外生决定，但随着货币供给与经济活动之间的相互影响在不断加强，货币供给的内生性特征愈发明显。

---

① 《马克思恩格斯文集》第七卷，人民出版社 2009 年版，第 591 页。

第二节　基础货币投放

货币供给不可能凭空产生，不同层次的货币供给源于最根本的基础货币。那么，什么是基础货币？有哪些货币可以称为基础货币？这些基础货币又如何进入市场？本节将中央银行的基本业务与基础货币投放相结合，分析基础货币的基本概念和投放过程。

一、基础货币的定义

基础货币也称高能货币，是指被社会公众持有的现金与商业银行持有的存款准备金的总和。基础货币中的银行准备金具有存款创造功能：每1元基础货币的增加，将导致货币供给的数倍增加。基础货币表现为中央银行的负债，由流通中的现金和商业银行准备金构成，如式（9-1）所示：

$$B = R + C \tag{9-1}$$

其中，B 表示基础货币；R 表示存款准备金，包含法定存款准备金 RR 和超额存款准备金 ER；C 表示流通中的现金。R 包括库存现金和商业银行在中央银行的存款，库存现金与流通中的现金合并称为货币发行。因此，基础货币也等于货币发行加上商业银行在中央银行的存款。

二、中央银行业务与基础货币投放

中央银行是货币供给的重要主体，控制基础货币是中央银行影响货币供给总量的重要手段。在中央银行资产负债表中，基础货币直接表现为中央银行负债。中国人民银行的资产负债表（见表9-1）可以更好地说明中央银行资产负债业务和基础货币投放之间的关系。

表9-1　中国人民银行资产负债简表（2025年5月）

单位：亿元

项目	金额	项目	金额
国外资产	230 485.43	储备货币	366 758.99
外汇	216 519.32	货币发行	135 911.15
货币黄金	4 403.09	金融性公司存款	205 916.74

续表

项目	金额	项目	金额
其他国外资产	9 563.02	非金融机构存款	24 931.10
对政府债权	24 341.49	不计入储备货币的金融性公司存款	7 376.61
其中：中央政府	24 341.49	发行债券	1 900.00
对其他存款性公司债权	171 317.62	国外负债	1 547.32
对其他金融性公司债权	9 809.58	政府存款	55 760.45
对非金融性部门债权		自有资金	219. 75
其他资产	15 043.86	其他负债	17 434.87
总资产	450 997.98	总负债	450 997.98

资料来源：中国人民银行网站。

从表9-1可以看出，基础货币（即"储备货币"）出现在资产负债表的负债端。这里货币发行科目和流通中的现金数目是等价的。下面分别通过中央银行资产业务与负债业务说明基础货币的投放和回笼渠道。

（一）资产业务与基础货币

中央银行资产业务变化是引起基础货币变化的重要因素。下面以政府债券购买为例，说明其对基础货币投放的影响。中央银行可以通过公开市场操作买卖政府债券，从而调节基础货币。假设中央银行从商业银行处购买了1亿元政府债券，交易者在中央银行的准备金存款账户中便会增加1亿元，因此银行体系的准备金就增加了1亿元。在这次交易后，中央银行资产负债表中资产方增加价值1亿元的政府债券，负债方增加1亿元的商业银行准备金存款。中央银行的资产负债表会发生如表9-2所示的变化。

表9-2　中央银行购买政府债券

单位：亿元

资产		负债	
政府债券	+1	准备金存款	+1

表 9-2 表明中央银行购买政府债券，一方面增加了政府债券的持有量，另一方面也增加了等量的基础货币。除政府债券之外，中央银行公开市场操作还包括回购业务等，这些公开市场操作对基础货币具有同向影响。

购买国外资产业务是中央银行重要的资产业务。国外资产主要由外汇、货币黄金等构成。从表 9-1 可知，国外资产科目中外汇占款的占比高达 94%。我国加入世界贸易组织以来，贸易顺差不断扩大，外汇储备规模随之增长，这直接导致外汇占款规模的扩大。在人民币结售汇制度的影响下，外汇占款在很长一段时期是我国基础货币投放的主要渠道。

基础货币投放方式变迁：外汇占款到公开市场操作

此外，贴现贷款业务也是中央银行调控基础货币的重要资产业务。无论是再贴现还是再贷款，其结果都是中央银行对商业银行的债权规模增加，同时商业银行的存款准备金增加，从而基础货币等量增加。

（二）负债业务与基础货币

在中央银行负债业务中，货币发行和准备金存款直接构成了基础货币。此外，其他负债业务如政府存款也会影响基础货币。政府存款主要源于政府部门发行政府债券或者征税所得资金。假定财政部收到 1 亿元税款。财政部门将所得资金先存入商业银行再转入中央银行账户。此时，中央银行资产负债表中负债方增加 1 亿元的政府存款，同时负债方减少 1 亿元的商业银行准备金存款。因此，中央银行的资产负债表会发生如表 9-3 所示的变化。

表 9-3　中央银行政府存款业务

单位：亿元

资产	负债	
	准备金存款	-1
	政府存款	+1

由此可见，中央银行的政府存款业务具有两方面的影响。一方面增加了中央银行资产负债表中的政府存款负债，另一方面减少了中央银行资产负债表中的准备金存款，从而减少了等量的基础货币。

发行中央银行票据是中央银行的重要负债业务。中央银行票据在资产负债表的负债方被列为"发行债券"科目。2002 年以来，中国人民银行大规模发行中央银行票据回笼基础货币，以应对外汇占款形成的基础货币扩张。为了冲销快速增长的流动性，2005 年中国人民银行新增票据为基础货币新增量的 168%。由于中央银行票据是中国人民银行主动形成的负债，因此这种调节基础货币的方式赋予中国人民银行更多主动性。

专栏 9-1

我国货币发行机制

在信用货币制度下，商业银行通过发放贷款等资产扩张创造广义货币，中央银行则通过资产扩张创造基础货币，并通过调节基础货币来调控商业银行创造广义货币的能力。我国货币发行机制主要经历了两个阶段。

第一阶段为 1998—2014 年，主要通过外汇占款投放基础货币。这一时期，我国对外贸易规模快速发展，贸易顺差不断扩大，外汇储备增加，导致外汇占款规模不断提升。虽然这个阶段我国主要通过外汇占款投放基础货币，但这并不意味着货币发行和信用扩张受制于美元等其他货币。实际上，外汇储备是由我国出口货物换回来的，随时可用来从国际上购买物资，因此人民币发行的基础本质上是国家掌握的物资。中国人民银行在买入外汇、投放人民币的同时，还通过提高准备金率、公开市场操作等方式，进行了大规模的流动性对冲，有效应对双顺差带来的挑战和问题。

第二阶段为 2014 年至今，国际收支更趋平衡，外汇储备对基本货币的影响有所减弱。中国人民银行主要通过公开市场操作、中期借贷便利、抵押补充贷款等工具向市场投放基础货币。中央银行主动供给和调节流动性的能力进一步增强。我国基础货币发行机制的改变，不仅适应了经济金融发展的新情况、新变化，有效地满足了银行体系创造广义货币的需要，也为加快推进货币政策调控框架从数量型调控为主向价格型调控为主转变创造了条件。

第三节 存款货币创造机制

在现代经济中，商业银行创造了大部分存款货币。在现代信用货币制度下，货币供给机制源于商业银行吸收存款、发放贷款等经营活动。商业银行每多吸收 1 单位存款，便会实现数倍存款货币的创造。

一、原始存款、派生存款和存款准备金

从商业银行存款创造的角度看，商业银行存款主要有两种形式：原始存款和派生存款。原始存款是指商业银行吸收的并且能够增加其准备金的存款。原始存款来源于中央银行投放的基础货币，是商业银行接受客户的现金或中央银行签发支票所形成的存款。原始存款是商业银行创造派生存款的基础。

派生存款是指商业银行以原始存款为基础，通过发放贷款或进行其他资产业务转化而来的存款。原始存款和派生存款是为了说明商业银行存款创造原理而使用的概念。事实上，在银行的存款总额中无法区分原始存款和派生存款。

存款准备金是指商业银行吸收存款后，以库存现金或中央银行存款形式保留的、预防存款人提现的流动资产储备。存款准备金主要包括两大类：一是中央银行要求商业银行必须持有的法定存款准备金；二是银行自愿持有的超额存款准备金。商业银行的存款准备金一般以两种形式存在：一是商业银行应付日常业务所需的以实物形式持有的货币，因存放在银行金库中被称为库存现金；二是商业银行在中央银行的准备金存款，它是商业银行的资产和中央银行的负债。

存款准备金、法定存款准备金以及超额存款准备金之间的关系如下：

存款准备金＝法定存款准备金＋超额存款准备金

＝商业银行库存现金＋商业银行在中央银行的存款

存款准备金率是指商业银行存款准备金占吸收存款总额的比率。法定存款准备金率是指中央银行规定的最低限度的存款准备金率。假设存款总额不变，法定存款准备金率越高，商业银行可用于信贷的额度就越少。法定存款准备金率等于法定存款准备金与存款总额的比率，即：

$$rr = \frac{RR}{D} \tag{9-2}$$

其中，rr 表示法定存款准备金率；RR 表示法定存款准备金；D 表示存款总额。

超额存款准备金率是指商业银行的超额存款准备金与存款总额的比率，即：

$$e = \frac{ER}{D} \tag{9-3}$$

其中，e 表示超额存款准备金率；ER 表示超额存款准备金；D 表示存款总额。

二、商业银行创造存款货币的前提条件

存款货币的创造产生于商业银行开展存贷业务的过程中，但这种创造机制是有前提条件的。一般而言，只有同时具备了部分准备金制度和非现金结算制度这两个前提条件，商业银行才能创造派生存款。

（一）部分准备金制度

部分准备金制度是在中央银行体制下建立起来的，国家以法律形式规定商业银行必须按照一定比例向中央银行缴纳"部分"存款准备金。被称为"部分"准备金，是因为银行若按 100% 比例缴纳存款准备金，就没有发放贷款、创造存款的可能性。部分准备金制度是银行信用创造的前提条件。

在部分准备金制度下，商业银行吸收到存款后，不需要为此保留等额现金，而是按法律规定留存一定比例的准备金，其余部分的存款就可以用于发放贷款并由此形成多倍的存款创造。

（二）非现金结算制度

非现金结算也被称为转账结算、划拨结算。在非现金结算方式下，活期存款从一个存款账户转到另一个账户上，结算资金仍在银行体系中，只是该笔现金的债权人发生了变化。存款转移对商业银行而言意味着现金没有流出银行体系，即使转账结算的双方不在同一银行开户，对整个银行体系而言用在信贷业务上的资金来源仍然没减少，因为转出方所在银行存款的减少必然意味着转入方所在银行存款的等额增加。

三、存款货币派生过程

当中央银行为银行体系提供 1 单位额外的准备金时，存款货币将发生数倍增加。这个过程被称为存款货币创造或者多倍存款创造。

（一）存款创造简化模型

为说明存款创造的一般原理和基本过程，这里给出存款货币创造的一个简化模型，进行如下假设：第一，整个银行体系由 1 家中央银行和至少 2 家商业银行（工商银行、农商银行、民商银行等）构成；第二，商业银行仅保留法定存款准备金，剩余资金全部用于信贷，其超额存款准备金为零；第三，银行客户并不持有现金，客户将所得贷款全部以活期存款的形式存入商业银行；第四，设定中央银行规定的法定存款准备金率为 10%。

假设工商银行收到客户甲存入的一张面值为 10 000 元的支票。通过代收这张支票，工商银行的资产负债表发生如下变化：资产方中在中央银行的准备金存款增加 10 000 元，同时负债方中客户甲的存款账户上增加 10 000 元。这时工商银行资产负债状况如表 9-4 所示。

表 9-4　工商银行吸收存款

单位：元

资产		负债	
准备金　+10 000		存款　+10 000	

按照法定存款准备金率 10% 的要求，工商银行只需要持有 1 000 元的法定存款准备金，剩下的 9 000 元超额存款准备金可以用于发放贷款。如果工商银行向客户乙贷出 9 000 元，并使其在中央银行的准备金存款等额减少 9 000 元，这时其资产负债状况如表 9-5 所示。

表 9-5　工商银行发放贷款

单位：元

资产		负债	
准备金　+1 000		存款　+10 000	
贷款　+9 000			

假设客户乙用从工商银行贷出的 9 000 元支付客户丙，而客户丙在农商银行开户。此时，农商银行代收支票，使其在中央银行的准备金存款增加 9 000 元。同时，农商银行增记客户丙的银行存款 9 000 元。农商银行的资产负债表变化如表 9-6 所示。

表 9-6　农商银行吸收存款

单位：元

资产		负债	
准备金　+9 000		存款　+9 000	

在上述假设条件下，农商银行也仅需保留 900 元的法定存款准备金，可将剩余的 8 100 元用于发放贷款。如果农商银行贷出法定存款准备金外的全部剩余金额，并使其在中央银行的准备金存款等额减少 8 100 元，则农商银行的资产负债状况如表 9-7 所示。

表 9-7　农商银行发放贷款

单位：元

资产		负债	
准备金　　+900 贷款　　　+8 100		存款　　+9 000	

进一步地，假如农商银行贷给客户的 8 100 元贷款被转账存入第三家银行民商银行。同样，民商银行吸收的存款增加了 8 100 元，并相应增加了在中央银行的准备金存款 8 100 元。那么，民商银行又有可能扩大贷款 $8\ 100 \times (1-10\%) =$ 7 290（元）。银行体系又有 7 290 元的存款货币继续被创造出来。以此类推，其他商业银行将会按照法定存款准备金率 10% 的约束条件不断扩大贷款并相应创造出新的存款货币。这一过程会一直持续下去，直到最初存入银行的 10 000 元原始存款全部转化为法定存款准备金为止。

从增量的角度来看，这时银行体系的法定存款准备金总额等于原始存款。整个银行体系已经没有了超额存款准备金，也就无法继续创造存款货币。这表明存款创造的完成过程也是超额准备金的耗尽过程。

在上例中，新增的存款货币数量呈现如下等比数列规律：

$$10\ 000 \times (1-10\%) = 9\ 000（元）$$
$$9\ 000 \times (1-10\%) = 8\ 100（元）$$
$$8\ 100 \times (1-10\%) = 7\ 290（元）$$
$$7\ 290 \times (1-10\%) = 6\ 561（元）$$

$$\cdots\cdots\cdots\cdots$$

上述新增存款的总和即为一个无穷等比数列之和：

$$9\ 000 + 8\ 100 + 7\ 290 + 6\ 561 + \cdots = \frac{9\ 000}{1-(1-10\%)} = 90\ 000（元）$$

最终存款总额为新增存款总额加上原始的 10 000 元存款，即：

$$90\ 000 + 10\ 000 = 100\ 000（元）$$

商业银行的整个存款创造过程如表9-8所示。

表9-8　存款货币创造过程

单位：元

商业银行	存款增加额	贷款增加额	准备金增加额
工商银行	10 000	9 000	1 000
农商银行	9 000	8 100	900
民商银行	8 100	7 290	810
华商银行	7 290	6 561	729
…	…	…	…
合计	100 000	90 000	10 000

正如一枚硬币的两面，存款货币也会出现多倍紧缩的现象。存款货币的紧缩是由商业银行准备金减少引起的。商业银行准备金减少主要有两方面原因：一是存款人从商业银行提取存款，二是中央银行向商业银行出售有价证券。存款货币多倍创造的原理同样适用于存款货币紧缩过程。

（二）简单存款乘数

商业银行准备金增加引起存款增加的倍数被称为简单存款乘数。在上面的例子中，存款乘数是法定存款准备金率的倒数；因假设条件简单，上述存款乘数被称为简单存款乘数。如果以 ΔD 表示存款变动总额，ΔR 表示原始存款的变化量，k 表示存款乘数，多倍存款创造的公式可以表示为：

$$\Delta D = \frac{1}{rr} \times \Delta R = k \times \Delta R \tag{9-4}$$

下面说明式（9-4）的由来。假定商业银行未持有任何超额准备金，这意味着银行体系中的法定存款准备金总额 RR 等于银行体系中的准备金总额 R，即：

$$RR = R$$

而法定存款准备金总额等于法定存款准备金率乘以支票存款总额 D，即：

$$RR = rr \times D$$

以 $rr \times D$ 代替 RR，可以得到：

$$rr \times D = R$$

进一步地，对上述等式两边同除以 rr，得到：

$$D = \frac{1}{rr} \times R$$

当公式两边变量同时变动，且用 Δ 表示这一变化时，可得：

$$\Delta D = \frac{1}{rr} \times \Delta R \qquad\qquad (9-5)$$

（三）存款派生的限制因素

为了简单地说明存款货币创造机制，上面的例子中假设了严格的前提条件。在现实生活中，商业银行在存款创造的过程中，还会受到现金漏损率、超额存款准备金率等因素的影响。

1. 现金漏损率与存款货币创造

现金漏损率也称提现率，是指流通中的现金与存款总额的比率。在上述例子中，如果工商银行的 9 000 元贷款资金被客户乙以现金形式持有，而没有被存入银行，那农商银行就不会收到新的存款。这种情形下，存款创造过程将中断。如果部分存款以现金形式持有，存款扩张的倍数就会缩小。现实情况是，总会有一部分现金流出银行体系，出现所谓的现金漏损。在现金漏损情形下，商业银行所能创造的派生存款将随之减少。

假设 c 表示现金漏损率，其具体推导过程如下：

$$\Delta D = \Delta R + \Delta R(1-rr-c) + \Delta R(1-rr-c)^2 + \cdots + \Delta R(1-rr-c)^n$$

当 $n \to \infty$ 时，由于 $0 < rr+c < 1$，则：

$$\Delta D = \Delta R \left[1 + (1-rr-c) + (1-rr-c)^2 + \cdots + (1-rr-c)^n \right]$$

$$= \Delta R \times \frac{1}{1-(1-rr-c)} = \frac{\Delta R}{rr+c}$$

在考虑现金漏损率的情况下，存款乘数 k 可以表示为：

$$k = \frac{1}{rr+c} \qquad\qquad (9-6)$$

由此可见，现金漏损率 c 与存款乘数成反比关系。现金持有量越高，存款乘数越小，存款货币的扩张效应越弱。

2. 超额存款准备金率与存款货币创造

上面简单模型还忽略了商业银行没有将全部超额存款准备金用于发放贷款这

一情况。在现实经营活动中，银行并不一定会将超额存款准备金全部贷出。为安全或应对意外之需，银行实际持有的存款准备金总是高于法定存款准备金。如果工商银行保有全部 9 000 元的超额存款准备金，农商银行就不会收到新的存款，存款创造过程也将因此中断，存款货币的增加也将远远小于存款乘数预期的结果。

超额存款准备金率对存款货币创造限制的推导过程如下：

$$\Delta D = \Delta R + \Delta R (1 - rr - c - e) + \Delta R (1 - rr - c - e)^2 + \cdots + \Delta R (1 - rr - c - e)^n$$

当 $n \rightarrow \infty$ 时，由于 $0 < rr + c + e < 1$，则：

$$\Delta D = \Delta R [1 + (1 - rr - c - e) + (1 - rr - c - e)^2 + \cdots + (1 - rr - c - e)^n]$$

$$= \Delta R \times \frac{1}{1 - (1 - rr - c - e)} = \frac{\Delta R}{rr + c + e}$$

同时考虑现金漏损率和超额存款准备金率，存款乘数 k 表示为：

$$k = \frac{1}{rr + c + e} \tag{9-7}$$

显然，存款乘数与超额存款准备金率 e 成反比关系。超额存款准备金率越高，存款乘数越小，存款货币的扩张效应越弱。

第四节　货币供给模型

本节将介绍货币乘数的定义与计算方式，并深入讨论货币供给的主体与决定因素。

一、货币乘数

（一）货币乘数的定义

货币乘数是指货币供应量与基础货币之比，它反映了基础货币每变化 1 单位所引起的货币供给的变化倍数。基础货币增加后，货币供给并不是按 1∶1 的比例增加，而是数倍增加。商业银行基于信贷活动所产生的存款货币是货币供应量数倍于基础货币的根源。货币乘数（m）与货币供给（M）和基础货币（B）之间的关系可以表示为：

$$m = \frac{M}{B} \qquad\qquad (9-8)$$

从上式可以看出，货币供给是由基础货币和货币乘数共同决定的。

货币供给主要由流通中的现金（C）和银行存款（D）构成，不同层次货币供给的成分有所差别。基础货币由流通中的现金（C）和存款准备金（R）构成。基础货币与货币供给的关系如图 9-1 所示。流通中的现金是基础货币和货币供给的共同组成部分，流通中的现金没有乘数效应，在基础货币和货币供给中数量一致。货币供给扩张主要来源于存款准备金。

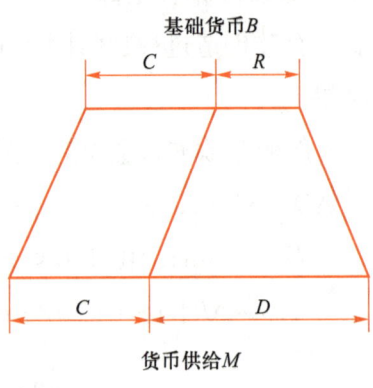

图 9-1　基础货币与货币供给

（二）货币乘数的推导

货币乘数可以由货币供给模型推导出来。下面分别介绍 M1 和 M2 层次的货币乘数推导。一般情况下，主要依据 M1 层次货币乘数分析货币供给行为。

1. M1 层次的货币乘数

令 $R = RR + ER$，其中 RR 表示法定存款准备金，ER 表示超额存款准备金。在 M1 的情况下，银行存款主要指活期存款。定义现金比率 $c = \dfrac{C}{D}$，超额存款准备金率 $e = \dfrac{ER}{D}$，法定存款准备金率 $rr = \dfrac{RR}{D}$。

M1 层次的货币乘数可以表示为：

$$m_1 = \frac{M_1}{B} = \frac{C + D}{C + RR + ER}$$

将上式的分子和分母同时除以 D，可得：

$$m_1 = \frac{\dfrac{C + D}{D}}{\dfrac{C + RR + ER}{D}} = \frac{\dfrac{C}{D} + 1}{\dfrac{C}{D} + \dfrac{RR}{D} + \dfrac{ER}{D}}$$

由此可得：

$$m_1 = \frac{c + 1}{c + rr + e} \qquad\qquad (9-9)$$

由式（9-9）可知，M1 层次的货币乘数主要受到社会公众决定的现金比率、商业银行决定的超额准备金率以及中央银行决定的法定存款准备金率的影响。简言之，货币乘数受到社会公众、商业银行和中央银行的共同影响。

例 9-1　假定法定存款准备金率为 10%，流通中的现金为 2 000 亿元，活期存款为 4 000 亿元，超额准备金为 200 亿元，请计算 M1 层次的货币乘数 m_1。

解答：

方法一：利用货币乘数的定义。分别计算出基础货币和货币供给。

基础货币 $B = C + R = 2\,000 + 4\,000 \times 10\% + 200 = 2\,600$（亿元）

货币供给 $M = C + D = 2\,000 + 4\,000 = 6\,000$（亿元）

货币乘数 $m_1 = \dfrac{M}{B} = \dfrac{6\,000}{2\,600} \approx 2.307\,7$

方法二：利用货币乘数的公式。分别计算出现金比率 $c = \dfrac{C}{D}$，超额准备金率 $e = \dfrac{ER}{D}$。

现金比率 $c = \dfrac{C}{D} = \dfrac{2\,000}{4\,000} = 0.5$

超额存款准备金率 $e = \dfrac{ER}{D} = \dfrac{200}{4\,000} = 0.05$

货币乘数 $m_1 = \dfrac{c+1}{c+rr+e} = \dfrac{0.5+1}{0.5+0.1+0.05} \approx 2.307\,7$

2. M2 层次的货币乘数

根据货币乘数的定义，同样可以推导出 M2 层次的货币乘数。令 T 表示定期存款，D 表示活期存款。定义 $t = \dfrac{T}{D}$，表示定期存款与活期存款的占比。

法定存款准备金区分为活期存款法定准备金和定期存款法定准备金，则：

$$RR = R_D + R_T$$

M2 层次的货币乘数可以表示为：

$$m_2 = \frac{C+D+T}{C+RR+ER} = \frac{C+D+T}{C+R_D+R_T+ER}$$

将上式的分子和分母同时除以活期存款 D，可得：

$$m_2 = \dfrac{\dfrac{C+D+T}{D}}{\dfrac{C+R_{\mathrm{D}}+R_{\mathrm{T}}+ER}{D}} = \dfrac{\dfrac{C}{D}+\dfrac{T}{D}+1}{\dfrac{C}{D}+\dfrac{R_{\mathrm{D}}}{D}+\dfrac{R_{\mathrm{T}}}{T}\times\dfrac{T}{D}+\dfrac{ER}{D}}$$

由此可得：

$$m_2 = \frac{c+t+1}{c+r_{\mathrm{d}}+r_{\mathrm{t}}\times t+e} \tag{9-10}$$

其中，$r_{\mathrm{d}}=\dfrac{R_{\mathrm{D}}}{D}$ 表示活期存款法定准备金率；$r_{\mathrm{t}}=\dfrac{R_{\mathrm{T}}}{T}$ 表示定期存款法定准备金率。

二、货币供给主体与决定因素

货币供给主体主要包括中央银行、商业银行以及社会公众等。货币供给主体通过基础货币和货币乘数影响货币供给。由货币供给模型可知，给定货币乘数的情况下，基础货币增加将引起货币供给成倍扩张。

（一）基础货币的影响因素

基础货币主要受中央银行影响。中央银行可以通过公开市场操作和贴现贷款等业务调控基础货币。其中，公开市场操作的数量完全由中央银行决定，而贴现贷款规模受商业银行借款意愿等因素影响，不完全由中央银行控制。

经济学家通常将基础货币分为两部分，一部分中央银行能够完全控制，而另一部分中央银行的控制力相对较弱。不能严格控制的部分是由中央银行贴现贷款创造的那部分基础货币，称为非可控基础货币，也被称为借入准备金。基础货币的其余部分则处于中央银行的控制之下，因为该部分基础货币主要源自公开市场操作，所以其被称为可控型基础货币或非借入基础货币。

1. 可控型基础货币

中央银行的公开市场操作会影响基础货币。例如，中央银行在公开市场买入债券会增加可控型基础货币。给定其他因素的条件下，中央银行公开市场购买导致可控型基础货币上升，从而增加基础货币和准备金。在多倍存款创造机制下，货币供给随之扩张。由此可知，货币供给与可控型基础货币正相关。

2. 非可控基础货币

中央银行向商业银行发放贴现贷款会向银行系统提供更多的准备金。这些准备金的增加会提高基础货币。在多倍存款创造机制下，货币供给随之扩张。由此可知，货币供给与非可控基础货币正相关。

（二）货币乘数的影响因素

与基础货币相比，货币乘数的影响因素更为复杂。影响货币乘数的参与主体涉及中央银行、商业银行和社会公众。基于货币供给模型，以 M2 层次的货币乘数为例，分析影响货币乘数的五类因素。它们分别是活期存款法定准备金率 r_d、定期存款法定准备金率 r_t、超额准备金率 e、现金比率 c 以及定期存款与活期存款的占比 t。这些因素会最终影响货币供给。

1. 货币乘数与活期存款法定准备金率 r_d 负相关

M2 层次的货币乘数 $m_2 = \dfrac{c+t+1}{c+r_d+r_t \times t+e}$，货币乘数 m_2 对活期存款法定准备金率 r_d 的偏导数为：

$$\frac{\partial m_2}{\partial r_d} = -\frac{c+t+1}{(c+r_d+r_t \times t+e)^2}$$

一般情况下，活期存款法定准备金率 r_d、定期存款法定准备金率 r_t、定期存款与活期存款的占比 t、现金比率 c、超额准备金率 e 均大于 0。由此可知：

$$\frac{\partial m_2}{\partial r_d} < 0 \qquad (9\text{-}11)$$

这表明货币乘数与活期存款法定准备金率 r_d 负相关。其他因素不变，中央银行提高活期存款法定准备金率，货币乘数变小，货币供给随之减少。

包含非银行金融机构的货币乘数

2. 货币乘数与定期存款法定准备金率 r_t 负相关

货币乘数 m_2 对定期存款法定准备金率 r_t 的偏导数为：

$$\frac{\partial m_2}{\partial r_t} = -\frac{(c+t+1) \times t}{(c+r_d+r_t \times t+e)^2}$$

同理，活期存款法定准备金率 r_d、定期存款法定准备金率 r_t、定期存款与活期存款的占比 t、现金比率 c、超额准备金率 e 一般均大于 0。由此可知：

$$\frac{\partial m_2}{\partial r_t} < 0 \qquad (9\text{-}12)$$

这表明货币乘数与定期存款法定准备金率 r_t 负相关。其他因素不变，中央银行提高定期存款法定准备金率，货币乘数变小，货币供给随之减少。

为简化分析，人们往往将活期存款法定准备金率和定期存款法定准备金率合并为法定存款准备金率。其他条件不变，货币供给与法定存款准备金率负相关。

3. 货币乘数与超额准备金率 e 负相关

货币乘数 m_2 对超额准备金率 e 的偏导数为：

$$\frac{\partial m_2}{\partial e} = -\frac{c+t+1}{(c+r_{\mathrm{d}}+r_{\mathrm{t}} \times t+e)^2}$$

同理，活期存款法定准备金率 r_{d}、定期存款法定准备金率 r_{t}、定期存款与活期存款的占比 t、现金比率 c、超额准备金率 e 均大于 0。由此可知：

$$\frac{\partial m_2}{\partial e} < 0 \tag{9-13}$$

这表明货币乘数与超额准备金率 e 负相关。其他因素不变，商业银行的超额准备金率增加，货币乘数会变小，货币供给随之减少。因此，其他条件不变，货币供给与超额存款准备金率负相关。

学者研究发现，我国超额准备金率的变化决定了货币乘数的变化趋势。与西方发达国家不同，我国对超额存款准备金支付利息。超额存款准备金是商业银行的无风险资产。基于风险—收益动机可知，超额存款准备金的付息率越高，商业银行越倾向于持有超额准备金。除了超额存款准备金率，影响我国商业银行超额准备金率的因素主要有商业银行金融资产选择的多样性、预期存款外流以及存贷利差等。

商业银行持有的超额准备金越多，用于发放贷款和投资其他金融资产的数量就会越少。这意味着商业银行持有超额准备金存在机会成本。随着我国金融产品和投资工具的不断丰富，商业银行持有超额准备金的机会成本越来越高。

预期存款外流主要受季节性因素影响。例如，每年第四季度我国商业银行的超额准备金比率较高，因为第四季度有国庆节，同时临近春节，人们对现金的需求旺盛。

存贷利差指商业银行资金来源（即存款）的平均成本率与资金运用（即贷款）的平均收益率之差。在我国利率市场化的渐进改革进程中，中央银行对金融机构存贷款利率水平长期实行"贷款管下限、存款管上限"的政策。这无形中引发了"法定存贷利差"的现象。"法定存贷利差"往往大于市场化存贷利差。这驱使我国商业银行不断扩大资产规模以获取更多利差收益，从而激励了银行的放贷意愿，增强了存款货币创造的能力。因此，存贷利差越大，商业银行持有超额准备金的意愿越弱，商业银行的存款货币创造能力越强，货币乘数也就越大。

4. 货币乘数与现金比率 c 负相关

货币乘数 m_2 对现金比率 c 的偏导数为：

第三方支付平台对中国货币供给的影响

$$\frac{\partial m_2}{\partial c} = \frac{(r_\mathrm{d}+e-1)+t(r_\mathrm{t}-1)}{(c+r_\mathrm{d}+r_\mathrm{t} \times t+e)^2}$$

在一般情况下，活期存款法定准备金率 r_d、定期存款法定准备金率 r_t、定期存款与活期存款的占比 t、现金比率 c、超额准备金率 e 均大于 0。同时活期存款法定准备金率 r_d、定期存款法定准备金率 r_t、超额准备金率 e 远小于 1。由此推出：

$$\frac{\partial m_2}{\partial c} < 0 \tag{9-14}$$

这表明货币乘数与现金比率 c 负相关。其他因素不变，现金比率的增加意味着公众持有更多现金，这会导致商业银行的存款货币创造能力下降，货币供给随之减少。其他条件不变，货币供给与现金比率负相关。

近年来，我国现金比率呈持续下降趋势。给定其他条件不变，货币乘数会有所提高。我国现金比率的影响因素主要包括居民收入水平、第三方支付，以及法定数字货币等。随着居民收入水平提高，货币需求会增加，但是现金比率会降低。近年来，我国第三方支付业务快速发展，第三方支付大幅降低了交易中对现金的需求，导致现金比率下降。作为传统实体货币的替代形式，法定数字货币主要定位于现金通货。换言之，法定数字货币是一种新型现金的表现形式。法定数字货币主要通过影响现金比率产生作用。法定数字货币的安全性、便利性及离线支付等特性会增加民众的持有量，进而提高现金比率，最终减少货币供给。

5. 货币乘数与定期存款与活期存款的占比 t 正相关

货币乘数 m_2 对定期存款与活期存款的占比 t 的偏导数为：

$$\frac{\partial m_2}{\partial t} = \frac{r_\mathrm{d}+e+c(1-r_\mathrm{t})-r_\mathrm{t}}{(c+r_\mathrm{d}+r_\mathrm{t} \times t+e)^2}$$

货币乘数 m_2 与 t 之间的关系较为复杂。判断上式符号的关键是明确活期存款法定准备金率 r_d 和定期存款法定准备金率 r_t 的大小。

一般来说，活期存款法定准备金率是大于定期存款法定准备金率的，可以推出：

$$\frac{\partial m_2}{\partial t} > 0 \qquad\qquad (9\text{-}15)$$

这表明货币乘数与定期存款与活期存款的占比 t 正相关。给定其他因素不变，由于活期存款法定准备金率大于定期存款法定准备金率，定期存款产生的存款货币创造能力更强。定期存款和活期存款的比率增加，对存款货币创造能力具有放大效应；但同时定期存款比例的提高会挤出一部分活期存款创造能力。两种效应叠加的结果是存款货币相对增加，最终货币供给增加。其他条件不变，货币供应量与定期存款与活期存款的占比正相关。

（三）货币供给的决定过程

综合上述分析，基于存款货币创造原理和货币乘数理论，可以总结出货币供给的主要影响因素及作用机制。表9-9汇总了货币供给及其各类影响因素的关系。其中，作用机制主要通过基础货币和货币乘数来体现。

表9-9　货币供给及其影响因素的关系

参与主体	影响因素	因素变动	作用机制	货币供给变动
中央银行	可控型基础货币	↑	基础货币增加	↑
	法定存款准备金率	↑	货币乘数减少	↓
商业银行	非可控基础货币	↑	基础货币增加	↑
	超额存款准备金率	↑	货币乘数减少	↓
社会公众	定活期存款比率	↑	货币乘数增加	↑
	现金比率	↑	货币乘数减少	↓

货币供给的过程受到参与主体和影响因素的共同影响，最终形成货币供给理论模型。其中，中央银行对公开市场业务、贴现贷款业务及法定存款准备率均有影响，作用于基础货币和货币乘数，最终影响货币供给。商业银行通过贴现贷款行为影响基础货币，通过超额准备金影响货币乘数，进而作用于货币供给。社会公众通过现金比率和定期存款比率影响货币乘数，进而对货币供给产生影响。货币供给过程及影响因素如图9-2所示。

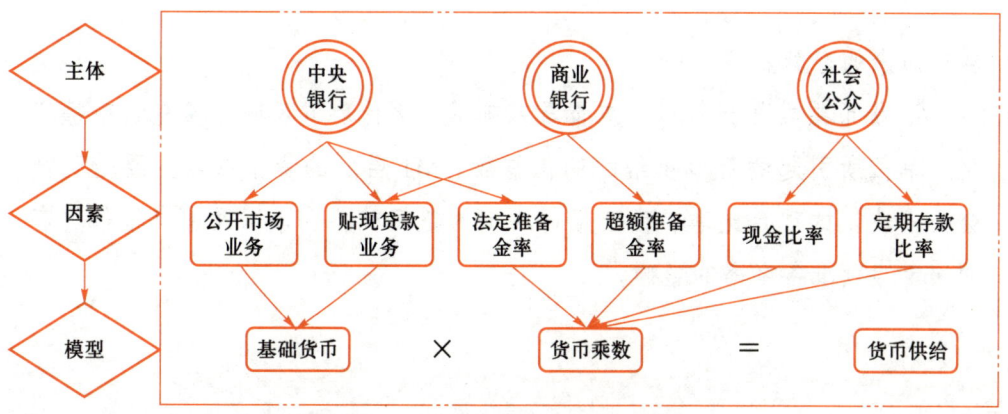

图 9-2　货币供给过程及影响因素

🎙 重要概念

　　货币供给　货币供给的内生性　基础货币　原始存款　派生存款　货币乘数

🎙 本章小结

　　1. 货币供给一般是指存量概念，即货币供应量。货币供应量是指某国在一定时点上的货币存量，主要由现金和银行存款构成。货币供给的重要主体是中央银行和商业银行，随着金融体系变化，非银行金融机构也开始扮演重要角色。

　　2. 各国中央银行都是以流动性的强弱来确定货币供给统计口径（层次）。M1 一般称为狭义货币。M2 一般称为广义货币，等于 M1＋准货币。

　　3. 货币供给的内生性是指货币供给量是经济系统的内生变量，货币供给的外生性则是指货币供给量是经济系统的外生变量。

　　4. 基础货币也称高能货币，是指被社会公众持有的现金与商业银行持有的存款准备金的总和。

　　5. 原始存款是指商业银行吸收的并且能够增加其准备金的存款。派生存款是指商业银行以原始存款为基础，通过发放贷款或进行其他资产业务转化而来的存款。

6. 货币乘数是指货币供应量与基础货币之比。它反映了基础货币每变化 1 单位所引起的货币供给的变化倍数。M1 层次的货币乘数主要受到社会公众决定的现金比率、商业银行决定的超额准备金率以及中央银行决定的法定存款准备金率的影响。

 ## 思考题

1. 我国货币供给的层次划分的依据是什么？主要包括哪些层次？金融创新是如何影响货币层次划分的？

2. 什么是货币供给的内生性？我国货币供给内生性表现在哪些方面？

3. 在现代信用金融体系下，货币供给过程是如何实现的？近年来快速发展的非银金融机构如何影响货币供给？

4. 基础货币的构成及中央银行投放基础货币的渠道有哪些？请问我国国际收支结构变化是如何影响中央银行基础货币投放的？

5. 根据中国人民银行的货币当局资产负债表、货币供应量等相关数据信息，计算出 2015 年第一季度至 2024 年基础货币以及 M2 层次的货币乘数。分析我国货币乘数表现出何种变化特征？影响货币供应量的主要因素是什么？哪一类参与主体发挥了更加重要的作用？为什么？

即测即评

第十章 货币需求

假设商品量已定，流通货币量就随着商品价格的波动而增减。流通货币量之所以增减，是因为商品的价格总额随着商品价格的变动而增减。

——《马克思恩格斯文集》第五卷，人民出版社 2009 年版，第 141 页。

三▶ 学习目的和要求

了解我国在不同时期的货币需求情况；分析计划经济体制和市场经济体制下货币需求的不同特征；掌握各流派的货币需求理论；掌握货币需求理论的中国经验；加强对马克思主义货币需求理论的理解；增强对全面建设社会主义现代化进程中经济发展不同阶段我国货币需求规律经验重要性的认识。

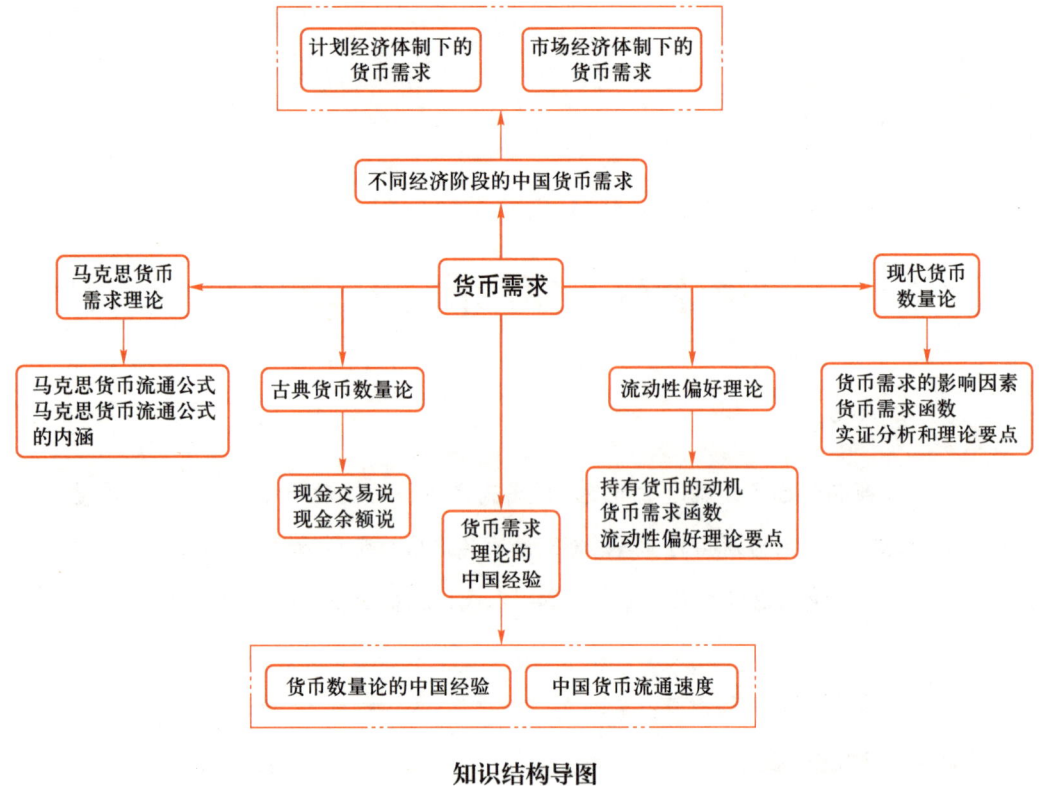

知识结构导图

　　货币需求是指社会各部门在既定的收入或财富范围内，能够而且愿意以货币形式持有的金融资产的数量。本章作为宏观金融调控篇的重要章节，是中国金融学宏观理论中货币供求原理的组成部分。本章首先分析计划经济体制和市场经济体制下货币需求的不同特征；接着依据历史发展的脉络，对主要的货币需求理论作详细介绍；最后给出基于我国数据的货币需求理论检验。

第一节　中国货币需求

　　在不同经济体制下，商品货币关系的发展程度不同，货币在经济运行中的职能、作用也不同，货币需求的特征存在显著的差异。纵观我国经济发展过程，可以分计划经济和市场经济两个阶段考察我国货币需求。

一、计划经济体制下的货币需求

（一）体制背景

我国在一段时期内采用计划经济体制，主要表现出以下两个特点。

第一，产品经济模式。国家集中了社会的绝大部分资源，并通过条块下达各种有约束力的指令性计划，以行政手段直接干预经济，组织生产和分配，国民经济的运行在很大程度上按产品生产及分配的方式进行。

第二，国民经济的非货币化倾向。在上述产品经济模式下，商品与货币的关系受到人为的抑制。由于生产资料非商品，市场被压缩到只有消费资料这部分，且相当多的消费品实施计划供应和限量供应，因此即使在消费品市场，也只有部分消费品能比较充分地体现等价交换的商品货币关系。所以，国民经济在生产与分配等方面表现出一种比较显著的非货币化倾向，即试图摆脱商品货币关系及价值规律的倾向。

国民经济的非货币化倾向主要体现在以下三点。第一，从生产领域来看，企业进行生产活动所需的生产资料是依据计划拨付的，它不需要先获取货币再来购买生产资料，而且企业生产什么、生产多少也都已经由计划决定。企业无论是设立之初，还是持续的生产过程中都不需要货币。第二，从流通领域来看，当时的流通领域分为物资部门和商业部门两大块。物资部门依据计划组织交换、分配，统一调拨生产资料；商业部门对消费资料实行统购包销，仅有货币是购买不到的。整个流通领域表现为一种"钱随物走"的局面。第三，从资金分配来看，财政集中所有的财力、物力，成为资金分配主体，根据计划的需要无偿分配资金，排斥货币关系。而金融则只是起一个补偿分配作用，为企业提供季节性、临时性的流动资金贷款，这部分资金在很大程度上也是按照计划的安排分配的，并不构成独立的货币供求关系。

从当时的生产领域、流通领域以及资金分配方式上来看，国民经济运行的非货币化倾向是与当时的经济体制相适应的，具有一定的必然性和必要性。但随着经济发展方式的进步，这种非货币化倾向也导致了以下问题的出现。第一，货币职能的萎缩。在这种体制下，货币作为一般等价物的职能受到严格限制，计划的分配份额比货币更重要，交换的手段往往是份额而非货币，人们需要商品首先需要占有份额。第二，银行职能受约束。总体上"大财政，小银行"的格局使得银行在很大程度上成为按计划分配部分流动资金的国家出纳部门。第三，信用形式的单一及金融市场的缺位。在这种体制下，商业信用、国家信用、租赁信用等信用形式几乎不存在（中华人民共和国成立初期曾经发行过国债，但不久就停止了），仅存在单一的银行信用。与这种状况相关的是，金融市场不存在，没有证券的发行及流通，利率受管制，不反映资金供求关系，资金供求也没有利率弹性。总之，整个金融处于一种抑制状态，这是国民经济非货币化的主要特征。因此，国民经济呈现一种以使用价值（而不是价值）为中心的实物均衡模式。由于纵向的计划关系完全代替了横向的信用关系，货币也就失去了存在的基础和意义，因此货币需求也在很大程度上被扭曲了。

（二）企业的货币需求

在计划经济体制下，由于国民经济的非货币化倾向，货币职能受到压制，特别是生产资料的生产与流通以产品经济模式进行，货币在很多情况下，并不对国民经济产生实质性影响。因此，企业对货币的需求也是中性的。所谓中性的货币需求不是说企业不需要货币，而是说，企业所需要的仅仅是一种名义上的或形式上的货币，即企业需要货币不是因为货币是一般价值形态、是生产的第一推动力和持续推动力，更不是因为货币可以提供某种效率机制，而仅仅是因为货币可以充当记账符号。对企业而言，计划的份额远比货币更重要。具体可从企业的经营性货币需求和企业的投资性货币需求两个方面分析。

关于企业的经营性货币需求。从企业的生产过程看，企业所需的生产资金只能来自财政拨款和银行贷款，而这二者都是受到计划的严格控制的，其需求不是由企业自主决定。因此实际影响企业货币需求的只是获得拨款、贷款指标的难易程度。从产品的销售看，由于实施统购包销等政策，企业只需照计划指标生产，产品就不愁销路，而且生产资料不进入市场，由物资部门按计划统一调拨，货币显得无足轻重，只是一种记账符号，不发生实质性的货币需求。

关于企业的投资性货币需求。一方面，由于财政实行统收统支的制度，且银行不承担固定资产投资贷款的义务，因此企业并无可投资的自我积累，也无可以融资的渠道，故不存在可供自我选择及决定投资的资金来源，或者说，企业没有为自主投资而持有货币的能力。另一方面，企业存在着很高的投资欲望，因为投资纯粹是一种对资金的无偿占有，争取扩大投资就成为所有企业的一种本能的冲动。在这种情况下，决定投资分配及额度的是国家的投资率，而不是企业收益率、利率等市场因素，投资货币需求对这些市场变量几乎没有弹性。

（三）个人的货币需求

在计划经济体制下，个人的货币需求主要是对现金的需求，即主要出于交易动机的货币需求。这是因为：第一，信用形式的单一及金融市场的缺乏，除银行储蓄以外，不存在可供个人选择的投资渠道，所以个人不存在投机性的货币需求；第二，国家为职工提供了生老病死的一系列保障制度，农村的社会保障则更多地以实物形式存在，出于谨慎动机的货币需求也是很有限的；第三，最根本的是，受经济发展水平的制约，国家采取"高就业，低收入"政策，居民个人收入水平长期偏低，个人收入的绝大部分只能用于生活消费品的购买。由此可见，个人收入的绝大部分是出于交易动机以现金的形式持有，个人的货币需求主要表现为现金需求。

二、市场经济体制下的货币需求

（一）体制背景

改革开放后，我国的经济制度开始由计划经济逐渐向市场经济转变。市场经济体制主要有两个方面的特点：一是商品经济迅速发展；二是国民经济货币化程度持续加深。

第一，商品经济迅速发展。原来的国有企业被推向市场，按照市场的供求状况来组织生产，成为独立自主的市场行为主体。过去的"钱随物走"变成了"物随钱走"，生产资料实现商品化。特别是，对多种经济成分的承认，使非国有经济迅速发展，这部分经济一开始就是以商品经济关系为基础、以市场为导向的。

第二，国民经济货币化程度持续加深。所谓货币化程度，是指一国国民经济中全部商品和服务的货币化比重，也就是买主用货币购买的部分所占比重，一般以 M2 占 GDP 的比重来表示。图 10-1 展示了我国的 M2/GDP 走势（1985—2024 年）。数据表明，我国的货币化程度持续加深。

我国国民经济货币化程度持续加深表现在以下几个方面。第一，从生产领域来看，随着体制改革的发展，对企业的放权让利不断深入，企业的生产决策权扩大，而且生产资料成为商品。在这种情况下，企业在生产经营活动中从过去的取得计划指标转向取得货币，要以货币来购买生产资料后才能进行生产。这样，货币在生产中的"第一推动力"和"持续推动力"的作用逐步明显，这就是生产中的货币化。第二，从流通过程来看，价格机制从国家直接决定的计划价格到计划价格与市场价格并存的"双轨制"，再到由供求关系决定的市场机制，在这个过程中，货币在价格的决定机制中的作用越来越重要，原来由国家统一分配的物资逐步成为需要用货币来购买的商品，这就是流通中的货币化。第三，从资金的分配来看，由财政主导格局向金融格局转变。随着国民收入向居民和企业的不断倾斜，中央的财政力量被削弱，逐步退出生产流通领域，不再包揽企业巨大的资金需求。同时，金融部门职能不断扩张，企业的资金不得不依靠银行贷款、股票、债券等来筹集。在这个格局的转变过程中，货币不再是计划的附属物，而逐步确立其资本属性，金融活动成为国民经济运行的核心。

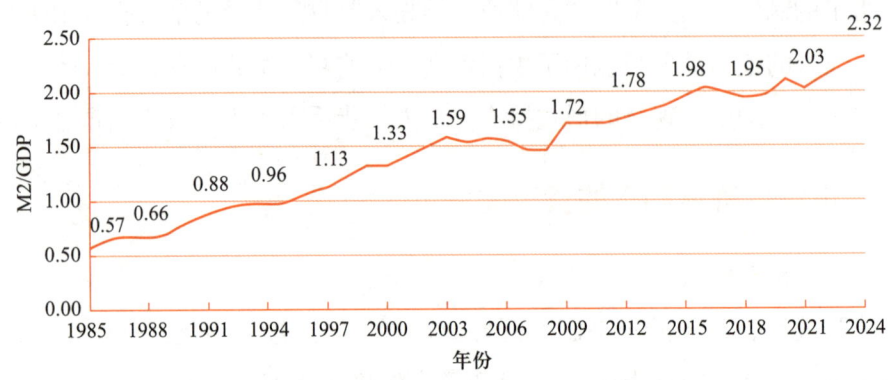

图 10-1　我国 M2/GDP 走势（1985—2024 年）

总之，在市场经济体制下，货币在国民经济中的作用愈发重要，这体现为：第一，货币职能的回归。商品经济关系的重新确立使得生产资料、消费资料都得以实现商品化，货币也就可以实现其一般价值形态的职能，自由地与所有商品进行等价交换。同时，货币的形态也扩展了，不同形态的货币在不同的层次上执行着货币的各种具体职能。第二，银行体系的健全。银行摆脱了对财政的从属地位，中国人民银行转变职能，专门行使中央银行职能，商业银行体系也基本建立，货币资金能更加有效地分配。第三，信用形式的丰富及金融市场的建立和完善。从 1981 年恢复国债发行开始，国家信用、商业信用等各种信用形式都有了很好的发展，国债、企业债券、股票等信用工具发行量不断加大，金融市场不断完善。从总体来看，金融由抑制状态转变为不断深化，经济的货币化程度加深。

（二）企业的货币需求

由于商品货币关系的发展，货币职能的回归，货币对于经济运行的实质性影响越来越积极。因此，企业对于货币的需求强度也随之增加。货币对企业而言不再只是一种记账符号，因为指令性计划与统购包销政策取消后，企业必须面对市场。企业一方面要从市场中取得收入才有能力持有货币，另一方面要从市场获得生产资料而产生持有货币的愿望，能力与愿望的统一使企业的货币需求强度加大。企业的货币需求可以从企业的经营性货币需求和企业的投资性货币需求两方面进行分析。

关于企业的经营性货币需求。第一，从企业的生产过程看，当生产资料商品化以后，就需要持有一定量的货币用于购买生产资料，以维持再生产的进行，货币现实地表现为第一推动力和持续推动力。因此，企业的生产规模成为决定企业经营性货币需求的首要因素。一般说来，企业的生产规模越大，所需的货币越多。第二，从产品的销售来看，没有了国家的统一调拨，企业不仅要根据市场需求进行生产，还要让产品进入市场，即完成"商品的惊险的跳跃"[①]，这就需要持有货币以支付广告、公关、包装等费用。对于不同的企业来说，其自身的产业结构、生产周期及工艺流程等的不同也影响着其经营性货币需求，比如，商业企业、生产周期短的企业的货币需求就相对较小。第三，从经营效果来看，由于企业以利润最大化为经营目标，所以市场状态也影响着企业的货币需求。当市场景气即需求旺盛时，交易速度加快，从而平均的货币持有量较少；当市场不景气即需求不足时，企业因为积压、囤积等会产生较大的货币需求。此外，市场价格、预期收入等预算约束也会影响企业在生产经营中的货币需求。

关于企业的投资性货币需求。由计划经济到市场经济，经济体制的转变导致投资主体的转移，由国家直接投资变为企业自主投资。企业既可投资金融资产，又可投资实物资产。由于用于投资的货币资金既可以是自有资金，也可以来自银行贷款和金融市场融资，因此，考察企业的投资性货币需求要考虑货币需求的替代性，在持有货币、持有证券与持有实物资产之间进行资产选择。因此在市场经济条件下，企业的投资性货币需求受银行利率、证券收益率和预期通货膨胀率等市场因素影响的程度加深。

（三）个人的货币需求

个人的货币需求主要从个人出于交易动机的货币需求、个人出于预防动机的货币需求以及个人出于投机动机的货币需求三个方面分析。

关于个人出于交易动机的货币需求。市场经济下商品种类极大丰富，个人的消费有了更多的选择，出于交易动机的货币需求相应增加。特别是随着经济的发展以及国民收入分配向个人的倾斜，个人收入增长迅速，由此加大了个人出于交

[①]《马克思恩格斯文集》第五卷，人民出版社 2009 年版，第 127 页。

易动机的货币需求强度。

关于个人出于预防动机的货币需求。随着医疗、住房等制度改革的深入以及市场经济体制下家庭收入、支出等变量的不确定性加大，个人为应对可能发生的意外支出而有必要持有一定量的货币。中国人本身就具有"量入为出"的节俭习惯。因此，在市场经济体制下，出于预防动机的货币需求强度在某些阶段可能增加，但随着各项社会保障制度的建立和完善，出于预防动机的货币需求强度必然逐步下降。

还需要注意的是，无论是出于交易动机还是预防动机所形成的交易性货币需求都会涉及持币成本问题。随着金融市场中低风险、高流动性的金融工具不断涌现，金融科技加持下的交易和支付方式的不断改进，交易活动变得更加便利，在此情况下，个人也可能出于节约持币成本的考虑而相应减少交易性货币需求，交易性货币需求强度可能下降。由此可见，虽然交易性货币需求在我国发展市场经济的初期总体上是增加的，但其变化趋势具有复杂性。

关于个人出于投机动机的货币需求。经济体制改革以来，在市场经济体制下，金融深化程度的加大，各种金融资产的涌现，为个人提供了多种投资渠道。在对这些金融资产进行投资时，由于其与货币之间的替代关系，个人总会出于这种投机动机而持有货币，这也构成了个人货币需求的一部分。

总之，在市场经济体制下，个人货币需求的动机变得多样化，货币需求的影响因素变得更加错综复杂，需要更为深入地考察。

第二节　货币需求理论

由于货币需求理论比较庞杂，本节将依据历史发展的脉络，对主要的货币需求理论作简要介绍。在学习过程中需要把握：货币需求理论的一个中心问题是利率变动对货币需求到底有没有影响，以及影响有多大。

一、马克思货币需求理论

在马克思主义的经济文献中，货币理论占有非常重要的地位。马克思在他创立的科学的劳动价值论的基础上，周密而详尽地对货币问题进行了研究。

（一）马克思货币流通公式

马克思货币需求理论集中反映在其货币流通公式中，马克思货币流通公式是经济理论的重大发现，其表达式为：

$$执行流通手段职能的货币量 = \frac{商品价格总额}{货币的流通次数}$$

如果用 P 表示商品的价格水平，Q 表示商品供给量，V 表示货币流通速度（次数），M 表示货币必要量，则上述公式可表示为：

$$M = \frac{PQ}{V} \tag{10-1}$$

在这里，流通中的货币数量 M 与商品价格总额 PQ 成正比，与货币流通速度 V 成反比，即 M 取决于 P、Q、V 三个因素。

（二）马克思货币流通公式的内涵

要正确理解马克思货币流通公式的内涵，就需要把握该公式得以成立的理论基础和前提条件。

1. 理论基础是科学的劳动价值论

根据劳动价值论，一种商品能与另一种商品相交换是由于它们存在质的同一性，即都凝结了无差别的人类劳动，都具有价值，而且，交换必须按价值量相等的原则进行。这种商品之间按质上相同、量上相等的原则交换，就是等价交换。货币起源于商品，且作为特殊商品，与普通商品相交换同样要受等价交换原则的支配。不论商品与货币的交换是单个进行的，还是从一个时期的总量来看，都是如此。因此，将货币流通速度存而不论，公式的实质内容是 $M = PQ$，而这一等式得以成立的核心是商品的价值与货币的价值在量上相等，商品的价格不过是商品价值的货币表现。马克思指出："商品在自己的价格上已经等于一定的想象的货币量。因为这里所考察的直接的流通形式总是使商品和货币作为物体彼此对立着，商品在卖的一极，货币在买的一极，所以，商品世界的流通过程所需要的流通手段量，已经由商品的价格总额决定了。事实上，货币不过是把已经在商品价格总额中观念地表现出来的金额实在地表现出来。因此，这两个数额相等是不言而喻的。"[1]

---

[1] 《马克思恩格斯文集》第五卷，人民出版社 2009 年版，第 139 页。

2. 反映的内容是商品流通决定货币流通

货币作为流通手段，其职能是充当商品交易的媒介，实现商品的价格，而不是决定商品的价格变化。因此，货币流通的前提是商品流通，商品流通是第一性的，货币流通是第二性的。也就是说，是商品流通引起货币流通，货币流通必须适应商品流通的要求。马克思指出："假设商品量已定，流通货币量就随着商品价格的波动而增减。流通货币量之所以增减，是因为商品的价格总额随着商品价格的变动而增减。为此，完全不需要所有商品的价格同时上涨或跌落。只要若干主要商品的价格在一种情况下上涨，或在另一种情况下跌落，就足以提高或降低全部流通商品的待实现的价格总额，从而使进入流通的货币增加或减少。无论商品价格的变动是反映实际的价值变动，或只是反映市场价格的波动，流通手段量所受的影响都是相同的。"[1]

3. 分析的前提是"一定时间的流通过程"

流通中货币数量与商品价格总额成正比例、同比例变化。在流通过程中，由于商品流通和货币流通有各自不同的特点，商品经过流通过程，总要退出流通领域，用于生产消费或生活消费，而货币则停留在流通领域。这样，在一定时期内，同一货币就可以多次地为商品流通服务，这就产生了货币流通速度。马克思指出，"金的流通速度可以代替金的数量，或者说，金在流通过程中的存在不仅决定于它在商品旁边作为等价物的存在，而且也决定于它在商品形态变化运动中的存在"[2]。因此，在商品价格总额一定的条件下，流通中的货币量与货币流通速度成反比例变化。

4. 研究的对象是金本位制下的金币流通

马克思在《资本论》中分析货币或商品流通时，开宗明义地指出："为了简单起见，我在本书各处都假定金是货币商品。"[3]因此，在这个前提下，公式中P、Q、V三因素所决定的M就是流通中的货币必要量，即在一定时期内适应商品流通要求的货币量。这是因为金属货币具有内在价值，它通过贮藏手段职能自发地调节流通中的货币量，使货币流通量与货币必要量保持一致。马克思指出："如果价格跌落或流通速度提高，贮藏货币的蓄水池就吸收从流通中游离出来的那部分货币；如果价格上涨或流通速度降低，贮藏的货币便开放，有一部分就回

---

① 《马克思恩格斯文集》第五卷，人民出版社 2009 年版，第 141 页。

② 《马克思恩格斯全集》第三十一卷，人民出版社 1998 年版，第 499 页。

③ 《马克思恩格斯文集》第五卷，人民出版社 2009 年版，第 114 页。

到流通中去。流通中的货币凝结为贮藏货币和贮藏货币注入流通，是一种不断交替的摆动；在摆动中哪一个方向占优势，完全是由商品流通的摆动决定的。"[1]

二、古典货币数量论

古典货币数量论是一种探讨货币需求与名义国民收入之间关系的理论。19世纪末20世纪初，费雪、马歇尔和庇古等古典经济学家发展和完善了货币数量论。古典货币数量论持有"货币中性"的观点，认为货币供给的增长将导致价格水平的相同比例增长，对于实际产出水平没有影响。古典货币数量论主要包括"现金交易说"（费雪交易方程式）和"现金余额说"（剑桥方程式），这两种理论最重要的特点是认为利率对货币需求没有影响。

（一）现金交易说

1911年，美国经济学家欧文·费雪在他出版的《货币的购买力》一书中，对古典货币数量论作了清晰的阐述，提出了费雪交易方程式：

$$M \times V = P \times T \qquad (10\text{-}2)$$

在式（10-2）中，M代表一定时期内流通中货币的平均量；V代表货币的平均流通速度，是在一定时期内货币在不同主体间支付的次数；P代表一般价格水平，用物价水平来衡量；T是该时期内所有商品或劳务的总交易量。因此MV代表的是该时期内交易中发生的货币支付总额，PT代表的是该时期内所交易的商品或劳务的总价值。

费雪交易方程式是一个恒等式，它描述的是一个事实，即交易中发生的货币支付总额MV等于被交易商品或服务的总价值PT。由于一定时期内所有商品和服务的总交易量难以度量，而人们关注的重点在国民收入，所以交易方程式通常被写成如下形式（数量方程式的国民收入形式）：

$$M \times V = P \times Y \qquad (10\text{-}3)$$

在式（10-3）中，Y代表以不变价格表示的一段时间生产的最终产品和服务总量。实际中，通常选取一年内的实际国民收入来衡量Y；PY即一年的名义国民总收入；V则代表每一元钱在一年里被用来购买商品和服务的平均次数，即货币的收入流通速度。相应地，式（10-3）中的V被称为货币的交易流通速度。从交易方程式中可以看到，MV与PY是同向变动关系，PY增长，MV同比例增长。那

---

[1] 《马克思恩格斯全集》第三十一卷，人民出版社1998年版，第531页。

如何从这个恒等式得到货币数量论呢？这源于费雪对方程式中某些变量作出的一些假设。

第一，费雪认为货币流通速度（V）由制度和技术等因素决定，在短期内是稳定不变的。这些制度或技术因素具体是指人们的支付习惯、运输和通信技术、社会整体的信用发达程度等。由于这些因素在短期内很难改变，所以货币流通速度 V 在短期内可视为常量，只需要考虑 M 与 PY 的关系，即名义国民收入完全由货币供应量决定，这正是货币数量论的主要观点之一。

第二，费雪认为当工资和物价可以灵活变动时，经济会保持在充分就业水平，产出也是均衡产出，即 Y 在短期内也是不变量。这样，数量方程式实质上成为刻画货币供应量 M 和物价水平 P 关系的方程式。从而可以得到货币数量论的另一重要观点：价格水平变化完全源自货币量的同比例变化。如 M 增加一倍时，P 也上涨一倍。

当货币市场均衡时，货币供给等于货币需求，即 $M = M^d$，令 $k = 1/V$，将交易方程式转化为货币需求形式：

$$M^d = k \times PY \tag{10-4}$$

在式（10-4）中，由于 V 在短期内稳定不变，则 k 也是稳定不变的，M^d 与 PY 正相关。可以看出货币需求取决于两个因素：一是由名义收入 PY 支持的交易规模；二是经济中影响人们的交易方式并进而决定货币流通速度和 k 的制度因素。由于制度因素在费雪的理论中短期不变，只在长期存在改变的可能，因此，费雪的货币数量论认为：货币需求仅为收入的函数，利率对货币需求没有影响。费雪交易方程式强调货币的交易职能，由此而来的货币需求理论也被称为"现金交易说"。

（二）现金余额说

现金余额说是由以阿尔弗雷德·马歇尔和阿瑟·塞西尔·庇古为首的英国剑桥大学经济学家创立的。庇古根据马歇尔的观点，于 1917 年撰写了《货币的价值》一文，马歇尔则于 1923 年出版《货币、信用与商业》一书。他们从另一个角度研究了货币数量和物价水平之间的关系。

剑桥学派经济学家对货币需求的研究是从分析人们持有货币的动机入手的，即首先分析决定货币需求的因素，进而推导出货币需求函数。马歇尔认为，在一般情况下，人们都把财产和收入的一部分用货币形式持有，而另一部分用非货币形式持有；人们所愿意持有货币的数额实际上是人们在持有货币获得利益、进行投资获得收益以及用于消费获得享受三者之间权衡的结果。而货币的价值取决于全国居民愿意用通货形式保持的实物价值与货币数量的比例。马歇尔把人们用通货形式保持的实物价值称为"实物余额"，把与保持的实物余额价值相应的通货数额称为"现金余额"。庇古在马歇尔理论的基础上，提出了剑桥方程式：

$$M = KY_N \text{ 或 } M = KPY \qquad\qquad （10-5）$$

在式（10-5）中，M 为货币需求量；K 为人们愿意以通货形式持有的财富占总财富的比例；Y_N 为名义国民收入；P 为一般价格水平；Y 为实际国民收入，$Y_N = PY$。

剑桥方程式表明：货币需求同名义国民收入成正比。这一结论和费雪交易方程式并无差异，但剑桥方程式相比费雪交易方程式蕴含更深刻的经济学含义，主要包括以下几点。

第一，剑桥学派考虑了影响货币需求的多种因素（甚至不排除利率对货币需求的影响），但在得出结论时，却只是简单地断定货币需求同名义国民收入成正比。具体来看，剑桥方程式似乎也同意费雪关于短期内利率对货币需求没有影响的观点，即认为名义收入是影响货币需求的唯一因素，但事实上，虽然剑桥学派常常将 K 视为常量，但他们的理论却允许个人选择愿意持有的货币数量。由于是否采用货币形式贮藏财富以及采用货币形式贮藏多少财富的决策实际上取决于其他也可以作为贮藏财富的资产的预期回报率，所以事实上他们考虑了在短期内 K 发生波动的可能性。如果其他资产的预期回报率发生改变，K 也可能发生改变。特别地，在随后凯恩斯对剑桥学派理论的发展中，将利率对货币需求的影响放到了一个非常重要的位置。

第二，剑桥学派分析了人们持有货币的动机，即分析决定货币需求的因素，从货币需求函数出发推导出货币数量论，而不像现金交易说那样从货币数量论出发推导出货币需求函数。这种逻辑顺序的不同使现金余额说蕴含着较多的合理成分，更为科学。剑桥学派开创的这一研究视角为后来的经济学家研究货币需求奠定了基础。凯恩斯的流动性偏好论正是在现金余额说的基础上发展起来的。

具体来看，虽然从公式形式上，费雪交易方程式和剑桥方程式之间并没有较大的区别，但是从公式所包含的经济意义来看，两者有本质区别。费雪交易方程式和剑桥方程式的比较如表 10-1 所示。

表 10-1　费雪交易方程式和剑桥方程式的比较

费雪交易方程式	剑桥方程式
注重货币的交易媒介职能	注重货币的贮藏手段职能
所指的货币数量是某一时期的货币流通量	所指的货币数量是某一时点人们所持有的货币存量
缺乏对货币需求动机的深入分析	分析了人们对货币需求的动机，这是货币理论研究中的一个突破
利率对货币需求没有影响	不排除利率对货币需求的影响（其他资产的预期回报率改变，K 可能改变）

三、流动性偏好理论

古典学派对货币流通速度不变的假设，在学术界存在诸多质疑，而他们也无法解释在现实中观测到的货币流通速度并不稳定这一现象。于是英国经济学家约翰·梅纳德·凯恩斯在 1936 年出版的《就业、利息和货币通论》一书中，摒弃了货币流通速度稳定这一假设，提出了一种强调利率重要性的货币需求理论——流动性偏好理论。

（一）持有货币的动机

与古典学派不同，凯恩斯深入分析了人们持有货币的动机。凯恩斯认为：人们之所以需要持有货币，是因为存在流动性偏好这种普遍的心理倾向。流动性偏好是指人们在心理上偏好流动性，愿意持有流动性最强的货币而不愿意持有其他缺乏流动性的资产的欲望。这种欲望构成了对货币的需求，这也是凯恩斯的货币需求理论被称为流动性偏好理论的原因。

凯恩斯将人们持有货币的动机分为三类：交易动机、预防动机和投机动机。

1. 交易动机

交易动机是指人们为满足日常交易活动需要而持有货币的动机。货币具有交易媒介的功能，这就决定了人们需要使用货币完成日常交易。凯恩斯认为，收入影响人们因为交易动机而产生的货币需求，人们会因为收入增加而扩大消费规模，从而持有更多货币。一般而言，出于交易动机而在手中持有的货币，其支出时间、金额和用途可以事先确定。

2. 预防动机

预防动机，又称谨慎动机，是指人们为应对预料之外的需求而持有货币的动机。预防动机主要源于未来收入和支出的不确定性。价格上涨的突发性事件和意料之外的购买机会，比如突如其来的疾病、自然灾害、瘟疫导致的食品价格上涨和一直想要购买的物品的降价，都将会增加支出，从而扩大货币需求。因预防动机而产生的货币需求的变化，也取决于收入，收入水平越高的人为满足未来消费水平不至于受到不确定因素太多的负面影响，对预防性货币的需求也更大。

由于交易动机和预防动机均产生于货币的交易媒介职能，所以凯恩斯将由这两个动机产生的货币需求合称为交易性货币需求。并且，交易性货币需求是收入的增函数。

3. 投机动机

如果凯恩斯的理论仅停留在交易动机和预防动机，则收入将是决定货币需求的唯一重要因素，他的研究也就不能丰富古典学派的理论。但是，凯恩斯认为，人们还会出于财富贮藏的目的而持有货币，他将这一持有货币的原因称为投机动机。凯恩斯假设社会中只存在两种可投资资产：一种是没有利息收入的货币，包括通货和支票账户存款（利息极低而被忽略）；另一种是有利息收入的债券。根据资产需求理论，人们持有债券和货币的抉择取决于预期回报率。凯恩斯假设货币的预期回报率为零，而债券的预期回报率来自两部分：利息收入和预期资本利得。假如预期未来利率会大幅上涨，以致债券资本损失超过利息收入，这时债券的预期回报率为负。在这种情况下，由于货币的预期回报率更高，人们更愿意以货币形式贮藏财富。

由于投机动机所形成的货币需求称为投机性货币需求，凯恩斯深入分析了投机性货币需求与利率之间的关系。凯恩斯假设，每个经济主体都认为利率会趋向某个正常值。如果利率低于正常值，经济主体预期未来债券的利率会上升，债券价格下降，从而会遭受资本损失，这样人们会更愿意以货币形式而不是债券形式持有财富，货币需求就会增加；如果利率高于正常值，经济主体预期未来债券的利率会下降，债券价格上升，从而可以获得资本利得，这样人们会更愿意以债券形式而不是货币形式持有财富，货币需求就会降低。总之，投机性货币需求是利率的减函数。

（二）货币需求函数

凯恩斯在综合以上三种动机推导货币需求方程时，提出人们对货币的需求并不是名义货币数量，而是能用货币购买的东西。因此，他将名义货币数量和实际货币数量进行了严格区分，并针对人们所需要的实际货币数量建模。实际货币需求为名义货币需求除以价格水平，即 M^{d}/P。经过上述讨论，已知交易动机和预防动机与实际收入 Y 正相关，投机动机也与实际收入 Y 正相关，并且与利率 i 负相关。凯恩斯将这些因素综合起来构造货币需求方程 $f(i, Y)$，这个方程式代表货币需求是关于利率和收入的函数，即：

$$\frac{M^{\mathrm{d}}}{P} = f(i, Y) \qquad (10\text{-}6)$$

由上述分析可知，实际货币需求与实际收入 Y 正相关，与名义利率 i 负相关，如图10-2所示。

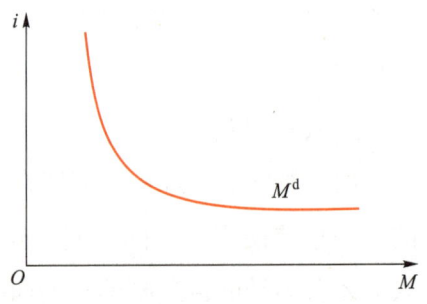

图10-2　货币需求曲线

凯恩斯的整个经济理论体系通过货币将利率与投资、就业以及国民收入等实际经济因素联系起来。利率由货币的供给和需求共同决定，其中货币的供给取决于中央银行，货币的需求则取决于人们的流动性偏好。在流动性偏好一定的情况下，中央银行增加货币供应量，则人们会感觉手中持有的货币量过多了，因此会增加债券的购买量，从而引起债券价格上升、市场利率下降。当市场利率低于资本边际收益率时，投资将会增加，并通过投资乘数的作用，增加有效需求，使就业与国民收入成倍增长。

（三）流动性偏好理论要点

根据上述货币需求函数，可得出如下结论：

（1）利率是决定货币需求的重要因素。

（2）由于利率频繁波动，货币需求函数不稳。

（3）货币流通速度并非常量，而是与波动剧烈的利率正相关；货币流通速度波动较大的情况下，M^{d} 与名义收入 PY 之间就不存在稳定关系，传统货币数量论观点也不能成立。

将式（10-3）与式（10-6）联立，可以求得货币流通速度的函数式：

$$V = \frac{PY}{M^{\mathrm{d}}} = \frac{Y}{M^{\mathrm{d}}/P} = \frac{Y}{f(i, Y)} \qquad (10\text{-}7)$$

从上式可知，货币流通速度与利率正相关。当利率 i 上升时，$f(i, Y)$ 下降，货币流通速度加快。由于利率通常波动剧烈，因而凯恩斯的货币需求理论认为货币流通速度也会波动剧烈，从而解释了货币流通速度在现实中并不是恒定的这一现象。由于利率在现实中通常是顺周期的，即在经济扩张时利率上升，而在经济衰退时利率下降，那么货币流通速度也是顺周期的。因而流动性偏好理论认为货币流通速度是顺周期的。

（4）相机抉择的货币政策主张。在社会总需求不足的情况下，可以通过增加货币供给量，降低利率，从而增加投资需求，促进经济增长；反之亦然。

四、现代货币数量论

1956 年，美国经济学家米尔顿·弗里德曼提出了现代货币数量论，同时还催生了一个崭新的宏观经济学派——货币主义学派，对以凯恩斯主义为主的宏观经济学发起了挑战。与凯恩斯分析持有货币的各种特殊动机不同的是，弗里德曼认为人们对货币的需求与对其他资产的需求本质上是一样的。因此，弗里德曼从一般的资产选择理论出发分析货币需求，探讨了人们持有货币的原因（货币同债券、股票等一样，是一种资产形式，人们可以以货币形式持有资产），但没有具体分析持有货币的动机，而是笼统地认为影响资产需求的因素也必定会影响货币需求。

（一）货币需求的影响因素

弗里德曼认为财富拥有者对货币这种资产的需求主要取决于财富总量、各类资产的预期收益率等。进一步地，弗里德曼深入分析了如下影响因素并构建货币需求模型。

1. 影响货币需求的第一类因素是预算约束：财富总量

弗里德曼提出了永久性收入（也称恒久收入）的概念，并用其衡量投资者的财富总量。在实际生活中，一个人的财富总量是难以估计的，而财富的一个重要来源是收入。永久性收入是预期长期收入的平均值，常用过去、现在及未来预期收入的加权平均来计算。在经济扩张期间，收入迅速增加，但其中某些部分的收入增加是暂时性的，所以预期长期收入的平均值变动不大，当期收入比永久性收入的增长大得多。在经济衰退期间，收入减少中的许多部分也是暂时的，预期长期收入平均值的下降也比当期收入的减少小得多。可见永久性收入在短期内波动较小。弗里德曼将永久性收入作为货币需求的一个因素，这意味着货币需求在很大程度上不随商业周期的波动而波动。

同时，弗里德曼注意到在财富总量中有人力财富和非人力财富之分。人力财富是指个人获得收入的能力，非人力财富即物质财富。人力财富不能像非人力财富那样可以随时在市场上买卖以转换成收入或其他资产，因此，当人力财富在财富总量中所占比例较高时，人们的货币需求也会相应增加；反之，货币需求将会下降。基于这样的考虑，弗里德曼便将非人力财富占财富总量的比率作为影响人们货币需求的一个重要变量。

2. 影响货币需求的第二类因素是资产预期收益率

弗里德曼的货币需求理论中资产的范畴不再局限在债券和货币两种形式中，还包括了股票以及实物商品。与凯恩斯的流动性偏好理论不同，弗里德曼认为持有货币也是有收益的。因此影响货币需求的第二类因素有：货币收益率、债券收益率、股票收益率、通货膨胀率。依据资产选择理论，货币收益率越高，对货币的需求会越大；其他资产的相对预期收益率越高，即持有货币的机会成本越高，对货币的需求会越小。

3. 影响货币需求的第三类因素是持币者的主观偏好

持币者的偏好是指人们对于持有货币的心理偏好。虽然持币者的其他个人特征，如学历、偏好等也会对其资产选择行为产生影响，但因为这些特征在短期内都很稳定，可被视为常量，所以在建模时更多关注的是财富总量和资产预期收益率这两大因素。

（二）货币需求函数

根据以上对货币需求影响因素的分析，弗里德曼的货币需求函数可以用下式表示：

$$\frac{M^{\mathrm{d}}}{P}=f(y_{\mathrm{p}},\ \omega;\ r_{\mathrm{m}},\ r_{\mathrm{b}},\ r_{\mathrm{e}};\ \pi^{\mathrm{e}};\ \mu) \tag{10-8}$$

其中，$\dfrac{M^{\mathrm{d}}}{P}$ 表示实际货币需求；y_{p} 表示永久性收入；ω 表示非人力财富占财富总量的比率；r_{m} 表示货币的预期名义收益率，r_{b} 表示债券的预期名义收益率，r_{e} 表示股票的预期名义收益率；π^{e} 表示预期通货膨胀率；μ 表示持币者的主观偏好。根据上文分析，在以上影响货币需求的因素中，y_{p} 和 r_{m} 与货币需求正相关，而 ω、r_{b}、r_{e}、π^{e} 均与货币需求负相关。

弗里德曼在提出了如上货币需求函数后，对式中的各个变量进行了进一步的分析，并进行了一些合并和简化。

非人力财富占财富总量的比率 ω 在一定时期内相对稳定，对收入进而对货币需求不可能产生大起大落的影响，因此可以忽略。一般来说持币者的主观偏好

μ 在一定时期内相对稳定，也可以忽略。r_m、r_b、r_e 均受市场利率的影响，可视为市场利率 i 的函数，因此可以合并并用 i 替代。对于预期通货膨胀率 π^e，弗里德曼实证分析后得出的结论是，物价变动只有在变动幅度很大、持续时间很长的情况下才会对实际货币需求产生影响，而这种情况很少出现，因此可以忽略。由此，货币需求函数可以简化为：

$$\frac{M^\mathrm{d}}{P} = f(i,\ y_\mathrm{p}) \tag{10-9}$$

（三）实证分析和理论要点

根据以上的理论分析，弗里德曼在对大量经验数据进行统计分析的过程中，建立了下列回归方程式：

$$\frac{M}{P} = ay^b i^c \tag{10-10}$$

两边取对数得 [①]：

$$\log \frac{M}{P} = \log a + b\log y + c\log i \tag{10-11}$$

在式（10-11）中，a、b、c 为待估计参数。

弗里德曼在对美国 1892—1960 年历年统计资料进行大量研究的基础上，用最小二乘法估计出：$\log a = -3.003$，$b = 1.394$，$c = -0.155$。由这个结果可以得出以下结论。

第一，货币需求的收入弹性是 1.394，也就是说，当收入提高 1% 时，对货币的需求提高 1.394%，货币需求的收入弹性相对显著。表明货币需求主要取决于永久性收入，货币需求是稳定的。

第二，货币需求的利率弹性是 −0.155，也就是说，当利率提高 1% 时，会引起货币需求减少 0.155%，货币需求的利率弹性是相当低的。表明利率对货币需求的影响甚微。

基于以上实证结果，货币需求函数可近似表示为：

$$\frac{M^\mathrm{d}}{P} = f(y_\mathrm{p}) \tag{10-12}$$

---

① 弗里德曼在方程式中使用的是无底数对数形式，实际上这里底数取值（如常用的 10 或 e）不影响分析结论。

进一步地，为了更深入地理解弗里德曼的货币需求理论，将弗里德曼现代货币数量论理论要点归纳如下。

第一，利率对货币需求影响很小。由于货币的收益不再被视为常量，而且竞争的市场下不同资产间的收益差往往是稳定的，即当 r_b 上涨时，银行为了缓解存款流失提高利率，r_m 也会上涨，所以利率对货币需求的影响很小。

第二，货币需求是稳定的。货币需求函数是稳定可测的，主要取决于永久性收入，可用货币需求函数对货币需求作出精确预测。

由于永久性收入是比较稳定并且可预期的变量，弗里德曼认为，货币需求是稳定的（即货币需求与其影响因素之间的关系本身是稳定的）。

第三，货币流通速度完全可以预测。将式（10-3）与式（10-12）联立，可以求得货币流通速度的函数式：

$$V = \frac{PY}{M^d} = \frac{Y}{M^d/P} = \frac{Y}{f(y_p)} \qquad (10-13)$$

由式（10-13）可知，货币流通速度虽然不是恒定的，但是是可预测的。因为实际收入 Y 与永久性收入 y_p 的关系通常容易预测，这意味着货币流通速度是可预测的。这也能解释货币流通速度的顺周期波动：在经济周期扩张阶段，大部分收入增长是暂时的，永久性收入增长幅度远小于收入增长幅度，货币流动速度加快；在经济周期衰退阶段，永久性收入减少幅度小于收入减少幅度，货币流通速度降低。

第四，主张单一规则的货币政策。货币需求和货币流通速度是稳定可测的这一结论有着重要的政策意义。弗里德曼由此提出了单一规则货币政策：货币当局只需要按一个恒定的增长率提供货币，而不用去应对经济周期带来的短期影响。

第三节　货币需求理论的中国经验

近年来，我国一直要求完善货币供应调控机制，保持广义货币和社会融资规模增速同名义经济增速基本匹配。该调控机制运行顺畅的关键在于对货币需求理论的本质认识，关键点为货币数量论是否成立以及货币流通速度是否稳定。

一、货币数量论的中国经验

货币数量论可以转化为通货膨胀理论。由数学知识可知，两个变量乘积变动的百分比近似等于每个变量变动的百分比之和。即：

$$(x×y)\text{的变动百分比}≈(x\text{的变动百分比})+(y\text{的变动百分比})$$

利用以上数学公式，可以将费雪交易方程式（$M×V=P×Y$）改写为：

$$\%\Delta M+\%\Delta V=\%\Delta P+\%\Delta Y \tag{10-14}$$

因为通货膨胀率 π 就是物价水平的增长率，即 $\%\Delta P$，因此将上式两边同时减去 $\%\Delta Y$ 就可以得到下式：

$$\pi=\%\Delta P=\%\Delta M+\%\Delta V-\%\Delta Y \tag{10-15}$$

在古典货币数量论中，由于假设货币流通速度是常量，因而它的增长率，即 $\%\Delta V$，为零，于是式（10-15）可以进一步简化为：

$$\pi=\%\Delta M-\%\Delta Y \tag{10-16}$$

式（10-16）用文字可表述为：通货膨胀率等于货币供给的增长率减去总产出的增长率。例如，如果总产出每年增长 6%，货币增长率为 10%，那么通货膨胀率就等于 4%。

使用美国数据的实证研究表明，从长期看，货币增长与通货膨胀之间有显著的正向关系，而在短期内这一关系并不明显。在改革开放前，我国提出"1∶8"的经验公式，即每 8 元零售商品供应需要 1 元人民币实现其流通。但货币数量论在当前中国的表现如何呢？下面就分别用中国在长期和短期的实际数据来检验这一理论。

（一）货币数量论的长期检验

古典货币数量论是基于工资和价格可以灵活调整的假设提出的，这在市场经济中从长期看是成立的，上述的通货膨胀决定机制也应当大致符合该假设。如果经济的总产出变化不大，货币增长和通货膨胀之间应当存在着显著的正相关关系。由于我国自 1987 年开始公布 M1 和 M2 的相关数据，考虑到我国经济发展处于转型期，变化也相对较快，我们基于 1987—2022 年共 36 年的数据，每三年作为一个考察区间，将每三年的年均通货膨胀率和年均货币（M2）增长率用散点图形式绘制，如图 10-3 所示。长期来看，货币增长率越高时，通货膨胀率也越高，大体上支持货币数量论的观点。但货币增长率对通货膨胀率的解释能力仅略大于 50%（拟合优度 R^2 为 0.532 4），这源于在早期，我国的工资和价格还不能根据市场因素灵活调整。

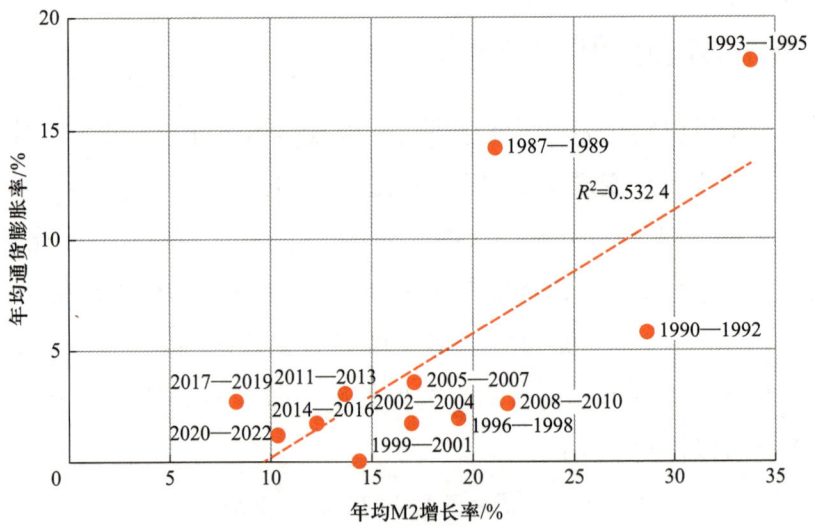

图 10-3　中国年均通货膨胀率与年均 M2 增长率的关系（1987—2022 年）

（二）货币数量论的短期检验

图 10-4 绘制了我国 1996—2024 年每个月的通货膨胀率以及一年前的货币（M2）增长率（这是因为货币供给对价格产生影响通常有一定滞后），以反映短期内货币增长率和通货膨胀率之间的关系。从中可以看出，两者之间并没有保持紧密的正相关关系，在某些年份两者还存在明显的背离。可见在短期，两者的正相关性并不明显。

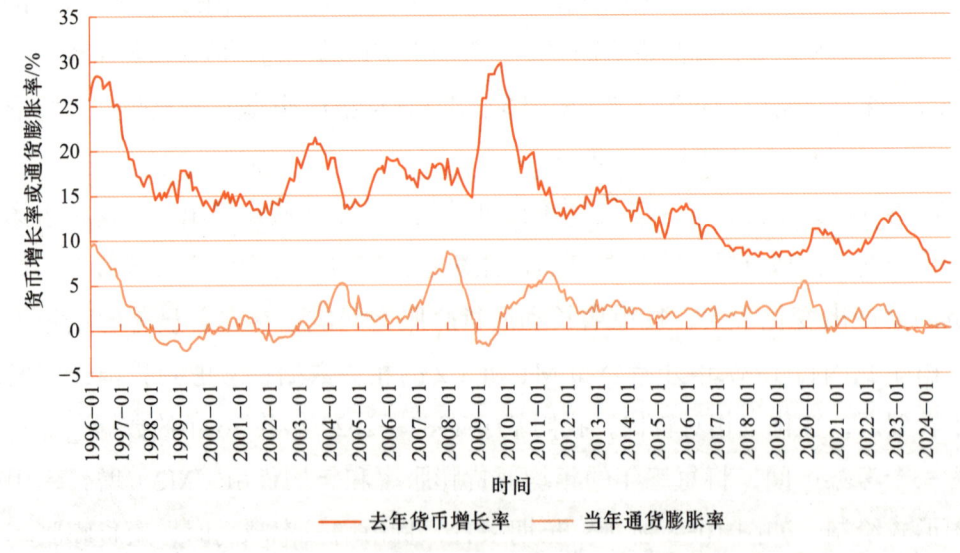

图 10-4　中国货币增长率以及通货膨胀率（1996—2024 年）

以上分析表明，货币数量论在中国也是在长期对通货膨胀有更好的解释，但在短期无法得到有效的数据支持。主要有两方面原因：第一，古典货币数量论假设工资和价格具有完全弹性，而在现实中，工资和价格在短期里常表现出价格黏性，那么产出也就不会一直处于均衡产出的水平；第二，货币数量论中的通货膨胀是经济学意义上的通货膨胀，即一般物价水平的持续上涨，但统计局公布的月度通货膨胀率从统计方法上看，可能反映由临时性因素带来的价格上涨。

二、中国货币流通速度

从古典货币数量论到凯恩斯货币需求理论的一个重要的跨越，是对货币流通速度稳定性的否定。费雪等古典学派代表认为，货币流通速度在短期内稳定，在长期内由于制度因素的变化而变化。此观点一经提出，便引起学术界诸多质疑，许多学者使用美国数据检验货币流通速度的稳定性，得出货币流通速度具有较高波动性这一检验结果。货币供应量有不同层次的划分，包括广义的货币 M2 和狭义的货币 M1，而费雪理论并没有注明货币流通速度是 M1 相应的流通速度还是 M2 相应的流通速度。使用美国数据的检验，发现这样的现象：M2 的流通速度相对稳定，M1 的流通速度波动较大；在经济衰退时期，M1 和 M2 的流通速度呈下降趋势，与经济高涨时期情况不同。无论是 M1 还是 M2，都不满足流通速度是稳定的这一假设。因而后面才有了凯恩斯流动性偏好理论的提出。

那么用中国数据能否得出同样的结论呢？选取 1985—2024 年的数据，根据中国人民银行公布的货币供给数据和国家统计局公布的名义 GDP 数据（PY 用名义 GDP 计量），由式（10-3）可知 $V=\dfrac{PY}{M}$，便可计算出 M1 和 M2 相应的货币流通速度，并进一步计算出 1986—2023 年中国货币流通速度变化率（见图 10-5）。

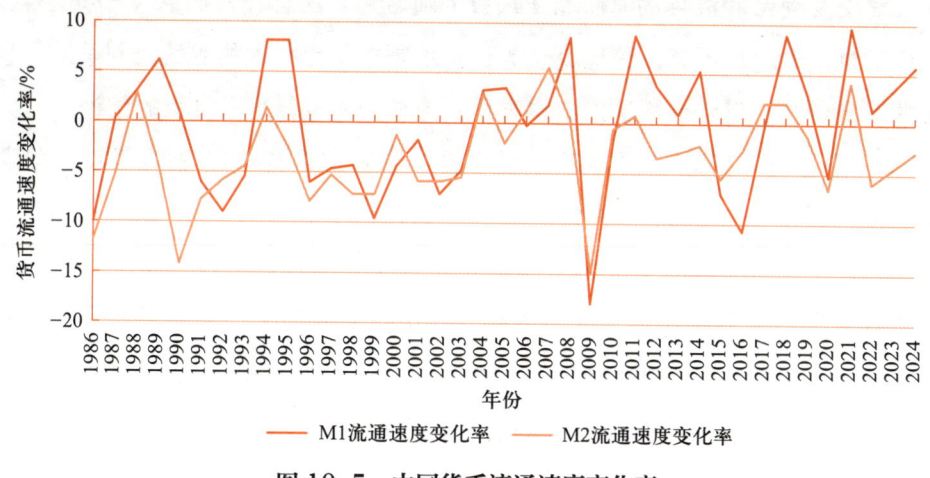

图 10-5　中国货币流通速度变化率

中国货币供求
均衡实践

从图 10-5 中可以看到，中国的货币流通速度同样是不稳定的，M1 的流通速度波动相较于 M2 的更大。在经济下行期，例如 2008 年，货币流通速度出现剧烈波动，并且表现出较明显的顺周期性。

🎙 重要概念

马克思货币需求理论　货币流通速度　古典货币数量论　流动性偏好理论　交易性货币需求　投机性货币需求　现代货币数量论

🎙 本章小结

1. 货币需求是指社会各部门在既定的收入或财富范围内，能够而且愿意以货币形式持有的金融资产的数量。在不同经济体制下，商品货币关系的发展程度不同，货币在经济运行中的职能、作用也不同，货币需求的特征存在显著的差异。中国的货币需求可以分计划经济和市场经济两个阶段来考察。

2. 马克思货币需求理论集中反映在其货币流通公式中：流通中的货币数量 M 与商品价格总额 PQ 成正比，与货币流通速度 V 成反比。该公式的理论基础是科学的劳动价值论，反映了商品流通决定货币流通。

3. 现金交易说以费雪交易方程式为核心：交易中发生的货币支付总额 MV 等于被交易商品和服务的总价值 PT，PT 通常用名义国民总收入（PY）替代。假设货币流通速度不变，该理论认为，货币需求仅为收入的函数，利率对货币需求没有影响。现金余额说以剑桥方程式为核心，也得出了类似的结论。

4. 流动性偏好理论摒弃了古典学派对货币流通速度不变的假设，强调了利率是决定货币需求的重要因素。流动性偏好是指人们在心理上偏好流动性，愿意持有流动性最强的货币而不愿意持有其他缺乏流动性的资产的欲望。凯恩斯将人们持有货币的动机分为三类：交易动机、预防动机和投机动机。由交易动机和预防动机产生的货币需求被合称为交易性货币需求，是收入的增函数；由投机动机所形成的货币需求被称为投机性货币需求，是利率的减函数。因此，实际货币需求与实际收入正相关，与名义利率负相关。

5. 弗里德曼认为财富拥有者对货币这种资产的需求取决于财富总量、各类资产的预期名义收益率等，并由此构建了货币需求函数。简化的货币需求函数表明，实际货币需求取决于市场利率和永久性收入。

6. 基于中国数据的实证分析表明货币数量论在长期对通货膨胀有更好的解释，但在短期无法得到有效的数据支持。关于货币流通速度，实证分析表明中国的货币流通速度是不稳定的，M1 的流通速度波动相较于 M2 的更大，并且表现出较明显的顺周期性。

思考题

1. 改革开放前和改革开放后，中国个人货币需求有什么不同？

2. 谈谈马克思货币流通公式的内涵。在此基础上请从不同流派出发，分析货币需求函数和货币流通速度是否稳定，并分析其对中国货币政策制定的影响。

3. 请回答以下与货币流通速度有关的问题。

（1）假设目前的货币供给量 M 为 100 万亿元，此后以每年 15% 的速度增长；名义总产出即 PY 为 150 万亿元，此后以每年 10% 的速度增长。计算此后三年每年的货币流通速度。

（2）怎么理解货币流通速度？在本章所介绍的货币需求理论中，不同理论是怎样看待和分析货币流通速度的？

4. 凯恩斯和弗里德曼的货币需求理论有什么区别？

5. 请谈谈余额宝、零钱通等互联网理财工具的出现，对个人货币需求的影响。

即测即评

第十一章　货币政策运行

要坚持货币政策的稳健性，灵活运用多种政策工具，促进宏观经济平稳健康发展。

——中共中央党史和文献研究院编：《习近平关于金融工作论述摘编》，中央文献出版社 2024 年版，第 16 页。

⇛▶ 学习目的和要求

掌握货币政策最终目标、中间目标和操作目标；掌握货币政策工具的特点及其作用机制；理解各类货币政策规则、优缺点及其在我国的应用；掌握货币政策传导机制及其有效性；掌握货币政策运行规律及其对经济主体的影响机制；增强对我国货币政策工具的总量和结构双重功能的理解；深刻理解货币政策在金融强国建设、服务中国式现代化中的重要作用。

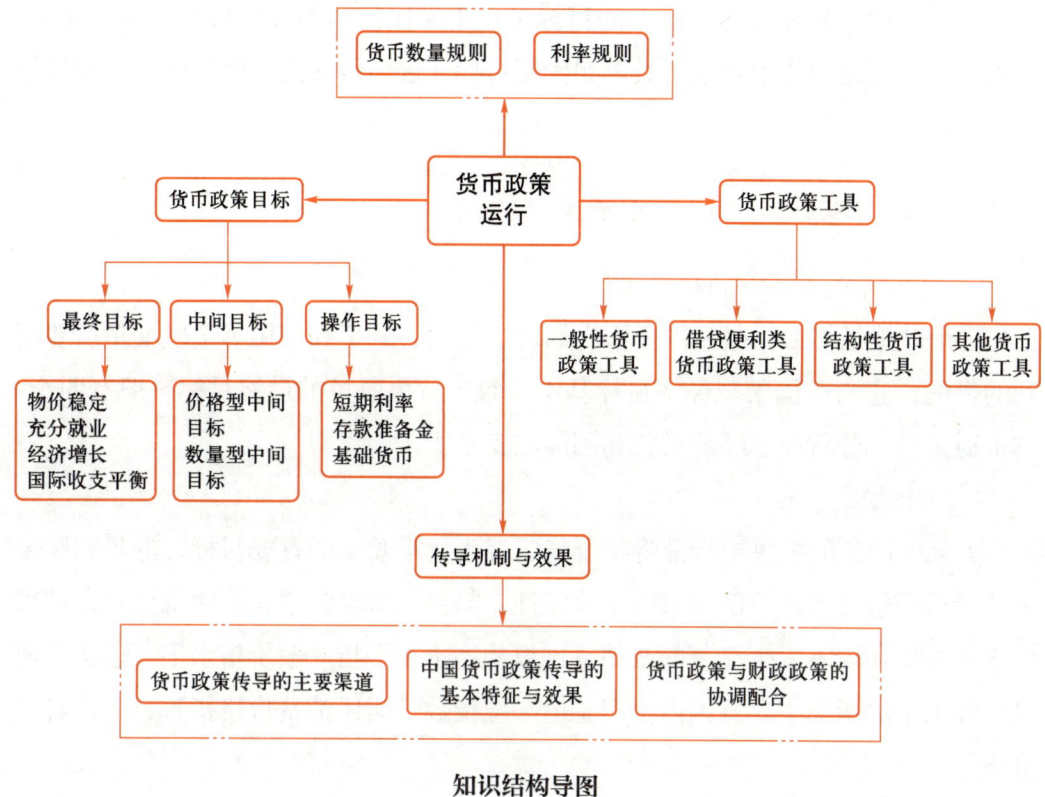

知识结构导图

科学稳健的金融调控体系是中国特色现代金融体系的重要组成部分。作为金融调控的重要手段，货币政策是中央银行为实现特定经济目标而采取的各种控制和调节货币供应量、利率和信用条件的方针、措施的总和。本章的主题是探究中央银行如何制定和实施货币政策。本章将介绍货币政策最终目标、中间目标、操作目标，以及货币政策工具等核心知识，并在此基础上阐述货币政策规则，分析货币政策传导机制及其效果。

第一节　货币政策目标体系及其演变

货币政策目标体系包括最终目标、中间目标和操作目标。货币政策的最终目标是一个长期目标，从货币政策工具的运用到最终目标的实现，通常具有较长的传导过程，会受到较多因素的干扰。中央银行需要通过对操作目标和中间目标的调控和监测，来确保货币政策工具的运用能够按照预期的路径实现最终目标。其中，操作目标是中央银行货币政策工具能够直接影响或控制的变量，也是货币政策工具影响中间目标的媒介；中间目标是位于操作目标和最终目标之间的变量。中央银行通过运用货币政策工具影响操作目标，进而传导至中间目标，影响最终目标的实现。

一、货币政策最终目标体系及其演变

（一）货币政策最终目标体系

货币政策最终目标是一国货币当局调节货币、利率和信用等金融变量所要达到的目的，它与一国宏观经济目标基本一致。货币政策的最终目标一般有四个：物价稳定、充分就业、经济增长和国际收支平衡。

1. 物价稳定

大部分国家的中央银行都将物价稳定视为货币政策的首要目标。通货膨胀带来的货币贬值会增加经济体系的不确定性，最终危害经济增长。物价稳定是使物价水平在短期内不发生显著的波动。这里的物价水平指一般价格水平。通常，衡量物价水平的指标主要有国内生产总值平减指数、居民消费价格指数、生产者物价指数。

2. 充分就业

充分就业是指保持一个较高的、较稳定的社会就业水平。充分就业始终是各国中央银行货币政策调控的重要目标。充分就业并非等同于零失业率，因为在现代经济体系中还存在摩擦性失业和结构性失业。摩擦性失业指短期内劳动力供求失调和季节性因素等造成的失业。结构性失业指职位要求与当地劳动力的技能和可得性不匹配造成的失业。

3. 经济增长

经济增长是指一国或地区内商品和服务及生产能力的增长。2008 年国际金融危机以来，随着各国中央银行结构性货币政策的广泛实施，货币政策对经济结构转型和经济质量提升的作用受到广泛重视。但是，作为总量政策的货币政策对经济结构调整和质量提升的有效性还有待实践检验。

4. 国际收支平衡

国际收支反映了一国与世界其他国家的经济联系。国际收支平衡是指一定时期内，一国对其他国家或地区的货币收支持平。在现实操作中，国际收支平衡是一个不容易实现的目标。经济学家普遍认为，国际收支平衡不是绝对和静态的平衡，而是一种相对和动态的平衡。

（二）货币政策最终目标的相互关系及选择

虽然货币政策的最终目标有四个，但是四个目标之间相互冲突，致使中央银行不能同时兼顾四个目标。例如，在菲利普斯曲线的假设下，通货膨胀率和失业率存在负相关关系。货币政策在稳定物价与充分就业之间就会陷入两者不能兼顾的困境。又如，若政府为刺激经济增长提供超额的货币供给，则超额的货币供给可能带来物价上涨与本币贬值，进而造成经济增长与物价稳定之间的冲突。

如何作出最优的政策目标选择，是中央银行面临的难题。针对这些难题，现有理论提出了三种观点：主张以物价稳定为唯一目标的"单目标论"；主张同时追求物价稳定和经济增长的"双目标论"；主张总体上兼顾各个目标，而不同时期以不同目标作为相对重点的"多目标论"。从货币政策实践来看，第二次世界大战以来，根据不同时期经济发展的总体目标和政治经济环境的实际情况，大部分国家的中央银行在追求多目标时，会有所侧重。但总体而言，大部分国家的中央银行均以物价稳定为最重要的货币政策最终目标。

（三）中国货币政策最终目标选择及演变

1. 1983 年至 1994 年的中国货币政策最终目标

1983 年 9 月 17 日，国务院作出决定，由中国人民银行专门行使中央银行职能。这一时期中国提出了"发展经济、稳定货币、提高社会经济效益"的政策目标。这是一种典型的兼顾经济增长和物价稳定的双目标制。这一目标的提出适应了当时中国经济快速发展的需要。

2. 1995 年至今的中国货币政策最终目标

1995 年 3 月 18 日，第八届全国人民代表大会第三次会议通过了《中华人民共和国中国人民银行法》。其中明确规定："货币政策目标是保持货币币值的稳定，并以此促进经济增长。"该法律把币值稳定（物价稳定）定为货币政策目标，并延续至今。

在实际操作中，基于经济发展不同阶段需要，中国人民银行一直采取多目标制。在物价稳定、充分就业、经济增长和国际收支平衡多个目标间寻求恰当的平衡，在不同阶段依不同权重考虑多目标，并随着经济条件变化改变权重。但是，物价稳定在货币政策多目标中所占权重始终最大。

货币政策目标的设定需要注重处理好三方面关系。一是短期与长期的关系。把维护物价稳定作为重要考量，同时保持政策定力，不大放大收，保持短期稳定与长期均衡。二是稳增长与防风险的关系。统筹兼顾支持实体经济增长与保持金融机构自身健康性的关系，坚持在推动经济高质量发展中防范化解金融风险。三是内部与外部的关系。主要依据国内经济金融形势的需要进行调控，兼顾其他主要经济体经济和货币政策周期的外溢影响。

中国人民银行采取符合中国国情的多目标制，具体有以下几点原因。

第一，长期的国际收支双顺差格局需要中国人民银行采取多目标制。1995年以来的较长时期内，中国面临经常项目和资本项目双顺差格局，流动性的被动投放较多，对货币供应量和通货膨胀有重要影响，因此中国人民银行必须关注国际收支平衡这一目标。

金融稳定应当
作为货币政策
的最终目
标吗？

革命战争时期
维护物价稳定
的历史经验

第二，2012年以后，中国经济发展进入结构性转型时期。尤其是2017年以来，中国经济进入高质量发展阶段。经济发展阶段和发展目标的改变，也使得中国人民银行的目标随之发生变化。2023年中央金融工作会议提出，要"加强货币供应总量和结构双重调节"。这意味着中国人民银行在保持物价稳定的前提下，需要兼顾调结构、保增长等目标。

第三，近年来，随着金融创新的发展和金融国际化程度的加深，防范局部和系统性金融风险的压力日益加大，中国人民银行的货币政策在确保物价稳定的前提下，还需要兼顾金融稳定和金融安全等多重目标。

二、货币政策中间目标及其演变

（一）货币政策中间目标

货币政策中间目标是位于操作目标和最终目标之间的变量，一般需满足可测性、可控性、相关性和抗干扰性等要求。一般而言，可作为货币政策中间目标的变量主要有长期利率、汇率、货币供应量和贷款规模等。根据这些变量的作用机理和特点，可将其进一步分为价格型中间目标和数量型中间目标。

1. 价格型中间目标

（1）长期利率。

根据利率期限结构的市场预期理论，长期利率是一定时期内短期利率的几何平均值。在实践中，中央银行借助法定存款准备金率等货币政策工具影响商业银行准备金数量及商业银行的信用创造，从而自动地影响短期利率，以达到调控长期利率的目的。与此同时，由于长期利率会直接对市场经济中的企业投资和居民消费产生影响，因此长期利率与物价稳定、充分就业和经济增长等货币政策最终目标密切相关，中央银行可以通过调控长期利率影响投资和消费。

在现实经济中，由于存在市场摩擦和预期等因素，长期利率与短期利率之间的关联呈弱化趋势，从而导致中央银行对长期利率的控制能力减弱。首先，均衡利率是企业、居民和金融机构等市场主体共同作用的结果，长期利率明显会受到中央银行利率调控以外的因素影响。其次，随着金融市场一体化和全球化的发展，各经济体长期利率之间的相关性增强，全球性、共同性因素的影响扩大，导致各经济体中央银行调控长期利率的能力减弱。最后，在通货膨胀率较高、利率市场化程度较低的国家，中央银行通过长期利率达到调控经济的目标也存在一定局限性。

中国人民银行发布《参与国际基准利率改革和健全中国基准利率体系》白皮书

（2）汇率。

以汇率作为货币政策的中间目标由来已久。中央银行通常将本国货币钉住某一种商品，比如黄金，或者钉住一个具有系统重要性的低通货膨胀的货币。以汇率作为中间目标能够固定国际贸易产品的价格水平，减少国际贸易中的不确定性。但是，以汇率作为中间目标存在着较为明显的局限性。在资本市场开放的条件下，一方面，固定汇率制使得钉住国货币政策的独立性大为降低；另一方面，固定汇率制使得本国货币更容易受到国际资本的冲击。例如，1997 年，大部分东亚国家的货币钉住美元，国际短期资本对这些国家的货币发动攻势，迫使相关国家中央银行放弃对固定汇率的承诺，导致本国货币贬值。

2. 数量型中间目标

（1）货币供应量。

首先，以货币供应量作为货币政策的中间目标，中央银行通常可以直接控制基础货币的供应，进而调节商业银行派生广义货币的能力，从而调节货币供应量。其次，货币供应量是内生经济变量，在经济增长较快时，银行体系会自动减少超额准备金，增加贷款规模，使货币供应量增加；反之亦然。最后，货币供应量的变动与货币政策有着紧密的联系，能直接反映中央银行货币政策的意图。在不同时期，中央银行会选择不同层次的货币供应量口径作为中间目标变量。20世纪 90 年代前，大部分国家选择 M1 作为货币政策中间目标变量。而随着金融创新的快速发展，货币供应量的内涵发生了较大的变化，越来越多的国家把 M2 作为货币政策中间目标变量。

（2）贷款规模。

贷款规模又称信贷规模，指银行体系对社会大众和各经济单位的贷款总额。贷款规模作为中间目标时，中央银行可以通过行政手段直接限制贷款规模的增长，进而影响货币供应量，以达到货币政策的调控目的。一般地，在市场经济发展程度较低、金融市场欠发达的经济体中，中央银行有可能把贷款规模作为货币政策中间目标。

（二）中国货币政策中间目标选择及演变

近年来，中国人民银行使用的货币政策中间目标主要有货币供应量、长期利率和社会融资规模等。随着中国宏观经济环境和金融市场发展，货币政策中间目标也在不断调整。

1. 货币供应量

20世纪90年代，中国信用工具比较单一，流通中现金（M0）在基础货币中占比较大，中国人民银行的现金发行和管理采用指令性计划。20世纪90年代中期，中国人民银行对货币供应量调控的重点是流通中现金和活期存款（M1）。其中的活期存款主要是企业在银行的结算账户存款和机关团体存款，是生产资料市场购买力的主要媒介手段，因此控制住M1就能对消费物价和生产资料价格施加影响。20世纪90年代后期及21世纪初期，随着中国金融市场的发展，M1与货币政策最终目标之间的关联性日益减弱，中国人民银行不得不将货币供应量的调控重点从M1转到M2，以便于中长期货币政策的制定。

2. 长期利率

1996年以前，在计划经济向市场经济转型的过程中，由于中国金融市场体系建设处于起步阶段，市场主体缺乏基本的定价能力，各类利率及其变动均由中国人民银行的利率政策直接决定。随着金融市场体系建设步伐的加快，中国于1996年开始推进利率市场化改革的进程，遵循"先外币、后本币；先贷款、后存款；先长期、大额，后短期、小额"的渐进式改革路径。随着市场化利率传导机制的基本形成，中国人民银行对货币政策中间目标的调控也逐渐由原有的货币供应量、社会融资规模等数量型指标向长期利率这一价格型指标转变。

3. 社会融资规模

社会融资规模是指一定时期内（每月、每季或每年）实体经济从金融体系获得的全部资金总额，是一个增量概念。社会融资规模主要包括人民币贷款、外币贷款、委托贷款、信托贷款、未贴现的银行承兑汇票、企业债券、非金融企业境内股票融资、保险公司赔偿、投资性房地产和其他金融工具融资十项指标。社会融资规模是全面反映金融体系与实体经济之间的关系，以及金融体系对实体经济资金支持的总量指标。

21 世纪以来，随着多层次金融市场的发展和金融创新的深化，以银行信贷为主的间接融资在社会融资规模中的占比相对下降。与此同时，信托、保险、基金等非银行金融机构的社会融资规模呈不断扩大趋势。在此背景下，货币供应的内生性不断增强，作为货币政策中间目标的货币供应量 M2 的可测性、可控性、相关性和抗干扰性等特征逐渐减弱。因此，自 2011 年开始，中国人民银行将社会融资规模作为货币政策中间目标的观测变量，并定期向社会公布。2024 年中央经济工作会议提出，"保持流动性充裕，使社会融资规模、货币供应量增长同经济增长、价格总水平预期目标相匹配"。这一要求清晰明确地界定了货币政策框架的"锚"。

（三）中国货币政策中间目标的选择和转换

构建市场发挥决定性作用的资源配置机制，要求货币政策中间目标的选择从货币供应量等数量型中间目标向长期利率等价格型中间目标转换。随着利率市场化、汇率自由化和金融创新的发展，特别是数字金融等新金融业态的出现，货币供应量等数量型中间目标的可测性、可控性及其与最终目标之间的相关性越来越弱。但是，利率市场化程度不足等因素也制约着长期利率作为中间目标的功能发挥。特别地，在全球经济不确定性加剧的背景下，中国人民银行在货币政策中间目标的选择上，需具备更高的兼顾数量型中间目标和价格型中间目标的平衡与转换能力。未来，中国人民银行将逐步淡化对数量型中间目标的关注，更加注重发挥利率调控的作用，而社会融资规模将更多地作为观测性、参考性、预期性的指标。

三、货币政策操作目标及其演变

（一）货币政策操作目标

货币政策操作目标是中央银行货币政策工具直接调控的对象，位于货币政策工具和货币政策中间目标之间。货币政策操作目标离中央银行的货币政策工具距离较近，可控性极强，中央银行可选择的货币政策操作目标主要有短期利率、存款准备金和基础货币。

1. 短期利率

货币政策时常运用的短期利率是银行间质押式回购利率。中央银行可以随时在货币市场上观察到短期利率水平，然后通过公开市场操作等货币政策工具向银行体系投放基础货币，支持银行投放贷款，服务实体经济。中央银行还可以在公开市场上出售证券，使货币市场利率提高，进而增加商业银行信贷投放的资金成本，约束商业银行信贷投放。从国际上看，以美国为例，美联储的货币政策框架主要是钉住联邦基金目标利率，公开市场操作是美联储调控联邦基金利率的重要政策工具。

2. 存款准备金

银行体系的存款准备金是中央银行负债的一部分，它由法定存款准备金和超额存款准备金两部分组成。存款准备金作为货币政策操作目标的优点在于：存款准备金衔接着中央银行和商业银行的资产负债表，是商业银行货币创造能力的重要约束。在现代信用货币制度下，商业银行在贷款创造存款的同时，需要按照法定存款准备金率的要求缴纳法定存款准备金，从而减少了超额存款准备金。而要保持银行体系流动性的稳定，就必须依靠中央银行投放基础货币来补充商业银行的超额存款准备金。如果银行体系的超额存款准备金不足，将约束银行体系信贷扩张的能力，从而限制了货币供应量的扩张。

但是，以超额存款准备金作为货币政策操作目标存在着一定的局限性。第一，商业银行合意超额存款准备金需求存在不确定性。比如，在年末时，商业银行需要更多的超额存款准备金用于结算，这时如果中央银行锚定某个超额存款准备金水平，就会导致市场短期利率升高，进而有可能出现"钱荒"。第二，现金和存款之间不一定能迅速地转化。就现金本身而言，它的需求取决于公众的流动性偏好等复杂因素，因而现金结算会增加对商业银行超额存款准备金的扰动。近年来，随着支付科技的发展，商业银行的预防性流动性需求总体趋于下降，在一定程度上会对中央银行流动性管理产生影响。第三，非常规货币政策的挑战。2008年国际金融危机后，主要发达经济体中央银行实施的量化宽松政策明显增加了银行体系的超额存款准备金，但银行体系通过贷款创造存款的积极性不高，导致这部分超额存款准备金淤积在银行体系。

3. 基础货币

基础货币指银行存款准备金总量和流通中通货的总和。作为货币政策操作目标，基础货币具有较强的适用性：第一，从可测性来看，基础货币表现为中央银行的负债，其数额随时可在中央银行的资产负债表上反映出来；第二，从可控性来看，基础货币中的存款准备金总量取决于中央银行的再贴现、法定存款准备金率以及公开市场业务等货币政策工具的操作，中央银行对其有较强的控制力；第三，从相关性来看，货币供应量是基础货币与货币乘数的乘积，基础货币与货币供应量呈明显的正相关关系；第四，从抗干扰性来看，超额存款准备金可以支持银行体系信贷投放，从而调节银行体系流动性，而法定存款准备金具有被"冻结"的特征，无法调节银行体系流动性。影响基础货币的因素主要来自中央银行自身的行为，如中央银行对政府和金融机构的债权变动、对国外净资产的买卖等。因此基础货币受非政策因素影响较小，能较好地传递和反映货币政策的作用。

基础货币作为货币政策操作目标也面临一些挑战。第一，从相关性来看，货币乘数反映了货币供应量和基础货币之间的恒等式比例关系。而现代研究表明，货币乘数并非一个常数，因而调控基础货币不一定能实现货币供应量目标。第二，基础货币的变化有时并不能反映中央银行货币政策的取向，简单根据基础货币的变化分析货币政策取向的意义不大。

（二）中国货币政策操作目标选择及演变

1. 短期利率

经过持续推进利率市场化改革，中国已基本形成了市场化的利率形成机制，以及较为完整的市场化利率体系。其中，公开市场操作利率、存款类金融机构间的债券回购利率、常备借贷便利利率、超额准备金利率等成为中国货币政策的主要操作目标。

公开市场 7 天期逆回购操作利率是中国人民银行代表性的短期政策利率。中国人民银行通过每日开展公开市场操作，持续释放短期政策利率信号，使存款类金融机构间的债券回购利率等短期市场利率围绕公开市场操作利率波动，并向其他市场利率传导。

常备借贷便利利率和超额准备金利率是中国构建利率走廊的基础。中国人民银行以 7 天常备借贷便利利率为上限、超额准备金利率为下限构建利率走廊，将短期利率的波动限制在合理范围内。其中，常备借贷便利是中国人民银行按需向金融机构提供短期资金的工具，金融机构可按常备借贷便利利率从中国人民银行获得资金，就不必以高于常备借贷便利利率的价格从市场融入资金，因此常备借贷便利利率可视为利率走廊的上限。超额准备金利率是中国人民银行对金融机构存放在中国人民银行的超额准备金付息的利率。对商业银行的超额准备金支付利率，能有效阻止商业银行以低于超额准备金利率的价格向市场融出资金，因此，超额准备金利率可视为利率走廊的下限。

2. 超额存款准备金

超额存款准备金主要用于保证客户提取现金和资金清算。2020 年 4 月，中国人民银行将金融机构超额存款准备金利率由 0.72% 降至 0.35%。这一举措降低了商业银行超额存款准备金的收益，有利于促使商业银行提高其资金使用效率，鼓励其用好自身资金，增加信贷投放，支持实体经济。

3. 基础货币

基础货币是中央银行调节货币供应量的重要操作目标，是货币政策的核心组成部分。中国基础货币投放经历了两个阶段的变化。

第一阶段：2001 年加入世界贸易组织之后，中国经常项目顺差迅速扩大，2007 年经常项目顺差占 GDP 的比重高达 9.9%。与此同时，为了维护汇率的稳定，基础货币投放中外汇占款的比重不断上升，外汇占款成为基础货币投放的主要资金来源。除此以外，基础货币投放也给商业银行注入了大量流动性。

第二阶段：2013 年以后，随着中国国际收支逐步趋于平衡，外汇占款在中央银行资产负债表中的比重快速下降。中央银行开始通过常备借贷便利等创新型货币政策工具来投放基础货币，对冲外汇占款比重下降的影响，维持了基础货币总量的稳定增长。近年来，基础货币由外汇占款产生的被动投放向以常备借贷便利类政策工具为主的主动投放的转变，增强了中国基础货币投放的自主性。

第二节　货币政策工具及其运用

在明确货币政策目标后，中央银行还需要一套行之有效的货币政策工具。中国人民银行的货币政策工具箱包含一般性货币政策工具、借贷便利类货币政策工具、结构性货币政策工具以及其他货币政策工具。

一、一般性货币政策工具及其运用

（一）法定存款准备金政策及其运用

1. 法定存款准备金政策的内涵

法定存款准备金政策是指中央银行规定或调整存款类金融机构缴存中央银行

的法定存款准备金率以影响基础货币，控制金融机构的信用创造和货币供应量。法定存款准备金政策的运行机制体现在两个方面：一是通过直接影响商业银行持有的超额准备金余额，改变其信用创造能力，间接调控货币供应量；二是通过增加货币扩张的基础货币成本，使商业银行货币扩张需要更多的基础货币支撑，以达到宏观调控目的。

2. 法定存款准备金政策的特点和局限性

法定存款准备金政策的特点包括以下几点。第一，政策效果强烈。法定存款准备金率的微小调整会引起银行体系超额存款准备金的巨大变化，对货币供应量造成强烈冲击。第二，强制性。法定存款准备金是所有存款类金融机构都必须依法缴存中央银行的头寸，一旦调整法定存款准备金率，所有存款类金融机构必须执行。第三，有较强的告示效应。中央银行调整法定存款准备金率的信息是公开的，并立即影响各商业银行的存款准备金头寸。但若中央银行明确了合意的短期利率水平，各方将更关注价格（利率）信息，则法定存款准备金率调整的告示效果会逐渐减弱。

法定存款准备金政策的局限性包括以下两点。一是缺乏灵活性。法定存款准备金率的调整缺乏应有的灵活性，不能作为日常调控工具。二是政策空间不足。随着主要发达经济体中央银行的政策调控逐步转向以利率调控为主，法定存款准备金率都已下调至较低水平。

3. 法定存款准备金政策的运用实践

中国于 1984 年建立并实行法定存款准备金制度，此阶段的法定存款准备金率较高。1985 年，为了解决银行资金不足的问题，中国人民银行将法定存款准备金率统一降至 10%。此后为了配合紧缩性的货币政策的实施，1987 年，法定存款准备金率上调为 12%。1998 年，法定存款准备金率从 13% 下调到 8%。2004 年后，随着

"三档两优"
存款准备金率
新框架

中国外汇储备的大幅增长，为对冲外汇占款导致的基础货币投放，中国人民银行提高了法定存款准备金率。2008 年后，中国人民银行分别对大型存款类金融机构和中小型存款类金融机构设定不同的法定存款准备金率。此后，法定存款准备金率呈现上升趋势，直至 2012 年，法定存款准备金率开始下降，如图 11-1 所示。截至 2025 年 5 月，中国大、中、小型存款类金融机构法定存款准备金率分别为 7.5%、5.5% 和 5.0%。

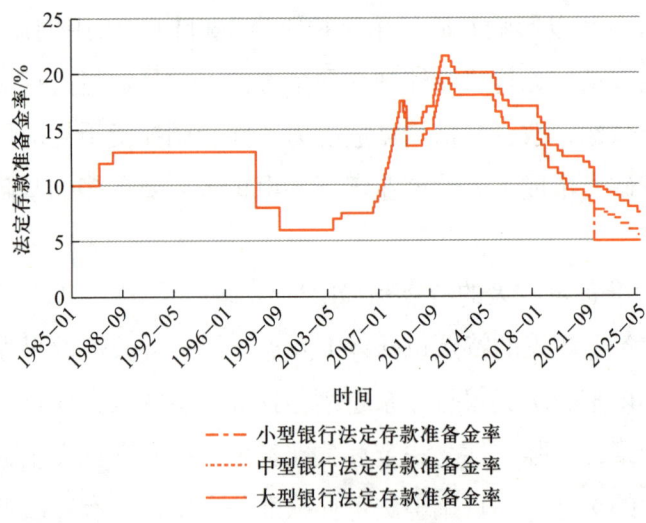

图 11-1　中国存款类金融机构法定存款准备金率变化趋势

资料来源：CEIC 数据库。

（二）再贴现政策及其运用

1. 再贴现政策的内涵

再贴现政策是指中央银行通过提高或降低再贴现率，改变商业银行向中央银行融资的成本，进而影响市场利率及贷款规模，以实现调节货币供应量的目的。再贴现政策以再贴现业务为基础，会使商业银行超额存款准备金增加，从而扩大货币供应量。再贴现业务的实质是商业银行和中央银行之间的票据买卖和资金让渡。

2. 再贴现政策的特点和局限性

相较于法定存款准备金政策，再贴现政策具有以下特点。第一，对货币供应量的影响是间接和渐进的。再贴现政策主要通过作用于金融机构的借贷成本来间接调节货币供应量，其作用过程是渐进的。第二，具有预期"告示效应"。再贴现率的变化预示着未来货币政策的走向，从而影响金融机构及社会公众的预期。第三，具有定向调控功能。在再贴现过程中，中央银行会制定再贴现票据需要符合的条件，以确保资金流向需要扶持的领域，实现"精准滴灌"，达到调整产业结构的目的。

但是，再贴现政策具有以下局限性：实施效果取决于金融机构自身的行为决策，中央银行处于被动等待的地位。

3. 再贴现政策的运用实践

中国再贴现政策始于 1986 年，主要是为了解决当时企业之间严重的货款拖欠问题。1995 年年末，中国人民银行规范了再贴现业务操作，开始把再贴现业务作为货币政策工具体系的组成部分，并注重通过再贴现业务传递货币政策信号，初步建立了较为完整的再贴现业务操作体系。1998 年至 2007 年，中国人民银行改革再贴现利率生成机制，使再贴现利率成为中国人民银行独立的基准利率，为再贴现利率发挥货币政策信号的传导作用创造了条件。2008 年以来，为有效发挥再贴现政策促进经济结构调整、引导资金流向的作用，中国人民银行进一步完善了再贴现管理。如适当扩大再贴现的对象和机构范围，重点支持涉农、小微、绿色、民营企业贴现票据优先办理再贴现。近年来，中国人民银行新创设的常备借贷便利、中期借贷便利、抵押补充贷款等货币政策工具本质上就是一种广义的再贴现政策，再贴现政策已成为中国人民银行常用的流动性供给渠道。

（三）公开市场操作及其运用

1. 公开市场操作的内涵

公开市场操作是指中央银行在金融市场上公开买卖有价证券，调节基础货币投放，控制信贷扩张和货币供应量的一种政策手段。公开市场操作主要通过流动性冲击与预期调整引导两种作用机制起作用。

第一种作用机制：流动性冲击。当金融市场上资金短缺时，中央银行通过公开市场操作买进有价证券，以达到向银行体系投放基础货币，增加货币供应量的目的。这一机制发挥作用的前提是商业银行在中央银行存有一定量的超额存款准备金。公开市场操作可以通过买卖有价证券改变银行体系的超额存款准备金，影响货币供应量。

第二种作用机制：预期调整引导。在常规货币政策框架下，中央银行每期公开市场操作的规模与力度并不大。中国人民银行公开市场操作的规模一般在百亿元至千亿元数量级之间，相较于当前超过百万亿元的商业银行资产负债规模而言微不足道。近年来，中国人民银行从过去的周二和周四开展公开市场操作转为在每个工作日常态化开展，并在公布公开市场操作结果时，同步说明操作的理由和影响银行体系流动性的主要因素，市场称之为"小纸条"。"小纸条"被视为中国人民银行货币政策操作预调微调的风向标，对引导市场预期发挥了重要的作用。

2. 公开市场操作的特点和局限性

相比于法定存款准备金政策和再贴现政策，公开市场操作具有主动、灵活、弹性大的优点。这主要表现为：中央银行作为市场参与者，对有价证券买卖的规模、时点、种类和期限等均掌握完全的主动权，而且能够根据政策调控的需要，随时进行正向和逆向操作。但是，公开市场操作有效发挥作用需要一个健全和发达的金融市场，并且中央银行需持有足够的资金和相当规模的有价证券。

3. 公开市场操作的运用实践

中国人民银行的公开市场操作起步于 1994 年的外汇体制改革。1994 年，伴随着我国银行间外汇交易市场的建立，中国人民银行的外汇公开市场操作正式启动。1999 年以来，公开市场操作已成为中国人民银行货币政策日常操作的重要工具，每日连续开展公开市场操作也已成为惯例，这对于调节银行体系流动性水平、引导货币市场利率走势、促进货币供应量合理增长发挥了积极作用。从交易品种看，中国人民银行公开市场操作交易主要包括外汇、政府债券和中央银行票据。

二、借贷便利类货币政策工具及其运用

借贷便利类货币政策工具是中央银行为了满足金融机构的流动性需求，提高调控的灵活性、针对性和有效性而创设的货币政策微调工具。借贷便利类货币政策工具的运用以商业银行提供合格担保品为条件，可以灵活地向有需要的商业银行提供低成本资金。从本质上看，借贷便利类货币政策工具是传统再贴现政策在抵押品范围、期限设定和功能引导等方面的衍生拓展。

借贷便利类货币政策工具已成为中国货币政策工具箱中的常态化工具，其主要目标是：作为基础货币投放工具，保持流动性合理充裕；构建利率走廊机制，丰富基准利率体系，完善市场利率调控机制，引导资金成本走向；通过担保品扩容，实现经济结构调整的功能。从操作实践来看，中国人民银行常用的借贷便利类货币政策工具主要有中期借贷便利和常备借贷便利。其中，中期借贷便利是中国重要的中长期基础货币投放渠道，而常备借贷便利则为金融机构提供临时性的流动性支持。

（一）中期借贷便利

2014 年 9 月，中国人民银行面向符合宏观审慎管理要求的商业银行、政策性银行推出中期借贷便利。中期借贷便利采取质押的方式发放中期基础货币，金融机构提供国债等优质债券作为合格质押品。中期借贷便利利率引导市场向符合国家政策导向的实体经济部门提供低成本资金，促进社会融资成本的降低。中期借贷便利的期限有 3 个月、6 个月和 1 年，以 1 年为主。2018 年 6 月，中国人民银行决定适当扩大中期借贷便利担保品范围，将不低于 AA 级的小微企业、绿色和"三农"金融债券，AA＋、AA 级公司信用类债券（优先接受涉及小微企业、

绿色经济的债券），优质的小微企业贷款和绿色贷款纳入中期借贷便利担保品范围。这使得中期借贷便利具备了结构性货币政策工具的功能。

（二）常备借贷便利

常备借贷便利是全国性商业银行或政策性银行根据自身的流动性需求，通过资产抵押的方式向中央银行申请授信额度的一种融资方式。常备借贷便利的主要特点有：第一，由金融机构主动发起，金融机构可根据自身流动性需求申请常备借贷便利；第二，常备借贷便利是中央银行与金融机构"一对一"交易，针对性强；第三，常备借贷便利的交易对手覆盖面广，通常覆盖存款类金融机构。

中国人民银行于2013年1月创设常备借贷便利，常备借贷便利的期限主要包括隔夜、7天和1个月，其利率为利率走廊上限。2013年10月，中国人民银行启用公开市场短期流动性调节工具。公开市场短期流动性调节工具、常备借贷便利与公开市场操作相结合，保持流动性总量的稳定，完善了中国人民银行对中小金融机构提供流动性的渠道，引导信贷资源更多地流向"三农"和小微企业等重点领域和薄弱环节。

三、结构性货币政策工具及其运用

结构性货币政策工具是为引导资金流向、实现某种结构性调整目的而采用的货币政策工具的统称。近年来，中国人民银行充分发挥货币政策工具的总量和结构双重功能，盘活存量、提升效能，引导金融机构加大对科技创新、绿色转型、普惠小微、数字经济等方面的支持力度，逐步构建适合我国国情的结构性货币政策工具体系。

（一）结构性货币政策工具的种类

结构性货币政策工具可分为长期性工具和阶段性工具、中国人民银行总行管理的工具和分支行管理的工具、提供再贷款资金的工具和提供激励资金的工具。

长期性工具主要服务于普惠金融长效机制建设。阶段性工具有明确的实施期限或退出安排，除支农再贷款、支小再贷款和再贴现之外的其他结构性货币政策工具均为阶段性工具。中国人民银行总行管理的工具主要是阶段性工具，特点是面向全国性金融机构、"快进快出"，确保政策高效落地、及时退出。分支行管理的工具主要是长期性工具，特点是面向地方法人金融机构，确保政策贴近基层、具有普惠性。提供再贷款资金的工具要求金融机构先对特定领域和行业提供信贷支持，中国人民银行再根据金融机构信贷发放量的一定比例予以再贷款资金支持。提供激励资金的工具要求金融机构持续对特定领域和行业提供信贷支持，中国人民银行再根据金融机构的信贷余额增量的一定比例提供激励资金。普惠小微贷款支持工具就是采取这一模式。

表 11-1 从政策工具类型、工具名称、支持领域和发放对象四个方面对中国结构性货币政策工具进行了总结。

表 11-1　结构性货币政策工具（截至 2024 年 9 月末）

政策工具类型	工具名称	支持领域	发放对象
长期性工具	支农再贷款	涉农领域	农商行、农合行、农信社、村镇银行
	支小再贷款	小微企业、民营企业	城商行、农商行、农合行、农信社、村镇银行
	再贴现	涉农、小微和民营企业	具有贴现资格的银行业金融机构
阶段性工具	普惠小微贷款支持工具	普惠小微企业	地方法人金融机构
	抵押补充贷款	棚户区改造、地下管廊、重点水利工程等	开发银行、农发行、进出口银行
	碳减排支持工具	清洁能源、节能减排、碳减排技术	21 家全国性金融机构、部分外资金融机构和地方法人金融机构
	普惠养老专项再贷款	公益型、普惠型养老机构运营、国家社区养老体系建设、老年产品制造	工、农、中、建、交、开发银行、进出口银行
	交通物流专项再贷款	道路货物运输经营者和中小微物流（含快递）、仓储企业	工、农、中、建、交、邮储、农发行
	支持煤炭清洁高效利用专项再贷款	煤炭清洁高效利用、煤炭开发利用和储备	工、农、中、建、交、开发银行、进出口银行
	科技创新再贷款	科技创新企业	21 家全国性金融机构
	设备更新改造专项再贷款	制造业、社会服务领域和中小微企业、个体工商户	21 家全国性金融机构
	普惠小微贷款减息支持工具	普惠小微企业	16 家全国性金融机构、地方法人金融机构

续表

政策工具类型	工具名称	支持领域	发放对象
阶段性工具	收费公路贷款支持工具	收费公路主体	21 家全国性金融机构
	民企债券融资支持工具（Ⅱ）	民营企业	专业机构
	保交楼贷款支持计划	保交楼项目	工、农、中、建、交、邮储
	房企纾困专项再贷款	房企项目并购	5 家全国性资产管理公司
	科技创新和技术改造再贷款	科技型中小企业、重点领域技术改造及设备更新项目	21 家全国性金融机构
	保障性住房再贷款	收购已建成商品房用于保障性住房配售或租赁	21 家全国性金融机构

资料来源：中国人民银行网站。

（二）结构性货币政策工具的特点

结构性货币政策工具是中国人民银行引导金融机构信贷投向，发挥"精准滴灌"、杠杆撬动作用的工具，通过提供再贷款或资金激励的方式，支持金融机构加大对特定领域和行业的信贷投放，降低企业融资成本。在实践中，结构性货币政策工具坚持"聚焦重点、合理适度、有进有退"的基本原则，以常规总量工具的有益补充为定位，通过内嵌激励机制，以市场化方式引导金融机构优化信贷结构，并注重防范道德风险。总体来看，中国人民银行结构性货币政策工具有以下特点。

1. 兼具总量和结构双重功能

一方面，结构性货币政策工具建立了激励相容机制，将中国人民银行资金与金融机构对特定领域和行业的信贷投放挂钩，发挥"精准滴灌"实体经济的独特优势；另一方面，结构性货币政策工具具有基础货币投放功能，有助于保持银行体系流动性合理充裕，支持信贷平稳增长。

2. 先贷后借，确保信贷资金直达实体经济

结构性货币政策工具建立了"金融机构独立放贷、台账管理，人民银行事后报销、总量限额，相关部门明确用途、随机抽查"的机制。一方面，中国人民银行按照"先贷后借"模式向金融机构提供资金，金融机构按照市场化、法治化原

则自主向企业发放贷款、管理台账，之后向中国人民银行申请再贷款或激励资金，中国人民银行按贷款发放量或余额增量的一定比例向金融机构发放再贷款或提供激励资金；另一方面，由行业主管部门确定支持的领域或行业范围，并建立联合金融部门事后随机抽查、审计监督和社会监督等事后跟进的核查与纠错机制。整套机制联通了金融机构贷款和中国人民银行再贷款"两本账"，有利于激励金融机构优化信贷结构，实现向绿色发展、科技创新等领域精准倾斜的效果。

四、其他货币政策工具及其运用

（一）预期管理及其运用

预期管理是指中央银行通过可行的手段提高货币政策透明度，缓解市场噪声和信息不对称，引导市场形成合理预期，从而实现货币政策目标的活动。预期管理的模式主要分为三类，即对货币政策目标进行沟通、对当前政策操作和经济状况进行沟通、对未来政策和经济走向进行沟通。对货币政策目标进行沟通，即中央银行树立明确的货币政策目标以锚定公众预期，实现货币政策最终目标。对当前政策操作和经济状况进行沟通，即中央银行通过会议纪要、货币政策执行报告等方式对当前货币政策操作和经济运行状况进行解释，帮助市场理解货币政策意图，降低市场与中央银行之间的信息不对称，以形成理性预期。对未来政策走向和经济走向进行沟通，也称为前瞻性指引，分为"预测式"指引和"承诺式"指引。"预测式"指引指中央银行公布对未来经济的预测信息但不作出政策承诺。"承诺式"指引指中央银行对未来的货币政策作出明确或隐含的承诺，属于非常规货币政策工具。

中国人民银行一直重视预期管理在货币政策实施中的作用，着重提升货币政策透明度，健全可置信、常态化、制度化的沟通机制，做好政策沟通和预期引导。中国人民银行沟通主要包括书面沟通和口头沟通两种方式。书面沟通包括定期发布中国人民银行货币政策执行报告、中国人民银行货币政策委员会例会报告、相关金融发展报告等。口头沟通包括中国人民银行行长、副行长、货币政策委员会委员的讲话，新闻发言人答记者问，新闻发布会等。

（二）窗口指导及其运用

窗口指导是指中央银行根据经济发展动向，规定金融机构的贷款投向和贷款额度等，以此来间接引导金融机构信贷行为与中央银行货币政策导向保持一致，达到促进经济增长的目的。窗口指导虽然只是一种"指导",而非法律规定,但其实际上具有强制性效力。如果金融机构不遵循指导意见,尽管不承担法律责任,但最终还是会受到中央银行的约束和惩罚。比如,在再贴现时对其进行限制,削减其贷款额度,甚至停止提供信用等。

20世纪80年代,在中国人民银行履行中央银行职能初期,为推动中央银行政策的实施和落实,中国人民银行与专业银行建立了比较稳定的行长联席会与碰头会制度。在会议上,专业银行向中国人民银行报告即期的信贷业务进展情况,中国人民银行则向专业银行说明对经济形势的看法,通报货币政策的意向。虽然行长联席会与碰头会采取温和的劝告方式,指导性政策建议不具有法律约束力,但专业银行通常都会接受这些建议或劝告。

21世纪以来,中国人民银行货币政策工具日益丰富,越来越少地使用窗口指导推进货币政策实施。但是,在某些特殊情况下,如金融市场出现流动性紧张时,中国人民银行也会通过召集金融机构负责人举行座谈会等形式,与金融机构沟通中国人民银行的政策意图,引导金融机构合理调整相关业务。

五、货币政策工具对利率的调控机制

经过30多年的利率市场化改革,目前中国已基本建立利率形成、调控和传导机制,即从中央银行政策利率到市场基准利率,再到各种金融市场利率的传导。中国人民银行在2020年8月31日发布的《参与国际基准利率改革和健全中国基准利率体系》白皮书给出了明确信号,即以培育存款类金融机构间的债券回购利率为重点、健全中国基准利率和市场化利率体系。

中国人民银行通过货币政策工具操作,使短期市场利率以政策利率为中枢波动,并向其他市场利率传导。同时,通过以常备借贷便利利率为上限、超额存款准备金利率为下限的利率走廊的辅助,将短期利率的波动限制在合理范围(见图11-2)。从近年货币政策工具操作实践看,中国货币政策对利率的调控呈现出两个显著特征:一是货币政策"以我为主",主要根据国内宏观经济和物价形势进行调节,表现出很强的自主性;二是较之主要发达经济体利率的大幅变化,中国在货币政策调控上总体坚持了稳健的操作理念,利率是适度和比较平稳的,在收紧和放松两个方面都相对谨慎、留有余地。

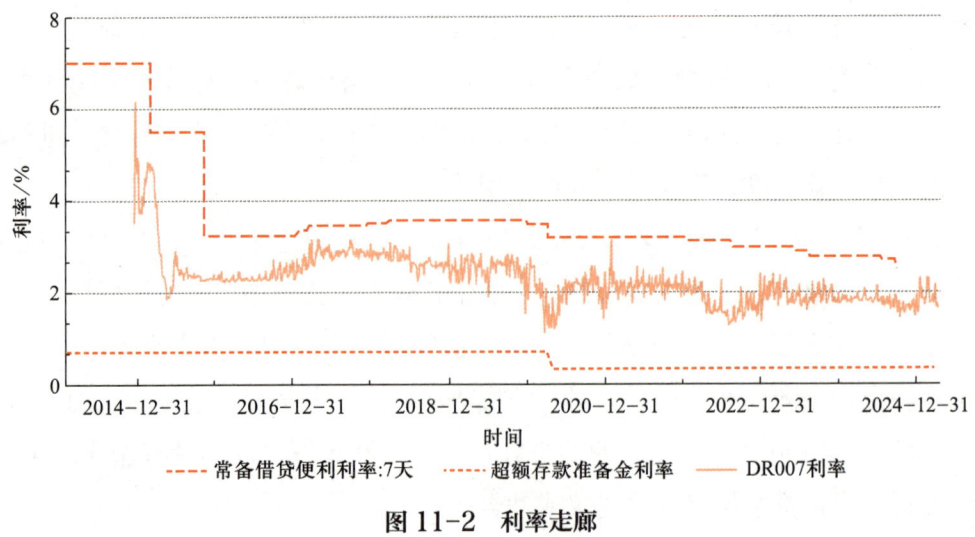

图 11-2　利率走廊

资料来源：Wind 数据库。

第三节　货币政策规则

在了解货币政策目标体系和货币政策工具后，接下来的问题是中央银行在操作货币政策工具以实现政策目标时，是否应该遵循相应的操作规则。也就是说，要想有效地实现货币政策最终目标，应该采取何种规则来实施货币政策。

一、货币数量规则

（一）货币数量规则的主要内容

相机抉择是一种基于经济形势动态变化的宏观调控方式，强调政府根据市场运行状况灵活调整政策措施。但货币主义认为，相机抉择的货币政策不仅不能起到稳定经济的作用，反而会加剧经济波动，甚至成为经济波动的主要来源。主要原因在于：第一，货币政策从制定到产生效果具有时滞效应；第二，相机抉择的货币政策更容易受到政治因素和特殊利益集团的干扰；第三，政策制定者的能力有限。因此，货币主义主张经济增长需要采用固定的货币数量增长率，并始终保持这一增长率。货币数量规则也被称为"固定货币增长率规则"或"单一规则"，其目的在于通过稳定的货币政策稳定公众预期，同时也有利于公众对中央银行的行为进行监督。

（二）货币数量规则评价

货币主义认为，货币数量规则具有一些明显的优点：第一，便于公众理解中央银行的货币操作，从而对货币政策作出快速反应；第二，由于"通货膨胀无论何时都是一种货币现象"，如果货币供应量以一定的比率稳定增长，那么通货膨胀也会受到约束；第三，固定货币供应量的增长比率有利于利率更好地根据市场变化作出调整。然而，货币数量规则的一个明显缺陷是过于僵化。诸多新型金融工具的产生增加了货币供应量的统计难度，货币供给的内生性不断增强，中央银行对货币供应量的控制能力下降，货币数量规则的可靠性也受到挑战。

（三）货币数量规则的运用实践

从货币政策的操作实践来看，在 2015 年利率市场化改革完成之前，我国货币供应的操作遵循的是货币数量规则。在 1995 年之前，中国人民银行基本上是以商业银行贷款规模作为中间目标进行调控，且带有较强的计划性。1995 年之后，中国人民银行将货币供应量列为货币政策中间目标之一，其具体操作指标是狭义货币（M1）供应量。随着中国金融创新工具的不断出现，中国人民银行调控货币供应量的重点逐渐转向广义货币（M2）供应量。2011 年，中国人民银行将社会融资规模作为货币政策中间目标的观测变量。

近年来，随着我国经济由高速增长向高质量发展转型和经济结构调整，此前对广义货币供应量和社会融资规模设定具体目标数值的货币数量规则已难以匹配经济高质量发展中实体经济对货币信贷的需求。为此，当前中国货币供应调控遵循的基本规则是，使社会融资规模、货币供应量增长同经济增长和价格总水平预期目标相匹配。这一货币数量规则不仅有利于以适度的货币增长支持经济高质量发展，而且有利于为货币政策调控提供科学合理的"锚"，提升货币政策逆周期和跨周期调节的能力。

二、利率规则

（一）利率规则的主要内容

传统的货币政策研究建立在中央银行对货币供应量可控这一假设之上。然而，随着金融创新和经济全球化的发展，货币供应量的可测性和可控性不断降低。在实际操作中，短期利率才是中央银行常用的货币政策操作工具。

利率规则也称泰勒规则，该规则认为影响短期名义利率的因素主要包括当期通货膨胀率、长期均衡实际利率、通货膨胀缺口和产出缺口。利率规则是以短期名义利率为工具、以稳定产出和通货膨胀率为目标的货币政策规则。据此，利率规则可表示为：

$$i_t = \pi_t + r^* + \alpha(\pi_t - \pi^*) + \beta(y_t - y^*) \tag{11-1}$$

其中，i_t 表示 t 期短期名义利率；π_t 表示 t 期通货膨胀率，π^* 表示目标通货膨胀率，$\pi_t - \pi^*$ 则表示通货膨胀缺口；r^* 表示长期均衡实际利率；y_t 表示 t 期实际产出水平，y^* 表示潜在产出水平，$y_t - y^*$ 则表示产出缺口；相应地，α 和 β 分别表示短期名义利率对通货膨胀缺口和产出缺口的反应系数；$i_t - \pi_t$ 为 t 期短期实际利率。

利率规则的政策含义是，如果通货膨胀率超过目标通货膨胀率，或者实际产出水平超过潜在产出水平（即失业率低于自然失业率），使短期实际利率低于长期均衡实际利率，此时，中央银行应该提高短期名义利率，以降低短期实际利率与长期均衡实际利率的偏离；反之亦然。因此，利率规则其实是一种利率反馈规则，是中央银行依据经济状态对短期名义利率进行调整的规则。

（二）利率规则评价

利率规则具有以下优点。第一，利率规则为评价货币政策实施效果提供了一个参考基准。例如，如果短期名义利率与利率规则模拟的短期名义利率大致相同，可以认为货币政策实施效果较好。第二，若中央银行遵循利率规则，则相当于一种承诺机制，避免因短期压力调整货币政策，有效解决时间不一致性问题。第三，加强中央银行和公众之间的沟通，成为稳定公众预期的名义锚。

然而，利率规则在实际运用过程中也存在局限性。第一，只有在利率完全市场化的国家才有条件采用利率规则。第二，潜在产出水平难以精确测算，造成短期名义利率对产出缺口的反应系数的估计出现较大偏差，导致货币政策操作失误。第三，由于通货膨胀缺口和长期实际均衡利率的指标存在多种计量方法，增加了利率规则运用的不确定性。第四，利率规则仅适用于封闭经济体，并未将汇率等核心变量纳入其中，导致中央银行无法兼顾其他变量。

（三）利率规则的运用实践

近年来，中国人民银行逐步建立了以公开市场 7 天期回购操作利率为政策利率，以存款类金融机构间的债券回购利率、国债收益率和贷款市场报价利率为基准利率的货币市场、债券市场和存贷款利率体系。在实践中，中国人民银行通过以公开市场 7 天期回购操作利率为政策利率，在利率走廊的辅助下，调节资金供求和资源配置，实现货币政策目标。目前，我国的利率走廊已初步成形，这一设置将货币市场利率限定在一定区间内，同时有助于充分发挥市场定价的作用，并保持足够的弹性与灵活性。

第四节　货币政策传导机制及效果

中央银行实施货币政策之后，其效果如何，取决于家庭、企业、金融机构等市场主体对货币政策的反应，这一过程称为货币政策传导机制。长期以来，因不同经济学家对货币政策实施过程中经济主体反应理解不同，形成了不同的货币政策传导机制理论。

一、货币政策传导的主要渠道

（一）货币渠道

货币渠道理论假定金融市场中的银行贷款与债券以及股票等金融资产之间完全可替代，则间接融资和直接融资完全相同，银行部门存贷款与非银行金融部门的投融资业务无差异。此时，中央银行通过货币政策调节货币供给，影响利率、汇率等金融资产价格，从而影响居民消费等总需求变量。基于对货币供给影响的金融资产价格关注点的不同，货币渠道又可区分为利率传导机制、汇率传导机制和资产价格传导机制。

1. 利率传导机制

利率传导机制指由于货币供给量变动，引发利率负相关变动，从而使各种资产的边际收益率发生变化，市场主体以此重新调整资产结构——即调整利率敏感性投资和消费需求的行为。对利率影响资产结构调整的两种不同观点包括凯恩斯学派的利率资产结构调整理论和货币主义学派的资产结构调整理论。

凯恩斯学派的货币政策传导机制理论是典型的利率传导机制理论。其利率资产结构调整理论的主要观点是：中央银行调节货币供给量 M 会对利率 r 产生影响，利率的变化则通过对资本边际收益率的影响，使投资 I 以乘数方式改变，而投资的改变进而会影响总支出 E 和总收入 Y。其中发挥作用的主要环节是利率。凯恩斯学派的货币政策传导机制可用符号表示为：

$$M \rightarrow r \rightarrow I \rightarrow E \rightarrow Y$$

与凯恩斯学派认为货币需求不稳定的观点不同，货币主义学派认为，货币需求具有内在的稳定性，利率在货币政策传导机制中不发挥重要作用，货币供应量在货币政策传导机制中发挥直接作用。即当货币供应量作为外生变量增大时，由于货币需求量不变，当公众持有的货币量超过了他们愿意持有的货币量时，他们必然会增加支出，而支出转化为投资，最终影响总收入。其传导机制可简单表示为：

$$M \rightarrow E \rightarrow I \rightarrow Y$$

其中，M 为货币供给量；E 为总支出；I 为投资；Y 为总收入。利率传导机制存在零利率下限的约束。货币需求理论指出，当中央银行大规模扩张性货币政策使得利率水平极低时，债券的价格会不断上升，直到人们认为债券的价格已无法上升，过多的货币供给会被人们收藏持有，经济陷入"流动性陷阱"，货币政策将失效。针对货币政策的零利率下限约束问题，在 2008 年国际金融危机救助的过程中，主要经济体中央银行采取了一系列非常规货币政策操作，试图突破常规货币政策的零利率下限约束。从效果来看，这类政策在促进金融危机后的经济复苏方面发挥了较好作用。

2. 汇率传导机制

汇率传导机制强调了在浮动汇率制度下，货币政策变化导致的货币供应量变动会影响利率，而利率的变化会对汇率产生影响，从而对净出口和总产出造成影响。其传导机制可表示为：

$$M \rightarrow i \rightarrow E \rightarrow NX \rightarrow Y$$

其中，M 为货币供给量；i 为利率；E 为汇率；NX 为净出口；Y 为总产出。

决定汇率传导机制效应大小的主要因素是利率变动如何影响汇率，以及汇率变动引起净出口（NX）变化的程度。

货币政策汇率传导机制理论认为，货币供给变动会通过利率效应对汇率产生影响，并通过汇率变动作用于净出口和产出。当经济过热时，中央银行在公开市场上出售证券减少货币供给量，将提高国内利率，引起本币升值，使本国商品价格相对上升，从而导致本国净出口下降，并相应地抑制了本国总产出的增长。汇率变动引起资产组合调整的过程就是货币政策传导的过程。

由于汇率传导机制需要通过调整利率来发挥作用，因此，零利率下限约束同样会限制汇率传导机制效果的发挥。

3. 资产价格传导机制

资产价格传导机制指货币政策变化使得有价证券价格变动，从而引发的资产结构调整的过程。假定有价证券分为短期证券与股票、中长期证券两类，那么，资产价格传导机制主要是指股票、中长期债券的价格效应。在资产价格传导机制理论中，主要包括托宾的资产结构平衡传导机制理论和财富效应理论。

托宾的资产结构平衡传导机制建立在货币供给量与资产结构、资产结构与目标变量之间存在联系的基础上。其基本观点是，货币供给量的变动将引起资产结构的调整，进而引起价格、产出等目标变量的变动。政策传导中起关键作用的是资本的供给价格——股票价格。股票价格是对资本存量价值的评估，股票价格的上升和收益率的下降意味着资本存量价值的提高，此时，使用新资本用于生产的成本相对较低，从而提高了对新资本的需求。对新资本需求的提高刺激了企业投资行为，最终推动总产出增长。

财富效应理论认为，货币供应量的变动不仅会通过利率引起资产结构的调整，而且也会影响价格水平和居民拥有的财富价值，进而影响居民的消费支出，并最终影响总需求与总供给，这一过程被称为货币政策传导的财富效应。

（二）信贷渠道

信贷渠道理论在假定金融市场中银行贷款与债券以及股票等金融资产之间不可完全替代和信息不对称的基础上，从资金供给侧的视角分析了货币政策变化对银行信贷供给的影响，以及由此引起的产出变化，从而弥补了货币渠道理论的不足。信贷渠道主要包括信用供给可能性理论、资产负债表渠道、银行信贷渠道、银行资本传导渠道等。

信用供给可能性理论认为，当中央银行调整货币政策引起利率变动时，会进一步引起银行资产价格变动，从而改变银行的流动性。银行流动性的改变将促使银行调整其信贷投放策略，通过信用供给规模的收缩或扩张，影响实际经济活动。因此，该理论实际上将货币政策传导机制的重点置于"利率—流动性—信用供给规模"这一连锁反应上。以 R 表示银行超额准备金，r 表示利率，L 表示流动性，K 表示信用供给规模，Y 表示国民收入，则信用供给可能性理论传导路径为：

$$R \to r \to L \to K \to Y$$

资产负债表渠道表现为，货币政策通过影响贷款人的净值水平，从而影响商业银行的信贷意愿和规模，进而对企业投资和家庭消费产生影响。具体途径为：

扩张性的货币政策导致利率下降，从而使融资成本降低，净现金流出减少，贷款人净值水平提高；与此同时，利率下降将推升股票价格，提高企业和家庭用于抵押或质押的担保品价值，降低其逆向选择和道德风险，提升贷款人的信贷意愿和规模。在贷款人信贷意愿和规模上升的情况下，企业和家庭的融资能力提升，投资和消费增加，总产出增加。

银行信贷渠道强调，在信息不对称条件下，银行贷款与其他金融资产不可完全替代，借款人特别是中小企业很难获得直接融资，其融资需求只能通过银行贷款满足。在金融市场存在摩擦（信息不对称和交易成本）的情况下，货币政策调整会改变金融中介（主要是商业银行）的信贷供给总量，进而导致企业投资支出和产出变化。在紧缩性的货币政策环境下，中央银行可能提高法定存款准备金率，此时银行体系的超额存款准备金减少。由于非存款准备金市场存在金融摩擦，银行的融资渠道受阻，融资成本上升，银行体系的可贷资金减少，信贷供给总量下降，贷款人获得贷款的难度增加，信贷配给缺口加大，企业投资支出减少，产出下降。

银行资本监管会影响中央银行货币政策的传导效果，进而形成银行资本传导渠道。具体机制表现为：当中央银行实施紧缩性货币政策时，短期利率的上升会提高当前和未来存款的利率水平，缩小银行的净利差水平，增加筹集资本的边际成本。净利差的下降将影响银行利润水平，进而对银行资本产生不利影响。在资本充足率受到约束的情况下，银行资本的减少必将影响银行的信贷供给总量。如果银行不能通过增资补充资本，那么这种货币政策变化引起的银行资本的恶化将使其信贷供给总量持续下降。

（三）风险承担渠道

信贷渠道理论假定在政策传导过程中商业银行是风险中性的。但是，20世纪90年代以来，随着《巴塞尔协议Ⅲ》对资本充足率监管的加强，商业银行的风险敏感性不断增强，其对货币政策信号的反应也出现了动态变化。风险承担渠道理论认为，货币政策的调整会通过市场主体的金融加速器放大机制、收益追逐机制、习惯形成机制、中央银行货币政策沟通反馈机制等，作用于商业银行的风险敏感性，进而影响银行资产组合、信用风险定价及相关信贷决策，并最终作用于金融稳定和实体经济。

金融加速器放大机制强调，扩张性货币政策下的低利率会影响借款人的估值、收益和现金流，提高净资产和担保品价值，从而降低商业银行的风险敏感性，促使商业银行调整违约概率、违约损失率和波动性的预期，从而导致商业银行承担的风险增加。因此，商业银行的风险敏感性的改变决定了商业银行资产负债规模和杠杆水平的调整，从而导致银行资产负债表发生变化，进而放大了商业周期的波动性。

收益追逐机制是指在宽松的货币政策环境下，当利率下行压低无风险收益率时，其与风险资产的利差扩大，投资者出于契约、行为或制度方面的原因，为追逐更高的收益，倾向于承担更高的风险。

习惯形成机制是指投资者在作出当期的消费和投资决定时，不仅会考虑当期所受到的消费和投资约束，还会考虑历史所形成的消费和投资习惯。在宽松的货币政策环境下，商业银行因持续的市场乐观情绪可能形成适应性预期，认为市场的繁荣将会持续下去，从而降低其风险厌恶程度，最终导致风险敞口的非理性扩张。

中央银行货币政策沟通反馈机制会通过影响货币政策透明度影响货币政策的传导和效果。较高的货币政策透明度会增强商业银行对未来通货膨胀率和利率的预测能力，从而增强商业银行对资产和负债的再定价能力。货币政策透明度和可预期性越强，市场未来不确定性越低，风险溢价也越小，此时商业银行为了实现既定的目标收益，会愿意承担更高的风险。与此同时，金融市场参与者对中央银行在经济萧条时期将会拯救市场的认知的增强，将降低商业银行大规模倒闭的概率，继而产生保险效应。而这种保险效应会带来道德风险，鼓励商业银行承担更多的风险。

二、中国货币政策传导的基本特征与效果

尽管从理论上看，货币政策传导存在各种渠道，但是，任何渠道的顺畅传导作用都需要满足一定前提条件并有政策环境支撑。货币政策传导机制的畅通和有效性建立在金融资产的可替代性，金融市场无摩擦，市场主体的利率、汇率、债券资产价格弹性较大等基础之上。信贷渠道虽然考虑了银行贷款与其他资产的不可替代性、信息不对称和交易成本等市场摩擦，但其前提是中央银行对银行信贷行为的可控性。

在分析中国货币政策传导机制及效果时，需要客观考虑在不同经济发展阶段中国货币政策实施所处的政策环境。总体上看，改革开放以来，中国货币政策传导具有以下特征。

（一）信贷渠道是中国货币政策传导的主渠道，但效果逐渐减弱

尽管中国已经建立了多层次资本市场，直接融资在社会融资总规模中的占比不断上升，但仍以商业银行间接融资为主。因此，中国货币政策传导主要是通过信贷渠道来实现。

在认识到信贷渠道发挥主体作用的前提下，中国人民银行充分运用法定存款准备金、再贴现以及各种结构性政策工具，以货币供应量或社会融资总规模作为中间目标，实时调整货币政策调控的力度，确保了不同时期的物价稳定、经济增长两个主要目标以及充分就业、国际收支平衡和调整经济结构等其他目标的实现，为货币政策由数量型调控向价格型调控的转变奠定了坚实的基础。

近年来随着利率市场化改革的推进和金融创新的发展，商业银行资产负债管理自主性显著提升，货币供应的内生性凸显。当前银行信贷投放受到银行体系流动性、利率、资本充足水平等多种因素的综合影响。其中，只有银行体系流动性和利率是中央银行可控的因素。比如，2018 年，为应对经济下行，中国人民银行连续降低存款准备金率，加大公开市场操作力度，引导货币市场短期利率下降，但货币供应量和社会融资规模增速却逐步走低，货币政策传导的信贷渠道受阻。因此，在银行信贷渠道短期内仍会发挥作用的情况下，其传导机制将会更加复杂。在此背景下，中国人民银行通过定向降准、实施长期性和阶段性的结构性货币政策，打通货币政策传导的信贷渠道，盘活被低效占用的金融资源，提高资金使用效率。

（二）利率渠道的传导机制日益完善，传导效果不断增强

随着利率市场化改革的持续推进，2015 年贷款利率放开，存贷款利率市场化改革基本完成之后，中国基本形成了较为完整的市场化利率体系。在政策传导方面，中国人民银行通过货币政策工具调节银行体系流动性，释放政策利率调控信号。2024 年以来，中国人民银行持续深化利率市场化改革，明确以公开市场 7 天期回购操作利率为主要政策利率，构建以中央银行政策利率向市场基准利率、进而向市场利率传导的市场化的利率传导机制。具体而言，中国人民银行通过调整公开市场 7 天期回购操作利率（政策利率），影响存款类金融机构间的债券回购利率、国债收益率和贷款市场报价利率等市场基准利率，进而对货币市场利率、债券市场利率、存款利率和贷款利率等市场利率产生影响，从而促进消费和投资，提升社会总需求，支持实体经济发展。

（三）汇率传导机制逐渐显现，但效果较难把握

21世纪以来，随着国内金融体系的完善和外部环境的变化，中国进行了人民币汇率制度改革，并持续推进人民币国际化。人民币汇率调整范围扩大以及人民币国际化使国际资本跨境流动的规模和频率上升，货币政策处理内部均衡和外部均衡的难度增加，这实际上构建了人民币汇率传导机制。人民币汇率制度改革和人民币国际化虽然有助于缓解资本项目管制下面临的三元悖论，但也会加大中国同其他经济体之间货币政策溢出和周期协同，削弱本国货币政策效果。

因此，在当前及今后相当长的时期内，我国货币政策传导可能出现以利率传导机制为主，信贷渠道和汇率传导机制并存的局面。

三、货币政策与财政政策的协调配合

货币政策传导受到一系列现实经济环境的制约，如金融体系的市场化程度、经济主体对政策的反应程度和预期等。为实现特定时期内货币政策的目标，提升货币政策的效果，必须加强货币政策与其他宏观调控政策的协调配合，尤其是与财政政策的协调配合。

货币政策与财政政策的松紧搭配理论提出了四种不同的财政政策和货币政策搭配组合。一是扩张性财政政策与扩张性货币政策组合，二是扩张性财政政策与紧缩性货币政策组合，三是紧缩性财政政策与扩张性货币政策组合，四是紧缩性财政政策与紧缩性货币政策组合。

货币政策与财政政策的协调配合

四种政策组合分别适用于不同经济背景下的宏观经济稳定目标。当宏观经济处于衰退且通货紧缩的萧条阶段时，可采用第一种政策组合。通过扩张性财政政策刺激总需求，并采用扩张性货币政策降低利率以强化财政政策效果，并刺激物价上涨。当宏观经济处于经济停滞和通货膨胀并存的"滞胀"阶段时，可采用第二种政策组合。通过扩张性财政政策刺激总需求，并采用紧缩性货币政策降低通货膨胀水平。当宏观经济处于快速扩张且物价水平较低的阶段时，可采用第三种政策组合。通过紧缩性财政政策抑制过快的经济增长，并采用扩张性货币政策降低利率，以免财政过度紧缩引起经济衰退。当宏观经济处于过度繁荣且伴随通货膨胀的阶段时，可采用第四种政策组合抑制。通过紧缩性财政政策抑制过度投资，并采用紧缩性货币政策提高资金成本以刺破经济泡沫，引导经济回归潜在增长率。

 重要概念

　　货币政策　最终目标　中间目标　操作目标　法定存款准备金政策　再贴现政策　公开市场操作　货币数量规则　利率规则　货币渠道　信贷渠道　风险承担渠道

本章小结

　　1. 货币政策最终目标是一国货币当局调节货币、利率和信用等金融变量所要达到的目的。货币政策的最终目标一般有四个：物价稳定、充分就业、经济增长和国际收支平衡。中国人民银行自履行中央银行职能以来，其货币政策目标经历了"发展经济、稳定货币、提高社会经济效益"向"保持货币币值的稳定，并以此促进经济增长"的转变。中国人民银行一直采取多目标制，但物价稳定是中国人民银行的首要目标。

　　2. 货币政策中间目标是位于操作目标和最终目标之间的变量，一般需满足可测性、可控性、相关性和抗干扰性等要求。一般而言，可作为货币政策中间目标的变量主要有长期利率、汇率、货币供应量和贷款规模等。未来，中国人民银行将逐步淡化对数量型中间目标的关注，更加注重发挥利率调控的作用。

　　3. 货币政策操作目标是中央银行货币政策工具直接调控的对象，位于货币政策工具和货币政策中间目标之间。中央银行可选择的货币政策操作目标主要有短期利率、存款准备金和基础货币。

　　4. 中国人民银行的货币政策工具由一般性货币政策工具、借贷便利类货币政策工具、结构性货币政策工具以及其他货币政策工具构成。

　　5. 一般性货币政策工具主要包括法定存款准备金政策、再贴现政策、公开市场操作。借贷便利类货币政策工具主要有中期借贷便利和常备借贷便利。结构性货币政策工具主要包括长期性工具和阶段性工具等。

　　6. 货币政策规则主要包括货币数量规则和利率规则。

　　7. 货币政策传导的主要渠道包括货币渠道、信贷渠道和风险承担渠

道。中国人民银行自履行中央银行职能以来，以信贷渠道作为中国货币政策传导的主渠道，但其效果逐渐减弱；而利率渠道的传导机制日益完善，传导效果不断增强；并且汇率传导机制也逐渐显现，但其效果较难把握。

思考题

1. 为什么中央银行将物价稳定作为首要目标？

2. 从法律和实际操作的角度，谈谈你对中国货币政策最终目标选择的理解。在实际操作中，为何中国采取多目标制？

3. 预期管理是中央银行货币政策调控的重要工具之一，结合经济发展新常态以来，中国人民银行预调微调的实践，谈谈你对中国人民银行预期管理有效性的看法。

4. 当前中国人民银行货币供应遵循的货币数量规则是什么？在实践中，应如何理解这一规则？

5. 当前中国人民银行的利率规则有何特点？在实践中，应如何完善这一规则？

6. 为什么说信贷渠道一直是中国货币政策传导的主渠道？你认为长期以来中国货币政策信贷渠道传导不畅的主要原因是什么？

7. 请阐述当前中国利率渠道的传导机制。你认为要形成有效的利率渠道传导机制，中国尚需推进哪些领域的改革？

即测即评

第十二章　微观审慎监管

全面加强金融监管，强化机构监管、行为监管、功能监管、穿透式监管、持续监管，实现监管全覆盖，切实提高监管前瞻性、精准性、协同性、有效性，构建金融安全网。

——中共中央党史和文献研究院编：《习近平关于金融工作论述摘编》，中央文献出版社2024年版，第18页。

▤▶ 学习目的和要求

理解金融监管的客观必要性；掌握金融监管的目标和原则；了解中国金融监管体制的演变及其特征；掌握中国及其他主要国家金融监管模式；理解银行业、保险业、证券业的微观审慎监管工具；掌握中国金融业监管的主要内容；增强对新时代"五大监管"理念的理解；增强对强大的金融监管是金融强国建设关键核心金融要素之一的认识。

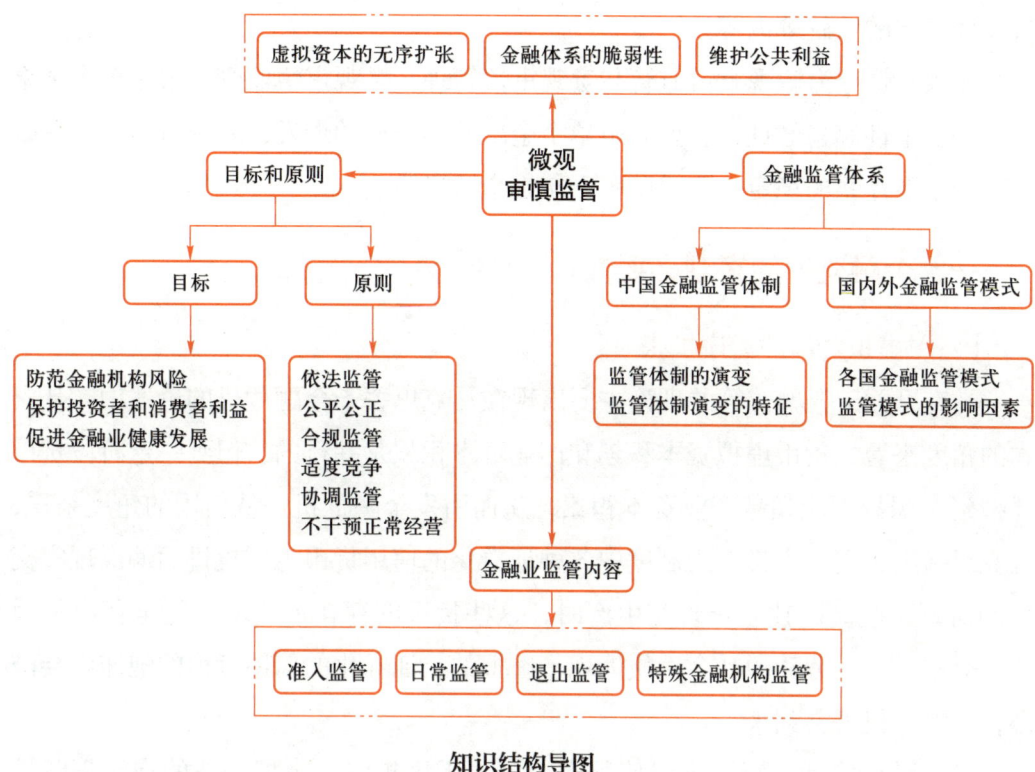

知识结构导图

微观审慎监管对完善金融监管治理体系、建设"强大的金融监管"从而助力金融强国建设具有重要意义。纵观国内外，金融业发展过程中出现过不少风险事件甚至大的危机，对金融业的监管势所必然。本章和下一章要求掌握微观与宏观审慎政策框架。本章将分析金融监管的基本原理，并对中国金融监管在不同阶段、不同业态的监管模式和内容进行重点阐释。

第一节　金融监管的基本原理

金融监管有狭义和广义之分。在我国，狭义的金融监管是指在中央金融委员会和中央金融工作委员会领导下由中国人民银行、国家金融监督管理总局和中国证监会组成的"一行一局一会"，依据国家法律法规对整个金融业（包括金融机构和金融业务）实施的监督管理。中央金融委员会和中央金融工作委员会的成立体现了党中央对金融工作的集中统一领导，强化了监管的统筹协调。

广义的金融监管除了上述内容外，还包括金融机构的内部控制和稽核、同业自律性组织的监管等内容。

金融监管分为微观审慎监管与宏观审慎管理。微观审慎监管着眼于单个金融机构的安全性和稳健性，主要防范单个金融机构危机的爆发；宏观审慎管理着眼于整个金融体系的稳定，主要防范系统性金融风险。

一、金融监管的客观必要性

（一）虚拟资本的无序扩张

马克思关于金融监管的理论主要出现在马克思关于金融危机的论述中。从资本的角度来看，货币虚拟资本积累和产业资本积累是并行的，但到一定阶段货币虚拟资本积累可能超越产业资本积累，从而引发金融危机。从信用的角度来看，马克思指出，资本主义信用制度中各种证券化的信用货币为了投机而偏离现实交易的需要，脱离、独立于现实生产时，这些货币的存在形式就会完全背离货币的社会本质——劳动的社会性质体现，虚拟的、证券化的信用货币的泡沫就会破裂，金融危机就会到来。

资本脱离实际、野蛮生长使得虚拟资本无序扩张，虚拟经济的泡沫不断扩大。金融监管部门应该约束和防止虚拟资本的无序扩张。

（二）金融体系的脆弱性

1. 金融机构的高杠杆性

与非金融企业相比，商业银行以较小的资本控制着庞大的资产规模。我国商业银行的资产负债率一般都在90%以上，远高于工业企业的资产负债率。金融机构高杠杆业务会带来较高的预期收益，从而助长机构的冒险行为。但遇到市场环境逆转，金融机构的高杠杆性也会给金融机构带来重大损失。

2. 借款人的投机性

以商业银行为代表的信用创造机构和借款人的投机特征使金融体系具有天然的内在不稳定性。借款企业依据其金融状况可分为三类：抵补性借款企业、投机性借款企业和庞氏借款企业。随着经济呈现繁荣状态，将滋生借款人的冒险行为，后两类借款企业在金融系统中的占比越来越大，商业银行面临的不稳定性越来越大，从而导致金融体系的脆弱性。

3. 金融机构的短视性

安全边界可以理解为银行收取的基本风险报酬，是银行根据借款人的信用和还款能力设定的最低还款要求。当经济繁荣时，宽松的信贷环境逐渐降低了银行业的安全边界，这种信心被称为"非理性亢奋"。由于扩张期的投资预测错误很难被发现，安全边界受到侵蚀并不断降低。当安全边界降到最低限度时，商业银行和借款人都将陷入危险的境地，对经济造成破坏，甚至爆发金融危机。政府介入监管能够限制安全边界的底线，对商业银行的过度放贷和借款人的过度扩张进行有效约束，从而保证金融体系的良性运转。

4. 存款人的非理性挤兑

银行为存款人提供的活期存款契约可以将短期的资金来源转变为长期的投资。因此，对银行的高度信任是银行部门稳定的根本，银行体系的脆弱性主要源于存款者对流动性要求的不确定性，以及银行资产本身缺乏流动性。当银行因各种原因遭受挤兑时，可能导致存款人失去对银行的信心，使银行面临破产倒闭，爆发金融危机。因此，必须加强对信息的监管，建立存款保险制度，增强社会对银行的信心，减少银行遭受挤兑的概率。

（三）维护公共利益的需要

公共利益监管理论认为金融市场存在负外部效应和信息不对称等市场失灵问题，因而站在维护公共利益的立场有必要对金融市场加强监管。

1. 负外部效应

金融的负外部效应是指金融机构经营失败或发生严重金融风险时，会在整个社会引发负面后果，由整个社会而不只是金融体系承担相应代价。金融体系产生负外部效应的原因有：一是金融体系自身的脆弱性，金融体系容易受到外部负面冲击影响而引发金融危机；二是金融行业面临多种风险叠加，扩大了金融产生负面影响的范围；三是金融活动参与主体众多，人的非理性行为容易加剧金融的负面影响，比如挤兑行为。

2. 信息不对称

在金融体系中，信息不对称问题非常普遍。产生信息不对称的原因可能有两个：一是信用制度滋生了更多冒险行为，利益的诱惑让借款人有动机隐瞒真实意图来获取资金；二是金融业务含有关于未来的不确定性，以信贷市场为例，商业银行贷款给企业后，不可能及时掌握企业的最新发展动态。与其他市场相比，金融市场的信息不对称程度普遍较高，可能产生大量的逆向选择和道德风险问题，造成金融市场失灵。因此，政府应该采取一定的措施对金融市场进行适当干预，如强制性信息披露等，确保金融市场的有效运行。

二、金融监管的目标、原则和理念

（一）金融监管的目标

金融监管有以下三个目标：一是防范金融机构风险，二是保护投资者和消费者利益，三是促进金融业健康发展。

1. 防范金融机构风险

微观审慎监管目标主要是控制个体风险，防范单个金融机构的经营失败。金融监管当局对金融机构的公司治理、风险管理、内部控制、资本充足状况、偿付能力等实施监管，建立相应的金融风险监控、评价和预警体系，依法对各类金融机构执行现场检查和非现场监管，对发现的违法违规问题实施相应处罚，防范化解金融机构风险。

2. 保护投资者和消费者利益

金融机构具有高负债经营的特性，该特性使得金融机构一旦经营失败，投资者就会遭受财产损失。金融监管当局应该承担起保护投资者合法权益的重要责任。同时，金融监管当局还应该打击侵害消费者权益的乱象，保护消费者金融资产安全，保护消费者的知情权、自主选择权和公平交易权。

3. 促进金融业健康发展

金融业的持续稳定发展可以更好地发挥金融服务实体经济的功能。因此，金融监管当局应致力于创造一个平等合作、有序竞争的金融环境，促进金融机构之间的适度竞争，促进整个金融业和社会主义市场经济的健康发展。

（二）金融监管的原则

1. 依法监管

金融法律和法规是金融监管实践的总结，是金融监管的客观依据；金融监管是金融法律和法规的具体体现、贯彻和实施。金融监管要依法监管，维护监管的权威性、严肃性、强制性和有效性，不能用行政的随意性代替法律，同时要建立对监管者的权力制衡机制。

2. 公平公正

建立金融监管制度，提高监管效率的目的在于创造一个公平公正的竞争环境。公平是指金融监管当局要保证监管范围内的所有金融机构都能平等地在统一标准下展开合理竞争。公正是指金融监管当局及其工作人员要按照统一、明确、公正的监管标准和监管方式实施监管，维护金融市场的公平秩序。中国对内外资金融机构采用同样的监管标准就是公平公正原则的体现。

3. 合规监管

合规监管原则主要有两层含义：一是重点对金融机构行为是否违反了相关法律制度进行监管；二是对金融机构的合规风险进行监管。合规监管就是要督导金融机构全面落实相关规定、制度和政策，并对金融机构的合规体系进行评价，这是有效防范金融风险的重要保障。金融机构往往都设有合规部具体执行合规监管要求。

4. 适度竞争

适度竞争原则要求通过适度的金融监管，营造和保持金融业适度竞争的环境和格局。既要避免金融机构的高度垄断使市场失去竞争活力，又要防止过度竞争、恶性竞争危及金融业的安全稳定。金融监管要达到"管而不死，活而不乱"的状态，为金融创新营造良好的市场环境，提升金融业的运行效率。在监管实践中，监管当局通过控制金融牌照来限制机构准入数量，同时保持适度监管节奏来平衡金融业的发展与稳定。

5. 协调监管

协调监管原则要求紧密结合金融机构内部约束和外部强制监管，以提高金融监管的有效性。如果金融机构缺乏内部约束的意识和动力，不主动配合监管、设法钻空子，最终定会产生更多监管套利，导致更大的金融风险。因此，只有"外控"和"内控"有机结合，才能保证监管的及时性和高效性。

6. 不干预正常经营

金融机构正常经营是金融机构赚取收益、维持运转的基本前提，也是投资者和消费者权益得以兑现的保障。在监管过程中，在未发现金融机构存在风险或风险不至于威胁到金融机构存续时，监管当局不会轻易打乱和破坏金融机构的经营秩序，往往采用非现场监管等手段进行监管。

（三）"五大监管"理念

2023 年 10 月，中央金融工作会议提出，切实提高金融监管有效性，依法将所有金融活动全部纳入监管，全面强化机构监管、行为监管、功能监管、穿透式监管、持续监管。

1. 机构监管

按照金融机构的类型分别设立监管机构，监管机构分别管理相应类型的金融机构，无权监管其他类型金融机构的金融活动。我国传统的金融监管模式是机构监管，如在"一行三会"时代是按照银行、证券、保险三种不同的机构类型来实施监管。机构监管的优势在于：当金融机构从事多项业务时易于评价金融机构系列风险；监管机构负责各类金融机构的审慎监管，可以避免重复监管，一定程度上提高了监管效率，降低了监管成本。但机构监管也存在容易造成监管空白、监管标准不统一等问题，导致监管套利。

2. 行为监管

政府通过特定监管机构对金融交易行为主体进行某种限制或规定，所有从事金融业务的实体（金融机构和个人）必须持有相应的金融牌照，并遵守相应的行为准则。行为监管是将所有金融行为全部纳入监管，既管"有照违章"，更管"无证驾驶"，坚持"长牙带刺"，维护金融市场秩序，保护金融消费者合法权益。

3. 功能监管

功能监管是指按照经营业务的性质划分监管对象，确定监管机构和监管规则，而不管从事这些业务经营的机构性质。功能监管强调一致性，坚持同一业务、同一标准、统一监管，用科学的监管标尺有效实现监管贯通，防止以金融创新之名行监管套利之实。实施资管新规从某种意义上来说就是功能监管的一种体现。功能监管以商业行为来判断监管边界，能够弥补机构监管的不足。功能监管的优势在于更适应混业经营对监管体制的要求，避免监管真空和重复监管。

4. 穿透式监管

穿透式监管旨在对金融机构和市场活动进行深度和全方位的监管，通过深入分析金融产品、业务结构和交易链条，识别和评估潜在风险，确保监管能够触及最根本和最核心的风险点。穿透式监管强调精准性，加强股东行为穿透、资金流向穿透、业务实质穿透，一般包括对投资者和产品的"穿透"。

5. 持续监管

持续监管是一种动态的、长期的监管模式，旨在对金融机构和市场活动进行持续的监控和评估，以确保其始终符合法律法规和监管要求，要求覆盖金融机构全周期、金融风险全过程、金融业务全链条。持续监管意义重大，一方面要保持监管政策的稳定性，另一方面要保持监管行为的连续性，减少"朝令夕改"现象，给市场和机构明确的预期，持续提高监管质效。

第二节　金融监管体系

改革开放后，中国金融监管体制依次经历了统一监管体制、分业监管体制、综合监管体制三个阶段。中国金融监管突出政治引领，强调党中央对金融工作的集中统一领导；体现实体导向，确保监管政策与国家战略同频共振；重视风险防控，强调"防患未然"的主动监管逻辑。

一、中国金融监管体制

（一）中国金融监管体制的演变

改革开放前，我国实行的是"大一统"的金融体制。改革开放后，我国金融监管体制经历了从统一监管阶段（1978—1992 年），到"一行三会"的分业监管阶段（1993—2016 年），再到目前的综合监管阶段（2017 年至今），形成了具有中国特色的监管理念和监管制度。

1. 统一监管体制（1978—1992 年）

1978 年 12 月，党的十一届三中全会作出了把党和国家工作中心转移到经济建设上来的重大战略决策。在此期间，中国人民银行是一个复合型的中央银行，很难发挥监管作用，其内部也没有行使监管职能的部门。1983 年 9 月，国务院决定：中国人民银行专门行使中央银行职能，中国人民银行负责货币政策的制定和金融监管。从此，我国初步形成了所有金融业务都归中国人民银行监管的集中监管体制。

1986 年 1 月，国务院发布《中华人民共和国银行管理暂行条例》，这是我国第一部涉及金融监管的法律法规。但当时并未提出审慎监管的有关原则和措施，监管能力较弱。

2. 分业监管体制（1993—2016 年）

从 20 世纪 80 年代中后期开始，中国人民银行混业监管无法实现对跨市场、跨机构金融风险的有效管理，出现了银行资金进入股票市场的现象以及一些恶性金融风险事件。

1992 年 10 月，国务院决定将证券监督管理职能从中国人民银行分离出来，成立国务院证券委员会和中国证券监督管理委员会（简称中国证监会），其目的是要建立一个强有力的专业监管机构对证券市场进行监管。

1993 年 12 月，国务院发布《关于金融体制改革的决定》，明确提出强化金融监管。1998 年 8 月，中国人民银行将证券监管职能移交中国证监会，实现了银行业与证券业的分业监管。同年 11 月，中国保险监督管理委员会（简称保监会）成立。2003 年 4 月中国银行业监督管理委员会（简称银监会）成立，标志着"一行三会"的分业监管体制最终形成。

3. 综合监管体制（2017 年至今）

随着金融市场化改革的推进，金融创新使得金融监管的边界越来越模糊，分业监管体制的弊端开始呈现。首先，监管缺乏有效协调和沟通，容易产生监管真空和重复监管。其次，监管标准不统一，不同金融机构开展相同业务受到不同监管，极易滋生监管套利。最后，监管机构之间的信息共享度差，而金融监管协调部际联席会议制度效果有限。

2017 年 11 月，国务院金融稳定发展委员会（简称金稳委）正式成立。2018 年 3 月，组建中国银行保险监督管理委员会（简称银保监会）。原银监会、原保监会拟订银行业、保险业重要法律法规草案和审慎监管基本制度的职责均划入中国人民银行。新形成的"一行两会"金融监管格局，一定程度上解决了中国金融分业监管体制的弊端，增强了宏观审慎管理和功能性监管。2023 年 3 月，金融监管体制进一步改革，成立了中央金融委员会和中央金融工作委员会，并在原银保监会基础上组建形成国家金融监督管理总局。中央金融委员会是党中央决策议事协调机构，负责金融稳定和发展的顶层设计、统筹协调、整体推进、督促落实，研究审议金融领域重大政策、重大问题等；中央金融工作委员会统一领导金融系统党的工作，指导金融系统党的政治建设、思想建设、组织建设、作风建设、纪律建设等，作为党中央派出机关，同中央金融委员会办公室合署办公。新形成的"一行一局一会"的金融监管格局加强了党中央对金融工作的集中统一领导，加强了金融稳定发展的顶层设计，形成了边界更为清晰的监管体制。

新一轮监管体制改革

（二）中国金融监管体制演变的特征

我国金融监管体制的演变有以下几种特征。

1. 从机构监管向功能监管转变

随着金融创新的不断推进，传统的金融机构监管不能适应交叉日趋频繁的金融业务往来，造成监管能力分散、监管重叠与监管缺位并存，由单一的机构监管转向功能监管十分必要。例如，2020 年发布的《网络小额贷款业务管理暂行办法（征求意见稿）》将小额贷款企业业务功能纳入银行的监管范围，这就是功能监管的体现。

2. 从分业监管向综合监管转变

分业监管是指由不同监管机构对不同金融产品、不同金融机构和不同金融市场进行监管。监管机构在各自的权属范围内行使监管权力、履行监管义务，彼此之间没有交叉关系。"一行三会"的分业监管体制符合中国分业经营实践，在中国金融业发展水平不高的情况下，实行分业监管体制可以使监管机构在各自特定的领域进行专业化管理，提高监管效率。

随着我国金融业呈现出由分业经营向混业经营转变的趋势，2005年，国内形成了银行类金融控股公司、企业集团类金融控股公司和其他金融机构类金融控股公司三种类型的金融控股公司。这对分业监管模式提出了挑战。在2023年后形成的"一行一局一会"综合监管体制下，金融控股公司由国家金融监督管理总局统一监管，避免了监管真空和交叉监管问题。

3. 从单一的合规性监管向合规性监管与风险性监管并重转变

合规性监管是指监管当局通过行政手段，对金融机构执行有关政策、法规、制度等情况所实施的监管。风险性监管是指监管当局根据对金融机构风险评估的结果，采取相应的监管措施，确保金融机构建立健全的风险管理系统来衡量、监测及控制风险的监管模式。随着金融市场化程度逐步加深，金融风险呈现出日益复杂化的特点，仅靠合规性监管难以识别风险源头。风险性监管通过对金融机构的资本充足率等方面进行重点分析，对于防范和化解金融风险有更加积极的意义。

4. 从资本监管向资本监管与透明度监管并重转变

资本监管是中国银行业监管的重点，主要指监管当局对商业银行最低资本量持有的监管。2023年，国家金融监督管理总局修订《商业银行资本管理办法》，构建了差异化资本监管体系，确保银行业资本充足水平总体稳定。透明度监管是资本市场监管的重点，主要包含上市公司信息披露和资本市场信息监管两部分。一些新型金融业态如互联网金融，也同样重视透明度监管。资本市场的透明度监管更多侧重于上市公司的信息披露，而互联网金融的透明度监管更多侧重于借款人信息的披露。

5. 从传统监管向智能监管与传统监管相结合转变

传统监管主要以指标管理、窗口指导、政策干预等为特征，由于难以及时获取相关信息，对复杂的金融活动越来越应对乏力。例如，对于金融诈骗等犯罪行为的洗钱活动，传统的反洗钱监管不能及时监测到资金的异常变动。智能监管是一种创新型监管模式，它依托云计算、大数据等手段，可以实时监测市场异常信息，为金融监管提供有效预警、防范、缓解和干预风险的技术保障，同时也提升了监管复杂金融活动的能力。

二、国内外金融监管模式

（一）各国金融监管模式

金融监管模式是指一国关于金融监管机构和金融监管法规的制度安排。按功能和机构划分，金融监管模式有统一监管模式、多头监管模式、牵头监管模式、"双峰"监管模式、"伞形"＋功能监管模式五类，如表12-1所示。金融监管模式常常与金融业的分业、混业经营特征有关，金融监管机构的设置往往因为金融业的经营特征，以及政治经济文化背景的差异而有所不同。

表 12-1　金融监管模式

类别	定义	优缺点	代表国家/地区
统一监管模式	又称单一全能型监管模式，对于不同的金融机构和金融业务，都由一个机构负责监管	实现监管目标和监管手段的协调一致，避免监管真空和重复监管；但会降低监管效率，产生道德风险	日本、德国
多头监管模式	对于银行、证券、保险等不同领域，分别设置专业的监管机构负责全面监管	分工明确，专业性强，相互制衡提高监管效率；但会造成监管空白、交叉监管、重复监管	欧盟
牵头监管模式	这是多头监管的改进型。在实行分业监管的同时，特指定一个牵头监管机构，负责不同监管主体之间的协调工作	目标明确，通过建立磋商协调机制提高监管效率，防止监管真空和交叉监管；但没有明确核心监管机构，以及未来改革具体路径	中国
"双峰"监管模式	设置两类监管机构，一类负责对金融机构进行审慎监管，防控金融体系风险；另一类负责对金融机构进行行为监管，保护金融消费者权益	对金融机构进行多方位、全方面监管，有效避免交叉监管和监管空白，降低了监管机构之间的协调难度；但多重目标会影响监管效率	英国、澳大利亚

续表

类别	定义	优缺点	代表国家/地区
"伞形"+功能监管模式	对于同时从事多种金融业务的金融持股公司，中央银行作为其伞形监管人，负责该公司的综合监管；而对具体某一类金融业务，同时接受功能监管人的监管	专业化分工程度较高；但易造成机构臃肿，使得各机构之间缺乏沟通与协调，易出现监管真空和重复监管	美国

2017年以来，我国形成牵头监管模式即"一行两会"的监管格局。2023年以后，演变形成"一行一局一会"的监管格局，但仍为牵头监管模式。中国微观审慎监管模式的独特性体现为政治引领、实体导向、风险防控的三位一体，与西方微观审慎监管理论的规则驱动、市场主导、分权制衡的监管特征形成鲜明对比。

中央金融委员会、中央金融工作委员会发挥着"大总管"的作用；中国人民银行更多地承担货币政策、宏观审慎管理、金融稳定等职能；国家金融监督管理总局统一负责除证券业之外的金融业监管，统筹负责金融消费者权益保护；中国证监会负责对证券业统一监督管理。

地方金融监管体系由地方党委金融委员会、地方党委金融工作委员会、地方金融监督管理局构成，在中央金融监管体系的监督和指导下开展工作。地方金融监督管理局负责辖内"7+4"类金融机构的监管。中国金融监管模式如图12-1所示。

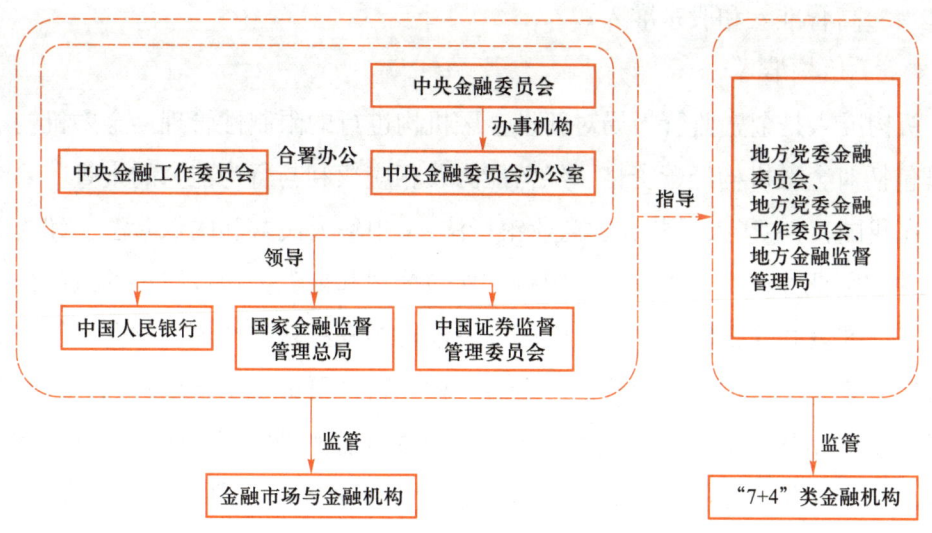

图12-1　中国金融监管模式

（二）金融监管模式的影响因素

由于政治经济体制等方面的不同，各国采用不同的金融监管模式。

从国家行政管理体制来看，单一制集权型国家的金融监管权力也比较集中，

国际金融危机爆发与西方主要国家监管目标转变

如日本，监管权力主要集中在中央层面；而复合制分权型国家的金融监管权力也相对分散，美国是典型的联邦制国家，比较注重联邦政府与州政府在金融监管中的共同作用。

从市场规模看，市场规模大，监管权力会适度分权，反之倾向于集权。中国采用适度分权的监管模式，通过设立地方金融监督管理局，进行适度补充。

第三节　金融业监管内容

中国金融业监管覆盖了金融业的全过程，一般包括金融业准入监管、金融业日常监管、金融业退出监管和特殊金融机构监管。金融业监管一般采用非现场监管和现场检查相结合的方式来实施。

一、金融业准入监管

金融业准入监管要求十分严格，主要原因在于金融体系自身的脆弱性和负外部效应。金融监管当局对金融业实施四个方面的准入监管，分别是机构准入、业务准入、高管准入和股东准入。

（一）机构准入

机构准入是金融监管当局对新设金融机构进行的限制性管理。金融机构准入监管包括对金融机构经营资格、经营能力及相应权利与行为能力的审查。

在我国，《中华人民共和国商业银行法》《中华人民共和国保险法》和《中华人民共和国证券法》分别对商业银行、保险公司和证券公司设置了准入门槛。

经批准设立的金融机构，由中国人民银行颁发经营许可证，并向市场监督管理部门办理登记，领取营业执照。金融机构经营许可证就是金融牌照，是经营主体进入金融市场的凭证。目前我国有二十几类金融牌照，常见的有银行、保险、信托、金融租赁、基金子公司、券商、期货、基金销售、典当、小额贷款公司、第三方支付等牌照。

（二）业务准入

金融机构从事金融业务必须依法接受准入管理，只要是面向公众的金融活动都应该从严监管。金融监管当局在对不同金融机构进行业务准入监管时，还会结合业务特殊性适当调整监管政策。

商业银行开展新业务时通常被要求持有金融许可证，建立符合国家金融监督管理总局规定的代理业务信息系统，按照规定加强资产负债管理和流动性风险管理，严格遵守银行账户管理和反洗钱相关规定。保险公司的业务准入监管重点是注册资本、净资产以及偿付能力。证券公司可以开展的业务种类与净资本要求挂钩。

（三）高管准入

金融高管通常是担任金融机构董事长、总裁、财务总监等重要领导职务，掌握机构重要信息，执行重要决策的高级管理人员。金融高管的任职资格审核和薪酬限制是监管的重点。比如《金融机构高级管理人员任职资格管理办法》规定了不同类型金融机构不同级别高管的最低从业年限要求。

（四）股东准入

股东准入是监管当局拟定的金融机构股东资质要求。一般而言，金融机构股东须满足资本实力雄厚、公司治理规范、股权结构清晰、财务状况良好、杠杆水平适度等条件。

2017年4月《关于切实弥补监管短板提升监管效能的通知》发布，强调要加强银行业金融机构股东的准入监管，穿透识别实际控制人、最终受益所有权人，并审查其资质。保监会于2018年3月修订发布《保险公司股权管理办法》，对股东财务状况、出资能力等方面均提出了更为严格的要求。中国证监会于2025年3月发布修改后的《证券公司股权管理规定》，规定股东必须满足机构信誉良好、内部控制有效、股权结构清晰等条件。

反洗钱监管与
典型案例

二、金融业日常监管

为了全面防范金融风险，金融监管当局对金融机构严格执行资本监管、流动性监管、信用风险监管、市场监管和监管评级。

（一）资本监管

金融监管当局通过资本监管对金融机构设置了最低资本要求，以增强金融机构抵御风险的能力。

1. 银行业

资本监管是银行微观审慎监管的核心内容，是提升银行体系稳定性，维护银行业公平竞争的重要手段。

2012 年 6 月银监会发布《商业银行资本管理办法（试行）》（以下简称《办法》）。《办法》规定商业银行的资本充足率不得低于 8%，一级资本充足率不得低于 6%，核心一级资本充足率不得低于 5%，规定 2.5% 的储备资本，以便银行应对金融危机的冲击。2023 年 10 月，国家金融监督管理总局正式发布《商业银行资本管理办法》，沿用上述资本充足率要求。相应的计算公式如下：

$$资本充足率 = \frac{总资本 - 对应资本扣除项}{风险加权资产} \times 100\% \qquad （12-1）$$

$$一级资本充足率 = \frac{一级资本 - 对应资本扣除项}{风险加权资产} \times 100\% \qquad （12-2）$$

$$核心一级资本充足率 = \frac{核心一级资本 - 对应资本扣除项}{风险加权资产} \times 100\% \qquad （12-3）$$

图 12-2 显示了 2014—2021 年我国主要商业银行的资本充足率。从图中可以看出，我国主要商业银行的资本充足率一直保持在 11% 以上，说明我国商业银行整体运行良好，应对各类风险冲击的能力较强。其中，外资银行的资本充足率最高，且均高于 17%。

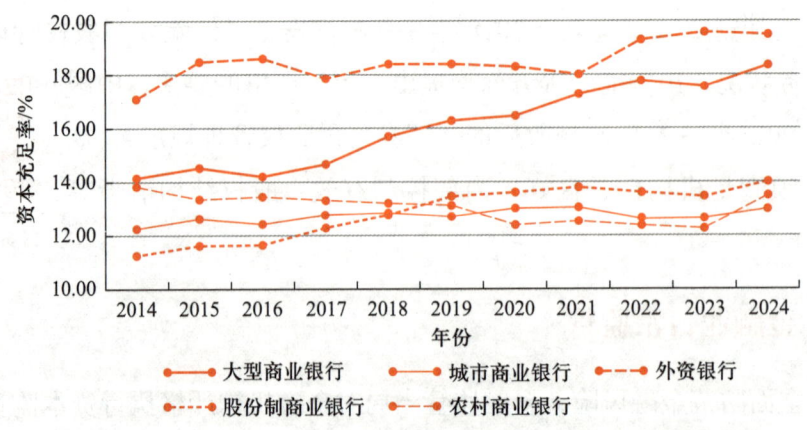

图 12-2　2014—2024 年我国主要商业银行的资本充足率

资料来源：国家金融监督管理总局网站。

2. 保险业

偿付能力监管是保险监管的核心。银保监会于 2021 年 1 月发布了最新版的《保险公司偿付能力管理规定》，新规定明确了三个衡量保险公司偿付能力的指标：核心偿付能力充足率、综合偿付能力充足率和风险综合评级。前两者的计算公式如下：

$$核心偿付能力充足率 = \frac{核心资本}{最低资本} \times 100\% \qquad （12-4）$$

$$综合偿付能力充足率 = \frac{实际资本}{最低资本} \times 100\% \qquad （12-5）$$

新规定要求保险公司须同时满足核心偿付能力充足率不低于 50%、综合偿付能力充足率不低于 100%、风险综合评级在 B 类及以上。

3. 证券业

2020 年 3 月，中国证监会公布了《关于修改部分证券期货规章的决定》，形成了现行的《证券公司风险控制指标管理办法》。新办法明确了证券公司净资本由核心净资本和附属净资本构成，计算公式如下：

$$核心净资本 = 净资产 - 资产项目的风险调整 - 或有负债的风险调整 -/+$$
$$中国证监会认定或核准的其他调整项目 \qquad （12-6）$$

$$附属净资本 = 长期次级债 \times 规定比例 -/+ 中国证监会认定$$
$$或核准的其他调整项目 \qquad （12-7）$$

对比三类主要金融机构的资本监管，可以发现银行业和保险业的资本监管指标设置了明确的最低比率要求，资本监管更加具体和严格。而证券业的资本监管没有具体的最低标准要求，资本监管弹性更大。银行和保险公司的监管思路核心是维持其稳健运行，证券公司的监管思路核心是平衡创新和风险。

西方各国对银行业都实施与《巴塞尔协议Ⅲ》基本一致的资本监管办法，对保险业都采用以偿付能力监管为核心的资本监管，对证券公司采取以净资本为核心的资本监管体系。我国在借鉴西方国家的监管方法的基础上制订了符合自身的资本监管规则，总体监管要求高于西方国家。

（二）流动性监管

流动性监管与资本监管呈现一定的互补关系：流动性监管倾向于防范压力情景下大规模资产抛售风险和金融机构间的风险传染，而资本监管要求有助于防范资产质量恶化的冲击。

1. 银行业

由于商业银行具有高负债经营的特点，面临着源于资产负债期限错配的流动性风险。巴塞尔银行监管委员会在《巴塞尔协议Ⅲ》中引入了流动性覆盖比率和净稳定融资比率作为银行流动性监管的强制标准。银保监会在 2018 年 5 月公布了《商业银行流动性风险管理办法》，该办法规定了 5 个流动性风险监管指标：流动性覆盖率、净稳定资金比例、流动性比例、流动性匹配率和优质流动性资产充足率。相应的计算公式如下：

$$流动性覆盖率 = \frac{合格优质流动性资产}{未来\,30\,天现金净流出量} \times 100\% \qquad (12\text{-}8)$$

$$净稳定资金比例 = \frac{可用稳定资金}{所需稳定资金} \times 100\% \qquad (12\text{-}9)$$

$$流动性比例 = \frac{流动性资产余额}{流动性负债余额} \times 100\% \qquad (12\text{-}10)$$

$$流动性匹配率 = \frac{加权资金来源}{加权资金运用} \times 100\% \qquad (12\text{-}11)$$

$$优质流动性资产充足率 = \frac{优质流动性资产}{短期现金净流出} \times 100\% \qquad (12\text{-}12)$$

其中，流动性覆盖率、净稳定资金比例、流动性匹配率和优质流动性资产充足率的最低监管标准为不低于 100%，流动性比例的最低监管标准为不低于 25%。

除了上述流动性监管指标外，商业银行的存贷比也受到监管当局关注。1995年 5 月颁布的《中华人民共和国商业银行法》规定，贷款余额与存款余额的比例不得超过 75%。2015 年 8 月，银监会将存贷比由监管指标调整为监测指标。

2. 保险业

银保监会在 2021 年 12 月发布了《保险公司偿付能力监管规则（Ⅱ）》，其中的第 13 号文件《保险公司偿付能力监管规则第 13 号：流动性风险》对保险公司流动性风险管理提出了最低监管要求，建立了流动性风险监管指标和压力测试制度。流动性风险监管指标包括流动性覆盖率、经营活动净现金流回溯不利偏差率、净现金流。

流动性覆盖率旨在评估保险公司基本情景和压力情景下未来一年内不同期限的流动性水平。经营活动净现金流回溯不利偏差率是指保险公司基本情景下经营活动净现金流预测结果和实际结果之间的不利偏差的比率。净现金流指标反映保险公司过去两年及当年累计的公司整体净现金流状况，规定保险公司过去两个会计年度及当年累计的净现金流不得连续小于零。

3. 证券业

现行的《证券公司风险控制指标管理办法》定义了证券公司的流动性监管指标——流动性覆盖率和净稳定资金率，其计算公式如下：

$$流动性覆盖率 = \frac{优质流动性资产}{未来\ 30\ 天现金净流出量} \times 100\% \qquad （12-13）$$

$$净稳定资金率 = \frac{可用稳定资金}{所需稳定资金} \times 100\% \qquad （12-14）$$

监管要求流动性覆盖率和净稳定资金率均不得低于100%。

对比上述三类主要金融机构的流动性监管，可以发现银行业和证券业的流动性监管指标高度相似，都主要关注金融机构的流动性覆盖率和净稳定资金比例。由于商业银行资产和负债的规模差异较大，原银保监会还将期限错配也纳入监管范畴，增加了流动性比例、流动性匹配率和优质流动性资产充足率三个监管指标。保险业的流动性监管指标则重点关注保险公司在压力情景下的现金流入和流出。

（三）信用风险监管

信用风险监管要求金融机构具备应对合同违约或各种不确定性损失的能力。信用风险监管有利于降低金融机构的信用风险，加强自身应对突发事件的能力。

1. 银行业

银行业的信用风险主要由以下三个指标体现并对其进行监管。

第一，杠杆率。2008年国际金融危机的基本特征之一是银行体系的表内外杠杆率过度积累。为此，《巴塞尔协议Ⅲ》引入了杠杆率监管要求：商业银行一级资本占总风险暴露比率不得低于3%，总风险暴露为商业银行各类风险暴露的简单相加。国家金融监督管理总局2023年修订形成的《商业银行资本管理办法》规定商业银行杠杆率的计算公式为：

$$杠杆率 = \frac{一级资本 - 一级资本扣减项}{调整后的表内外资产余额} \times 100\% \qquad （12-15）$$

该办法要求商业银行并表和未并表的杠杆率均不得低于4%，比《巴塞尔协议Ⅲ》的最低要求3%高出了1个百分点。

第二，贷款拨备率和拨备覆盖率。商业银行面临各种各样的不确定性，包括大型金融公司倒闭、大型公共事件等突发事件造成的风险。贷款损失准备金是银行应对贷款损失的第一道防线。

银监会在 2011 年发布的《关于中国银行业实施新监管标准的指导意见》中规定了贷款拨备率和拨备覆盖率的监管标准，其计算公式如下：

$$贷款拨备率 = \frac{贷款损失准备}{贷款} \times 100\% \qquad （12-16）$$

$$拨备覆盖率 = \frac{贷款损失准备}{不良贷款} \times 100\% \qquad （12-17）$$

该指导意见要求贷款拨备率不低于 2.5%，拨备覆盖率不低于 150%，原则上按两者孰高的方法确定银行业金融机构贷款损失准备监管要求。其中，贷款损失准备是指商业银行在成本中列支、用以抵御贷款风险的准备金，不包括在利润分配中计提的一般风险准备。

第三，贷款集中度。贷款集中度是指客户贷款余额占该银行资本净额的比例。2010 年 6 月修改的《商业银行集团客户授信业务风险管理指引》第十二条规定，一家商业银行对单一集团客户授信余额不得超过该商业银行资本净额的 15%。除此之外，监管当局还关注商业银行的最大 10 家客户贷款集中度，一般要求最大 10 家客户贷款集中度不超过 50%。

2. 保险业

保险业的信用风险指利差不利变动或交易对手违约导致保险公司遭受非预期损失的风险。银保监会在《保险公司偿付能力监管规则（Ⅱ）》第 9 号文件中规范了保险公司信用风险最低资本的计量。该规则明确保险公司信用风险包括利差风险、交易对手违约风险和集中度风险。保险公司信用风险最低资本的计算公式为：

$$MC_{信用} = \sqrt{MC_{利差}^2 + 2 \times \rho \times MC_{利差} \times MC_{交易对手违约} + MC_{交易对手违约}^2} \qquad （12-18）$$

其中，$MC_{信用}$ 为信用风险最低资本；$MC_{利差}$ 为利差风险最低资本；$MC_{交易对手违约}$ 为交易对手违约风险最低资本；ρ 为 $MC_{利差}$ 和 $MC_{交易对手违约}$ 之间的相关系数，$\rho = 0.25$。集中度风险最低资本暂未被纳入信用风险最低资本的计算。

3. 证券业

证券业的信用风险主要指由于交易对手、客户、中介机构、债券发行人及其他与证券公司有业务往来的机构违约，而造成证券公司损失的风险。现行的《证券公司风险控制指标管理办法》明确了证券公司的信用风险监管指标，包括风险覆盖率和资本杠杆率，该办法要求证券公司的风险覆盖率不得低于 100%，资本杠杆率不得低于 8%。相应的计算公式如下：

$$风险覆盖率 = \frac{净资本}{各项风险资本准备之和} \times 100\% \tag{12-19}$$

$$资本杠杆率 = \frac{核心净资本}{表内外资产总额} \times 100\% \tag{12-20}$$

对比上述三类主要金融机构的信用风险监管，可以发现银行业的信用风险监管指标最详细最全面，原因在于商业银行的核心业务就是信贷业务。保险业因为经营过程中涉及信用风险的业务不多，所以信用风险监管指标较为单一。证券业则因近年来开展融资融券业务而日益关注信用风险，仿照银行业的监管方法逐步建立证券业的信用风险监管指标。

（四）市场监管

市场监管要求市场中金融机构的交易活动满足合法性、规范性要求。市场监管有利于实现金融机构之间的公平竞争，维护良好的金融市场秩序。

1. 操纵市场

操纵市场是指某人或某集团，利用其资金、信息优势或者滥用职权影响证券市场，人为地制造证券行情，诱使一般投资者盲目跟从，从而为自己谋取利益或转嫁风险的行为。操纵市场行为必然会扭曲证券的供求关系，导致市场机制失灵，并会形成垄断，同时还会诱发过度投机，损害投资者的利益。

《中华人民共和国证券法》规定，禁止任何人操纵证券市场，影响或者意图影响证券交易价格或者证券交易量，操纵证券市场行为给投资者造成损失的，应当依法承担赔偿责任。

2. 信息披露

信息披露是指金融机构把相关信息及时、真实、准确、完整地向投资者和社会公众披露的行为。我国金融监管当局要求披露信息的金融机构包括商业银行、保险公司、证券公司、信托公司以及其他上市和非上市公司等。

商业银行、保险公司和信托公司都需要在每个会计年度终了后的四个月内披露其财务会计报告等信息。证券业的信息披露监管更为严格，2019年12月修订的《中华人民共和国证券法》将"持续信息公开"一节升级为"信息披露"专章。这一修订使我国证券市场迎来了最严格的信息披露监管时代，具体体现在三个方面：一是全面统一各领域、各主体的信息披露标准，实现对证券市场信息的全方位监管；二是信息披露处罚力度显著加重；三是新增不履行承诺的民事赔偿责任，将先行赔付制度正式纳入法律框架。

对比上述三类主要金融机构的市场监管，可以发现金融监管当局对操纵市场行为的监管和处罚仅仅针对证券业。信息披露监管则覆盖了银行业、保险业和证券业，基本上所有金融机构都需要及时、准确、完整地披露真实的信息。

（五）监管评级

监管评级综合考虑了金融机构应对各类金融风险的能力，有利于金融监管当局全面了解不同金融机构的风险管理水平，提高监管效率。

1. "CAMELS+" 监管评级体系

CAMELS 评级体系也被称为"骆驼评级法"，主要包括六个评级要素，分别是资本充足程度、资产质量、管理质量、盈利、流动资金、对市场风险的敏感度。

我国在原来 CAMELS 评级体系的基础上增加了信息科技风险要素，2021 年后为了突出公司治理与管理质量、数据治理的重要性，专设机构差异化要素，形成了包含九个主要评级要素在内的具有中国特色的"CAMELS+"监管评级体系。商业银行监管评级结果分为 1~6 级和 S 级，评级结果为 1~6 级的，数值越大反映机构风险越大，需要更高程度的监管关注；而正处于重组、被接管、实施市场退出等情况的商业银行经监管机构认定后直接列为 S 级，不参加当年监管评级。

2. 保险公司风险综合评级

保险公司风险综合评级是监管部门根据相关信息，以风险为导向，综合分析、评价保险公司的固有风险和控制风险，根据其偿付能力风险大小，评定为不同的监管类别，并采取相应监管政策或监管措施的监管活动。银保监会在《保险公司偿付能力监管规则（Ⅱ）》第 11 号文件中对保险公司分类监管的评价内容、评价类别、评价方法以及监管政策和监管措施都作了详细说明。

分类监管评价采用加权平均法。保险公司偿付能力风险的综合评级分为 A、B、C、D 四个监管类别。

3. 证券公司风险综合评级

证券公司风险综合评级是以证券公司风险管理能力、持续合规状况为基础，评价和确定证券公司的类别。2020 年 7 月，中国证监会公布了修改后的《证券公司分类监管规定》，对证券公司的评价指标、评价方法、类别划分、监管实施和分类结果使用都作了详细说明。

具体评价方法为：设定正常经营的证券公司基准分为 100 分，在基准分的基础上，根据证券公司风险管理能力评价指标与标准等方面情况，进行相应加分或扣分以确定证券公司的评价计分。中国证监会根据证券公司评价计分的高低，将证券公司分为 A（AAA、AA、A）、B（BBB、BB、B）、C（CCC、CC、C）、D、E 共 5 大类 11 个级别。

对比上述三类主要金融机构的监管评级制度，可以发现银行业、保险业和证券业都比较重视金融机构资本充足程度、流动性以及市场风险大小，并对不同金融机构的相关监管指标赋予权重后进行综合评级，有利于监管当局进行更有针对性的高效的监督管理。

在国际上，美国、英国、日本等国的金融机构主要由惠誉、穆迪、标准普尔等国际评级机构进行评级。

三、金融业退出监管

中国金融业监管贯穿于金融机构经营的全过程，金融监管有进有退，除了准入监管和日常监管外，金融业退出监管也十分重要。

（一）人员退出

人员退出是指原本从事金融工作的人员结束相关工作、退出金融业的行为。人员退出监管主要指金融监管当局对滥用职权、玩忽职守或违反法律法规的金融从业人员，撤换其职位、取消其终身的任职资格或者禁止其终身从事金融业工作的监管过程。在正常经营过程中，如果高管执行监管政策不力，监管当局有权要求撤换高管或者改组董事会。对于严重违反法律法规的金融从业人员，根据相关法律规定，监管当局可以对有关责任人员采取终身禁入金融市场的措施，被裁决人员终身不得从事金融业务，不得担任银行、保险公司、证券公司等金融机构的董事、监事、高级管理人员。

（二）业务退出

业务退出是指金融机构终止部分已经开展的金融业务的行为。业务退出监管是指金融监管当局对金融机构业务退出的类型、条件和程序进行监管审查，批准或要求金融机构终止部分金融业务的过程。金融业务退出也可以分为自愿退出和强制退出两类。

金融业务自愿退出是指金融机构为了追求自身利润最大化或者由于监管要求变化而选择主动终止部分正在开展的金融业务的行为。金融业务强制退出则是指监管当局根据相关法律法规要求金融机构终止和退出不符合监管条件的业务。根据相关法律规定，金融机构违反微观审慎监管指标要求并严重危及该金融机构的稳健运行、损害投资者和消费者合法权益时，监管当局可对其采取限制业务活动，停止核准新业务甚至撤销有关业务许可的措施。

（三）机构退出

金融机构退出监管是指金融监管当局对金融机构退出金融市场的理由、条件、形式和程序进行监管的过程。包括对合（兼）并、注销等实施监管，也包括对金融机构破产倒闭、违规终止经营的监管。金融机构退出包括自愿退出与强制退出。

金融机构自愿退出是指金融机构根据其章程或股东会决议，经金融监管当局批准，自行终止其金融业务，注销其法人资格的行为。其特点是"主动地自行要求解散"金融机构，主要包括兼并收购、注销两种形式。

金融机构强制退出则是指金融监管当局发布行政命令关闭金融机构的行为，或者根据相关法律法规作出裁定宣告金融机构退出市场的行为。其特点是"基于法定的理由关闭"金融机构，主要包括破产重组、撤销两种形式。其中最常见的形式是破产重组。

国际上，各国都颁布了相关的法律法规对金融机构退出市场进行监管。美国、日本都由存款保险公司来进行具体监管和处置。英国主要由英格兰银行、审慎监管局对金融机构退出进行监管。

与上述国家相似，我国金融监管当局主要也是根据法律法规决定机构的退出，但我国强调保护投资者和消费者的利益，对金融机构是否应该退出市场更加谨慎，努力控制机构退出可能带来的风险。

四、特殊金融机构监管

（一）外资金融机构

外资金融机构是经批准在中国境内设立和营业的外商独资银行、合资银行、独资保险公司、合资保险公司、外商投资证券公司等金融机构。相对于中资商业银行监管，我国对外资金融机构监管还存在一些差异。第一，更高的资本监管要求。监管部门可要求外资银行资本充足率高于8%，且根据人民币业务计算的资本充足率也不得低于8%。第二，对流动性监管的差异。我国目前对外资银行只规定了流动性比例要求，没有要求流动性覆盖率、净稳定资金比例等指标，但要求外资银行营运资金的30%应当以我国原银保监会指定的生息资产形式存在。第三，外资金融机构退出时不适用存款保险制度。

（二）政策性金融机构与开发性金融机构

政策性金融机构方面，中国有三家政策性银行和一家政策性保险公司，分别是国家开发银行、中国进出口银行、中国农业发展银行和中国出口信用保险公司。

我国金融监管当局发布了一系列办法加强对政策性金融机构的监管，政策性金融机构监管与我国商业银行监管的区别在于政策性金融机构的绩效考核指标包括落实国家政策、合规经营和风险管理等方面的内容，且指标权重高于其他类型指标。

（三）农村金融机构

我国农村金融机构在监管上有以下特征：第一，经营区域和业务范围受限，均不得跨区域经营，不得在辖区外设立分支机构；第二，更高的资本监管要求，农村商业银行的资本充足率不得低于 10.5%，但拨备覆盖率比商业银行略宽松，不低于 120%；第三，坚守服务农村的市场定位，对于农村金融机构信贷资金用于当地、农户和小微企业的比例下限作了规定，对于规模较小的村镇银行、资金互助社等的户均贷款上限、贷款集中度等作了严格规定。

（四）其他地方金融机构

"7 + 4"类地方金融组织由地方金融监管当局监管。其中，"7"指的是小额贷款公司、融资担保公司、区域性股权市场、典当行、融资租赁公司、商业保理公司、地方资产管理公司；"4"则指的是地方各类交易场所、开展信用互助的农民专业合作社、投资公司、社会众筹机构。

总体来看，对"7"类机构的监管思路为在强化监管的前提下鼓励合规发展，对"4"类机构的限制更为严格甚至是加速清理。监管要点如下：第一，各地方监管当局结合本地实际发展情况，对"7 + 4"类金融机构制定相应的监管办法，监管尺度在各地并不统一；第二，"7 + 4"类金融机构均不得跨区域经营，具体区域限制程度不同，但都不得跨省级行政区；第三，各类地方金融机构均不得吸收或变相吸收存款，资金主要来源于股东投资；第四，凡提供融资服务的地方金融机构，均与商业银行类似，有相应的杠杆率、业务集中度、关联交易等要求。

五、中国金融监管创新

中国金融监管在理念、制度、方式等多方面实现独特创新，为全球金融监管贡献了中国智慧与力量。

金融"五篇大文章"的监管

（一）监管理念创新

1. 人民为中心的价值取向

我国金融监管始终将人民利益放在首位。在金融产品创新和服务优化过程中，注重保障金融消费者权益，让金融发展成果惠及广大人民群众。比如，在互联网金融快速发展时期，加强对新兴金融业态的监管，规范行业秩序，防止非法集资等侵害群众利益的行为发生，提升人民群众在金融领域的获得感、幸福感和安全感。

2. 提出全面强化监管的理念

中央金融工作会议提出，要全面加强金融监管，有效防范化解金融风险。切实提高金融监管有效性，依法将所有金融活动全部纳入监管，全面强化机构监管、行为监管、功能监管、穿透式监管、持续监管，消除监管空白和盲区。习近平在省部级主要领导干部推动金融高质量发展专题研讨班开班式上也强调金融监管要"长牙带刺"、有棱有角。这意味着金融监管机构要拥有强大的制止和打击能力，同时监管政策和规则要有明确的边界、清晰的轮廓和严格的标准。

（二）监管制度创新

1. 完善风险防控和处置制度

我国致力于建立健全风险早期纠正硬约束制度，强化金融机构资本监管、流动性管理、贷款质量五级分类等制度，从源头上防范风险。在风险处置方面，明确中央和地方监管协同机制，健全权责一致、激励相容的风险处置责任机制，提高风险处置效率。例如，在中小金融机构改革化险工作中，通过各方协同，有效化解了部分机构的风险隐患。

2. 构建多层次金融法治体系

金融监管法律方面，形成了以《中华人民共和国中国人民银行法》《中华人民共和国商业银行法》《中华人民共和国银行业监督管理法》《中华人民共和国保险法》《中华人民共和国证券法》等为主体，不断完善的金融法律法规体系。同时，针对金融创新和新兴领域，我国及时出台相关法规和政策，填补监管空白。如为规范数字货币试点，制定了一系列管理办法，确保金融创新在法治轨道上运行。2024年以来，《保险资产风险分类暂行办法》《消费金融公司监管评级办法》等一系列监管制度陆续出台，提升了监管的规范化和标准化水平。

（三）监管方式创新

1. 强化"五大监管"协同

全面强化机构监管、行为监管、功能监管、穿透式监管、持续监管。对金融机构从设立到运营进行全方位监管，对金融市场行为进行严格规范，对跨行业、跨市场金融业务实施穿透式管理，确保金融监管无死角。如在资管业务监管中，穿透识别底层资产，防止风险隐匿和传递。

2. 重视运用科技手段

2017 年中国人民银行成立金融科技委员会，首次提出监管科技概念。同年，中国人民银行印发《中国金融业信息技术"十三五"发展规划》，提出加强金融科技和监管科技的研究和应用，监管科技开始全方位发展。中国人民银行于 2019 年年底启动金融科技创新监管试点，2020 年 10 月发布《中国金融科技创新监管工具白皮书》。总体来看，监管沙盒试点比较顺利。截至 2024 年 7 月，全国 200 余家持牌金融机构、100 余家知名科技公司、200 多个金融科技创新应用项目悉数公示和落地，累计 70 余个试点项目通过测试成功"出盒"。

以银行资本监管改革创新促进实体经济发展

 重要概念

金融市场失灵　存款人的非理性挤兑　负外部效应　信息不对称　监管体制　资本充足率　监管模式

 本章小结

1. 从资本的角度来看，货币虚拟资本积累和产业资本积累是并行的，但到一定阶段货币虚拟资本积累可能超越产业资本积累，从而引发金融危机。公共利益监管理论认为金融市场存在负外部效应和信息不对称等市场失灵问题，因而站在维护公共利益的立场有必要对金融市场加强监管。

2. 金融监管的目标包括：防范金融机构风险、保护投资者和消费者利益、促进金融业健康发展。金融监管的原则包括：依法监管、公平公正、合规监管、适度竞争、协调监管、不干预正常经营。

3. 中国金融监管体制依次经历了统一监管体制、分业监管体制、综合监管体制三个阶段。

4. 中国金融业监管一般包括金融业准入监管、金融业日常监管、金融业退出监管和特殊金融机构监管。

5. 金融业准入监管包括机构准入监管、业务准入监管、高管准入监管及股东准入监管。金融业日常监管包括资本监管、流动性监管、信用风险监管、市场监管及监管评级。金融业退出监管包括人员退出监管、业务退出监管及机构退出监管。

思考题

1. 金融监管的定义是什么？为什么要进行金融监管？

2. "一行三会"的分业监管框架在我国持续将近 20 年，为什么要改革金融监管体系，建立"一行一局一会"综合监管体系？为什么不合并"一行三会"，建立一个"超级金融监管机构"或者回归"大一统"的监管模式？

3. 简述机构监管和功能监管的优缺点。

4. 简述全球主要国家的金融监管模式。

5. 甲是中国的一家商业银行，据该银行 2024 年的年报显示，截至 2024 年 12 月 31 日，甲银行扣除对应资本扣除项后的核心一级资本净额为 1.98 万亿元，一级资本净额为 2.34 万亿元，资本净额为 2.99 万亿元，风险加权资产为 17.25 万亿元。请计算甲银行的核心一级资本充足率、一级资本充足率和资本充足率，并回答甲银行的资本充足率是否满足我国的监管要求。

6. 2019 年年底，中国人民银行启动金融科技创新监管试点，探索中国版监管沙盒，简单谈一谈对中国版监管沙盒的看法。

即测即评

第十三章　宏观审慎管理

防范化解金融风险，特别是防止发生系统性金融风险，是金融工作的根本性任务，也是金融工作的永恒主题。要把主动防范化解金融风险放在更加重要的位置，等出了事就来不及了。要科学防范金融风险，早识别、早预警、早发现、早处置，着力防范化解重点领域风险，着力整治各种金融乱象，着力加强风险源头管控，着力完善金融安全防线和风险应急处置机制。

——中共中央党史和文献研究院编：《习近平关于金融工作论述摘编》，中央文献出版社 2024 年版，第 76—77 页。

➡ 学习目的和要求

理解宏观审慎政策基本框架；掌握宏观审慎管理的理论基础；掌握宏观审慎政策工具与传导机制；理解金融危机管理与防范机制；增强对防止发生系统性金融风险是金融工作的根本性任务和永恒主题的认知；加深对金融安全是国家安全的重要组成部分的理解。

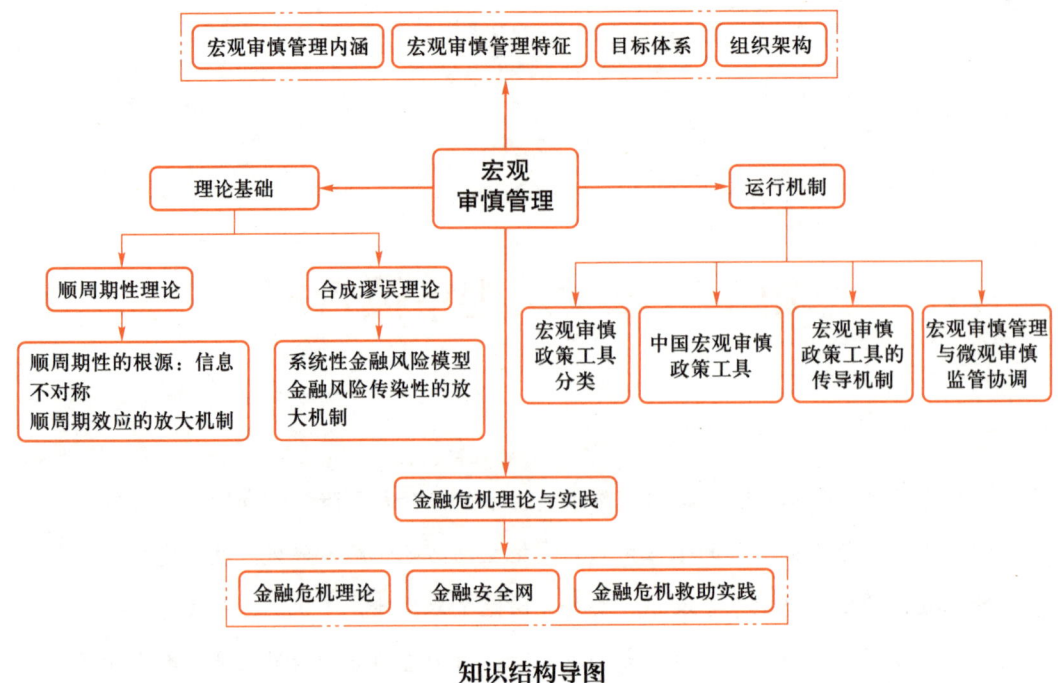

知识结构导图

金融安全是国家安全的重要组成部分，是经济高质量发展的重要基础。那么我们应该如何防范系统性金融风险和维护金融安全？宏观审慎管理为宏观金融的调控提供了重要的监管保障，是中国金融学金融监管理论的重要组成部分。本章将分析宏观审慎管理的理论基础，探讨宏观审慎政策工具与传导机制，总结中国宏观审慎管理的创新实践。

第一节 宏观审慎管理基本框架

宏观审慎管理核心为防范化解系统性金融风险，其概念和框架伴随着历次金融危机的经验教训逐步完善，与前一章微观审慎监管各司其职、互相补充。

一、宏观审慎管理内涵、特征及框架

"宏观审慎"于20世纪70年代末提出，随后国际清算银行进行了系统的阐释。2008年国际金融危机的爆发则真正将宏观审慎管理引向监管实践。

（一）宏观审慎管理内涵及特征

系统性金融风险是指可能对金融部门正常开展金融服务产生重大影响，进而

对实体经济造成巨大负面冲击的金融风险。从时间维度看，表现为金融杠杆的过度扩张或收缩导致的金融风险顺周期累积；从结构维度看，表现为风险跨机构、跨部门、跨市场与跨境的传染。宏观审慎管理指为防范系统性金融风险，维护金融体系的整体稳定而采取的一种自上而下的监督管理模式。

与微观审慎监管相比，宏观审慎管理具有以下三个特征。一是监管目标的系统性。宏观审慎管理将金融体系视为一个整体，而非只聚焦于单个机构，其作用是发现并管理整个金融体系的风险。二是监管对象的关联性与复杂性。宏观审慎管理关注金融体系内部产生的风险及其传染，而微观审慎监管仅关注单个金融机构的风险暴露情况。三是监管方式的宏观性。微观审慎监管是自下而上实施的，而宏观审慎管理是自上而下实施的。宏观审慎管理与微观审慎监管的区别如表 13-1 所示。

表 13-1　宏观审慎管理与微观审慎监管的区别

区别	宏观审慎管理	微观审慎监管
直接目标	抑制金融体系的系统性风险	抑制个体机构的异质性风险
最终目标	避免金融不稳定对产出的影响	保护客户（存款人、投资者）
风险特征	内生：源于集体行为和相互作用，是系统性风险	外生：源于个体机构，不考虑集体行为的反馈效应，是个体风险
关注问题	机构之间的风险敞口；金融部门对实体经济的负外部性；过度顺周期风险	个体破产及其对消费者的负外部性
监管方法	一般均衡，自上而下：根据系统性风险的概率和成本设置审慎控制	局部均衡，自下而上：根据每一机构的风险设置审慎控制
政策重点	赋予大型复杂金融机构更大权重	保护个体机构

（二）宏观审慎政策框架

结合宏观审慎管理特征，宏观审慎政策框架的定义为防范和管理系统性金融风险的自上而下的金融管理政策框架。图 13-1 总结了宏观审慎政策框架的五个要素，包括机构设置、系统性金融风险评估、政策工具、政策协调和传导机制。

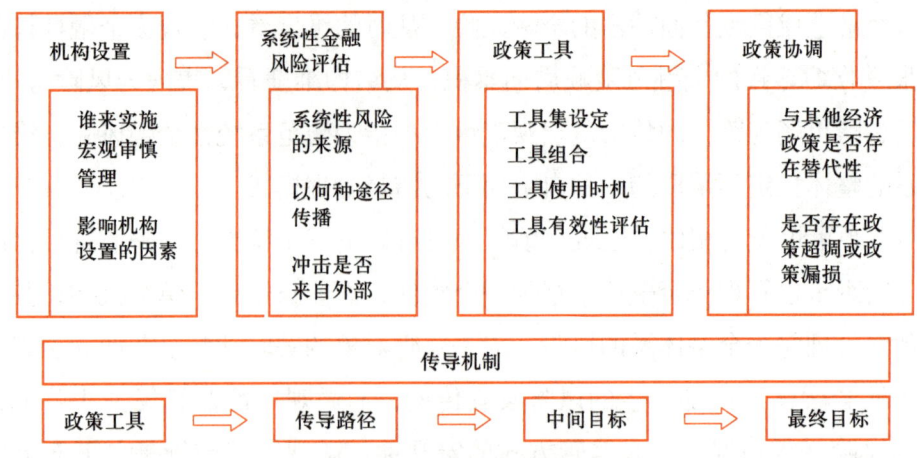

图 13-1　宏观审慎政策框架

二、宏观审慎管理的目标体系

宏观审慎管理的最终目标可归纳为两个：第一，防范系统性金融风险；第二，减轻系统性金融风险对实体经济的负外部性。狭义而言，宏观审慎管理的目标是防范系统性金融风险，促进金融体系稳定。

宏观审慎管理的中间目标有四个：第一，有效提升金融系统的适应能力；第二，降低资产价格和银行信贷的顺周期性；第三，控制金融体系的结构脆弱性和风险敞口，解决"大而不能倒"问题；第四，降低市场结构产生的外部性，增强金融系统抵抗风险的能力。

三、中国宏观审慎管理的组织架构

从全球经验来看，目前公认的做法是将宏观审慎管理职责明确赋予某一决策机构，确定其政策目标和权力：一是将宏观审慎管理职责赋予中央银行；二是将宏观审慎管理职责赋予中央银行内设的专门委员会；三是将宏观审慎管理职责赋予一个独立于中央银行之外的跨部门委员会。2009 年以来，有 60 多个国家和地区在修订中央银行法时明确了其承担金融稳定职能。同时，全球成立了 30 余个跨部门的宏观审慎政策委员会，均有中央银行参与其中并发挥关键作用。以美国为例，目前普遍认为美联储与美国金融稳定监督委员会目标一致，即识别并应对可能危及美国金融体系稳定的风险。

中国人民银行在 2010 年明确提出构建逆周期的金融宏观审慎管理制度框架。2017 年 7 月，全国金融工作会议宣布设立国务院金融稳定发展委员会，国务院金融稳定发展委员会的办事机构是国务院金融稳定发展委员会办公室，设在中国人民银行。2019 年 2 月，中国人民银行正式成立宏观审慎管理局，由其牵头研究和建立宏观审慎政策框架、治理机制和基本制度。2023 年，根据《党和国家机构改革方案》，将国务院金融稳定发展委员会办公室职责划入中央金融委员会办公室；根据《中共中央办公厅　国务院办公厅关于调整中国人民银行职责机构编制的通知》，将设在中国人民银行的国务院金融稳定发展委员会办公室秘书局划入中央金融委员会办公室。

中央金融委员会负责金融稳定和发展的顶层设计、统筹协调、整体推进、督促落实。在中央金融委员会领导下，中国人民银行牵头建立健全宏观审慎政策框架，监测、识别、评估、防范和化解系统性金融风险，畅通宏观审慎政策传导机制，组织运用好宏观审慎政策工具。同时，建立健全宏观审慎政策沟通机制，沟通内容包括宏观审慎政策框架、政策立场、系统性金融风险评估、宏观审慎政策工具使用，以及未来可能采取的政策行动等。

全球宏观审慎
管理实践

第二节　宏观审慎管理的理论基础

2008 年国际金融危机后，人们普遍认为系统性金融风险是内生的，其根源是金融体系顺周期性引致的金融失衡，而这种失衡会通过金融机构间高度相关的风险敞口进一步传染扩大。

一、顺周期性理论假说

金融体系的顺周期性定义为在经济周期的更迭过程中，金融风险表现出的同步的周期性波动现象。近几十年来，绝大多数全球金融体系的破坏性事件都与金融体系的顺周期性紧密相关。

（一）金融体系的顺周期性的根源

金融体系的顺周期性源于信息不对称。当经济不景气时，抵押品价值下降，信息不对称就意味着即使项目可以盈利也难以获得融资。借贷双方信息的不对称是银行顺周期性特征的根源。金融体系的放贷行为随着经济周期的波动而波动，并对周期性的萧条和景气产生强化作用。这种金融体系和实体经济的相互作用通常被称为"金融体系顺周期效应",如图 13-2 所示。

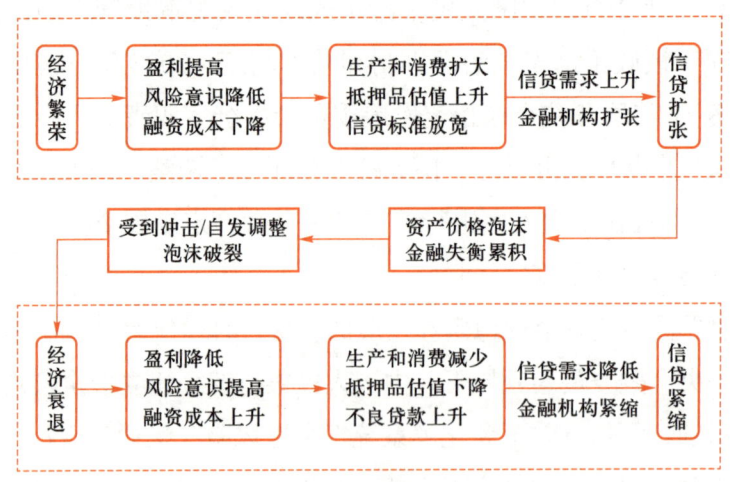

图 13-2 金融体系顺周期效应

（二）金融体系顺周期效应的放大机制

第一，传统巴塞尔协议规则的顺周期性。1988 年，巴塞尔银行监管委员会将资本充足率原则作为国际银行业监管的核心原则。最低资本充足率原则强调，银行业在经济下行周期应保存更多的拨备和资本，这导致银行的放贷能力受到压缩。在经济上升时期，最低资本充足率原则则强调银行可以在拨备和经济资本的配置两个方面降低要求，这使得银行的放贷能力得到了双重扩张。

第二，金融体系的自我强化机制。例如，受信用评级公司行为的影响，在经济繁荣时期，信用评级公司对各类机构给予较高的安全性评级；而在经济萧条时期，信用评级公司给各类公司的评级则会处于较低水平。

二、合成谬误理论机制

传统意义来讲，微观审慎监管的目标在于保证单个机构的稳健，但由于"合成谬误"，仅采用微观审慎监管可能导致整个金融体系瘫痪。为此，需要宏观审慎管理机制的介入，以确保整个金融体系的稳定。

（一）"合成谬误"与系统性金融风险模型

1. 理论假设

第一，甲银行除了从乙银行获得资金外，没有其他的资金借贷来源；第二，在外部冲击下，乙银行放款额大幅减少；第三，甲银行的资产缺乏流动性。在上述假设下，针对乙银行的微观审慎监管会给甲银行带来严重的负面影响。该类情形在现实中已多次发生，如2007年英国北岩银行、2008年美国雷曼兄弟公司均因遭遇严重流动性问题而最终倒闭。

2. 两家机构的系统性金融风险生成模型

系统性金融风险的传递一般从某个银行受到信贷损失的冲击或破产开始。乙银行向甲银行提供贷款，满足其资金需求（见图13-3）。当乙银行受到外部冲击而遭受较大损失时，它会用自己的权益资本来弥补。当权益资本耗尽时，乙银行只能尽可能地收缩风险敞口。此时如果采用微观审慎监管的方法来确保乙银行的持续经营，要求其减少贷款发放规模，将造成甲银行的流动性短缺，甲银行则只能降价出售自己的资产。这一模型如扩展到多家银行，多米诺骨牌效应便将无限延伸出去。

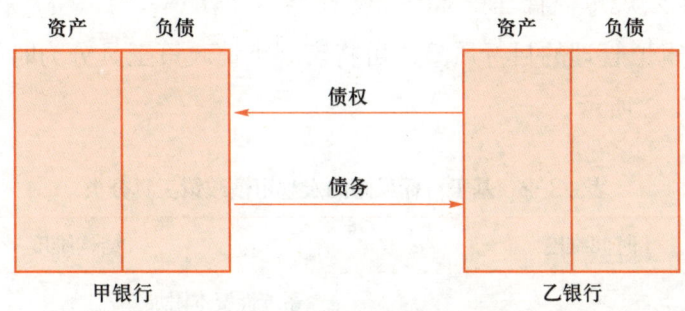

图13-3 两家机构的借贷行为

该模型的结论是：针对单个金融机构的微观审慎监管的措施并不一定能够实现金融体系的稳定。因此，提高某个机构偿付能力的微观审慎监管目标与维持金融体系稳定的宏观审慎管理目标之间存在矛盾。

（二）金融风险传染性的放大机制

1. 金融创新和高度杠杆化增加了风险传染性

金融创新高度活跃，使得金融机构间资产负债表的相关性增强，部分金融机构杠杆率过高，系统性金融风险增加。全球范围内金融混业程度加剧和影子银行发展，大量商业银行过多涉足衍生品市场，银行业系统性金融风险在这些新兴业务领域积累。

2. 金融自由化与经济全球化加剧了金融风险在全球的扩张速度

金融自由化使得跨境银行业务（包括资产证券化）大量增加，而经济全球化使得国内政策措施的效力受到限制。影子银行体系和资产证券化的扩张很大程度上是对审慎监管套利的结果，因为资本充足率仅对信用风险作出要求却未充分覆盖流动性风险，但是海外流动性对于吸收证券化资产十分重要。一般而言，如果没有资本的跨境流动，大规模的信贷繁荣和资产价格泡沫几乎无法实现。

第三节　宏观审慎政策工具与传导机制

一、宏观审慎政策工具分类

一般情形下的宏观审慎政策工具，主要按照监管目标风险、监管目标手段、监管工具设计用途进行分类。

（一）根据宏观审慎管理目标的风险分类

根据宏观审慎管理的目标风险，可将宏观审慎政策工具分为时间维度和结构维度，如表 13-2 所示。

表 13-2　基于目标风险的宏观审慎政策工具分类

时间维度	结构维度
逆周期资本缓冲	系统性资本附加
时变的系统流动性附加要求	系统流动性附加
特定部门风险敞口的风险权重逆周期平衡	非核心债务征收
跨周期回购协议的利润和折扣估值	未使用共同清算所的结算要求更多资本
时变的贷款价值比、债务收入比以及贷款收入比上限规定	基于系统性风险拆分大型金融机构的权力
时变的货币错配或资产风险敞口限制	应对衍生品的资本要求
时变的信贷总量、信贷增长和存贷比限制	对系统性风险敏感的存款保险风险溢价
动态拨备制度	对许可业务活动范围的限制

资料来源：国际货币基金组织。

（二）根据达到宏观审慎管理目标的手段分类

宏观审慎政策工具为了达到宏观审慎目标，一般采取三类措施：第一类是信贷相关类，主要包括贷款价值比限制、外汇借款限制以及信贷规模限制等；第二类是流动性相关类，主要包括净外汇头寸限制、货币错配限制等；第三类是资本相关类，包括逆周期 / 时变资本要求、时变 / 动态准备金要求以及利润分配限制。

（三）根据宏观审慎政策工具设计用途分类

根据宏观审慎政策工具设计用途，可将宏观审慎政策工具分为专属类和校准类，如表 13-3 所示。

表 13-3　基于设计用途的宏观审慎政策工具分类

分类	主要内容
专属类：特意为防范系统性风险而出台的政策工具	逆周期资本缓冲 对非核心存款征税 调整特定部分风险权重 系统重要性资本附加 对未通过中央对手方清算交易提出更高资本要求
校准类：原本已经作为微观审慎工具在使用，但修正后可用于防范系统性风险	动态拨备、存贷比限制 贷款价值比、债务收入比 对业务范围限制 货币错配或敞口限制 信贷规模或增速限制

二、中国宏观审慎政策工具

（一）时间维度宏观审慎政策工具

根据《宏观审慎政策指引（试行）》，时间维度宏观审慎政策工具主要包括：资本管理工具、流动性管理工具、资产负债管理工具、金融市场交易行为工具和跨境资本流动管理工具五大类。其中，金融市场交易行为工具主要是通过调整对金融机构和金融产品交易活动中的保证金比率、融资杠杆水平等施加的额外监管要求，从而防范金融市场价格大幅波动等可能引发的系统性金融风险；而流动性管理工具在上一章已有所介绍，下面主要介绍其他三类宏观审慎政策工具。

1. 资本管理工具

中国采用的资本管理工具主要有逆周期资本缓冲机制、宏观审慎评估体系等。

一是逆周期资本缓冲机制。逆周期资本缓冲通过在经济上行周期提高超额资本充足率要求，即动态调整资本充足率，以建立资本储备来应对下行周期可能出现的资本充足率下降压力，从而提高金融体系在周期波动中的稳健性。

2020 年 9 月，中国人民银行、银保监会发布《关于建立逆周期资本缓冲机制的通知》，明确逆周期资本缓冲比率初始设定为 0，不增加银行业金融机构的资本管理要求。

2019 年以来，大部分国家的中央银行都采取了降低逆周期资本缓冲比率的措施，表 13-4 是部分国家的具体实践汇总。

表 13-4　部分国家中央银行降低逆周期资本缓冲比率具体实践

国家	日期	措施
英国	2020 年 3 月	英国中央银行将逆周期资本缓冲比率从 1% 降至 0
德国	2020 年 4 月	德国财政部、德国联邦金融监管局和德国中央银行发表联合声明称，自 2020 年 4 月 1 日起将逆周期资本缓冲比率从 0.25% 降至 0，至少持续到 2020 年 12 月
法国	2020 年 3 月	法国中央银行决定将逆周期资本缓冲比率降至 0，这将释放 80 亿欧元的资金
爱尔兰	2020 年 3 月	爱尔兰中央银行表示将逆周期资本缓冲比率在 2020 年 4 月 2 日前由 1% 降低至 0
瑞士	2020 年 3 月	瑞士中央银行经评估后决定放松逆周期资本缓冲比率
捷克	2020 年 3 月	捷克中央银行将逆周期资本缓冲比率下调至 1%，自 2020 年 4 月 1 日起生效

二是宏观审慎评估体系。宏观审慎评估体系由差别准备金动态调整机制和合意贷款管理机制整合而来。考虑到商业银行地位和发展水平的不同，中国宏观审慎评估体系的评估对象可分为三类，分别是：全国性系统重要性机构、区域性系统重要性机构和普通机构。

宏观审慎评估体系成为中央银行宏观审慎管理的重要工具。宏观审慎评估体系从资本和杠杆、资产、负债、流动性、定价行为、资产质量、跨境业务风险、信贷政策执行情况多个方面对银行业金融机构进行评估，设计了奖惩适当的激励惩罚机制，引导银行业金融机构加强自我管理和自我约束，有助于金融机构的稳健经营，促进货币信贷规模合理平稳增长。从实施效果看，宏观审慎评估体系在防范系统性金融风险、促进金融服务实体经济等方面发挥了重要作用。

2. 资产负债管理工具

资产负债管理工具主要是通过影响借款人的融资上限来限制信贷业务的增长，进而增强金融体系的弹性和抗风险能力。

一是贷款价值比率上限。贷款价值比率即贷款额与抵押品价值的比率。以房地产按揭贷款为例，该比率越低，购房者首付比率越高，还款压力和负担越小；该比率若大幅提升，则代表银行承担的风险在迅速积聚和扩大。

$$贷款价值比率 = (贷款额 / 抵押品价值) \times 100\% \qquad (13-1)$$

宏观审慎管理部门通过设置贷款价值比率的上限，缓冲和抑制银行对房地产按揭贷款的过度发放，避免顺周期性加剧。中国在历次房地产调控周期内，通过设置贷款价值比率上限、限购等调控组合取得了一定的政策效果，防范了房地产市场风险的过度积累。

二是动态拨备制度。拨备是资产损失准备的简称，动态拨备是对银行风险定价和估值中存在的系统性偏差进行动态调整的机制。通过运用前瞻性指引，经济繁荣时期根据银行风险情况，动态提高银行拨备，覆盖未来市场风险；经济萧条时期动态降低银行拨备，吸收市场风险释放所带来的损失，抑制或抵消贷款损失准备金的顺周期性。

2011 年，银监会下发《商业银行贷款损失准备管理办法》，这标志着中国的动态拨备制度正式实施。2018 年，银监会发布《关于调整商业银行贷款损失准备监管要求的通知》，将拨备覆盖率监管要求由 150% 调整为 120%～150%，贷款拨备率监管要求由 2.5% 调整为 1.5%～2.5%。中国的动态拨备制度，以拨备覆盖率和贷款拨备率监管要求为核心。

从实践来看，目前实行动态拨备制度的国家有西班牙、秘鲁等国，中国的动态拨备制度所采用的相机抉择的方式，相比西班牙和秘鲁基于规则的动态拨备制度，有更大的灵活性。

3. 跨境资本流动管理工具

中国采用的跨境资本流动管理工具主要有远期售汇风险准备金、银行人民币购售平盘交易手续费率、本外币一体化的全口径跨境融资宏观审慎管理政策、境外金融机构在境内金融机构存放执行正常存款准备金率、跨境资金流动监测预警。

从宏观角度看，跨境资本流动对维护国际收支平衡这一最终目标提出了更高的要求，是影响金融系统稳定的重要因素。从微观角度看，跨境资本流动导致的汇率变化会进一步传导到微观主体，使其面临较大的财务风险和资产负债调整压力。

（二）结构维度宏观审慎政策工具

结构维度宏观审慎政策工具通过提高对金融体系关键节点的监管要求，防范系统性金融风险跨机构、跨市场、跨部门和跨境传染。根据其目的性不同，可以将结构维度宏观审慎政策工具分为两类：第一类是在风险发生前降低和减少金融机构和金融产品自身的风险；第二类是隔断风险发生后的传染性以及进行相应的风险处置。其主要政策工具如表 13-5 所示。

表 13-5　结构维度宏观审慎政策工具

工具	实施机构	政策目标
特定机构附加监管规定 系统重要性金融机构的监管 金融控股公司监管	中国人民银行、 国家金融监督管理总局	降低系统重要性金融机构经营失败对金融体系的冲击
跨市场金融产品管理工具：限制同业之间的交易、增加金融机构监管与交易限制	中国人民银行、 国家金融监督管理总局	降低金融机构之间的传染性
风险隔离与风险处置	中国人民银行、 国家金融监督管理总局	降低中间业务、高风险业务对传统业务的传染性
金融基础设施管理工具 早期预警系统	中国人民银行	增强金融基础设施的稳健性

1. 降低系统重要性金融机构自身风险

（1）特定机构附加监管规定。例如，2021 年 12 月施行的《系统重要性银行附加监管规定（试行）》规定，系统重要性银行在满足最低资本要求、储备资本和逆周期资本要求基础上，还应满足一定的附加资本要求，由核心一级资本满足。

（2）统一资产管理业务监管标准，完善金融基础设施管理。2018 年 4 月，中国人民银行等四部门发布《关于规范金融机构资产管理业务的指导意见》，其核心在于弥补监管短板、防范系统性风险。

2. 隔断风险发生后的传染性及相应的风险处置

（1）限制同业业务。《中国银监会关于银行业风险防控工作的指导意见》明确指出，整治同业业务，加强交叉金融业务管控，要控制业务增量、做实穿透管理、消化存量风险、严查违规行为。

（2）防范金融机构间的风险传染。强化分类监管，防止区域性金融风险的传染扩散。第一，实行金融机构间敞口限制。第二，对金融系统内的敞口采用更高的风险权重。第三，通过流动性要求引导银行减少对短期批发性融资的依赖。

（3）降低金融体系的关联度风险。建立相关制度性安排，降低金融系统的内部关联度，包括强化金融控股公司监管、加强金融市场基础设施监管等。

（4）实现有序风险处置。第一，根据预案恢复持续经营能力或实现有序处置，保障关键业务和服务不中断。第二，优先寻求市场化处置的可能性，充分发挥存款保险基金和行业保障基金的市场化、法治化处置主体作用。第三，考虑中央银行作为最后贷款人提供救助或使用财政资金进行注资。

三、宏观审慎政策工具的传导机制

宏观审慎政策工具的传导机制是指通过运用宏观审慎政策工具，对金融机构、金融基础设施施加影响，最终实现宏观审慎管理目标的过程。从宏观审慎政策工具的传导机制出发，可将其分为基于资本的工具、基于流动性的工具、基于资产类的工具，具体如表 13-6 所示。

表 13-6　基于传导机制的宏观审慎政策工具分类

工具分类	具体工具
基于资本的工具	逆周期资本缓释、动态拨备、针对特定部门的资本监管要求
基于流动性的工具	逆周期流动性要求、抵押品和折扣要求
基于资产类的工具	贷款价值比、债务收入比

下面以基于资本的宏观审慎政策工具为例，详细阐释其传导机制（见图 13-4）。基于资本的宏观审慎政策工具包括逆周期资本缓释、动态拨备和针对特定部门的资本监管要求三类。

（1）增强吸收损失能力和金融机构弹性。一方面，额外增加的资本需求或拨备意味着银行吸收损失能力上升，减少了金融体系崩溃的风险；另一方面，逆周期的资本管理办法将改变市场预期和行为，同时降低银行信贷顺周期性，间接增强金融机构弹性。

（2）对信贷周期的影响机制。面对资本需求或拨备要求的提高，银行的新增资本会提高借款成本，进而导致借贷利差的增加，对信贷需求产生负面影响。实证表明资本充足率每上升1%，借贷利差会上涨2～20个基点。

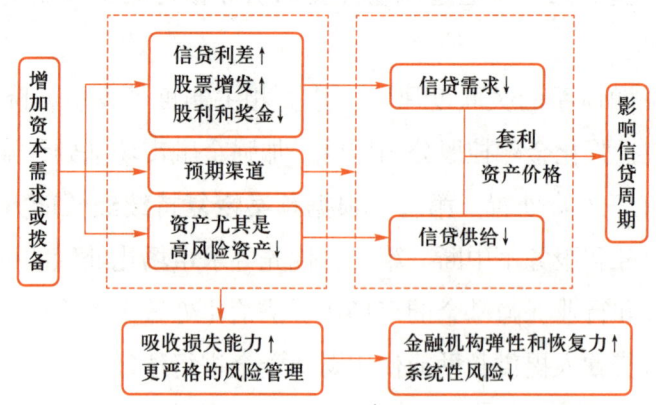

图13-4 基于资本的宏观审慎政策工具传导机制

流动性和资产类宏观审慎政策工具机制传导渠道

（3）预期渠道。这是指中央银行通过市场沟通增强公众信任度，稳定预期，从而提升政策操作效果的传导机制。一方面，影响预期渠道效应的因素是政策信号；另一方面，市场参与者是否理解决策者的反应函数并正确地解释它也会对预期渠道的有效性产生影响。如果一项政策可以被市场参与者正确理解，那么他们就会朝着政策导向采取行动，为此监管当局应使用一套被广泛知晓的宏观审慎工具。

（4）可能存在的监管套利。第一，银行可能减少自愿性超额资本缓冲，降低政策作用效果；第二，影子银行体系的发展可能使得一些受到制约的银行信贷减少，借款人可以利用跨境资金和影子银行获得贷款；第三，银行也可能通过自身的资产转让、同业交易、资产证券化等行为，造成资金空转，从而逃避监管。

四、宏观审慎管理与微观审慎监管协调

（一）宏观审慎管理与微观审慎监管的关联性

宏观审慎管理与微观审慎监管是金融监管的不同层面，在防范风险目标、风险控制手段和监管运行机制等方面存在一定的关联。

一是防范风险的根本目标相同。金融监管的根本目标是风险防控，这对宏观

和微观审慎监管是一样的。单个金融机构实现了稳健经营，不一定就能保证整个金融体系的稳定。但是假如每个金融机构都无法稳健经营，那么金融体系就不可能是一个健康的整体。

二是信息收集、监管工具的相互融合。微观审慎监管工具可以作为宏观审慎政策工具的微观基础。宏观审慎政策工具需要微观审慎监管工具的配合，而且部分宏观审慎政策工具源自微观审慎监管工具。例如，对流动性和金融机构杠杆率指标的限制等。微观审慎监管工具对评估单个金融机构状况具有天然的优势，对系统重要性金融机构进行微观审慎监管所掌握的相关数据，更是进行宏观审慎管理所必需的信息。

三是监管运行机制互补。微观审慎监管自下而上的监管机制可以对宏观审慎管理自上而下的监管机制进行补充，两者结合既能从金融机构角度防范风险，又能从金融体系整体角度进行监督管理。

（二）宏观审慎管理与微观审慎监管的配合模式

在协调两类监管政策时需要在信贷周期中的不同阶段加强沟通，避免政策间的冲突。

1. 在信贷周期上升期间的配合

当系统性金融风险上升时，无论从宏观审慎管理政策还是微观审慎监管政策的角度，都需要构建资本缓冲和流动性缓冲。然而当信贷上升周期接近顶峰阶段，两者的差别就变得十分明显。在此阶段，微观审慎监管指标（如资本充足率、拨备覆盖率）看起来可能还十分乐观，但是系统性金融风险指标却会不断发出警示信号。这种现象通常被称为金融不稳定悖论——金融体系最脆弱之时正是它看起来最强大之际。虽然此时金融机构满足微观审慎监管政策的要求，但是这种看起来低风险的市场环境需要两种监管政策加强风险评估的沟通协调。

2. 在信贷周期下行期间的配合

一旦金融周期发生逆转，金融机构的损失开始出现，两类政策均需评估是否可以调整资本等缓冲工具。微观审慎监管政策的重点是保证单个金融机构的资本充足率水平，使其能够消化将来可能发生的信用损失。微观审慎监管可能需要增加监管容忍度，释放一定的资本缓冲。宏观审慎管理会特别关注金融体系流向实体经济的信贷总量是否过度萎缩。因此，宏观审慎管理的动机并非维持资本充足率水平，而是通过释放之前积累的逆周期资本缓冲，从而把系统性金融风险降低至可控水平。

在信贷下行期，两类政策的显著差别在于，二者对于资本缓冲的释放时点和释放程度的选择。宏观审慎管理释放资本缓冲的目的是在不危及金融稳定的情况下防止过度去杠杆。与之相反，微观审慎监管释放资本缓冲的目的是防止单个机构的破产。面对决策思路的差异，微观审慎监管和宏观审慎管理应事先交流各自释放资本缓冲的意图。双方应将沟通重点放在释放资本缓冲的时点和程度上，而不是以满足具体的监管比率为重点，这将有助于避免两类政策之间的矛盾。

第四节　宏观审慎管理与危机防范

金融危机是系统性金融风险爆发的极端表现。金融危机一般具备银行恐慌和货币紧缩特征，按表现形式可以划分为货币危机、银行危机、债务危机等。

一、金融危机理论

（一）三代货币危机理论

第一代货币危机理论将货币危机看成是国内经济政策与固定汇率制度冲突的必然结果。第一代货币危机理论认为当境内信贷需求用境外资金满足时，一旦国际投资者开始攻击固定汇率制度，本币便会逐步贬值，直至外汇储备耗尽，本币最终出现大幅度贬值乃至崩溃。

第二代货币危机理论的研究对象主要是 20 世纪 90 年代部分欧元区国家发生的货币危机与墨西哥货币危机。根据第二代货币危机理论，货币危机发生的原因与政府的行为有关，取决于政府对固定汇率制的成本与收益的权衡。预期贬值是货币危机的直接因素。当预期货币将贬值时，政府发现维持固定汇率制的成本将上升并有可能超过其收益，政府会放弃固定汇率制。货币危机会在政府不作为的信息传导和市场环境下自我实现。同时，如果投资者产生从众行为和羊群效应，就会引发货币危机。除此之外，货币危机也可能由纯粹的投机者攻击所致。

对于以 1997 年亚洲金融危机为代表的金融危机，第一代、第二代货币危机理论均无法提供具有足够说服力的解释，学者们发现亚洲金融危机中出现了以往货币危机中未曾出现的现象，即大规模的短期外债和外资的流入与波动、过度风险投资与资本市场泡沫化等。对其作出解释的金融过度说、道德风险说等理论构成了第三代货币危机理论。金融过度说分析了资产泡沫化导致银行业危机的机制。道德风险说强调了发展中国家的政府实际上对银行提供着隐性担保，这会导致银行在借贷中产生道德风险问题。

（二）"债务—通货紧缩"理论

"债务—通货紧缩"理论认为经济主体的过度负债和通货紧缩的相互作用会导致经济衰退。

该理论的核心思想是：一些外部事件（如新技术的出现）使得经济部门出现新的盈利机会，从而投资增加，产出上升。这同时诱发了投机，投资和投机的资本来源主要是债务投资，其中最重要的是银行贷款，银行贷款使得存款和货币供给增加，导致物价进一步上升。人们对经济预期更为乐观，过度扩张的物价水平也使得未清偿债务的实际价值降低，更进一步鼓励了人们的借贷活动直至其处于过度负债状态，从而导致被迫性的债务清偿，引起"债务—通货紧缩"过程（见图 13-5）。

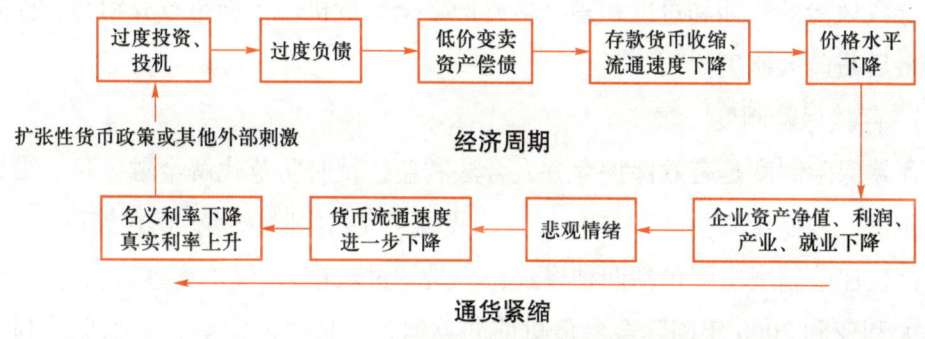

图 13-5　"债务—通货紧缩"理论

在债务清偿的过程中，企业违约情况增多，在经济上行时积累的金融风险逐步显露，银行体系在过度负债以及后续要求清偿的过程中对危机推波助澜，其自身也有可能面临严重的危机。

（三）金融加速器理论

经济上行的正向冲击会使企业外部融资成本下降，净值增加，由此带来产出的进一步增加；在经济下行时，企业外部融资成本上升，净值下降，从而引起投资、产出的进一步下降。企业净值在这里扮演了加速经济增长或衰退的角色，这种效应称为金融加速器效应。

由于信贷市场的不完美，企业外部融资成本高于内部融资成本，二者之间的差值称为外部融资溢价。较高的外部融资成本主要是由信息不对称引起的借贷双方的代理成本造成的。一般认为，金融加速器效应是非线性的，也就是说，在企业内部资金较充裕时，外部融资成本不会有大的变化。但当企业资产负债状况很差时，外部融资成本会大幅上升，企业减少生产、投资，会更加恶化企业的资产负债状况，从而使金融加速器效应在经济下行时的作用比经济上行时更加显著。金融加速器效应的传导渠道主要有两个：一是企业的现金流渠道；二是企业的资产价格和抵押资产的价值变动。

二、金融安全网

（一）金融安全网的主要形式

金融安全网是政府用于预防和应对金融风险及风险传递或者防范金融危机的制度设计。审慎监督管理、存款保险制度、中央银行最后贷款人职能共同构成现代金融安全网的三大核心支柱。建立金融安全网可以有效减少信息不对称对金融体系带来的冲击，但金融安全网也可能带来道德风险、逆向选择和过度保护等问题，导致风险的长期和过度积累，最终产生金融危机。下面重点介绍存款保险制度和最后贷款人制度。

1. 存款保险制度

存款保险制度是有效保护存款人合法利益、及时防范化解金融风险、维护金融稳定的一项制度安排。2015年5月，我国《存款保险条例》正式施行。

存款保险制度主要包括四种模式：一是"付款箱"，仅负责事后偿付存款人，如澳大利亚和2008年国际金融危机前的英国；二是"付款箱＋存款保险制度"，除了具有"付款箱"职能外，还具有一定的处置职能，可提供一定的财务支持，如西班牙和2008年国际金融危机后的英国；三是"损失最小化"，存款保险制度具有风险监测和处置功能，能够实现存款保险基金损失最小化，如日本和加拿大；四是"风险最小化"，存款保险制度具有早期纠正和补充监管职能，能够采取有效的风险预防和控制措施，实现风险最小化，如美国和韩国。

经过历史的演变和金融危机的检验，纯粹"付款箱"模式的存款保险制度是不成功的。"付款箱"模式仅限于事后被动"买单"，难以有效应对监管宽容和道德风险，容易增加处置成本，不利于及时防范和化解金融风险。国际金融危机以来，存款保险制度模式逐步向"风险最小化"模式靠拢。

存款保险制度中的风险处置方式有四种。第一，收购承接。存款保险按照成本最小化原则，通过招标、竞争性磋商等方式选择健康银行收购或者承担问题银行全部或者部分业务。第二，设立过桥银行用于实施收购承接。当问题银行资产规模比较大，存款保险可以设立一家过桥银行，对问题银行实施整体或者部分收购承接。第三，经营中救助。存款保险使用存款保险基金，对问题银行实施直接注资等救助措施，以阻止风险无序蔓延。第四，存款偿付。存款保险使用存款保险基金直接偿付被保险存款人，通常仅在确实无法采取以上处置措施或者采取以上处置措施不符合成本最小化原则时使用。

2. 最后贷款人制度

最后贷款人制度的核心含义是当不利冲击引发银行等金融机构或金融市场流动性需求异常上升，且无法通过其他方式解决时，中央银行作为最后贷款人对其提供流动性支持。

在实践中，很多国家将最后贷款人制度作为危机应对和管理的关键政策。例如，2008 年国际金融危机时期，美联储向贝尔斯登等金融机构提供紧急救助，避免系统重要性金融机构倒闭引发系统性金融风险。

（二）金融安全网缺陷

1. 道德风险

存款保险制度可能增加金融机构从事高风险金融活动的动力。当存款人和债权人知道金融机构倒闭对他们不会造成损失时，即使怀疑金融机构从事高风险金融活动，他们也不会以提款的形式对其施加约束。这导致金融安全网保障下的金融机构会有更大的动力去进行那些风险水平更高的交易，因为即便其陷入困境，政府也会为其行为买单。

2. 逆向选择

由于受金融安全网保护的存款人和债权人缺少动力对金融机构的行为施加约束，所以那些爱好冒险的企业家认为金融行业是最符合他们投资偏好的行业，能够获得资金从事高风险的活动。并且，由于受到保护的存款人和债权人缺少动力去监督金融机构的经营活动，所以在没有政府约束的情况下，金融违法诈骗人员也会认为金融行业是一个极具吸引力的行业，可以轻而易举地逃脱对自己所犯欺诈和贪污罪行的制裁。

3. 过度保护

最后贷款人制度可能导致中央银行对金融机构的过度保护，可能对整个金融体系带来巨大冲击。第一，扭曲市场定价体系，损害市场配置效率。在存在隐性担保的风险定价体系中，风险成本会被严重低估。第二，引发投资过度，加重金融脆弱性。金融机构在中央银行的救助担保下，存在投资失败得到救助的预期，因此会产生大量无法回收的不良资产。第三，市场约束缺失与激励约束软化。中央银行对金融机构和存款人的过度救助，使经营失败的金融机构不能及时退出。另外，在中央银行承诺救助的条件下，投资者（存款者）缺乏对金融机构（银行）监督的激励，致使市场约束缺失。

上述目标与结果的悖论表明：金融安全网在短期减少小型金融风险事件概率的同时，在长期可能增加系统性金融风险的破坏力，这就是我们所说的"金融安全网悖论"，即金融安全网的过度保护可能引发普遍的道德风险，导致整个金融体系风险长期积聚。金融安全网在"创造安全"的同时，也可能以一种隐含的方式将系统性的金融风险集中地推迟到未来。

三、金融危机救助实践

（一）金融危机救助原理

当金融危机全面爆发时，政府的救助能否取得成功取决于两个关键因素：一是对道德风险的掌控；二是对传染风险的遏制。但政府的救助极易失控，前者失控表现为政府救助范围过大、救助力度过大、救助时机过早、救助方法过度等，造成金融机构滋生政府依赖，甚至倒逼政府救助，最终导致政府救助成本过高；后者失控表现为政府救助范围过小、救助力度不足、救助时机过晚、救助方法欠佳等，造成金融危机扩散，最终导致经济危机，这将进一步增加政府的救助成本。

从外部性角度，将金融危机救助分为两个阶段，即传染风险发生前和传染风险发生后。前者主要指问题金融机构或问题金融市场的内部金融指标产生急剧和超周期变化的时期；后者主要指危机持续发酵，导致市场信心下降，进而诱发其他金融机构和金融市场爆发风险传染的时期。

图 13-6 表明，危机时道德风险会随着政府救助行动的开展而逐渐增加，但是随着政府救助措施的退出，道德风险将逐渐回归至长期均衡水平；然而传染风险在危机时的增长呈指数型上升趋势。可见，政府对传染风险的救助收益趋向于无穷大。因此，金融危机救助中最后贷款人职责应在传染风险发生后发挥作用，在这之前应更多通过释放市场流动性的方式，让私人部门承担救助成本。

金融机构风险处置机制

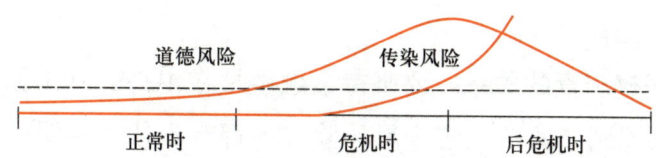

图 13-6　危机前后道德风险与传染风险的变化趋势

（二）金融危机救助的政策工具

下面结合美国的案例，来分析在危机不同阶段采取的不同政策组合。

根据美联储采用货币政策工具侧重点的变化，将国际金融危机划分为四个阶段。在国际金融危机的不同阶段，由于宏观经济环境和流动性状况的不同，美联储所采用政策有较大差别。美联储信贷宽松政策和量化宽松政策在危机不同阶段的分布情况如表 13-7 所示。

表 13-7　美联储信贷宽松政策和量化宽松政策在危机不同阶段的分布情况

阶段	政策特征描述	重点目标	财政政策配合
第一阶段 2007 年 7 月—2008 年 3 月	常规政策为主＋初步的信用宽松	在不增发货币的情况下，对金融体系注入流动性	无
第二阶段 2008 年 3 月—2008 年 9 月	信用宽松	在不增发货币的情况下，有针对性地对特定市场注入流动性	无
第三阶段 2008 年 9 月—2009 年 3 月	信用宽松为主＋初步的量化宽松	增发货币，对特定机构注入流动性	保尔森计划
第四阶段 2009 年 3 月—2009 年 10 月	量化宽松为主＋初步退出的信用宽松	增发货币，通过促进消费信贷和对整个金融体系注入流动性，促进宏观经济的恢复	盖特纳计划

（三）中国金融危机救助的特色与贡献

2023 年 10 月，习近平在中央金融工作会议上指出："防范化解金融风险，要坚持'稳定大局、统筹协调、分类施策、精准拆弹'方针，把握好三个关系。"[1] 在具体救助方式与危机处置上，可参考

我国金融安全隐患与维护

---

[1]　中共中央党史和文献研究院编：《习近平关于金融工作论述摘编》，中央文献出版社 2024 年版，第 96 页。

包商银行救助与处置案例。

一是把握好权和责的关系。要坚持金融事权在中央的基本原则，同时必须认识到，防范处置金融风险央地都有责任。要明确中央和地方职责分工，健全权责一致、激励约束相容的风险处置责任机制。对风险处置分工有争议的，中央金融委员会要及时协调，明确责任主体。风险处置中，必须强化市场纪律，机构、股东必须首先依法承担损失，能自行化解或借助市场力量出清的，政府不介入，动用公共资源必须遵循严格的条件和标准。要发挥存款保险基金、行业保障基金市场化法治化处置平台的作用，依责依规出资化险。处置金融风险不花钱是不可能的，要算大账，该出手时就出手，但不能形成依赖公共资源的预期。对认定为系统性风险的重大金融风险，依法依规动用金融稳定保障基金等资源。要充实存款保险基金、行业保障基金和金融稳定保障基金。规范中央专项借款。完善中央银行的最后贷款人机制。

包商银行救助与处置案例

二是把握好快和稳的关系。要提高紧急状态下风险研判的准确性，完善系统性风险认定机制。当局部领域或个体机构金融风险急速爆发、损失持续扩大时，必须优先快速灭火。对于区域性风险，特别是地方债务、房地产等长时间积累的问题，也必须有力有序有效组织处置，在稳定大局的前提下把握时度效，扎实稳妥化解，但不能以慢撒气为由不作为。重中之重是防范系统性风险，措施要及时，力度要够大，同时坚决惩治违法犯罪和腐败行为，强力追赃挽损，依法追责问责，严防道德风险。

三是把握好防和灭的关系。灭火是治已病、抓后端，是不得已而为之。关键还在于主动防火，治未病、抓前端，对风险早识别、早预警、早暴露、早处置。要健全具有硬约束的金融风险早期纠正机制，落实金融机构主体责任、金融管理部门监管责任和地方政府属地责任，设定清晰的整改期限及具体整改要求。要透过现象看本质，将金融乱象、金融泛化阻断在萌芽状态，决不任其野蛮生长。对非法金融活动要群防群治，及时发现认定，果断出手，打早打小，斩草除根。金融是特许经营行业，要提高准入门槛，一般工商企业未经核准不得开展金融业务，金融管理部门、市场监管部门要把好各类金融机构、金融业务的市场准入关。

🎙 重要概念

宏观审慎管理　系统性金融风险　时间维度宏观审慎政策工具　结构维度宏观审慎政策工具　宏观与微观审慎监管协调　金融加速器理论　金融安全网　金融危机救助

🎙 本章小结

1. 宏观审慎管理指为防范系统性金融风险，维护金融体系的整体稳定而采取的一种自上而下的监管模式。宏观审慎政策框架包括机构设置、风险评估、政策工具、政策协调和传导机制五大要素。

2. 时间维度宏观审慎政策工具主要包括：资本管理工具、流动性管理工具、资产负债管理工具、金融市场交易行为工具和跨境资本流动管理工具五大类。

3. 结构维度宏观审慎政策工具主要分为以下两类：第一类是在风险发生前降低和减少金融机构和金融产品自身的风险；第二类是隔断风险发生后的传染性以及进行相应的风险处置。

4. 建立金融安全网可以有效减少信息不对称对金融体系带来的冲击，但金融安全网也可能带来道德风险、逆向选择和过度保护等问题，导致风险的长期和过度积累，最终产生金融危机。

5. 当金融危机全面爆发时，政府的救助能否取得成功取决于两个关键因素：一是对道德风险的掌控；二是对传染风险的遏制。

📋 思考题

1. 如何对宏观审慎政策工具的实施效果进行有效性检验？

2. 请简述十年来中国防范化解重大金融风险的重要举措，并运用宏观审慎管理理论对其进行分析。

3. 宏观审慎管理如何解决传统金融安全网的道德风险问题？

4. 请结合中国金融部门去杠杆案例，分析中国宏观审慎管理政策在杠杆生成和处理中的机制与经验教训。

5. 请结合中国处置中小银行金融机构危机案例，分析处置过程中的经验与教训。

即测即评

第五篇
中国金融开放发展

第十四章　金融开放与全球金融治理

当前，世界之变、时代之变、历史之变正以前所未有的方式展开。一方面，和平、发展、合作、共赢的历史潮流不可阻挡，人心所向、大势所趋决定了人类前途终归光明。另一方面，恃强凌弱、巧取豪夺、零和博弈等霸权霸道霸凌行径危害深重，和平赤字、发展赤字、安全赤字、治理赤字加重，人类社会面临前所未有的挑战。世界又一次站在历史的十字路口，何去何从取决于各国人民的抉择。

中国始终坚持维护世界和平、促进共同发展的外交政策宗旨，致力于推动构建人类命运共同体。

——《习近平著作选读》第一卷，人民出版社 2023 年版，第 49 页。

▤▶ 学习目的和要求

掌握金融开放的内涵与模式；掌握金融开放的基本理论；了解中国金融开放的实践；理解全球金融治理的模式与实践；了解全球金融治理中的中国担当；增强对我国在全球金融治理体系中的话语权和影响力的认识；增强对金融高质量开放与高水平安全的认识；增强通过开放促进改革、完善现代金融体系的意识。

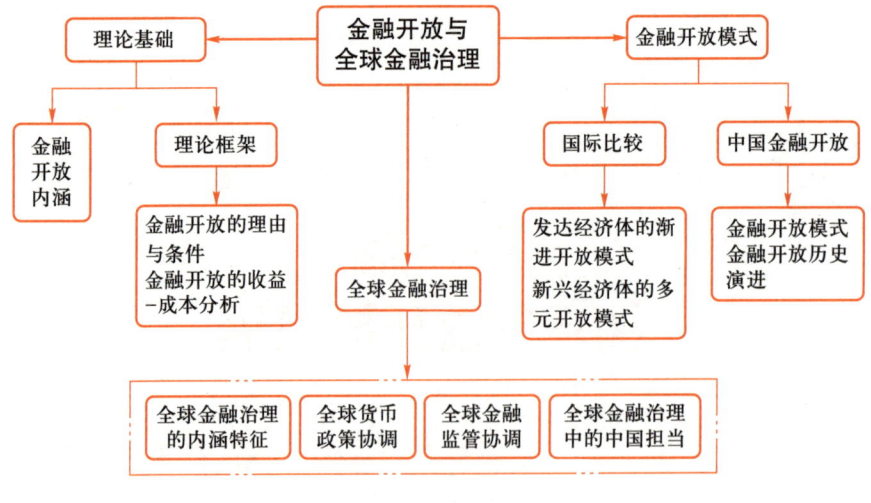

知识结构导图

中国始终坚持对外开放基本国策，中国的高水平对外开放必然包括金融高水平开放。金融开放对于提高中国金融全球治理话语权、建设金融强国具有重要意义。本章金融开放与全球金融治理是第五篇中国金融开放发展的核心章节，是中国金融学在开放条件下的理论拓展。本章从金融开放的内涵出发，分析金融开放的收益和成本及其影响因素，介绍全球金融治理模式与中国担当。

第一节　金融开放的理论基础

开放是中国式现代化的鲜明标识。金融开放的内涵是什么？金融开放的收益和成本是什么？是否存在最优金融开放程度？回答这些问题的前提是理解金融开放的理论基础。

一、金融开放的内涵

金融开放是指一个国家（或地区）在金融封闭状态下放松金融抑制的过程。主要包括两方面内容：一是国际收支账户开放，包括经常项目开放和资本项目（或资本与金融项目）开放；二是金融业开放，即允许外资金融机构在本国从事银行、证券和保险服务业。

经常项目主要反映一国与他国之间实际资源的转移。经常项目开放是指取消对经常性国际交易支付和转移的所有汇兑限制。资本项目也称资本账户，反映跨国资本流动导致的资产负债增减变化。根据国际货币基金组织的定义，资本项目开放（或可兑换）是指跨境资本交易（如证券投资、贷款、直接投资等）没有实质性限制。当一国被评为资本项目"开放"时，意味着其对资本出入自由，不设或极少设置外汇、限额、审批等限制。国际货币基金组织将资本项目分为 7 个大类、40 个子项。[①] 资本项目开放是渐进过程，只有当 40 个子项不存在任何管制时，才能宣告一国资本项目完全开放。

二、金融开放的理论框架

（一）金融开放的理由与条件

麦金农和肖于 20 世纪 70 年代提出的金融自由化理论是金融开放的理论来源。金融自由化理论认为发展中国家普遍存在"金融抑制"，具体表现形式为发展中国家政府在推行经济发展政策时，过度干预市场，从而影响经济增长。麦金农和肖的观点说明了发展中国家推进金融开放的必要性。

在实践中，金融自由化也带来了一些问题，例如拉美国家的金融秩序混乱、国际短期资本流动带来的危机等。为此，实施金融自由化需遵循合理的次序，第一步是平衡中央政府财政。在财政赤字消除、物价基本稳定后，实行金融自由化的第二步，即开放国内资本市场。放松对金融管制的步伐应与宏观经济稳定政策相协调。在国内成功实现金融自由化后，可以进行第三步，即汇率自由化改革。汇率自由化改革应从经常项目的自由兑换到资本项目的自由兑换依次进行。

一国金融开放条件主要包括以下四点。

（1）雄厚的经济实力。国家雄厚的经济实力是金融开放的前提条件。金融开放一般会导致市场竞争和市场波动的加剧，从而提高金融风险水平。宏观经济环境的稳定是抵御外界冲击的基础。

（2）稳健的金融系统。稳健的金融系统具有足够的韧性，能应对金融开放带来的各种金融风险和来自全球的挑战。成熟的国内货币和外汇市场能应对资本流动；资本市场的发展能带来更多投融资机会；强大的金融机构能参与激烈的国际竞争。

（3）健全的宏观经济政策。随着金融开放的推进，国内宏观经济政策将影响汇率稳定。如果采取扩张性财政政策，短期内可能出现大规模资本流动，干扰

---

① 具体参见国际货币基金组织《汇兑安排与汇兑限制年报（2023）》。

汇率和宏观经济稳定。如果采取过度扩张的货币政策，则可能引发严重通货膨胀（或通胀预期），导致短期内资本外逃和货币贬值。

（4）完善的金融监管体系。金融开放带来跨市场、跨地域、跨国界的资本流动和金融创新，引发国内金融体系的波动。如果没有完善的金融监管体系作为支撑，国内金融市场将面临逆向选择和道德风险等问题，从而影响金融稳定。

（二）金融开放的收益—成本分析

金融开放的主要收益是经济增长和金融发展，主要成本是对宏观经济和金融稳定的冲击。

1. 收益—成本曲线

一方面，金融开放通过提升投资数量和投资效率、增加风险分散机会、促进金融发展，以及完善国内政策和制度等渠道促进经济增长。第一，金融开放促进金融资源在全球范围的有效配置，从而增加资本积累，通过引进国际资本降低社会平均资本成本，从而刺激国内投资。第二，金融开放实现跨国资产组合多样化，提升风险分散能力，引导资金流向最有价值的项目，进而促进经济增长。第三，金融开放有利于提升一国金融市场的广度和深度，促进金融市场竞争机制形成，形成"鲶鱼效应"提升金融体系效率。第四，金融开放可能对一国经济金融政策产生"自律效应"，为经济发展营造适宜的宏观经济和货币金融环境，提升经济金融政策效率和资本回报率。

另一方面，金融开放可能加剧金融脆弱性和经济波动性，削弱宏观经济政策独立性，破坏经济和金融稳定。第一，金融开放给予国际投机资本可乘之机，导致资本"大进大出"，对一国的金融市场乃至实体经济带来较大威胁，从而对一国的金融监管体系带来严峻考验。此外，金融开放还会提高国际金融危机跨境传染风险。第二，根据三元悖论[①]，金融开放（资本自由流动）意味着国家在维持汇率稳定和货币政策独立两个目标之间只能实现一个。如果选择稳定汇率，就会丧失货币政策独立性。

那么，理论上是否存在最优金融开放程度呢？下面通过金融开放的收益—成本曲线图来推导最优金融开放程度，并对其影响因素进行分析。图14-1展示了金融开放的总收益—总成本曲线，横轴为金融开放程度（FO），纵轴为金融开放

---

① 三元悖论是由弗莱明和蒙代尔就开放经济下的政策选择问题提出的，其含义是：在开放经济条件下，货币政策独立、汇率稳定和资本自由流动不能同时实现，最多只能同时实现其中两个目标，必须放弃剩余的一个目标。

的总收益（*TB*）和总成本（*TC*），均由社会福利水平的变化衡量。

其中，金融开放的总收益曲线 *TB* 满足如下假设：$TB(FO) \geq 0$，$TB'(FO) \geq 0$，$TB''(FO) < 0$，即总收益非负，边际收益非负且递减，意味着金融开放的总收益是金融开放程度的严格凹函数。这主要源于金融开放对经济增长的促进效应和这种促进效应的边际递减性。

金融开放的总成本曲线 *TC* 满足如下假设：$TC(FO) \geq 0$，$TC'(FO) \geq 0$，$TC''(FO) > 0$，即总成本非负，边际成本非负且递增，意味着金融开放的总成本是金融开放程度的严格凸函数。这主要源于金融开放对经济增长的负面效应和这种负面效应的边际递增性。

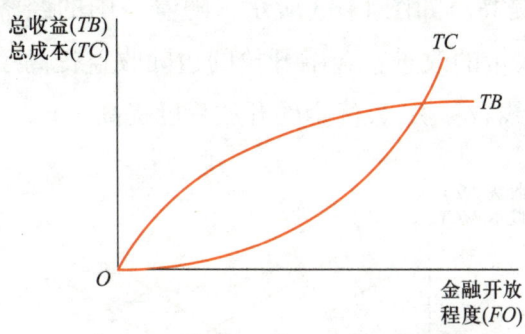

图 14-1 金融开放的总收益—总成本曲线

金融开放的最优程度取决于金融开放的净收益是否最大化。金融开放的净收益函数为总收益函数和总成本函数之差。在理论上，存在一个最优金融开放程度，使得金融开放的净收益最大。如图 14-2 所示，当边际收益曲线与边际成本曲线相交时，金融开放的净收益最大，此时金融开放程度最优。

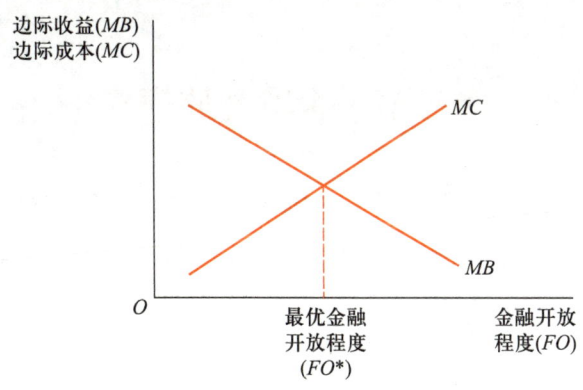

图 14-2 金融开放的边际收益—边际成本曲线

2. 最优金融开放程度

第一，发达国家的最优金融开放程度高于发展中国家。由于金融开放效果受国家经济发展状况、金融发展水平等因素的影响，不同国家的金融开放边际收益和边际成本曲线的位置有所差异，导致最优金融开放程度不同。相对于发展中国家，发达国家往往具有更加雄厚的经济实力、更加稳健的金融系统、更加健全的宏观经济政策以及更加完善的金融监管体系。因此，相同金融开放程度给发达国家带来的边际收益更高（MB 曲线更靠右），边际成本更低（MC 曲线更靠右），从而发达国家的最优金融开放程度高于发展中国家。

第二，对于同一国家，尤其是发展中国家，随着其金融开放条件逐步成熟，最优金融开放程度提高。如图 14-3 所示，随着一国的经济发展和金融系统成熟，以及经济金融政策的改进，金融开放的边际收益提高（MB 曲线右移），边际成本降低（MC 曲线右移），最优金融开放程度提高。

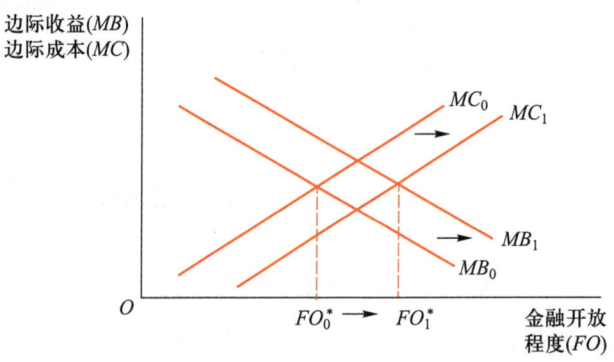

图 14-3　金融开放的边际收益—边际成本曲线的移动

第二节　金融开放模式

在确定了最优金融开放程度后，一国应以何种模式实现最优金融开放程度？金融开放模式一般为金融开放顺序的总结。为保持稳定性，受到管制的经济体过渡到自由化经济体，需有合理次序。

一、金融开放模式国际比较

基于资本项目开放在金融开放中的顺序，可将金融开放模式分为渐进式和激进式。在渐进式开放模式中，金融改革一般先于金融开放，资本项目较晚开放。在激进式开放模式中，金融开放一般比较迅速且快于金融改革，资本项目较早开放。

（一）发达经济体的渐进开放模式

发达经济体的金融开放模式基本为渐进式，一般沿着股票市场→金融机构→资本项目的顺序进行。20 世纪 70 年代初，80% 的发达经济体开放股票市场，而其金融机构和资本项目的开放滞后许多，且金融机构开放早于资本项目开放。金融机构开放集中发生在 20 世纪 80 年代中期。而直至 80 年代末和 90 年代初，发达经济体才实现资本项目开放。

（二）新兴经济体的多元开放模式

新兴经济体的金融开放模式多样，最先开放股票市场、金融机构或资本项目的国家数量大致相同。新兴经济体的金融开放经历了一些波折，大致分为两阶段：20 世纪 80 年代前，金融开放程度不断提高；1982 年发展中国家债务危机爆发后，新兴经济体的金融开放程度不断降低。表 14-1 展示了俄罗斯和亚洲代表性国家的金融开放模式与路径。

表 14-1　金融开放模式与路径的国别比较

国家	模式	路径
俄罗斯	激进式	先实行卢布国内可兑换，再开放经常项目，金融危机期间进行外汇管制，最后开放资本项目。金融开放缺乏连贯性，且经济改革落后于金融改革
中国	渐进式	先探索金融机构开放，再推进汇率市场化和利率市场化，然后开放经常项目，最后逐步开放资本项目。汇率市场化、利率市场化与资本项目开放相互配合、协调和促进
印度	渐进式	早期进行银行国有化，再进行利率市场化、放松信贷管制、发展资本市场等改革，然后推进汇率市场化，开放经常项目，最后推进资本项目开放
泰国	渐进式	先开放经常项目，同时取消部分外汇管制，在利率市场化的同时逐步开放资本项目。对外金融开放快于对内金融自由化
新加坡	渐进式	先实行浮动汇率制，实现利率市场化，再设立亚洲美元市场，带动金融自由化和国际化，逐步放开外汇管制，最后逐步开放金融市场
马来西亚	渐进式	先放松外汇管制，进行利率市场化，再开放经常项目，最后逐步开放资本项目。对外金融开放快于对内金融自由化
印度尼西亚	激进式	先迅速开放资本流出，再开放资本流入，然后带动经常项目开放。资本项目开放先于国内金融自由化，对外金融开放快于对内金融自由化
菲律宾	激进式	先放松资本流动管制，接着进行本币贬值，再开放资本项目，最后开放经常项目

二、中国金融开放模式

从现实来看，中国金融开放采取的是以开放促改革的渐进式模式。

（一）理论基础

中国采取的渐进式开放在理论上是否存在合理性呢？答案是肯定的。和大多数发展中国家一样，中国暂不具备激进式开放的条件，因此需要通过政府干预来缓解经济扭曲，从而改善金融开放的初始条件。

相对于激进式开放，渐进式开放具有三方面优势。首先，金融开放可能遭到既得利益集团的抵触（"摩擦成本"）。通过逐步改变利益关系，"分步走"渐进式开放的社会阻力较小，"摩擦成本"总额也较小。其次，金融开放的最终成果与国家初始条件息息相关。在渐进式开放中，改善初始条件有助于提高金融开放的净收益。最后，渐进式开放允许经济主体逐步适应新制度和新环境，从而减轻金融开放带来的震荡。

不可否认，渐进式开放也有一些缺陷。首先，"分步走"的渐进式开放会增加经济主体学习和适应新制度和新环境的次数，从而增加改革的实施成本。其次，渐进式开放不能保证每一步改革效果都与最终目标一致，改革的反复和走弯路会增加改革负担，降低效率。最后，改革周期过长会影响公众对金融开放的预期，从而增加改革效果的不确定性。

（二）实践路径

中国金融开放采取的是以开放促改革的经典渐进式模式，坚持统筹金融开放与金融安全，秉持"积极有为、扎实推进、顺势而为、水到渠成"方针，对于有利于保护金融消费者权益、有利于增强金融有序竞争、有利于防范金融风险的举措，可以加快推进，对于那些情况复杂、不确定性较大的举措，要慎重行事。具体而言，先经常项目开放后资本项目开放，先流入后流出，先长期后短期，先直接后间接，先开放机构投资后开放个人投资。未来中国金融开放强调以制度型开放为重点推进金融高水平开放，建设更高水平开放型经济新体制。

在稳健有序的渐进式开放过程中，有一些重要的创新举措值得关注。

第一，金融业双向开放，强调"引进来"和"走出去"并重。"引进来"代表放宽外资金融机构进入中国市场的限制；"走出去"代表支持中资金融机构布局国际市场。将引进外资金融机构放在首要位置。通过"鲶鱼效应"，倒逼本土金融机构改革，最终促进我国的优秀金融机构"走出去"，参与国际竞争与合作。

第二，自由贸易试验区。2013年9月29日，我国第一个自由贸易试验区——中国（上海）自由贸易试验区（简称上海自贸区）正式建立。截至2025年6月，我国已建成22个自由贸易试验区（简称自贸区）。建立自贸区是金融开放的重要环节。一方面，自贸区在金融领域的改革措施提升金融服务的便捷性；自贸区与国际金融组织的合作还能提高我国经济的对外开放水平。另一方面，自贸区企业与国际企业的合作会增加跨境交易中使用人民币结算的比例，从而促进金融开放。

第三，制度型开放。2018年中央经济工作会议提出"推动由商品和要素流动型开放向规则等制度型开放转变"后，党的二十大进一步提出"稳步扩大规则、规制、管理、标准等制度型开放"。党的二十届三中全会进一步明确了制度型开放的内涵和范畴，包括：主动对接国际高标准经贸规则，在产权保护、产业补贴、环境标准、劳动保护、政府采购、电子商务、金融领域等实现规则、规制、管理、标准相通相容，打造透明稳定可预期的制度环境；扩大自主开放，有序扩大我国商品市场、服务市场、资本市场、劳务市场等对外开放，扩大对最不发达国家单边开放；深化援外体制机制改革，实现全链条管理。

（三）实践效果

渐进式开放模式有效维护了我国金融稳定与金融安全，并实现了金融开放的阶段性目标。

首先，渐进式开放在1997年亚洲金融危机和2008年国际金融危机期间都有效防范了外部风险，守住了不发生系统性风险的底线。

其次，我国早期金融开放的主要目的是利用外资，渐进式开放模式较好地实现了这一目的。从金融业开放部门来看，开放最早、程度最深的是银行业。通过大力开放银行业，扩大了利用外资的规模和渠道，为经济发展提供了必要的资本支持。

最后，从资本项目开放进程来看，通过有序出台配套政策，引导外商投资更符合国家产业发展方向，避免了盲目投资现象。例如，1995年6月，我国首次发布《外商投资产业指导目录》，将产业项目分为鼓励类、限制类和禁止类。为适应我国经济结构变迁，该目录自1997年起经历了数次修订。目前最新版本为《鼓励外商投资产业目录（2022年版）》，旨在吸引外资投向中国经济的关键领域和新兴产业，以推动产业升级和区域经济协调发展，促进经济高质量发展。

三、中国金融开放历史演进

（一）经常项目开放演进

中国经常项目
开放阶段

中国金融开放首先进行的是经常项目开放。经常项目开放包括两个阶段：第一阶段是 1994—1996 年的审慎开放阶段；第二阶段是 1996 年以后的完全开放阶段。自 1996 年 12 月起，中国正式接受《国际货币基金组织协定》相关规定的义务，实现人民币经常项目下的可兑换。

（二）资本项目开放演进

中国资本项目
开放阶段

一般而言，资本项目开放包括股票市场、债券市场和期货市场等领域的双向开放。中国推进资本项目开放的进程与经济发展和金融市场改革的阶段性相互匹配，大致经历了三个阶段（见表 14-2），包括：（1）1992—2001 年的分割开放阶段；（2）2002—2013 年的单向开放阶段；（3）2014 年至今的双向开放阶段。

表 14-2　我国的资本项目开放阶段

阶段	股票市场	债券市场	期货市场
分割开放	AB 股制度（1992）	未开放	未开放
单向开放	QFII（2002） QDII（2006） RQFII（2011）	QDII（2006） CIBM 单向开放（2010） QFII（2013） RQFII（2013）	QDII（2006） 境外特殊经纪／非经纪参与者（2018）* QFII（2020） RQFII（2020）
双向开放	沪港通（2014） 深港通（2016） 沪伦通（2019）	债券通—北向通（2017） 债券通—南向通（2021）	未开放

注：AB 股制度是指股票市场的一种交易制度。在该制度下，某些上市公司可以同时发行 A 股和 B 股两类股票，由此引进外资和吸引外国投资者。QFII 表示合格境外机构投资者；QDII 表示合格境内机构投资者；RQFII 表示人民币合格境外机构投资者；CIBM 表示中国银行间债券市场；括号内数字表示制度实施年份。* 表示仅国际化期货品种存在该种境外投资渠道，括号内为该渠道正式开放年份。

（三）金融业开放演进

中国的金融业开放大致经历了四个阶段，包括：（1）1979—1993 年的起步阶段；（2）1994—2001 年的市场化阶段；（3）2002—2006 年的国际化阶段；

（4）2007 年至今的全面对外开放阶段。在全面对外开放阶段，中国稳步推进规则、规制、管理、标准等领域的制度型开放，不断优化跨境投融资环境，提升便利化水平，吸引更多外资金融机构和长期资本参与中国市场发展。

中国金融业开放阶段

（四）外汇管理体制演变

21 世纪以来，我国外汇管理一直围绕国家发展战略，平衡便利化和防风险目标，厘清政府与市场发挥作用的边界，形成了具有中国特色的外汇管理体制。中国的外汇管理体制大致经历了四个阶段，包括：（1）2000—2004 年的注重国际收支平衡阶段；（2）2005—2008 年的人民币汇率市场化改革阶段；（3）2009—2015 年的全方位转变管理思路阶段；（4）2016 年至今的统筹发展和安全阶段。在统筹发展和安全阶段，强调加强外汇市场管理，保持人民币汇率在合理均衡水平上的基本稳定。

中国外汇管理体制演变阶段

（五）金融开放的新要求

2023 年中央金融工作会议提出坚持统筹金融开放和安全，要求着力推进金融高水平开放，确保国家金融和经济安全。通过推进金融高质量发展，稳慎扎实推进人民币国际化。坚持"引进来"和"走出去"并重，稳步扩大金融领域制度型开放，提升跨境投融资便利化，吸引更多外资金融机构和长期资本来华展业兴业。增强上海国际金融中心的竞争力和影响力，巩固提升香港国际金融中心地位。

党的二十届三中全会提出，坚持对外开放基本国策，坚持以开放促改革，依托我国超大规模市场优势，在扩大国际合作中提升开放能力，建设更高水平开放型经济新体制。稳步扩大制度型开放，深化外贸体制改革，深化外商投资和对外投资管理体制改革，优化区域开放布局，完善推进高质量共建"一带一路"。维护以世界贸易组织为核心的多边贸易体制，积极参与全球经济治理体系改革，提供更多全球公共产品。扩大面向全球的高标准自由贸易区网络，建立同国际通行规则衔接的合规机制，优化开放合作环境。推动金融高水平开放，稳慎扎实推进人民币国际化，发展人民币离岸市场。加快建设上海国际金融中心。

（六）中国金融开放的理论贡献与实践创新

一是统筹金融开放与金融安全。金融开放虽然会带来一定风险，但它也是中国历练成长、融入全球利益共同体的必由之路。金融开放的总原则在于确保国家金融和经济安全。要把握好开放的节奏和力度，切实提升金融监管能力，以更高水平风险防控保障更高水平金融开放。这一理论创新超越了传统的金融开放条件与步骤理论，明确了金融开放的顶层设计理念，为全世界提供了一条新的金融开放理论与操作指引。

二是制度型开放理念。强调通过深化规则、规制、管理、标准等制度领域的改革，推动更高水平的对外开放，增强我国国际竞争力和规则影响力。这一理论创新超越了传统的商品和要素流动开放，聚焦于优化营商环境、完善法治体系、提升透明度和公平性，构建与国际高标准规则相衔接的制度框架。这不仅能够推动国内制度现代化，也使中国在全球经济治理中发挥更大作用。

三是共建"一带一路"倡议。在理论上，提出通过资金融通构建全球经济合作模式，推动国际经济合作向公平、互惠、包容的方向发展。在实践中，通过创新投融资机制，深化与多边金融机构的合作，推动共建国家的基础设施建设、贸易和投资自由化，提升资源配置效率，促进经济增长和区域一体化，构建开放型世界经济，助力全球经济复苏与共同繁荣。

四是人民币国际化路径。在理论上，强调通过建立多层次跨境金融体系，增强人民币的全球认可度。在实践中，推动人民币在共建"一带一路"国家的应用，设立离岸人民币中心，推广人民币计价金融产品，促进贸易结算，逐步提升人民币在全球支付体系中的重要性，推动国际货币体系的多元化发展。

五是上海与香港"双核心"驱动。通过"双核心"布局，增强上海与香港作为国际金融中心的协同作用，发挥上海作为国际金融中心的集聚效应和香港作为国际金融中心的国际化优势，促进资金、信息和人才的自由流动，提升国际金融服务能力与竞争力，共同支持国家经济高质量发展与全球经济治理。

六是全球公共产品提供。通过推动全球金融基础设施建设、国际规则标准制定等公共产品体现一种"合作型竞争"的理念。该理念强调通过国际合作来增强全球经济治理的包容性与有效性，目的是在竞争中实现共赢，通过协同努力应对全球性挑战。这一创新丰富了全球公共产品的内涵，也为实现可持续发展提供了新思路，促进了各国间的互利合作与共同发展。

第三节　全球金融治理

面临百年未有之大变局，如何积极融入和主动参与全球金融治理，从而更好地维护中国金融安全和全球金融稳定，是摆在我们面前的重要课题。

一、全球金融治理的内涵特征

全球金融治理是指通过国际机构、规则和合作机制来管理和调节全球金融系统的运行，以确保全球经济的稳定与发展。全球金融治理的核心目的是协调全球金融政策，处理跨国经济与金融问题，防范系统性风险，以及推动经济可持续增长。全球金融治理主要包括全球货币政策协调和全球金融监管协调。

（一）全球金融治理的特点

第一，主体多极化。作为现行国际货币制度的执行机构，国际货币基金组织与世界银行集团在全球金融治理中发挥主导作用。而区域性金融机构如国际清算银行、巴塞尔银行监管委员会等，则与国际货币基金组织相互配合，对全球金融稳定进行规范、监测与协调。各国监管当局或央行则与全球性或区域性金融机构进行必要接触与广泛合作。

第二，机制非均衡化。在新的全球金融治理主体格局中，新兴经济体的地位日渐突出，但经济大国仍处于支配地位。经济大国是国际货币和国际资本的主要供应国，一些国际性的行为规范、规则与措施均出自这些国家。经济大国在全球金融治理中起主导作用，弱小国家的利益往往受损，从而很难实现帕累托最优。

（二）全球金融治理的挑战

首先，各国货币政策往往根据自身经济状况和目标制定，各国利益和政策目标之间的差异可能阻碍全球货币政策协调。其次，跨国金融机构和跨境资本流动使得单一国家或地区的金融监管无法有效应对全球性金融危机或市场波动。最后，传统大国与新兴势力的相互博弈延滞了新秩序的建立，国际货币体系规则的完善难以推进。

二、全球货币政策协调

（一）全球货币政策协调模式

全球货币政策协调是指经济上相互依存的国家（或经济体）为了避免货币政策溢出效应的负面影响、实现整体社会福利最大化，所实行的双方或多方在货币政策领域的高度协作。全球货币政策协调模式主要包括规则协调和相机决策协调。

1. 规则协调

规则协调是指通过制定明确的规则，来指导各国实施货币政策以进行协调，如国际金本位制度、布雷顿森林体系和欧洲货币体系等。规则协调的优点在于决策过程清晰、可信度高，能在较长时期内稳定运行。规则协调作为外部约束，一方面能防止各国政府在实施货币政策时任意而为，从而维持政策的连贯性与可信度；另一方面能使各国政府以国际协定为理由执行国内经济政策，从而减少政策阻力。然而，规则协调也有一定局限性。保证规则的公正性要求各方主体的权利义务完全对等，但在现实中这几乎是不可能的。

2. 相机决策协调

相机决策协调是指当不存在对各国货币政策行为的明确规定时，根据具体情况或特定事件，协商确定各国应采取的政策措施，如各种经济峰会、国际协定以及国际论坛等。其优点在于能针对不同经济环境，就更为广泛的问题进行协调，但可行性与可信度容易受到质疑。从可行性来看，每次政策协调行动都意味着各国政府的讨价还价，势必大幅提高协调成本，也很难对各国政府形成有效约束。从可信度来看，在这种协调模式下，协调措施由各国央行协商确定，缺乏一致规则，很难通过引导公众预期来发挥政策效果。

（二）全球货币政策协调实践

19 世纪以来，多次金融危机的爆发以及国际经济联系紧密程度的加深，使各国货币政策逐渐由分化走向协同。但在不同时期，经济环境、监管体系和国际合作都呈现出不同状态，由此各阶段的全球货币政策协调方式和成效也不尽相同。各时期全球货币政策协调如表 14-3 所示。

表 14-3　各时期全球货币政策协调

项目	金本位制	布雷顿森林体系	现行国际货币体系
典型特征	金币可以自由铸造 金币可以自由兑换 黄金自由进出口	成立国际货币基金组织 美元与黄金挂钩，成员国货币和美元挂钩，实行可调整的固定汇率制度 取消经常账户外汇管制	实行浮动汇率制度改革 推行黄金非货币化 增强特别提款权作用 增加成员国基金份额 增加对发展中国家融资
货币政策协调	固定汇率机制 自动调节国际收支的机制	汇率机制协调 国际收支调节机制 国际货币基金组织的协调功能	国际货币基金组织全球多边货币协调 七国集团货币协调机制 欧洲货币政策协调机制

项目	金本位制	布雷顿森林体系	现行国际货币体系
失败主要原因	黄金存量分布不均 部分国家超发货币 危机导致资金外逃	制度自身缺陷 美国黄金储备减少 通货膨胀加剧 国际收支持续逆差 金融危机	

三、全球金融监管协调

（一）全球金融监管协调模式

全球金融监管协调是指各国（或经济体）的金融监管机构为了实现金融监管的整体有效性、降低成本、提高效率，通过各种机制努力实现监管工作的一致性。全球金融监管的协调模式分为三种，包括具有国际协调性质的金融监管、具有国际合作性质的金融监管以及国际金融监管的统一化。

1. 具有国际协调性质的金融监管

具有国际协调性质的金融监管是指在各国拥有独立的监管法律和法规基础上，国家之间的信息沟通和监管配合。由于不改变各国监管法律和法规的独立性，因而这一协调模式较易实现，被广泛应用。目前，实现金融监管信息协调沟通的基本形式包括多边合作与双边合作。金融监管多边合作是通过建立相关国际监管合作组织，在该组织的协作框架下制定监管标准，如巴塞尔银行监管委员会、国际证监会组织等。金融监管双边合作，则是最常见的国际监管信息沟通形式之一。美国与欧盟、美国与澳大利亚构建的双边对话机制是双边合作的典型案例。

2. 具有国际合作性质的金融监管

具有国际合作性质的金融监管是指各国统一认识，共同制定某些监管领域的统一标准。20世纪80年代以来，三大国际金融监管组织分别对其所监管的金融行业提出了较为规范的国际监管标准。其中，巴塞尔银行监管委员会提出的银行业监管规范和标准已成为世界各国广泛采纳的准则；国际保险监督官协会提出的《国际保险集团监管共同框架》，为从事保险业务的金融机构确立了国际化监管标准；国际证监会组织也规定了国外证券机构在东道国进行证券承销业务的行为准则。

3. 国际金融监管的统一化

国际金融监管的统一化是指赋予国际金融监管组织以超国家权力，形成国际通行的金融监管标准，以构建全球统一的金融监管框架。2008 年国际金融危机说明了这一框架的必要性。然而，从当前实践来看，全球统一的金融监管遥不可及。巴塞尔银行监管委员会与国际证监会组织等国际组织不具备超国家权力，所编制的系列文件仅对成员具有约束力。

相对而言，区域或全球金融监管的协调与合作更具现实意义。各国在经济发展水平、金融开放程度以及金融监管模式等方面存在显著差异。在金融监管的国际合作问题上，各国应通过分层次、分区域的监管合作，逐步实现全球范围的统一。

（二）全球金融监管协调实践

2008 年国际金融危机爆发后，以巴塞尔银行监管委员会为代表的国际组织推出了一系列全球金融治理改革措施，以克服全球金融治理框架在约束国际金融市场主体、维护国际金融安全等方面的缺陷。图 14-4 展示了主要国际金融协调组织与分业监控组织。

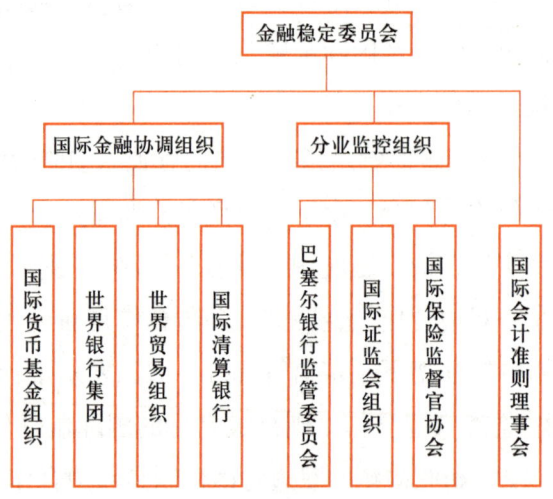

图 14-4　国际金融监管框架

注：金融稳定委员会是各个国际金融监管机构的重要协调者，通过召开定期或特别会议，对金融体系可能存在的不稳定交换意见，增强金融市场监督的国际合作与协调。国际货币基金组织是监管货币汇率和各国贸易情况，提供技术和资金协助，确保全球金融制度运作正常的国际组织。世界银行集团是联合国的一个专门机构，主要目的是通过提供资金、技术援助和知识共享，促进全球经济发展与减贫。世界贸易组织是负责全球多边贸易规则的国际组织，旨在促进国际贸易的自由化和便利化。国际清算银行是促进各国中央银行合作和金融稳定的重要国际组织。巴塞尔银行监管委员会是一个国际性机构，旨在制定全球银行监管标准，促进金融稳定，通过制定资本充足率和风险管理框架来加强银行体系的稳健性。国际证监会组织是一个全球性的证券监管机构联盟，旨在提高证券市场的有效性和透明度，制定和推动国际证券监管标准，促进各国监管机构之间的合作与信息共享。国际保险监督官协会是一个全球性组织，旨在促进保险行业的有效监管，制定国际保险监管标准，推动各国监管机构之间的合作与信息交流，以增强保险市场的稳定性和透明度。国际会计准则理事会主要通过制定和公布在编制财务报表时应遵循的统一会计准则协调各国利益冲突。

虽然全球金融监管协调对于提升金融市场效率、促进金融稳定、防止监管套利以及打击跨境金融犯罪等至关重要，但这种努力也面临争议。第一，金融监管与国家主权息息相关。许多国家担心失去对本国金融体系的控制权，特别是在国际组织（如国际货币基金组织或巴塞尔银行监管委员会等）参与制定全球标准的情况下。第二，发展中国家和新兴市场的金融体系相对脆弱，它们更倾向于采用保护性政策，而发达市场则可能更注重资本自由流动。例如《巴塞尔协议Ⅲ》推出后，发达国家能够较好地应对新资本要求，而对发展中国家来说，提高资本要求会增加银行运营成本、限制其贷款能力，抑制金融发展和经济增长。第三，全球金融监管，尤其是在金融犯罪、洗钱、恐怖融资等领域的全球金融监管，需要大量的跨境信息共享，但这涉及数据隐私、主权、安全等敏感问题。

四、全球金融治理中的中国担当

中国式现代化是走和平发展道路的现代化。作为新兴大国，中国坚定奉行独立自主的和平外交政策，推动构建人类命运共同体，践行全人类共同价值，落实全球发展倡议、全球安全倡议、全球文明倡议，倡导平等有序的世界多极化、普惠包容的经济全球化，参与引领全球治理体系改革和建设。

全球金融治理中的中国担当主要体现在建立和完善国际金融运行规则、完善并维护合理的国际金融秩序，以及建立和完善应对国际金融危机协调机制等方面。

（一）建立和完善国际金融运行规则

随着中国经济的快速增长和国际影响力的提升，国际社会对中国参与国际金融规则构建的关注日益增加。与此同时，全球金融治理体制中的一些问题也日益显现，中国已成为推动国际金融运行规则完善的重要力量。

1. 积极参与国际金融监管规则重塑

中国始终积极参与国际金融监管协调，通过二十国集团（G20）、国际货币基金组织、国际清算银行、金融稳定委员会、多边开发银行等组织或机构，参与国际金融监管规则的重塑，倡导改进国际金融监管框架，推动国际金融稳定和健康运行。

习近平关于国际金融开放合作的观点总结

2. 推动建立更稳定的国际金融架构

一方面，中国在 G20 平台推动提高新兴经济体和发展中国家代表性和发言权；另一方面，中国推动特别提款权改革，扩大特别提款权的使用，减少对美元的依赖。在担任 G20 主席国期间，中国重启国际金融架构工作组，推动国际货币基金组织资源补充和份额改革，使人民币成功加入特别提款权货币篮子，促进全球金融治理改革。

3. 稳步推进人民币国际化与跨境支付规则

作为全球最重要的金融基础设施之一，国际资金清算系统难以摆脱政治压力，是美国对他国实施金融制裁的重要工具。近年来，中国未雨绸缪，加强支付清算能力与设施建设，推出人民币跨境支付系统，促进人民币国际化和数字人民币的应用。此外，中国通过共建"一带一路"倡议和《区域全面经济伙伴关系协定》等，提高跨境贸易中人民币结算的比例，提升人民币离岸市场建设水平，增强金融基础设施的可控性与安全性。

（二）完善并维护合理的国际金融秩序

通过建设经济强国和金融强国，营造更公平的国际金融秩序，保证国际金融安全与稳定。

1. 推进绿色金融国际合作

一是凝聚国际共识。中国在 2016 年担任 G20 主席国期间将绿色金融引入 G20 峰会议题，并在 2021 年牵头制定《G20 可持续金融路线图》，为全球可持续金融的未来发展指出了重点方向。二是深化研究合作。2017 年，中国人民银行参与发起设立央行与监管机构绿色金融网络，其已成为最具国际影响力的绿色金融合作平台之一。2018 年，中国金融学会绿色金融专业委员会与"伦敦金融城绿色金融倡议"共同发布了《"一带一路"绿色投资原则》，为金融机构开展"一带一路"绿色投资提供了重要依据。三是促进标准联通。2021 年，中国人民银行与欧盟委员会相关部门联合发布《可持续金融共同分类目录》，有力推动了中欧乃至全球绿色金融标准趋同进程。

2. 完善"一带一路"投融资体系

一是深化投融资合作，推动金融机构与多边开发银行、私营部门及国际投资者的协同，构建多层次、广覆盖的投融资网络。二是提升投融资项目的透明度和可持续性，重点支持绿色、数字和创新领域项目，确保资金使用符合经济效益与环境标准。三是加强本币结算和区域性融资工具的使用，降低汇率风险，提升金融稳定性。四是强化投融资风险管理体系，健全多边合作中的法律保障和风险防控机制，确保共建"一带一路"倡议的长远安全性和可持续发展。

3. 建设性参与多边债务协调

2020 年，中国与 G20 各国共同制定了 G20 缓债倡议，并积极全面落实，以帮助低收入国家应对新冠疫情挑战。中国是 G20 成员中落实缓债金额最多的国家。[①] G20 于 2020 年 11 月共同核准了在个案基础上进行债务处置的共同框架。此外，中国参与乍得、赞比亚和埃塞俄比亚债务协调，支持低收入国家获得国际货币基金组织贷款。

4. 组建多边金融机构

中国倡导成立亚洲基础设施投资银行（简称亚投行）并与其他金砖创始国共同发起成立新开发银行（简称新开行），支持发展中国家和全球南方国家基础设施建设。此外，中国通过积极探索筹建多边国际金融机构，推动全球经济金融新秩序的发展完善，维护发展中国家利益，提升发展中成员的话语权和代表性。

（三）建立和完善应对国际金融危机协调机制

维护全球金融稳定是全球金融治理的永恒话题。中国不仅在区域性经济组织的协调合作中发挥关键作用，还积极参与应对系统性金融危机的国际协调。

1. 区域性经济组织的协调合作

中国积极参与全球货币政策协调，与国际货币基金组织和区域性经济组织协调合作。1991 年，中国加入亚太经济合作组织（APEC）。1997 年亚洲金融危机后，中国推动探索中日韩货币政策合作框架。2000 年，东盟和中日韩（简称"10＋3"）财长共同签署了建立区域性货币互换网络的协议。此外，中国还推动了区域金融安全网建设，如"清迈倡议"多边化和亚洲债券基金投资绿色债券。2022 年，中国人民银行与多国签署协议，提供流动性支持，强化区域金融安全。

2. 亚洲金融危机期间人民币汇率稳定政策

1997 年亚洲金融危机后，中国政府在国际货币基金组织安排的框架内通过双边渠道，向泰国等国提供了总额超过 40 亿美元的援助。[②] 同时，中国政府决定人民币不贬值，以稳定区域经济。此外，中国政府努力扩大内需，促进经济增长，并积极参与地区和国际金融合作。

3. 2008 年国际金融危机后积极参与全球货币政策协调

2008 年国际金融危机后，中国与全球主要中央银行联合降息，并与多国签

---

① 资料来源：中国人民银行网站。

② 资料来源：中华人民共和国外交部网站。

署双边本币互换协议，增强国际流动性。同时，中国继续增持美国国债，维护美元稳定，缓解国际金融市场压力。

中国将继续为国际金融规则建设、金融秩序维护及危机协调贡献力量，为促进国际金融合作与协调、构建人类命运共同体贡献出更多力量。

重要概念

金融开放　经常项目开放　资本项目开放　金融自由化理论　金融开放条件　最优金融开放程度　金融开放模式　渐进式开放　激进式开放　全球金融治理　全球货币政策协调　全球金融监管协调

本章小结

1. 金融开放是指一个国家（或地区）在金融封闭状态下放松金融抑制的过程，主要包括两方面内容：一是国际收支账户开放，具体又包括经常项目开放和资本项目（或资本与金融项目）开放；二是金融业开放，即允许外资金融机构在本国从事银行、证券和保险服务业。经常项目开放是指取消对经常性国际交易支付和转移的所有汇总限制。资本项目开放是指消除对国际收支资本和金融账户下各项交易的外汇管制。

2. 金融开放的理论来源是金融自由化理论。金融自由化理论认为发展中国家普遍存在"金融抑制"，因此有必要推进金融开放。

3. 金融开放条件包括国家雄厚的经济实力、稳健的金融系统、健全的宏观经济政策与完善的金融监管体系。当金融开放的边际收益与边际成本相等时，金融开放的净收益最大，金融开放程度达到最优。

4. 金融开放模式一般指金融开放顺序的总结。基于资本项目开放在金融开放中的次序，可将金融开放模式分为渐进式和激进式。发达经济体的金融开放模式基本为渐进式，一般沿着股票市场→金融机构→资本项目的顺序进行；新兴经济体的金融开放模式呈现多元性。

5. 中国金融开放采取的是以开放促改革的渐进式模式。

6. 全球金融治理是指通过国际机构、规则和合作机制来管理和调节全球金融系统的运行，以确保全球经济的稳定与发展。全球金融治理的特点包括主体多极化和机制非均衡化。

7. 全球货币政策协调是指经济上相互依存的国家（或经济体）为了避免货币政策溢出效应的负面影响、实现整体社会福利最大化，所实行的双方或多方在货币政策领域的高度协作。全球货币政策协调模式包括规则协调和相机决策协调。

8. 全球金融监管协调是指各国（或经济体）的金融监管机构为了实现金融监管的整体有效性、降低成本、提高效率，通过各种机制努力实现监管工作的一致性。全球金融监管的协调模式分为三种，包括具有国际协调性质的金融监管、具有国际合作性质的金融监管以及国际金融监管的统一化。

9. 中国通过以下策略安排积极参与全球金融治理：一是建立和完善国际金融运行规则，二是完善并维护合理的国际金融秩序，三是建立和完善应对国际金融危机协调机制。

🔍 思考题

1. 从国际经验来看，一般从经常项目开放到资本项目开放平均仅需十年时间。中国已于 1996 年年底实现人民币项目的完全可兑换，为什么迄今为止中国的资本项目依然未全面开放？

2. "沪港通"和"深港通"开通之后，业内开始形成"北上资金"和"南下资金"的说法。其中，"北上资金"就是指从中国香港股市中流入内地股市的资金，"南下资金"则相反。结合"沪港通"和"深港通"谈一谈，资本项目双向开放为中国资本市场带来了哪些进步和冲击。

3. 推动共建"一带一路"会给我国的金融开放带来什么机遇和挑战？

4. 近年来，"逆全球化"浪潮对经济全球化造成很大的负面影响，全球金融治理会受到"逆全球化"影响吗？在此背景下，为何我国仍要积极推动全球金融治理的改革和发展？中国应该如何彰显自己的大国担当作用？

5. 作为全球金融监管协调典型的《巴塞尔协议Ⅲ》，其在全球金融稳定中发挥了什么作用，又存在什么不足？为何《巴塞尔协议》要不断修正？

即测即评

第十五章　金融发展与创新

> 金融要把为实体经济服务作为出发点和落脚点，全面提升服务效率和水平，把更多金融资源配置到经济社会发展的重点领域和薄弱环节，更好满足人民群众和实体经济多样化的金融需求。
>
> ——《习近平谈治国理政》第二卷，外文出版社 2017 年版，第 279 页。

学习目的和要求

掌握金融发展与金融创新理论；了解中国金融发展的历史演进、逻辑、特征与创新实践；掌握中国金融创新服务实体经济的目标；理解中国金融创新的实体经济效应；掌握对新时代金融发展规律的认识并应用于金融实践中；加深对中国特色金融本质的认识，升华对我国金融实践创新、理论创新、制度创新的理解；增强对中国特色金融发展之路的道路自信、理论自信、制度自信、文化自信。

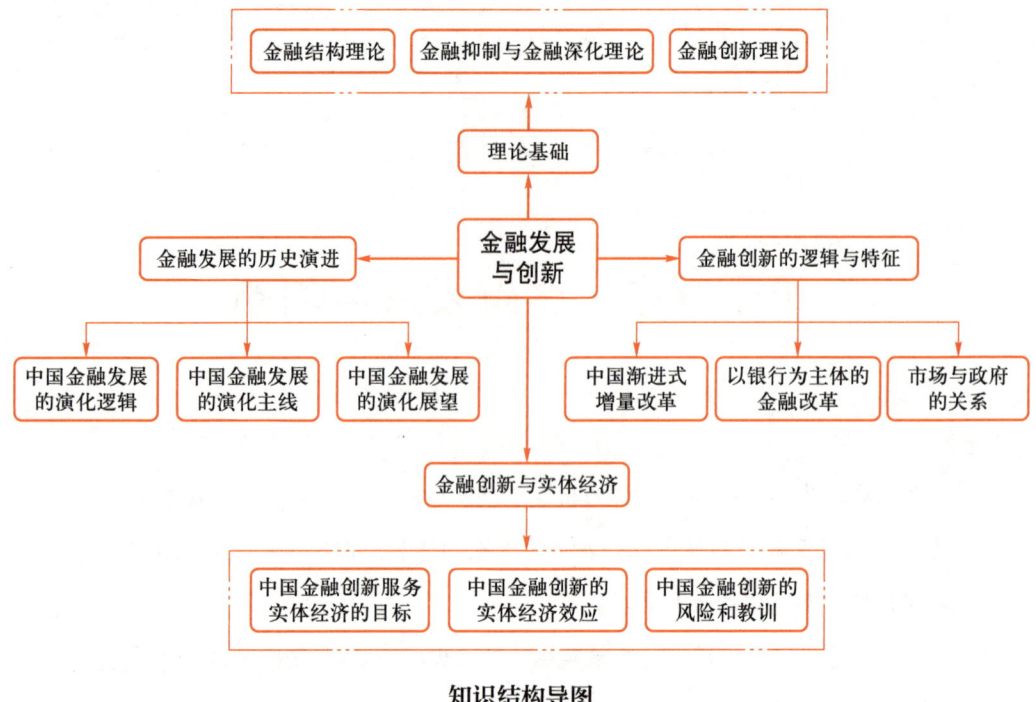

知识结构导图

　　金融发展与创新和经济的发展关系密切。金融发展与金融创新理论对于经济高质量发展、实施金融"五篇大文章"战略具有重要指导意义。马克思主义金融理论指出，金融资本与产业资本之间存在密切的相互关系，金融资本通过向产业资本让渡货币使用权，参与产业的生产与利润分配，从而推动资本积累和经济发展。这一理论视角为我们理解现代金融体系的功能提供了重要的思想启示。本章将从金融发展与创新的基本概念和理论框架出发，阐述金融创新的逻辑和特征。通过对中国金融发展历程的梳理和分析，总结数十年来中国金融领域的经验与教训，展望金融未来的发展方向。

第一节　金融发展与金融创新理论

　　人们很早就意识到，一国的经济发展与金融发展存在着密切的关系，金融体系的深化和完善能够有效促进经济增长和发展。而金融发展往往伴随着金融结构变化、金融机构扩展、金融工具创新和金融业态深化创新。因此金融结构理论与经典的金融发展理论（包括金融抑制与金融深化理论）一脉相承。

一、早期金融结构与金融发展理论

金融结构与经济发展的关系一直是金融学研究的重要课题。早期的研究主要从金融结构视角探讨金融与经济发展的关系，随后逐步发展形成了更为系统的金融发展理论体系。

（一）金融结构理论

美国经济学家雷蒙德·戈德史密斯的金融结构理论是该问题较早的代表性理论。他探讨了决定一国金融结构的经济因素，并阐明这些因素如何通过相互作用而促进金融发展。为研究金融发展与经济增长的关系，戈德史密斯构造了一套以金融相关比率为核心的指标。

$$金融相关比率 = \frac{一定时期内的金融活动总量}{国民财富的市场总值} \qquad （15-1）$$

在金融相关比率指标的基础上，戈德史密斯运用多个金融活动指标对 35 个国家 1860—1963 年的数据进行了实证分析，并发现了一些有意义的经验规律：金融相关比率变动的总体趋势是不断上升的；金融发展水平越高，融资成本（包括利息与各种费用）就越低；随着经济增长，银行资产占金融机构全部金融资产的比重将会下降等。这些关于金融结构变化与经济发展之间的关系的实证研究为后续金融发展理论奠定了基础。

银行主导型和市场主导型的金融结构

（二）金融抑制与金融深化理论

戈德史密斯的金融结构理论主要通过多国的实证经验分析金融与经济增长的关系，但没有针对特定类型国家深入研究。随着金融发展理论研究的深入，学者们开始关心发展中国家的问题。在戈德史密斯之后，麦金农和肖分别从金融抑制和金融深化两个角度，系统地阐述了金融发展、金融自由化、金融深化和经济发展之间的关系。

1. 发展中国家的金融抑制

金融抑制理论是在对发展中国家金融体系的观察和总结中提出的。在一些欠发达国家和地区，国家会对金融部门实施强力干预，如果这些对金融行业的抑制影响了经济发展，则称为金融抑制。麦金农首先提出了"渠道效应论"。其模型存在两个假设：一是所有经济主体都局限于自我融资，储户和企业间不发生借贷；二是投资支出具有不可分性，必须有大规模的储蓄和积累。为了充分动员储蓄，增加资本积累，货币当局应当改善货币供给的条件，扩大资本积累，这一过程被称为渠道效应。

但这种渠道效应存在一个最优货币化的问题。如图15-1所示，在A点左侧，提高货币的实际收益率，渠道效应投资扩大；但在A点右侧，由于货币的实际收益率高于投资的边际收益率，实物资本将被过多持有的现金余额替代。

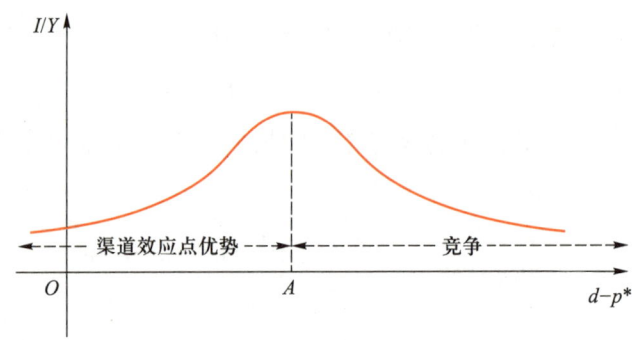

图 15-1　渠道效应论

注：I/Y是投资收入比率，$d-p^*$是货币的实际收益率。

根据麦金农的分析，发展中国家存在金融抑制，自我融资水平低，外部融资可能性也较小。在利率管制的发展中国家，实际利率非常低。而提高货币的实际收益率会使得总投资水平提高。在麦金农看来，最优的货币的实际收益率通常难以找到，最好的办法便是放弃干预，以金融市场均衡利率作为货币的实际收益率。

肖的观点被称为"债务媒介论"，他更重视金融机构的融资功能。其基本理论为：对整个社会来说，实际货币余额不是财富，而是货币体系的债务。此理论主要有四个观点。第一，货币（或任何其他金融资产）不是国民财富的组成部分，它的积累不是实物资本积累的替代品。第二，货币在促进经济发展的过程中仍然起着重要作用。在金融机制健全的条件下，金融部门通过货币发挥资金融通的职能。第三，提高社会货币化程度需要通过货币体系刺激人们的货币需求，肖和麦金农一样，认为政府应取消对利率的限制。第四，货币的供应存在成本，货币需要消耗实际资源。"债务媒介论"强调了利率机制的重要地位，发展中国家推行金融自由化改革就是要解除利率管制。

图15-2展示了金融抑制的利率渠道：纵轴是实际利率，横轴是储蓄或投资，IN代表投资函数，它是实际利率的减函数。SS(g)代表经济增长率为g时的储蓄函数，它是增长率的增函数，也是实际利率的增函数。FF代表金融抑制，

即政府对利率加以管制，其低于均衡水平。因而实际投资将被限制，市场处于非出清的低效率状态，存在储蓄不足、投资需求无法得到满足的情况。

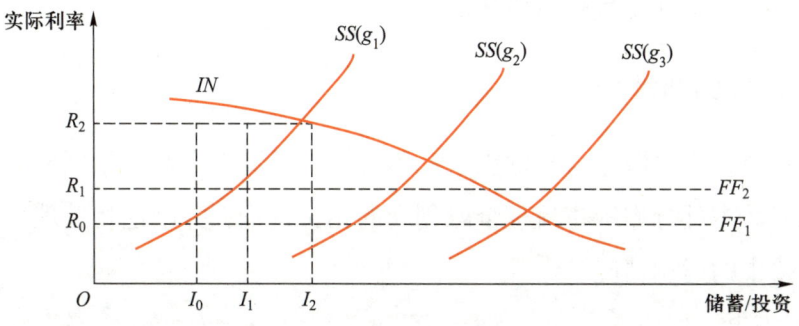

图 15-2　金融抑制的利率渠道

2. 金融深化理论的主张

根据麦金农和肖的观点，一个制度中金融体系的发展如果有利于储蓄的动员和配置，则有利于经济的增长和发展；而经济的增长如果能促进金融体系的发展，则金融自由化与经济发展之间形成一种良性循环。由此，麦金农和肖提出了著名的 M-S 模型，主张实行金融自由化改革，解除对利率的管制。

经典的经济增长理论认为经济增长率与储蓄率相关，更高的储蓄带来更高的投资，从而加速资本的积累。在此基础上，麦金农认为，在经济增长过程中，资产组合效应将对储蓄产生影响，因而储蓄倾向是经济增长率 g 的函数。也就是 $s=s(g,p)$。p 为除经济增长率以外的外生因素，包括金融自由化。

金融深化理论的核心思想是通过发挥金融对投资和储蓄的积极作用，促进经济的发展。用经典的经济增长理论之一的哈罗德—多马模型不难说明这一内在机制。设产出为 Y，资本存量为 K，储蓄为 S，资本—产出比率（设为常量）为 C。那么产出与资本存量的关系则为：

$$Y=\frac{K}{C} \tag{15-2}$$

在均衡时等式满足：

$$g=\frac{S}{C} \tag{15-3}$$

合理的金融结构能够通过优化资金的配置和提高投资效益，引起资本—产出比率 C 下降。优化金融结构可以使储蓄率和储蓄总量得以提高，S 将提高，则必然促进经济增长。麦金农认为，金融抑制的解除，既可以通过储蓄倾向的提高来增加储蓄，从而增加投资，促进经济增长，又可以反过来通过经济增长进一步增加储蓄，进而实现储蓄与经济增长的良性循环。可见，实现金融发展与经济发展的良性循环的关键在于金融自由化改革。

二、金融创新理论

金融发展和金融深化与金融创新密不可分。经济学家对金融创新进行了大量的理论研究。本部分内容将梳理金融创新的相关理论，并阐述相关理论在我国金融创新实践中的运用情况。

（一）约束诱导假说

西尔柏的约束诱导型金融创新理论主要从供给角度来探索金融创新。他认为，寻求利润最大化的金融公司最有创新的动力，金融创新实际上是微观金融机构为了寻求最大利润，减轻外部对它的金融压制而采取的"自卫"行为。

西尔柏认为，金融压制主要来自两个方面。一是政府的控制管理。政府控制管理又包含两种情况：一种情况是外部条件变化而产生的金融压制降低了金融机构的效率，金融机构通过创新提高效率来弥补损失；另一种情况是金融压制使得金融机构承担的机会成本越来越高，创新是对这种金融压制的反应。二是内部强加的压制。为了实现流动性、安全性等目标，金融机构采取一系列资产负债管理制度确保其营运稳定，同时也形成了内部金融压制。

两方面的金融压制，特别是外部条件变化，促使实行最优化管理和追求利润最大化的金融机构从机会成本角度，基于影子价格与实际价格的背离来寻求最大程度的金融创新。这就是微观金融机构金融创新行为的逻辑结论。

我国互联网金融较好地为约束诱导型金融创新理论作出了阐释和验证。阿里巴巴、腾讯以及京东等互联网企业推出的支付宝、微信支付和京东金融等产品为客户提供了更为便捷和低成本的服务。在巨大外部压力下，我国银行业开始了各种业务和服务创新，开通网上银行、移动支付、电商平台等，形成了金融互联网，提升了用户体验。

（二）自由—管制博弈论

自由—管制博弈论是由美国经济学家凯恩提出的。他认为金融创新就是对各种金融管制实行回避的行为，并将其称为规避创新。由此，凯恩设计了一个制定规章制度的框架。在这个框架中，对金融的管制和因此产生的规避行为是以辩证形式出现的，它意味着在外在市场力量和市场机制与机构内在要求相结合的情况下，为规避各种金融控制和规章制度，就产生了金融创新行为。金融制度的静态均衡几乎是不存在的，管制和规避引起的创新总是不断交替，形成一个动态的博弈过程，即"创新—管制—再创新—再管制"。

（三）金融交易成本论

金融交易成本论以希克斯和尼汉斯的研究为代表，该理论认为技术进步是主因，而金融创新是一种形式上的响应，目的是节约市场交易的成本。希克斯和尼汉斯提出的金融创新理论的基本命题为"金融创新的支配因素是降低交易成本"。这个命题有两层含义：一方面，交易成本的高低决定金融业务和金融工具是否具有实际意义，降低交易成本是金融创新的首要动机；另一方面，金融创新实质上是对科技进步导致交易成本降低的反应。尼汉斯还提到金融创新的重点是金融工具，不同的金融工具能够应对不完全市场带来的系统风险。

这一理论解释了我国互联网金融创新。交易成本的降低成为金融创新创造力的源泉，新的金融工具、业务模式层出不穷，带来了海量用户，从而实现金融普惠。大数据和云计算有效改善了信息不对称问题，并使很多实时金融创新成为可能。商业银行也开始通过建立自己的电商平台或者和电商合作掌握大数据，创新获客模式、定价模式和风控模式。例如，中国建设银行于 2012 年 6 月率先推出了以专业化金融服务为依托的电子商务金融服务平台（善融商务平台）来满足不同层次的客户需要，使得建设银行的运营成本明显降低。

（四）制度主义创新理论

制度主义创新理论认为，金融创新是一种与经济制度（具体指金融制度、公司制度、税收制度等）互为影响、互为因果关系的制度改革。金融体系内任何因制度变革引起的变动都视为金融创新，只有在受管制的市场经济条件下才能产生全面的金融创新。

中国资本市场在改革中前进，市场制度经历了从无到有、不断完善的过程。在这数十年历程中，中国资本市场经历了两次重大改革。第一次重大改革是股权分置改革。2005 年 4 月，经国务院批准，中国证监会发布了《关于上市公司股权分置改革试点有关问题的通知》，标志着以构建共同利益机制和矫正残缺的激励机制为目的的股权分置改革正式启动。至 2007 年年初，已有 98% 的上市公司完成了股权分置改革。第二次重大改革是注册制改革。资本市场发展的数十年来，股票发行制度先后经历了审批制和核准制，最终在 2019 年 6 月科创板正式开板之际，

金融发展与金
融创新理论

第五篇　中国金融开放发展

开始了对注册制改革的试点。随后，深圳证券交易所的创业板也开始试行更高标准的注册制。2021 年 12 月，中央经济工作会议提出"全面实行股票发行注册制"，意味着中国资本市场将实现注册制的全覆盖。

第二节　金融发展的历史演进

从国际经验来看，一国金融发展存在路径依赖，初始形态常由特定历史情境塑造，而结构性的突变是相对罕见的。与西方相比，中国金融发展具有其特殊性。第一，西方的现代金融体系建立在工业革命和现代贸易的基础上，而中国现代金融体系是建立在改革开放、建设完善社会主义市场经济制度的基础上。第二，西方资本主义制度决定了其以私有制为主的所有制形式，而中国社会主义制度坚持人民立场和人民主体地位，这决定了中国公有制为主的所有制形式。第三，西方金融体系推崇"大市场，小政府"，西方金融发展中市场占据主导地位，政府的作用是纠正市场失灵，在金融活动中的管制较低。中国在发展市场经济的过程中既尊重市场的自身规律，也注意发挥政府的调节作用。中国金融发展中强调"摸着石头过河"，政府主导其发展，往往采取渐进式金融改革开放的策略。第四，西方金融发展是出于金融行业自身利益的需要，是金融机构为了实现利润最大化和"资本逐利"的需要。中国金融体系的发展是为了增进人民福祉、服务国家发展战略、满足实体经济的需要。第五，西方金融发展主要依赖市场的作用，市场失灵的情况下会产生系统性金融风险；而中国金融发展以政府为主导，始终秉持三大平衡，即金融发展与经济发展的平衡、金融发展与风险防控的平衡、金融开放与国家安全的平衡。

金融结构形成
的理论基础

从中国经验来看，在领导金融工作的实践中，党把马克思主义金融理论同当代中国具体实际相结合、同中华优秀传统文化相结合，不断加深对中国特色社会主义金融本质的认识，借鉴吸收各国金融发展经验，把握新时代金融发展规律，持续推进我国金融事业实践创新、理论创新、制度创新，奋力开拓中国特色金融发展之路。其基本要义是：坚持党中央对金融工作的集中统一领导；坚持以人民为中心的价值取向；坚持把金融服务实体经济作为根本宗旨；坚持把防控风险作为金融工作的永恒主题；坚持在市场化法治化轨道上推进金融创新发展；坚持深

382

化金融供给侧结构性改革；坚持统筹金融开放和安全；坚持稳中求进工作总基调。中国特色金融发展之路是一条前无古人的创新之路，既遵循现代金融发展的客观规律，更具有适合中国国情的鲜明特色。

一、中国金融发展的演化逻辑

（一）从金融结构形成演化视角看待中国经济增长模式

根据金融结构理论，金融结构必然内生于该国经济增长模式，并服务于该国的经济发展。中国金融体系的演进始终与经济增长模式深度协同。现代经济增长理论认为，经济发展是产业结构的不断升级和资本密集度的逐步提高。从这一角度来看，中华人民共和国成立以来经济发展总体上大致可以分为三个阶段：第一阶段从中华人民共和国成立初期到改革开放前，主要通过国企来实施资本密集型重工业的优先发展，以实现产业的跨越升级；第二阶段从改革开放初期到20世纪90年代初期，主要通过放开民企进入劳动密集型的低端产业，同时原先处于低端产业的国企相继退出来改善之前产业过度跃升的程度，而1997年正式开始的"抓大放小"战略加速了这种产业调整进程；第三阶段为20世纪90年代中后期至今，主要特点是伴随城市化进程的产业重工业化，属于产业的有序跃升阶段。与发达国家不同，在产业升级的过程中，中国始终坚持以公有制为主体的市场经济模式，并取得了改革开放以来年均9.95%的GDP增长率，现已成为世界第二大经济体。

因此，中国金融结构的演进始终与经济发展阶段动态适配。第一阶段，金融体系主要支持国家主导的资本密集型重工业；第二阶段，金融市场逐渐市场化，满足民企的融资需求；第三阶段，伴随城市化进程的产业重工业化，金融体系深化和多样化发展。这种内生性使得中国的金融结构能够有效服务于经济增长模式，保障了改革开放以来国民生产总值的持续高速增长。

世界主要国家的金融结构形成的历史路径

（二）国企、民企融资规模在不同行业的分布逻辑

从具体行业内国企占比的动态演变可以看出以下分布逻辑。第一，从1998年到2009年期间，国企逐步从资本密集度较低的行业中退出，同时保留其在资本密集度较高行业的绝对主导地位，而且在1998年以来新成立的工业企业中，国企的资本密集度远大于民企。第二，行业资本密集度与其全要素生产率正相关，国企在资本密集度高的行业其全要素生产率要显著高于民企，而在资本密集

度较低的行业处于劣势。第三，对比不同时间点国企全要素生产率高于民企的行业资本密集度临界值可以看出，国企主导的产业升级一方面提升了民企全要素生产率，另一方面也有助于降低民企进入资本密集度高的行业的沉没成本。因此，中国产业升级中存在民企进入国企所在行业与国企竞争，然后国企退出该行业的顺序，这反映了中国经济的渐进式市场化改革进程。1998—2011 年新成立企业资本密集度如图 15-3 所示。

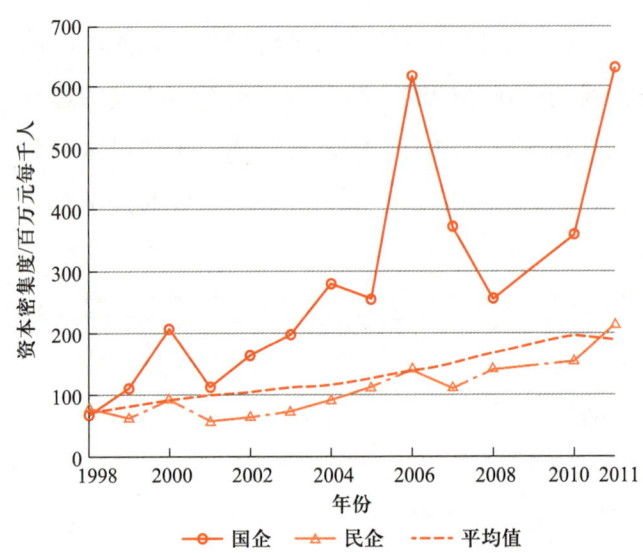

图 15-3　1998—2011 年新成立企业资本密集度

注：注册成立时间为当年的企业定义为"新成立企业"。

在中国的经济脉络中，金融结构的形成紧跟金融发展的演进。在前述经济发展的过程中，中国经济体制和经济结构的不断演变，伴随着金融结构的丰富化和市场化进程。这也就从理论上解释了中国金融发展变化的内在逻辑：从计划经济向市场经济转型的过程中，伴随着产业升级和不同产业所有制结构与竞争环境的变化，金融结构从单一的"大一统"银行体系逐渐转变为多种类型金融机构与金融市场共同发展的多层次金融结构，这个过程既反映了金融结构变化的逻辑，也反映了中国经济发展与产业变迁的逻辑。

二、中国金融发展的演化主线

一国的金融发展与金融结构的发展变革密切相关，金融结构不断优化调整，既是金融发展的必经之路，也是提升金融服务实体经济能力的关键过程。

（一）稳中求进的渐进式银行结构调整

稳中求进工作总基调是治国理政的重要原则，也是做好经济工作的方法论。新中国成立以来，经历了"计划经济—计划经济为主，市场经济为辅—有计划的商品经济—社会主义市场经济"的转型道路。在经济转型的过程中，经济结构和经济发展方式的转变不断倒逼金融结构的调整。

新中国成立初期，我国选择了计划经济体制。在这一阶段，"大一统"的金融体系有助于国家克服资本极度稀缺带来的问题，能够快速恢复经济和实现工业化的发展目标。在计划经济体制下，财政是资源配置的主要手段，银行实际上是国家按照经济发展计划配置资源的工具，并没有独立商业银行的功能。

1978 年改革开放后，原有计划经济体制逐步被打破，经济主体逐步开始自主决策。同时，随着居民收入迅速增加，经济亟须银行系统将储蓄转化为投资。此外，改革开放初期价格的放开导致经济过热、通货膨胀，亟须政府建立宏观调控的金融工具。1979 年我国开始金融结构调整后，剥离了中国人民银行承担的商业银行业务，使其专门行使中央银行的职能，同时先后恢复和建立了四大国家专业银行，即中国农业银行、中国银行、中国建设银行与中国工商银行，分别满足不同经济部门的融资需求，建立了"二元"银行结构的金融体系。

1994 年后，我国再次进行金融结构调整，开始探索构建多层次的金融体系。首先，对四大国家专业银行进行企业化改革，放开专业银行经营范围，实现从国家专业银行向真正商业银行的转型；其次，分离政策性金融业务，建立专业的政策性银行；最后，建立非国有的股份制商业银行、地方商业银行及信用社等来满足日益增长的非国有经济部门发展对资金的需求。在这一次改革中，制度的制定和实施几乎都是自上而下展开的。

稳中求进是金融事业取得历史性成就的宝贵经验。改革开放 40 多年来，我国保持了经济快速发展、没有发生系统性金融危机，这在全球大国中是唯一的。我们发挥社会主义制度优势和利用各种有利条件，坚持循序渐进、摸着石头过河、试点先行的渐进式改革路径，稳步深化金融改革开放；坚持预防为先、标本兼治、稳妥有序、守住底线，有效防范化解金融风险，促进经济平稳健康发展。

（二）与产业升级路径相匹配

从产业角度来看，一个国家的经济增长是经济不断向先导产业升级的过程，中国从改革开放初期的轻工业高速增长（1978—1982 年）到后来轻重工业均衡发展（1983—1998 年），再到后来重工业化加速（1999—2011 年）和现阶段的中国制造 2.0，实现了工业技术从落后到赶超再到领先。不同产业升级对资金的需求规模和期限结构不同。轻工业升级所需资金规模不大，且投资期限较短，这决定了我国在改革开放初期的银行贷款以短期为主。随着产业升级转移至重工业，所需资金规模增大，投资期限也变长，对应金融资产的期限结构也呈现出向中长期过渡的特征。1994—2024 年金融机构贷款期限结构如图 15-4 所示。

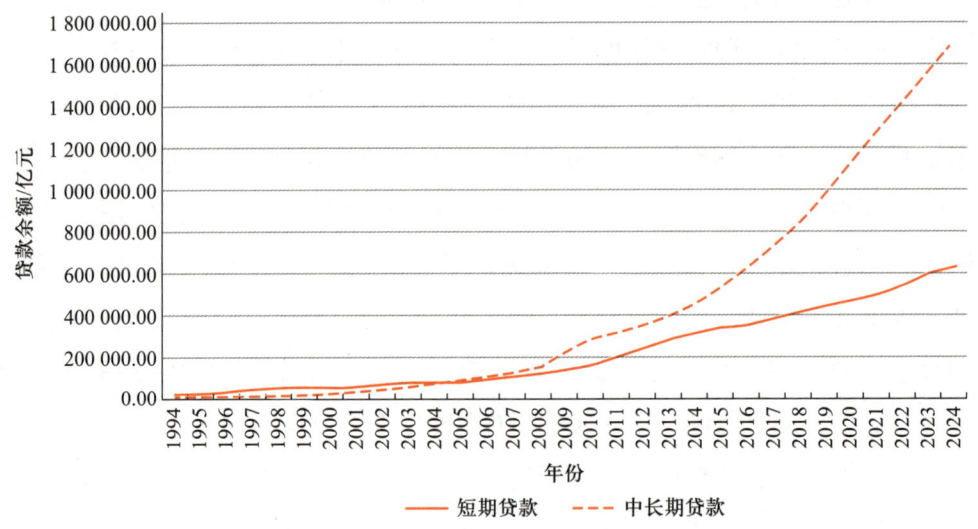

图 15-4　1994—2024 年金融机构贷款期限结构

资料来源：中国人民银行网站。

（三）受到中国式金融分权的影响

金融分权指的是不同层级政府之间以及政府与市场之间就金融资源配置权和控制权进行划定与分配的一系列显性和隐性的制度安排。中国金融分权是由我国工业化和城市化进程所引致的发展资本需求和分权竞争制度所内生决定的。依据地方发展融资与金融风险控制的权衡，可以将改革开放以来金融分权演变划分为四个阶段：1978 年至 1993 年为第一阶段，为配合经济领域放权让利的改革发展目标，金融领域打破"大一统"的银行体系，地方金融开始发展，金融开始分权；1994 年至 2001 年为第二阶段，金融风险累积威胁经济安全，中央上收地方权限，整顿地方金融，强调金融风险的化解与防范；2002 年至 2023 年是第三阶段，金融发展与风险防范并重，金融适度分权；2023 年至今是第四阶段，为坚持和加强党中央对金融工作的集中统一领导。2023 年党中央决定组建中央金融委员会和中央金融工作委员会，设立中央金融委员会办公室。发挥好中央金融委员会的作用，关键是做好统筹协调把关；发挥好中央金融工作委员会的作用，关键是切实加强金融系统党的建设；发挥好地方党委金融委员会和金融工作委员会的作用，关键是落实属地责任。

我国金融发展的历史经验表明，坚持党中央对金融工作的集中统一领导，事关金融高质量发展的根本方向，决定中国特色金融发展之路的前途命运和金融强国建设的最终成败，是做好金融工作的根本保证，具有极端重要性。坚持党中央对金融工作的集中统一领导，确保了我国金融事业发展的正确方向，决定了我国金融事业发展的根本立场，坚定了我国金融事业发展的战略定力。正是在党的领导下，我国金融创新始终坚持正确的政治方向，始终践行以人民为中心的发展思想，把增进人民福祉作为出发点和落脚点，推动金融体系更好地满足人民群众和实体经济的多样化需求。我国金融业改革发展的实践充分证明，金融创新应始终坚持人民至上，让金融发展成果更多更公平惠及全体人民，为实现共同富裕提供有力支撑。

三、中国金融发展的演化展望

改革开放 40 余年，伴随着中国经济变革的不断深入，我国金融结构也发生了深刻变化，过去因经济高速增长而产生的结构性矛盾部分已得到解决，但产生了资本市场发展不均衡、宏观杠杆率攀升等新问题。自 2019 年 2 月习近平在中共中央政治局第十三次集体学习时强调深化金融供给侧结构性改革、增强金融服务实体经济能力以来，中国在实体经济供给侧结构性改革方面已取得显著进展。

以中国式现代化全面推进强国建设、民族复兴，是新时代新征程党和国家的中心任务。未来，金融发展演化逻辑主线与社会主义现代化强国建设密不可分，并且服务于中国式现代化。高质量发展是全面建设社会主义现代化国家的首要任务，金融系统必须强化使命担当，把服务中国式现代化作为根本目的，以新发展理念引领改革，立足新发展阶段，深化供给侧结构性改革，把建设金融强国作为投身强国建设、民族复兴伟业的具体方式和直接体现，重点做好"五篇大文章"，推动"科技—产业—金融"良性循环，以金融高质量发展夯实金融强国建设基础。

（一）优化资金供给结构

完善金融宏观调控，准确把握货币信贷供需规律和特点，加强对货币供应总量和结构的双重调节，营造良好的货币金融环境。一方面，需要以适度、合理的原则坚持优化资金供给总量，以确保货币供应量和社会融资规模的增速与名义经济增速相适应。另一方面，需要以需求为导向、以效率为目标优化资金供给结构，使得资金能够流向最有价值的行业，促进经济的高质量发展。

优化资金供给结构的核心在于根据经济社会的实际需求动态调整资金投放，特别是优先支持科技创新、先进制造和绿色发展等关键领域。此外，加强对重大战略、重点领域和薄弱环节的金融支持是实现资金供给结构优化的关键。为达成这一目标，需要施行稳健的货币政策，注重跨周期和逆周期调节，加强货币政策的总量调控和结构调节功能，并合理运用结构性货币政策工具。例如，推动科技金融、绿色金融、普惠金融、养老金融和数字金融的发展，不仅有助于实现资金供给结构的优化，还能确保资金更有效地服务于经济发展的长期目标和战略需求。

（二）优化融资结构

提升金融服务实体经济的质效，优化资本市场融资结构是关键。其旨在通过提供多样化的融资渠道和工具，促进资源的有效配置和企业创新发展。

优化资本市场融资结构，发展多元化股权融资方式。首先，需要深化股票发行注册制的改革。其次，鼓励创新型企业和技术型企业利用资本市场进行融资，培育高水平的投资银行和投资机构，以提升资本市场服务实体经济的能力。再次，重视发展标准化市场，支持上交所、深交所、北交所等证券交易所向国际一流水平迈进，促进市场的国际化。最后，探索新型股权融资模式，加强市场监管和风险预防，尤其是对系统性风险的防范，以保障资本市场的长期稳定。

促进债券市场的高质量发展。首先，建立和完善债券市场的制度体系，确保市场的公平、公正、公开和透明。其次，深化信用体系的建设，确保信用评级机构的独立性和客观性。最后，进一步开放债券市场，吸引外资参与，提升跨境投融资便利化水平。通过这些措施，能够增强债券市场的全球竞争力，更有效地服务于经济发展。

（三）完善金融机构定位

为实现资源的高效配置和市场良性竞争秩序，应根据不同类型金融机构的特点和定位，合理划分其业务范围，优化其业务结构，提升其服务质量，增强协同效应。

国有大型金融机构应作为服务实体经济的主力军和维护金融稳定的压舱石，重点支持国家重大战略，同时保持资本和信贷的持续增长，满足市场融资需求。在推动金融供给侧结构性改革时，应优化金融产品和服务，充分发挥其资源配置能力，加大对制造业的中长期资金投入，以满足实体经济的多元化、个体化和高质量的金融需求，实现金融高质量发展。

中小金融机构应依托区域特色和资源禀赋，聚焦于特色领域和中小微企业的融资需求，通过特色化、精细化、差异化经营提升竞争力。中小金融机构在经营过程中也应充分发挥其对区域经济和中小微企业在熟悉程度和服务能力方面的优势，满足市场的细分需求，促进市场的多样化和活跃化。同时，也要加强自身风险管理和内部控制，规范经营行为，防止资金错配和流失，做好风险隔离，保障自身稳健运行。

多元主体合力统筹推进金融高质量发展，做好科技金融、绿色金融、普惠金融、养老金融、数字金融"五篇大文章"。这"五篇大文章"是服务实体经济、推动高质量发展的重要着力点。资本市场中的多元金融主体应守正创新、担当作为，大力发展数字技术，积极投身绿色实践，不断开发新的金融工具普惠小微企业和老年群体，扎实推进金融高质量发展。

纵观中国金融发展的历史，金融结构的每一次调整和优化都紧密服务于实体经济的需求。未来，随着经济向高质量发展转型，金融结构将继续围绕经济需要深化改革，提供更精准、高效的服务。

第三节　金融创新的逻辑与特征

一、中国渐进式增量改革

（一）理论遵循

金融创新推动了中国经济结构的转型和产业升级，尤其在金融服务的多样化和金融工具的创新方面，为企业和消费者提供了更多选择。与此同时，从马克思主义的角度来看，金融创新既服务于实体经济的需求，也促进了金融资本的积累和产业资本的扩展。马克思认为，金融资本通过向产业资本提供资金支持，帮助企业扩大生产并获取更高的利润。在此过程中，金融资本和产业资本之间的互动不仅推动了经济增长，也改变了资本的积累方式和产业的结构。

渐进式增量改革是在一定条件下通过特定步骤，逐渐打破旧制度的主体地位，培育确立和完善新制度的经济改革形式。马克思主义认识论为渐进式增量改革提供了根本指导。马克思指出，人的思维是否具有客观的真理性，这不是一个理论的问题，而是一个实践的问题。"实践—认识—再实践—再认识"的过程是一步一步、由浅入深、由片面到全面的循序渐进的过程。因此，中国金融创新同样遵循渐进式增量改革的基本逻辑，随着中国特色社会主义实践的推进，不断进行理论深化，并进一步推动实践发展。

在马克思主义指导下，我国金融改革也吸收了多方面的学术理论，如渐进决策理论、制度变迁理论等。渐进决策理论的核心内容是政策制定过程中应当根据实际情况的特征表现，对现在执行的决策采取积小为大的修正和调整策略。政策的制定和改革的推进会受到政治、文化、技术和现行计划的制约，因此，以按部就班、积小为大、稳中求变和增量改革的原则推进改革能够增大决策正确的可能性，最大程度降低因改革带来的政治和经济成本。

制度变迁理论重点考虑改革和创新过程中产生的成本和摩擦。制度的变迁和创新的成功通常取决于两个因素：预期收益和改革成本。在预期收益既定的情况下，改革成本的高低决定了改革成功的概率。客观上，制度变迁和创新会带来时间和物质损耗；主观上，各大利益关系之间相互博弈，利益受损方要求的"补偿"或对改革的抵抗会形成较大的社会阻力，因而产生摩擦成本。渐进式增量改革则能够在改革初期避免对旧制度的直接冲击，避免既得利益主体间形成强大的反改革势力，极大减少摩擦成本，保障改革的顺利推进。

我国金融体系改革的实践充分证明，只有坚持马克思主义的指导地位，才能正确把握改革方向，确保金融创新与社会主义市场经济相适应，服务于人民群众的根本利益和中国特色社会主义建设的总体目标。

（二）基本特征

我国金融发展与金融创新以中国特色社会主义道路为基础，是在中国特色社会主义轨道上的"渐进的""进化式的"对发展道路、理论、制度体系和创新认识的深化。渐进式增量改革具有以下基本特征。

1. 需求推动、先易后难的渐进化改革

自党的十一届三中全会以来，我国在多个领域的改革创新均是在工农和村镇等基层力量的实践过程中，由基层需求推动并通过实践不断探索，最后根据国家整体发展战略的需要逐步过渡形成改革和创新成果。例如，为推进产权制度改革，我国允许在国有经济之外发展个体经济，以农业生产责任制为切入点，农村开始允许"包产到户"和"包干到户"，推进了由集体经营到个体经营的转变，并进一步促进了以集体所有制为主的乡镇企业发展。随后，非国有部门改革的顺利推进形成"示范效应"，促进了阻力较大的国有部门改革。

2. 先增量后存量的改革方式

先增量改革，后以增量改革带动存量改革，是我国渐进式增量改革的一个鲜明特征。以股份制商业银行改革为例，在增量改革思路下，我国商业银行改革发展遵循"区域内扎根—跨区域发展—引入战略投资、提升竞争力"的总体逻辑，首先推进体制外的城市商业银行与地方企业战略投资的合作，随后将体制外银行的发展作为内生增量变革动力对体制内原有国有商业银行形成竞争压力，拉动国有银行的机制创新。

3. 先试点后推广的推进方式

在金融创新推进方式上，我国始终采用先点后面的循序渐进方式，将创新改革限定在一定范围内（如地区、产业甚至部分企业），获取相应成功经验后，才将创新改革推广至更大范围甚至全国，如数字人民币应用场景试点等。这样以局部试验性的方式将试错成本降低和风险分散化，能够有效减少由重大失误或过高成本导致的创新推进不力。

4. 以人民为中心，始终坚持服务实体经济

在中国特色社会主义制度下，我国金融创新始终是紧密围绕服务实体经济的核心目标开展的。以数字金融创新为例，近些年我国数字金融发展迅速，极大地促进了居民消费，并缩小了城乡居民收入差距，为创新创业提供支持，对实体经济增长有显著的正向促进作用。

同时，我国金融改革与创新坚持以人民为中心，坚持金融包容性理念。事实上，自2013年党的十八届三中全会提出"发展普惠金融"以来，我国金融创新的普惠性质越来越凸显。以企业融资为例，在过去十年内，银行年度贷款的平均增速为13.1%，基本与名义GDP增速相同，其中，普惠型小微企业和普惠型涉农年度贷款的平均增速为25.5%。

二、以银行为主体的金融改革

20世纪90年代起确立的中国金融体系具有明显的银行导向特色，在过去若干年的创新实践中，中国探索出了符合中国国情的、以银行为主导的金融创新模式。其推进路径也遵循从银行体系构建到非银行金融机构创新，最后逐渐促进金融市场发展，优化金融结构的过程。

（一）中央银行与商业银行分离

1978 年到 1993 年是我国金融体系改革的初步阶段，金融创新的主要目标是建立独立于财政的金融体系。1983 年 9 月，中国人民银行正式成为独立的中央银行。中央银行专注于履行银行的银行职能、专业银行提供商业性服务的双层银行体系初步建成。

虽然，与财政独立的金融体系已经建立起来，中央银行独立性已初步确立，但国有专业银行仍肩负有很强的政策使命，有碍其商业化运作。因此，在四大国有专业银行保留其商业性业务的同时，我国于 1993 年成立三家政策性银行，即国家开发银行、中国进出口银行和中国农业发展银行，单独承担政策性业务。以中国人民银行为中央银行、四大国有专业银行为商业银行主体、三大政策性银行贯彻和配合经济政策的立体式金融体系便建设完成。

（二）商业银行市场化运作

1994 年至 2012 年是我国金融改革的进阶阶段。此前的改革中，虽然国有专业银行从政策性业务中脱离出来，但仍无法完全满足国家对其"自主经营、自担风险、自负盈亏、自我约束"的要求。

迈入 21 世纪之后，国有专业银行自身面临种种困境，外加中国加入世界贸易组织后面临越来越激烈的外部挑战，迫使我国开始对金融机构进行企业化和市场化改革，将国有专业银行改造成真正的企业。2003 年起启动国有商业银行（中国银行、中国建设银行、中国工商银行等）股份制改造，开启国有银行现代化转型。具体改革内容包括：建立有限责任机制、财务重组、股份制改造、商业银行业务流程再造。

（三）现代金融体系的构建

2013 年至今是我国金融改革的全新发展阶段。在国有银行现代化转型基本完成之后，构建与全球金融体系和国际金融发展形势相接轨和匹配的市场化、国际化的现代金融体系成为这一阶段中国金融改革的核心任务。主要措施包括：建立宏观审慎管理框架、推进利率和汇率市场化、推进人民币国际化和金融市场开放。

三、市场与政府的关系

中国金融体系的另一个关键特点是政府的重要主导作用，主要表现在四个方面：一是政府通过完全控制或控股的方式，对主要金融机构的经营管理实施有力管控；二是在政府的引导下，主要的金融资源向国有企业倾斜；三是金融要素和资源的定价并非完全由市场供求关系决定；四是资本账户未完全开放，金融体系开放程度相对有限。

纵观金融改革的历史，我国金融体制发展大多是在政府的推动下运作的。一方面，从中央银行的独立、商业银行职能的分离，到商业银行市场化运作，再到现代金融体系的构建，政府都是主要的决策方、运作方和监管方。另一方面，从动态的角度来看，金融创新的前后顺序、节奏安排和启动暂停均取决于政府的意愿和能力。

目前，我国已形成了以中央金融委员会统筹协调、中央金融工作委员会加强党的建设、地方党委金融委员会和金融工作委员会落实属地责任的多层次金融治理体系。然而，过多的政府干预将不利于金融市场化改革的推进，导致出现诸多问题：第一，政府把金融部门作为一种后备财政资源，将导致财政风险金融化，同时加重金融体系和政府的财政负担；第二，过多的行政干预将导致金融机构无法建立现代企业制度，从而缺乏完善的公司治理结构；第三，政府监管部门对市场机制的干预导致资本市场无法充分发挥其价格发现、货币政策传导和风险管理的功能；第四，政府对金融机构的兜底和刚性兑付导致道德风险，扭曲了市场激励机制，也对市场参与者配置金融资源和管理风险的能力产生影响。

构建现代化金融体系是我国适应经济发展新阶段的迫切需要，而理顺市场与政府的关系是建设新时代现代金融体系的关键。因此，在进一步的金融创新中应当注意以下几个方面：第一，充分发挥市场在金融资源配置中的决定性作用，同时更好发挥政府作用，推动有效市场和有为政府更好结合；第二，进一步推进银行的市场化和商业化改造；第三，发展功能健全的资本市场；第四，加强金融监管，守住不发生系统性金融风险的底线；第五，加强金融法治建设，强化法律对金融体系发展的保护。

第四节 金融创新与实体经济

马克思在《资本论》中深刻揭示了金融与实体经济的本质关系。他认为，虚拟资本（如股票、债券等金融资本）是对未来收益的支取凭证。当虚拟资本脱离实体经济进行自我循环和膨胀时，虽然可以在短期内获得高额收益，但缺乏价值创造的支撑，最终必然导致金融危机。马克思的这一论述为理解防范金融"脱实向虚"提供了重要的理论指导。近年来，党中央反复强调金融要服务实体经济，要求金融回归本源，正是对马克思主义金融理论的继承和发展。本节介绍中国金融创新服务实体经济的目标及其经济效应，并在厘清中国金融创新风险的基础上，以实践为依托阐述金融偏离实体经济的教训。

一、中国金融创新服务实体经济的目标

金融是实体经济的血脉，为实体经济服务是金融的天职，是金融的宗旨。党的十九大明确提出，要"深化金融体制改革，增强金融服务实体经济能力"。金融创新是中国金融体制改革的重要组成部分，是中国金融发展的基本动力，其本质在于通过制度、产品、服务等多方面的变革创新强化金融的功能和效率。

经过数十年的改革，中国金融体系仍存在市场化程度不高、资金供给错配、监管不足等问题，中国金融创新实践一直以强化金融的功能和效率、改善金融体系存在的问题为主线，以实现服务实体经济的最终目标。中国金融创新目标的实现具有一个非常显著的特征，就是基于社会主义基本经济制度，更好发挥政府作用，推动有效市场和有为政府更好结合。

中央金融工作会议指出，要切实加强对重大战略、重点领域和薄弱环节的优质金融服务，做好科技金融、绿色金融、普惠金融、养老金融、数字金融"五篇大文章"，具有深刻的理论意义和现实意义。

从理论维度看，这一战略布局体现了三个层面的创新：第一，从金融功能的视角，"五篇大文章"深化了金融支持实体经济的功能内涵，将传统的资金融通功能拓展为科技创新支持、绿色转型促进、普惠发展保障、养老保障完善和数字化升级等多维度功能；第二，从金融结构的视角，这一布局优化了金融要素配置结构，推动金融资源向战略性新兴产业、绿色低碳产业、小微企业、养老产业等重点领域和薄弱环节倾斜；第三，从金融发展理论的视角，"五篇大文章"构建了一个相互协同、互为支撑的金融创新发展框架——以数字金融为技术支撑，以科技金融为创新引擎，以绿色金融为转型路径，以普惠金融为发展基础，以养老金融为民生保障。

从现实维度看，"五篇大文章"形成了支撑中国特色金融发展之路的战略布局：科技金融瞄准科技自立自强的国家战略，为关键核心技术突破提供资金支持；绿色金融服务"双碳"目标实现，推动经济社会发展全面绿色转型；普惠金融着眼共同富裕，提升金融服务的可得性和便利性；养老金融应对人口老龄化，完善多层次养老保障体系；数字金融则为前述四个领域提供技术支撑和创新动能。

金融"五篇大文章"的模式与实践

二、中国金融创新的实体经济效应

（一）中国金融创新与国有企业改革

国有企业是社会主义市场经济的重要组成部分，也是中国政府发挥宏观调控和资源配置等功能的经济基础[1]，这是由中国以公有制为主体、多种所有制经济共同发展的基本经济制度所决定的。自改革开放以来，国有企业改革不断深化：改革开放初期，为解决国有企业缺乏经营自主权导致的效率低下问题，实施了"放权让利"改革；20世纪80年代中期开始推行"承包经营责任制"，进一步扩大企业自主权；党的十四大确立社会主义市场经济体制改革目标后，国有企业改革进入更深层次；党的十五大进一步明确了国有企业改革方向，提出力争到20世纪末大多数国有大中型骨干企业初步建立现代企业制度；党的十八大以来，混合所有制改革成为深化国有企业改革的重要方式。

1990年起，上海证券交易所和深圳证券交易所相继成立，为国有企业股份制改革创造条件。1992年，邓小平南方谈话以后，政府通过对一部分国有企业进行股份制规范和改造，有意识地组织股票市场为国有企业筹集资金服务，并进而逐步明确为国有企业解困和所有制改革服务，对国有企业长期经营和发展产生了积极影响。政府对于股票市场的认可、组织和有意识地运用，推动了我国股票市场的发展。中国A股市场国有上市公司占比如图15-5所示。

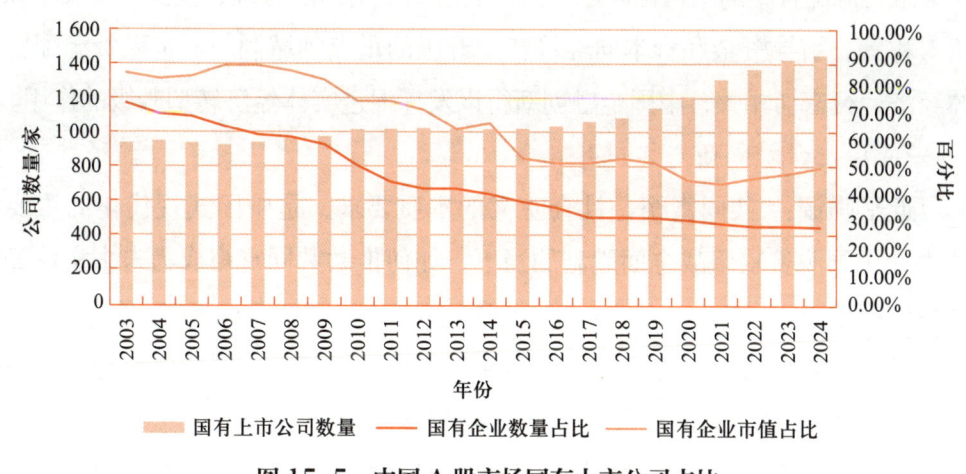

图15-5　中国A股市场国有上市公司占比

---

[1] 为有效应对2008年国际金融危机，在中国政府的主导下，国有企业进行了大规模的逆周期投资，短期内将失业率降至较低水平，不仅对国际金融危机期间中国经济的平稳运行作出了突出贡献，也为国际金融危机后民营企业复苏提供了良好环境。

尽管 20 世纪 90 年代初期的金融创新极大地推动了国有企业改革，但也遗留下了流通股与非流通股分置的问题。股权分置改革消除了上市公司流通股和非流通股之间的流通制度差异，促使流通股与原有非流通股股东成为利益共同体，公司市值成为考核管理层的核心指标，所有制改革带来的激励机制得以充分发挥。

（二）中国金融创新与经济转型升级

如何有效推动经济转型升级和高质量发展是今后一个时期经济工作的主旋律，充足的金融资源支持有利于上述目标的实现。资源配置是金融基础性的功能之一，现阶段中国金融创新的实体经济效应主要表现在通过创新制度、产品、服务等优化资源配置，引导资金和资本流向未来阶段经济发展的重点领域，助力经济转型升级和高质量发展。本部分将以绿色金融创新为例阐述中国金融创新与经济转型升级的关系。

中国金融创新对绿色发展的支持作用主要体现在：通过创新绿色金融产品和服务等实现金融资源差异化配置，引导资金和资本向绿色发展领域倾斜，促进经济社会与生态环境的全面协调可持续发展。绿色金融创新主要包括绿色信贷、绿色债券、绿色产业基金、绿色信托、绿色租赁等。

绿色信贷是运用经济杠杆推动环保事业发展的一种重要手段，在金融支持绿色产业发展和绿色金融资源配置中发挥着关键作用。

除绿色金融创新外，政策性及开发性金融、金融科技等创新都在一定程度上缓解了金融资源配置中的结构性问题，具体表现为平衡风险管理、减少交易成本和信息不对称等，引导资金和资本向经济转型升级的重点领域倾斜。金融资源配置与实体经济运行密切相关，中国金融创新得以发挥促进实体经济转型升级的作用。

（三）中国金融创新与共同富裕

习近平强调："共同富裕是社会主义的本质要求，是中国式现代化的重要特征。"[①]在中国脱贫攻坚战全面胜利的当下，如何推动共同富裕成为未来实体经济发展关注的重点。

提高发展的平衡性、协调性、包容性，增强发展能力，创造更加普惠公平的条件，给更多人创造致富机会是共同富裕的本质要求。"数字金融＋普惠金融"的组合正是中国金融创新推动共同富裕的典型代表，是金融社会性功能的集中体现。数字金融与普惠金融的发展能够显著缓解收入与财富不平等：首先，数字金

---

① 《习近平著作选读》第二卷，人民出版社 2023 年版，第 501 页。

融与普惠金融通过创新储蓄、信贷与支付手段，提升了广大群众对金融资源的可获得性、可接触性与支付便利度；其次，数字金融与普惠金融涵盖的长尾市场包含了大量被排斥于正规金融体系之外的低收入群体，提高了他们的资产收益率与资金流动性；最后，数字金融与普惠金融降低了信息不对称，能够更加有效地进行资金匹配与信用监控，从而有助于缩小收入差距。

三、中国金融创新的风险和教训

中国金融创新并非一帆风顺，在厘清中国金融创新的实体经济效应的同时，也要了解其潜在风险及其对金融安全的挑战，归纳总结经验教训，进而优化中国金融创新的设计。本部分将结合案例阐述中国金融创新可能遇到的风险。

（一）制度风险

我国金融体系发展时间相对较短，部分金融创新以借鉴国外制度、产品和服务等的设计为主，但是我国存在诸多不同于其他国家的制度特征，使得在发达市场行之有效的创新移植到我国就出现了"水土不服"的问题，甚至可能引发系统性金融风险，如熔断机制的推出，暴露了金融创新中制度设计的不足。

2015 年 A 股下跌，监管层借鉴发达市场的做法推出了熔断机制，该制度创新旨在抑制投资者可能出现的羊群行为，促使投资者有充分的时间传播和反馈信息，进而减少市场剧烈波动。2016 年 1 月 1 日，指数熔断交易试点正式推出，标的股指变动幅度达到一定阈值后会暂停交易。但熔断机制实施后，市场出现剧烈波动并引发新一轮下跌，试点 7 天内 A 股先后发生了 4 次触发熔断事件，沪深 300 指数跌幅、当日跌幅均超过 7%，1 月 7 日沪深两市全天仅交易 14 分钟，创造了休市最快纪录，新年 6 个交易日沪指暴跌近 15%。为了维护市场稳定运行，监管层于 1 月 8 日紧急叫停了指数熔断交易试点。熔断机制存续期间市场表现如表 15-1 所示。

表 15-1　熔断机制存续期间市场表现

日期	沪深 300 指数收盘	沪深 300 指数变化幅度	9 点 30 分开盘后交易时间
2016-01-04	3 469.07	−261.93（−7.02%）	138 分钟
2016-01-05	3 478.78	+9.71（+0.28%）	240 分钟
2016-01-06	3 539.81	+61.03（+1.75%）	240 分钟
2016-01-07	3 294.38	−245.43（−6.93%）	14 分钟

我国资本市场采用 T + 1 交易并实施涨跌停限制，投资者结构以个人投资者为主，其交易往往表现出过度交易、羊群行为、追涨杀跌等非理性行为。该制度背景使熔断机制没有发挥抑制恐慌情绪的"冷却效应"，反而加大了订单流不平衡，在指数下跌至熔断临界值之前刺激大量卖盘的出现，产生显著的"磁力效应"，从而引发了预期外的系统性金融风险，致使熔断机制被仓促推出又被仓促叫停。因此，中国金融创新存在明显的制度风险，创新设计过程中要充分考虑中国金融体系的制度特征，作出具有中国特色的金融创新，避免出现"水土不服"等问题。

（二）结构风险

银行体系是中国金融体系的核心，与不同领域的金融产品和服务间都存在紧密关联。从社会融资存量的占比分布可以直观地体会结构风险产生的原因。图 15-6 表明，2017—2024 年人民币贷款在社会融资存量中的占比都为 60% 左右，这意味着银行体系的金融创新出现重大金融风险时，将以较快的速度传染蔓延至整个金融体系，结构风险由此产生。

图 15-6　社会融资存量占比分布

注：数据来源于中国人民银行，数据为年度末统计值。

近年来，商业银行影子银行业务创新的过度繁荣积聚了大量金融风险，是金融创新结构风险的典型代表。2013 年发生的两次"钱荒"事件与当时影子银行业务快速扩张有一定关联。这些事件在一定程度上反映了银行体系中期限错配、资金链条复杂等结构性问题，展示了金融体系在流动性冲击下的脆弱性。2014

年 4 月，我国金融机构监管部门联合下发《关于规范金融机构同业业务的通知》，严格规范非标业务，使影子银行通道业务渠道收窄。2018 年 4 月，中国人民银行等四部门联合发布《关于规范金融机构资产管理业务的指导意见》，提高了影子银行业务的参与门槛，降低了影子银行业务的预期收益，影子银行业务的规模急剧缩小，其潜在的结构金融风险得以有效抑制，但治理影子银行业务过程中紧密和复杂的资金链也产生了一定的系统性金融风险。

除影子银行业务创新之外，股权质押等金融创新也具有不可忽视的结构风险，一度成为金融创新风险防控关注的重点。因此，在推进金融创新的过程中，要重视中国金融体系的独特结构，关注重要部门和节点的创新风险，避免其传染和蔓延，以有效维护金融安全并防控系统性金融风险。

（三）监管风险

中国金融创新目标的实现在较大程度上取决于监管的有效适度。由于风险预警和防范机制有待完善，有关部门对金融创新的监管不当引发过一些风险事件，"一刀切"式的监管措施是其中的典型代表。本部分以 2015 年 A 股市场为例阐述中国金融创新面临的监管风险。

2014—2015 年宽松的货币政策推动了 A 股市场融资业务创新的全面发展，大量杠杆资金和融资盘涌入股票市场，造就了 2015 年"杠杆牛"的崛起。但是，本轮的股市上涨主要由资金驱动，严重偏离经济基本面，系统性金融风险开始显现。为防控金融风险，监管层将治理的重点对准了融资业务创新，特别是严查非法场外融资业务。监管层清理非法场外配资平台和机构的执法行为引发了众多杠杆资金对潜在风险的恐慌，市场出现剧烈下跌，使诸多杠杆比率较高的融资盘接近保证金制度要求的平仓线。为避免爆仓风险，融资交易者集中卖出股票，交易流动性大幅恶化，市场发生进一步下跌和恐慌性抛售，最终造成全面的流动性危机和踩踏式崩盘。

图 15-7 为 2015—2016 年两市融资余额与沪深 300 指数走势的关系。自 2015 年 6 月中旬监管层开始清理场外配资后，两市融资余额开始急剧下降，沪深 300 指数也有所下降。监管层一直将杠杆资金的风险列为重点防控对象，但区别在于 2015 年 6 月中旬的处置手段"一刀切"的特征明显，2015 年 9 月后监管层对杠杆资金的处置较为平滑，杠杆资金引发的风险始终处在可控水平，2016 年除年初熔断机制引发的风险外，股市整体运行相对平稳。

图 15-7　2015—2016 年两市融资余额与沪深 300 指数走势

尽管 2015 年 A 股下跌是多种因素共同作用的结果，但不可否认监管层对杠杆资金的治理和处置不够平滑是其形成的原因之一。因此，监管层应完善防范和化解金融创新风险的长效机制，在风险开始显现时出台适当的监管政策，推动中国金融创新的平稳发展。针对成形的金融创新风险，监管手段要注重处置的平滑性，避免出现"一刀切"式的监管政策，减少监管风险的产生，在推动金融创新的同时保障金融安全。

🎤 重要概念

　　金融结构　金融抑制　金融深化　金融创新　中国式金融分权　渐进式增量改革　金融服务实体经济　金融创新的实体经济效应　金融创新的风险

🎤 本章小结

　　1. 金融结构理论探讨了决定一国金融结构的经济因素，并阐明这些因素如何通过相互作用而促进金融发展。金融抑制与金融深化理论，系统地阐述了金融发展、金融自由化、金融深化和经济发展之间的关系。

　　2. 主要的金融创新理论包括：约束诱导假说、自由—管制博弈论、金融交易成本论与制度主义创新理论等。

3. 中国金融发展的演化主线的特征包括：稳中求进的渐进式银行结构调整，与产业升级路径相匹配，受到中国式金融分权的影响。

4. 渐进式增量改革是在一定条件下通过特定步骤，逐渐打破旧制度的主体地位，培育确立和完善新制度的经济改革形式。

5. 中国探索出了符合中国国情的、以银行为主导的金融创新模式。其推进路径也遵循从银行体系构建到非银行金融机构创新，最后逐渐促进金融市场发展，优化金融结构的过程。

6. 中国金融创新的风险包括制度风险、结构风险与监管风险。

思考题

1. 银行主导型和市场主导型的经济，哪种更容易发生系统性金融风险？

2. 基于我国金融结构形成与演化的逻辑，你认为，当前我国金融结构还存在哪些潜在的不足之处？未来应当朝着什么方向改进？

3. 中国的金融改革与创新历程具有渐进式增量改革的特征，请问这样的渐进式增量改革有什么优势？你还了解哪些类似的案例？

4. 当前，金融科技发展得如火如荼，试论金融科技将如何影响我国金融发展与创新。

5. 中国金融创新和国外金融创新的具体表现有何明显的区别？

6. 中国金融创新是如何促进实体经济发展的？请结合实践说明。

7. 监管的适度和有效性可以决定金融创新的成功与否，为什么监管有如此重要的影响？应当如何减缓金融创新的监管风险？

即测即评

结　语

在全球视野下，金融格局正在发生深刻变革，加快建设金融强国成为新时代新征程金融事业发展的重大目标任务。我们将不断深化对中国特色社会主义金融理论的认识，积极推进金融实践与制度创新，进一步彰显金融服务实体经济的本质特征，体现大国担当与国际影响力。

一、金融强国与大国担当

世界的金融格局面临重塑，美国的金融霸权将受到更多挑战。未来世界的金融格局可能是由多个主要国家共同主导全球金融秩序，而中国必须跻身其列。这要求我们必须做好金融强国建设，走好中国特色金融发展之路。习近平指出："什么是金融强国？应当基于强大的经济基础，具有领先世界的经济实力、科技实力和综合国力，同时具备一系列关键核心金融要素。"[①] 作为现代经济的核心，金融在人类命运共同体框架中必然将发挥重要功能。从构建人类命运共同体的视角来看，未来的大国金融发展和国际金融秩序构建应当突出三条主线：一是建立和完善国际金融运行机制，包括金融监管规则、清算规则等一系列国际金融规则；二是完善并维护合理的国际金融秩序，建立国际金融中心，反对金融霸权并改进国际金融监管体制，推进人民币的国际化并改革国际货币体系；三是建立和完善国际金融危机协调机制，提升国际金融组织协调治理水平，防范风险的国际传染，共同应对金融危机，维护全球金融稳定与安全。

在国际金融组织中推动多边合作、反对金融霸权，提供具有中国特色的解决方案，是中国在全球金融治理体系改革和规则制定中发挥作用的重要路径。未

---

① 中共中央党史和文献研究院编：《习近平关于金融工作论述摘编》，中央文献出版社 2024 年版，第 17 页。

来，中国金融学应进一步围绕国际金融治理、国际协调机制的完善以及人民币国际化进程展开，为应对国际金融环境的复杂变化提供理论支持和实践方案。这些研究将进一步提升中国在国际金融体系中的话语权和影响力，助力构建更加公正、合理的全球金融秩序。

二、维护中国和全球的金融安全与稳定

金融安全是国家安全的重要组成部分，防范化解金融风险是金融工作的根本性任务。在百年未有之大变局下，维护金融安全不仅是维护中国国家安全的需要，也是维护全球金融稳定的责任担当。坚持把防控风险作为金融工作的永恒主题，是中国特色金融发展之路的重要方面。在未来，对金融安全问题的探讨将突破传统的金融风险和金融危机的范畴，与国家安全联系在一起，金融安全学将成为专业学科呈现在世人面前。

值得特别注意的是，21 世纪以来的经济危机引起的经济萧条表现出与传统危机不同的特征。历史上的经济危机一方面表现为激烈的企业和金融机构破产风潮、大量失业和社会稳定问题，而另一方面能够快速地复苏。历史上平均 4 年多就可以完成经济结构的调整，走出危机的阴影；但 2008 年国际金融危机的化解极其缓慢，经过十多年的调整，世界经济依然疲软，没有完全走出阴影。2020 年的全球经济危机就更加"奇特"，一方面全球实体产业遭受的打击颇大，各国GDP 迅速下滑；但另一方面金融行业却似乎没有受到太大的影响，世界主要股指在短时下挫后一路飙升。这主要是因为现代货币体系和货币当局应对危机的能力和态度发生了改变。

中国在改革开放四十多年间成功避免了系统性金融危机，并且有效阻断了外部金融危机的传染效应。这一成就反映了中国金融体系的独特优势和治理能力。然而，面对不断变化的国际形势与日益复杂的金融环境，仅依赖传统金融学思维已不足以全面应对。我们需要拓宽研究视野，更深刻地认识金融战与金融制裁带来的潜在风险。未来，中国金融学应当借助交叉学科的力量，强化金融安全体系的建设，推动现代化金融体系的完善，以应对全球金融环境的复杂变化。

三、坚持服务实体经济的本质

2017 年，党的十九大将"增强金融服务实体经济能力"列为加快完善社会主义市场经济体制的重要任务。2019 年，习近平强调，"正确把握金融本质，深

化金融供给侧结构性改革，平衡好稳增长和防风险的关系，精准有效处置重点领域风险，深化金融改革开放，增强金融服务实体经济能力"[①]。党的二十大提出，坚持把发展经济的着力点放在实体经济上。2023 年，中央金融工作会议明确指出，坚持把金融服务实体经济作为根本宗旨，是中国特色金融发展之路的重要方面。金融的诞生与实体经济紧密相连，但随着金融行业的发展，似乎越来越多的金融服务正在与实体经济"脱钩"。未来金融发展的必然趋势是进一步回归服务实体经济的本质，重视金融对经济高质量发展的影响。

国际金融危机以来，全球掀起了对金融能否真正有效服务实体经济的担忧。危机的实质是金融与实体经济的严重脱节。从中国的实践经验来看，对中国金融发展与经济增长关系的研究也存在不同的结论。较早的研究倾向于支持金融发展理论。近十年的研究则得出了更加丰富的结论，认为应当更加注重经济的结构性调整而非简单地发展金融业。更近一些的研究开始意识到金融发展与经济增长可能存在的非线性关系，指出金融的规模扩张在初期能够促进经济发展，但是超过一定规模后则可能危害经济发展。

在理论层面，传统的金融发展理论为什么会失效？金融在什么条件下才能够有效服务实体经济？这是当前中国金融学学术研究领域的前沿问题。回忆本书开篇对马克思关于金融与产业的关系的相关理论介绍，我们知道金融能够发挥促进资本积累、加速资本流转的作用，但是如果金融脱离实体经济，在金融与产业的利润分享平衡中攫取过多的利润，就可能引发金融对实体经济的吞噬效应。在实践层面，不断深化金融供给侧结构性改革，支持新兴产业、小微企业、民营经济，是提升金融供给与实体经济匹配度的关键。同时，完善多层次资本市场，增强资本市场服务实体经济的广度和深度，对于促进经济发展具有重要意义。在推动金融助力高质量发展的过程中，还需要重新审视金融的功能定位，明确其在促进经济发展中的均衡边界。

四、关注环境可持续发展

绿色发展是人类进步的必然选择，而金融行业的"绿色化"必然是金融未来发展的重要趋势。2021 年，习近平在领导人气候峰会上指出，实现碳达峰和

[①] 习近平：《论把握新发展阶段、贯彻新发展理念、构建新发展格局》，中央文献出版社 2021 年版，第 307 页。

碳中和是"中国基于推动构建人类命运共同体的责任担当和实现可持续发展的内在要求作出的重大战略决策"[①]。如期完成碳达峰与碳中和，兑现向国际社会的庄严承诺，不仅是中国在世界发展新格局中面临的机遇与挑战，也是新时代经济高质量发展的内在要求。在这一背景下，绿色金融受到越来越多的关注。"双碳"目标的达成不是简单的减排，而是在碳约束下实现更高水平的发展。金融被誉为现代经济的核心和血脉，在"双碳"目标上升为国家长期战略的背景下，如何有效发挥金融的作用，促进绿色发展，不仅是实现高质量发展的实践要求，也是构建中国特色金融理论体系的重要方面。在实践层面，合理选择环境政策和金融政策组合，兼顾金融的市场属性和政策属性，全方位构建绿色发展体系，才能够行稳致远。在理论层面，新时代社会主义市场经济的建设要求我们重新认识金融的功能，系统性地理解金融与绿色发展的关系，树立新的金融社会责任观。

近十年来，中国绿色金融实践与研究快速发展，处于国际前列。与西方不同，中国绿色金融更多受政策驱动。绿色金融通过优化资源配置、推动绿色创新和控制环境风险，有效降低经济发展的环境成本，提升经济增长质量。未来需要从经济增长的视角深入研究绿色金融理论，同时考虑金融政策与投资者决策造成的影响，更有效地推动"双碳"目标实现。

五、促进社会公平

中国式现代化强调在经济上人人平等，秉持发展改革成果由全体人民共享。相对于传统金融服务形式，普惠金融是一种创新，是在金融体系内的制度创新、服务创新和产品创新，在可以预期的将来，金融服务将会变得更加普惠，更多的小微企业和低收入群体将能够享受到更丰富的金融服务。

从国际经验看，小额扶贫信贷通常会遇到三个难题：第一，小额扶贫信贷的违约率极高，需要非常精细和专业化的管理才能维持运营。例如，2019年诺贝尔经济学奖得主班纳吉和迪弗洛的研究显示，印度政府20世纪80年代主导的扶贫信贷计划违约率高达40%。第二，扶贫信贷常落入当地有权势的人手中，真正需要资金的贫困人口获得的资源有限，这被称为反贫困中的"精英俘获"

[①] 《习近平外交演讲集》第二卷，中央文献出版社2022年版，第347页。

问题。第三，扶贫信贷对贫困人群的帮助效果有限，原因之一是贫困人群人力资本较低，获得贷款后只有少数人能有效利用资金提升自身状况，更多的人则未能有效使用资金或进行了错误的投资。中国自 2013 年启动的"精准扶贫"工程，通过精准识别贫困人口和点对点援助，为解决这些问题提供了一种可行方案。

如何更有效地发挥金融在促进公平中的作用，这既是一个实践问题，也是一个重要的金融学理论议题。当前，在金融与反贫困的理论研究中，对于普惠金融的理论逻辑的数理模型构建还比较匮乏。虽然最新的学术研究表明普惠金融能够发挥对经济发展的积极作用，但是在经济系统中这种作用如何在不同部门之间相互传导？如何在一个考虑金融体系风险的框架中内生普惠金融的发展？尤其是对于像中国这样在战胜绝对贫困中取得了优异成绩的国家，普惠金融的需求更加旺盛。如何勾勒出我国普惠金融学说的成长线索与基本轮廓，建立符合本国金融市场的普惠金融理论体系，是未来中国金融学领域需要应对的重要理论问题之一。

六、金融科技赋能

金融科技无疑是金融领域发展的最热门话题之一。目前，金融科技已经成为一个快速发展的行业，以多种方式为消费者和企业的利益服务。从移动银行和保险到加密货币和投资应用程序，金融科技拥有无穷无尽的应用场景。

金融科技的核心是金融与科技的结合，但金融与科技的结合并非最近才出现的现象。严格来讲，金融科技不是一个全新的行业，因为技术一直是金融世界的一部分，无论是初期引入的信用卡还是随后的 ATM、电子交易大厅、个人理财应用程序和高频交易。金融科技之所以在最近受到越来越多的关注，是因为随着技术的进步，人工智能、区块链和数据科学等技术的快速发展，金融的业务模型逐渐发生了巨大的变化。

结合本书所介绍的理论来看，尽管金融机构和市场的形式随着时间、空间的变化而改变，但金融所发挥的功能是类似的。我们应当辩证地看待金融科技问题。虽然金融科技形式多样，但其核心可以从金融的基本功能及其与经济发展的关系中加以理解。在没有引发根本性变革的领域，金融科技主要是对传统金融功能的"强化"。然而，随着技术的不断进步，某些关键性创新也可能对现有金融学理论产生挑战。未来，金融科技有望成为助力金融"五篇大文章"的重要手段，但同时也存在加剧金融对实体产业"剥削"的潜在风险。在信息化高度发展的背景下，金融安全保障将成为一个重要课题。同时，数字货币的推广可能对货币政策的作用机制和传导渠道产生深远影响。金融科技究竟是简单的"金融＋科技"组合，还是将带来金融行业的本质性变革，仍有待进一步研究和验证。这些问题将随着金融科技的发展不断揭示，为中国金融学的未来研究提供丰富的理论和实践探索空间。

阅读文献

- 《马克思恩格斯文集》第七卷，人民出版社 2009 年版。

- 《马克思恩格斯选集》第一至四卷，人民出版社 2012 年版。

- 《毛泽东选集》第一至四卷，人民出版社 1991 年版。

- 《邓小平文选》第三卷，人民出版社 1993 年版。

- 《江泽民文选》第二卷，人民出版社 2006 年版。

- 《胡锦涛文选》第三卷，人民出版社 2016 年版。

- 《习近平谈治国理政》第一至四卷，外文出版社 2018、2017、2020、2022 年版。

- 《习近平著作选读》第一至二卷，人民出版社 2023 年版。

- 《习近平经济文选》第一卷，中央文献出版社 2025 年版。

- 中共中央宣传部、中央国家安全委员会办公室编：《总体国家安全观学习纲要》，学习出版社、人民出版社 2022 年版。

- 中共中央党史和文献研究院编：《习近平关于金融工作论述摘编》，中央文献出版社 2024 年版。

- 《中共中央关于进一步全面深化改革　推进中国式现代化的决定》，人民出版社 2024 年版。

- 王江：《金融经济学》，中国人民大学出版社 2006 年版。

- 胡庆康主编：《现代货币银行学教程》（第四版），复旦大学出版社 2010 年版。

- 陈雨露、马勇：《大金融论纲》，中国人民大学出版社 2013 年版。

- 殷孟波主编：《货币金融学》（第三版），西南财经大学出版社 2017 年版。

- 姜波克编著：《国际金融新编》（第六版），复旦大学出版社 2018 年版。

- 钱晔主编：《货币银行学》（第二版），高等教育出版社 2018 年版。

- 黄达、张杰编著：《金融学》（第五版），中国人民大学出版社 2020 年版。

- 黄宪、侯成琪、赵征编著：《货币金融学》（第七版），武汉大学出版社

2020 年版。

■ 王广谦主编：《中央银行学》（第五版），高等教育出版社 2021 年版。

■ 李健主编：《金融学》（第四版），高等教育出版社 2022 年版。

■ 曹龙骐主编：《金融学》（第七版），高等教育出版社 2023 年版。

后　记

　　《中国金融学》是马克思主义理论研究和建设工程重点教材，是"中国系列"原创性教材中的中国经济学教材，由教育部组织编写，经国家教材委员会审核通过。在编写过程中，得到了国家教材委员会高校哲学社会科学（马工程）专家委员会、思想政治审议专家委员会和经济学学科专家组、中国经济学教材审核指导组专家的指导。同时，广泛听取了高校教师和学生的意见建议。

　　本教材由西南财经大学承担，刘锡良主持编写，负责总体思路和全书修改，王擎、梁琪任副主编。绪论，刘锡良撰写；第一章，刘锡良、文书洋撰写；第二章，况昕撰写；第三章，李志生、金凌撰写；第四章，罗荣华撰写；第五章，史永东、王彤彤撰写；第六章，梁琪撰写；第七章，梁琪、尚玉皇撰写；第八章，潘敏撰写；第九章，尚玉皇撰写；第十章，翁舟杰撰写；第十一章，潘敏撰写；第十二章，王擎撰写；第十三章，董青马撰写；第十四章，李雪撰写；第十五章，李志生、朱光伟撰写；结束语，文书洋撰写。刘锡良、董青马负责全书统稿工作。胡金焱、邢天才、朱新蓉、黄宪、朱孟楠、卞志村、吴卫星、范祚军、王爱俭、汤继强、卜林、汤火箭、许志等参与了研讨和起草工作。

2025 年 7 月

郑重声明

高等教育出版社依法对本书享有专有出版权。任何未经许可的复制、销售行为均违反《中华人民共和国著作权法》，其行为人将承担相应的民事责任和行政责任；构成犯罪的，将被依法追究刑事责任。为了维护市场秩序，保护读者的合法权益，避免读者误用盗版书造成不良后果，我社将配合行政执法部门和司法机关对违法犯罪的单位和个人进行严厉打击。社会各界人士如发现上述侵权行为，希望及时举报，我社将奖励举报有功人员。

反盗版举报电话　（010）58581999　58582371

反盗版举报邮箱　dd@hep.com.cn

通信地址　北京市西城区德外大街 4 号

　　　　　高等教育出版社知识产权与法律事务部

邮政编码　100120

读者意见反馈

为收集对教材的意见建议，进一步完善教材编写并做好服务工作，读者可将对本教材的意见建议通过如下渠道反馈至我社。

咨询电话　400-810-0598

反馈邮箱　gjdzfwb@hep.com.cn

通信地址　北京市朝阳区惠新东街 4 号富盛大厦 1 座

　　　　　高等教育出版社总编辑办公室

邮政编码　100029

防伪查询说明

用户购书后刮开封底防伪涂层，使用手机微信等软件扫描二维码，会跳转至防伪查询网页，获得所购图书详细信息。

防伪客服电话　（010）58582300